기초경제학 ③

국제경제 및 산업정책 이야기

이 종 호 저

남두도서

남두(南斗) : 남두육성(南斗六星)

은하의 중심인 사수자리에 있는 국자모양의 여섯 개의 별로서, 인간의 탄생을 결정하는 별로 알려져 있다.

머 리 말

오늘날 우리 삶의 환경은 치열한 경쟁구도로 변모한 지 오래다. 이미 1997년 말 외환위기를 경험한 이후 경제적 위기 상황이 삶의 방식 전체를 바꿔 놓았던 경험을 갖고 있는 우리로서는 그때의 상황이 생활 속에서 경제의 중요성을 깨닫게 하기에 충분하고도 남음이 있었다.

세계화와 정보화의 흐름 속에서 경제의 중요성, 아니 경제현상에 대한 이해와 안목이 이제는 더 이상 전문가나 관련 분야 종사자만의 몫이 아님을 우리는 잘 알고 있다. 쉽게 접하는 대중 언론매체에서도 경제뉴스와 경제정보의 비중이 높아지고 있으며, 신문과 방송에서 비중 있게 다루는 경제관련 뉴스는 이제 톱뉴스로서 굳건히 자리 잡게 되었다. 2008년 초 우리가 치른 대선에서도 최대 이슈는 경제문제였으며, 경제문제의 해결이 국민의 최대 관심사였음을 우리는 기억하고 있다. 이렇듯 경제문제는 국가정책의 우선순위일 뿐만 아니라 국민의 최대 관심 분야가 되어 버렸다.

위기에 처했을 때 그것의 중요성을 깨닫게 마련인 것처럼 우리도 외환위기 이후 경제의 중요성을 이미 인식한 바 있다. 이제 2008년 9월 우리에게 닥쳐온 글로벌 금융위기는 또 다시 경제, 특히 금융의 중요성을 뼈저리게 인식시켜 주었다.

이러한 시대적 환경 속에서 연일 대중 언론매체에서는 경제정보와 뉴스를 쏟아내고 있으며 일반인을 대상으로 알기 쉽게 경제현상을 설명해 주는 코너가 대폭 확대되었다. 또한 일반인을 대상으로 한 경제서적도 시중에 많이 출판되고 있다.

이 책 역시 일반인 및 처음 경제학을 접하는 독자를 위한 입문서로 집필되었다. 이 책은 총 3권으로 구성되어 있다. 제1권은 미시경제 부문을, 제2권은 거시경제 부문을, 제3권은 국제경제 및 산업정책 부문을 다루었는바 각각 해당 분야 가운데 핵심적 내용을 기초수준에서 논의하였다.

이 책은 우선 기존에 출판된 경제입문서 혹은 생활경제서의 장점을 동시에 제공해 주기 위해 '핵심 기초이론'편과 '시사경제 초점'편으로 나누어 구성하였는바, 기초이론을 공부한 후 이를 토대로 현실경제를 다루어 봄으로써 관련 사항을 자연스럽게 복습하게끔 유도하였다. 두 번째 특징은 이 책을 읽는 독자로 하여금 스스로 찾아서 필요한 부분을 보충할 수 있도록 유도한 강의용 교재라는 점이다. '핵심 기초이론'편에 제시된 내용 가운데 설명이 부족한 부분 내지 생략된 부분은 관련 교재 혹은 인터넷을 활용하여 필요한 내용을 보충해서 확인해 보길 바란다.

물론 3권 모두 각각 한 학기용 교재로서 기초경제이론과 시사경제 부문을 동시에 다루기 위해 작성된 책이기 때문에 이러한 구성이 이 책의 한계일 수도 있지만, 공부는 스스로 찾아서 확인하고 이해하는 과정이 중요하기 때문에 오히려 경제를 이해하려는 독자들에게 또 다른 장점으로 작용할 수도 있음을 감히 기대해 본다.

이 책의 집필을 위해 저자는 수년간 강의해 온 강의내용, 기존의 경제입문서, 그리고 한국개발연구원과 한국은행의 경제교육자료를 주로 활용하였다. 경제입문서에 반드시 포함돼 있는 그래프 혹은 수식 표현을 최소화한 가운데 책을 집필하였다. 논의과정에서 포함될 수밖에 없는 사항임에도 과감하게 최소화함으로써 독자들 입장에서 이해하기 불편할 수도 있지만 다른 시각에서 보면 입문과정에서 반드시 짚고 넘어가지 않아도 기초경제학의 흐름을 이해하는 데 큰 어려움이 없다고 판단하여 이 부분을 최소화하였음을 밝혀 둔다. 사실 우리가 현실경제 내지 기초경제이론을 설명함에 있어 그래프나 수식을 이용하여 상대방에게 설명하는 것은 아니라는 점을 생각해 볼 때 서술적 표현을 통한 기초경제학의 이해가 독자들에게 설명력과 이해력을 높이는 데 도움이 될 수도 있다고 생각한다.

일반인 혹은 경제학을 처음 접하는 독자들에게 경제현상에 대한 이해와 관심, 더 나아가 기초경제이론의 개괄적 내용을 습득하게 하는 것이 이 책의 목표인 만큼 저자로서는 이것만 달성된다면 더 이상 바랄 것이 없다.

아무쪼록 이 책이 경제학을 처음 접하는 모든 독자들에게 경제에 대한 흥미와 관심을 촉발케 하여 경제학을 본격적으로 공부하는 계기로 작용했으면 하는 바람을 가져 본다. 앞으로 관심 있는 많은 분들의 훌륭한 평을 겸허히 받아들여 좀 더 나은 책을 쓰려고 한다. 아낌없는 성원과 많은 지도편달을 부탁드리는 바이다.

끝으로 이 책의 출판을 흔쾌하게 허락해 주신 남두도서의 남승우 사장님 이하 출판사 관계자 분들에게 깊은 감사를 드린다.

저자 올림

차 례

제 I 편

핵심 기초이론_9

제 II 편

시사경제 초점_225

제 I 편

핵심 기초이론

제 1 장

국제무역의 이론

역사적으로 볼 때 국제무역에 대한 이론의 전개는 경제이론 자체의 발전과 거의 시기를 같이하고 있는바, 즉 아담 스미스(A. Smith)가 한 나라 안에서의 분업의 원리를 국제적으로 확대 적용함으로써 국제무역의 현상을 설명하려던 시도를 우리는 체계적인 국제무역이론의 시발점으로 볼 수 있음.

(1) 중상주의와 고전무역이론[1)]의 전개

1) 중상주의

- 리카도(D. Ricardo) 모형이 출현하기 이전에는 국가 간의 무역현상을 파악하는 데 있어서 중상주의라는 일종의 경제사상이 자주 인용되었을 뿐 어떤 체계적인 이론이 존재하였던 것은 아님.
- 중상주의(mercantilism)란 유럽에서 소위 근대적 개념을 가진 국가가 형성되기 시작하였던 16세기 이후 약 2세기 이상에 걸쳐 실천되었던 일련의 사상으로서 근대적이고 강력한 통일국가를 실현하기 위해서는 무엇보다도 국부의 축적이 최우선 과제로 간주되었고, 이는 다시 국제무역에서 흑자를 냄으로써 가능하다고 믿었던 사상임.
  • 그 당시 국부의 척도는 국제적 화폐로 통용되었던 금, 은 등 귀금속의 축적량으로 가름되었는데, 이러한 귀금속을 획득하는 방법으로서

1) 고전무역이론이라고 하는 것은 19세기 초반 영국의 토렌스(R. Torrence), 리카도(D. Ricardo), 밀(J. S. Mill) 등에 의해서 완성된 하나의 체계적 무역이론을 뜻하는데, 이들은 그때까지 매우 불분명하게 이해되었던 무역이론의 기본과제인 무역의 발생동기와 그 효과에 대해서 처음으로 체계적이고 과학적인 분석을 통하여 좀 더 명확한 해답을 얻는 데 성공하였음.

는 물론 국내생산에 의존할 수도 있지만 그것은 어디까지나 국내 자연조건에 제약을 받게 되고, 따라서 궁극적으로 해외로부터의 유입에 의존할 수밖에 없는데, 이를 위해서는 금, 은뿐만 아니라 그 이외의 상품무역에서 흑자를 냄으로써 그 대가로 금, 은과 같은 귀금속을 들여올 수 있다고 믿었던 것임.

- 국제무역은 국부를 증대시키는 하나의 수단으로 간주되었으며, 따라서 중상주의하에서의 무역정책은 무역수지 흑자를 실현하기 위하여 각종의 정부개입을 통해서 수출을 장려하고 수입을 억제하는 일종의 보호주의 형태를 취하지 않을 수 없었음.

2) 중상주의에 대한 두 가지 반론

- 그러나 18세기 후반 영국에서는 이와 같은 중상주의의 무역정책에 대해서 두 가지 측면에서 강한 반론이 제기되었음.

- 하나는 흄(D. Hume)에 의해서 제시된 소위 '가격 – 정화 – 이동의 원리'(price-specie-flow mechanism)인데, 그는 중상주의가 추구하던 무역흑자정책은 비록 일시적으로는 가능할지 모르지만 장기적으로는 불가능하다는 것을 설명하였음.
    - 즉 그의 이론에 의하면 한 나라가 무역흑자를 낸다는 것은 곧 그 나라에로의 금의 유입을 의미하고, 반대로 무역적자를 실현하는 무역상대국에서는 금의 유출을 의미하는데, 이는 곧 금본위제도하에서 무역흑자국에서는 통화량의 증가를, 또 무역적자국에서는 통화량의 감소를 초래하게 될 것이며 그 결과로 무역흑자국에서는 물가의 상승을, 그리고 무역적자국에서는 물가의 하락을 가져와 결국 어느 시점을 지나게 되면 두 국가 간에 국제경쟁력이 반전되지 않을 수 없으며 무역수지 또한 역전되지 않을 수 없다는 것임.

- 또 하나의 반론은 아담 스미스에 의해서 제기된 것인데, 그는 보호무역보다는 자유무역이 국부를 증대시키는 데 훨씬 더 능률적인 정책임을 강조하고 있음.

• 즉 국제무역도 한 나라 안에서와 같이 분업 혹은 생산전문화[2])를 통해서 각국은 생산능률을 향상시킬 수 있을 뿐만 아니라 생산물의 국제적 교환을 통해서 각국은 더 많은 양의 생산물을 소비할 수 있다는 것임.[3])

(2) 절대우위와 국제무역

1) 절대우위의 원리

- 국제무역을 설명하는 데 있어서 원래 아담 스미스는 한 나라 안에서 자연적으로 발생하는 분업 혹은 전문화의 원리가 국제적으로도 그대로 연장되어 적용될 수 있을 것이라고 믿었음.
  • 가령 한 나라 안에서 어떤 소비자가 어떤 상품을 구매하고자 할 때 그 소비자는 그 상품을 가장 저렴한 가격으로 구입할 수 있는 공급자를 찾게 될 것이며, 이러한 과정을 통해서 비능률적인 생산자들은 자연히 도태될 것이고, 결국 그 상품은 가장 저렴한 비용으로 생산할 수 있는 개인이나 기업만이 최종 공급자로 남게 된다는 것임.
- 따라서 모든 상품은 각기 그것을 가장 저렴한 비용으로 생산할 수 있는 생산자, 즉 생산에 있어서 절대우위(absolute advantage)를 갖고 있는 생산자들에 의해서 그 생산이 담당될 것이고 그것은 곧 주어진 생산자원

---

2) 생산특화(specialization)라고도 하는데, 한마디로 개인이나 기업이 각자 소질을 가지고 있는 생산 분야에 전념하는 것을 의미함. 생산전문화를 통해서 주어진 인력과 자원을 좀 더 효율적으로 활용할 수 있고 그 결과로 더 많은 양의 산출물을 만들어 낼 수 있음. 한 나라 안에서 생산전문화와 교환이 이루어질 경우 그 나라에 주어진 인력과 자원으로 최대의 생산과 소비를 할 수 있게 되고, 사회 전체적으로 볼 때 생활수준이 향상될 수 있다는 것은 자명한 일임. 비슷한 원리가 한 나라의 경우를 국제적으로 확대했을 때에도 적용될 수 있을 것임.

3) 또 이와 같은 국제적 분업은 정부의 개입하에서보다는 자유무역하에서, 즉 자유로운 시장기능에 의해서 가장 효과적으로 실현될 수 있다는 것을 주장함으로써 아담 스미스는 중상주의 이후 최초의 자유무역 옹호자가 되었음. 여기서 주목할 만한 사실은 아담 스미스는 국부의 원천을 금, 은과 같은 귀금속의 보유량에 있다기보다는 주어진 자원의 제약하에서 재화의 생산 가능성(production possibility)이나 소비 가능성(consumption possibility)의 확대에 있다고 본 것임. 그러나 스미스의 국제적 분업이론도 국제무역의 원리를 명확히 설명해 주지는 못하였으며, 그 후 19세기 초 리카도에 의해서 비로소 명확하게 해결되었음.

을 가장 효율적으로 활용하는 결과를 가져온다는 것이 한 나라 안에서의 분업의 원리임.

- 아담 스미스는 국제무역도 이러한 절대우위의 원리에 의해서 발생한다고 믿었음.
  - 즉 국가 간에 자유로운 무역기회가 허용될 경우 그것은 마치 시장이 국내에서 국제적으로 확대된 것과 다름이 없으므로 소비자들은 역시 국경에 관계없이 가장 싼 값에 원하는 상품을 구매하려 할 것이고, 그 결과 각국은 결국 생산비 면에서 절대우위에 있는 상품들에 생산 전문화를 해서 그것을 수출하고 절대열위(absolute disadvantage)에 있는 상품들을 수입함으로써 자연적으로 생산에 있어서 국제적 분업이 이루어질 것으로 보았음.

2) 간단한 사례

- 우선 〈표 1-1〉에서 볼 수 있는 바와 같이 양국(A국과 B국)에서 모두 X재와 Y재를 생산하는 데 있어서 노동이 유일한 생산요소라고 하자.
- 만약에 A국에서 X재 1단위를 생산하는 데 2단위의 노동이, 또 Y재 1단위를 생산하는 데 4단위의 노동이 각각 필요하고 B국에서는 X재 1단위를 생산하는 데 4단위의 노동이, 그리고 Y재 1단위를 생산하는 데 2단위의 노동이 필요하다면 우리는 곧 A국은 X재 생산에, 또 B국은 Y재 생산에 각각 절대우위를 갖고 있음을 알 수 있음.
  - 이는 A국의 입장에서 X재 생산비(혹은 가격)가 B국에 비해 절반에 불과하고 B국에서는 Y재 생산비가 A국에서의 그것에 비해 절반에 불과하기 때문임.

〈표 1-1〉 절대우위 : 단위생산에 필요한 노동량

	A국	B국
X재	2	4
Y재	4	2

- 이때에 만약 두 나라 간에 자유무역이 허용된다면 각국의 소비자들은 당연히 가장 싼 값에 원하는 상품을 구매하고자 할 것이므로 A국은 X재에, B국은 Y재에 각각 생산전문화를 하게 되어 그것을 수출하고 다른 재화를 수입하게 될 것임.
- 이러한 과정을 통해서 X, Y재의 세계총생산량(혹은 세계총소비량)은 무역이 일어나기 전에 비해서 모두 증가하게 됨.
  - 즉 만약에 A국에서 4단위의 노동을 절대열위에 있는 Y재 산업으로부터 빼내어 절대우위에 있는 X재 산업에 투입하면 Y재 생산은 1단위 감소하는 반면에 X재 생산은 2단위가 증가하게 될 것이고, 또 B국에서는 4단위의 노동을 X재 산업으로부터 Y재 산업으로 이동시키면 X재 생산은 1단위 감소하는 데 비해 Y재 생산은 2단위가 증가할 것임.
  - 그 결과 세계 전체적으로 볼 때 X, Y재의 생산은 각각 1단위씩의 순증가를 기록하게 되는 것임.

(3) 비교우위와 교역의 이득

1) 교역의 이득

- 무역이 이루어지면 각 나라 국민이 소비할 수 있는 상품의 양이 더 커질 수 있는데, 이를 교역의 이득(gains from trade)이라고 부름.
- 교환은 각자 소질을 가지고 있는 분야에 전념한다는 의미에서의 전문화 혹은 특화(specialization)를 가능하게 해줌.
  - 특화는 경제 전반의 생산성을 높여주는 역할을 하는데, 바로 이것이 교환에서 나오는 이득의 근본적인 원천이라고 말할 수 있음.
- 나라와 나라 사이의 자유로운 교역은 각 나라가 다른 나라에 비해 더 효율적으로 생산할 수 있는 상품의 생산에 특화할 수 있게 만들어 줌으로써 전반적인 생산성의 향상을 가져옴.
- 무역은 각 나라가 한정된 자원을 효율적으로 활용할 수 있는 길을 열어 줌으로써 이에 참여하는 모든 나라 사람들이 더욱 풍부한 소비생활을 누릴 수 있게 만들어 줌.

2) 비교우위론의 의의

- 영국의 경제학자 리카도(D. Ricardo)는 나라와 나라사이의 무역에도 비교우위의 원칙이 적용될 수 있다고 설명했음.
  - 즉 각 나라가 비교우위를 갖고 있는 상품의 생산에 특화하는 국제분업 체제가 전반적 효율성을 향상시키는 결과를 가져다준다는 것임.
  - 비교우위론에 따르면 전반적으로 산업의 생산성이 낮은 수준에 있는 나라라 해도 최소한 하나 이상의 산업에서 비교우위를 갖게 됨.
  - 절대적 차원에서 보면 한 나라가 다른 나라보다 모든 상품을 생산하는데서 더욱 효율적일 수 있다고 해서 한 나라가 모든 산업에서 비교우위를 가질 수는 없다는 것이 그의 지적임.
- 비교우위론은 자유로운 무역이 이루어질 때 각 나라가 비교우위를 갖는 상품에 특화해 수출하고, 비교우위가 없는 상품은 해외로부터 수입하게 될 것이라고 예측함.
- 이와 같은 국제분업 체제가 힘 있는 소수의 나라에게만 이득을 가져다주고 다른 나라들은 손해를 보게 만든다고 주장하기도 하지만 어떤 나라가 강압에 의해서가 아니라 자발적으로 무역에 참여하는 것이라면 무역이 그 나라에게 손해를 가져다주는 일은 결코 일어나지 않음.
  - 국제분업 체제에 참여하는 나라는 아무리 작은 몫이라 할지라도 거기에서 나오는 이득의 일부분을 차지하게 됨.[4]

(4) 비교우위와 국제무역

1) 절대우위론의 한계

- 절대우위론에 입각한 아담 스미스의 국제분업 이론은 얼핏 보아 상당한 설득력이 있는 것같이 보이나 그것은 국제무역현상을 설명하는 데는 극히 불완전한 이론에 불과한 것이었음.

---

4) 현실적으로 보아 경제가 발전되어 있고 힘이 센 나라가 좀 더 큰 몫의 이득을 가져갈 가능성이 큼. 그렇다고 해서 국제분업 체제가 발전이 덜 되고 힘이 약한 나라에서 손실을 강요하는 것은 아니라는 점이 중요함.

2) 간단한 사례

- 〈표 1-2〉에서와 같이 X, Y재 1단위를 생산하는 데 필요한 노동의 양이 A국에서는 각각 2단위와 4단위인 데 비해 B국에서는 각각 1단위와 3단위가 필요하다고 하자.

〈표 1-2〉 비교우위 : 단위생산에 필요한 노동량

	A국	B국
X재	2	1
Y재	4	3

- 이 경우 B국은 A국에 비해서 X, Y재 생산 모두에 있어서 절대우위를 갖고 있음을 알 수 있음.
- 이러한 경우 두 나라 사이에 분업과 무역이 발생할까?
- 물론 아담 스미스의 절대우위론에 의하면 그 대답은 부정적일 것임.
  - 왜냐하면 B국은 A국에서보다 X, Y재 모두를 더 적은 생산비로 생산할 수 있으므로 A국으로부터 수입의 필요성을 느끼지 않을 것이고, 또한 A국은 두 상품 모두에서 절대열위에 있으므로 B국에 수출할 상품이 없을 것이기 때문임.
- 그러나 이러한 결론이 잘못된 것이라는 것은 후에 리카도 등에 의해서 자세히 밝혀졌음.
  - 즉 리카도에 의하면 한 나라 안에서와 같이 산업 간 노동의 이동이 자유롭게 허용되는 경우 분업 및 생산전문화는 절대우위론에 의해서 그 설명이 가능하지만 노동의 이동이 전혀 허용되지 않는 국가 간에 발생하는 분업 및 무역은 절대우위가 아니라 비교우위에 의해서 결정된다는 것임.
- 리카도는 한 나라가 다른 나라에 비해서 비록 X, Y재 생산 모두에서 절대열위(혹은 절대우위)에 있다고 하더라도 각국은 상대적으로 더 싸게 생산할 수 있는 상품, 즉 비교우위를 가진 상품에 전문화를 함으로써

국가 간의 분업과 무역은 발생할 수 있으며, 이때 두 나라 모두 이로부터 경제적 이득을 볼 수 있다는 것을 분명하게 밝혔던 것임.

3) 리카도의 비교우위론

- 앞서 예로 든 〈표 1-2〉를 계속 인용하기로 하자.
- 우선 무역이 발생하기 전에 각국의 X재와 Y재의 생산가격 혹은 국내가격은 각 재화를 1단위 생산하는 데 투입된 노동의 양에 의해서 결정될 것이므로 두 재화의 국내가격비율은 A국에서 $\left(\frac{P_x}{P_y}\right)^A = (2/4) = (1/2)$, B국에서는 $\left(\frac{P_x}{P_y}\right)^B = (1/3)$이 됨.[5)]
  - 이를 다시 말하면 A국에서는 Y재 1단위가 X재 2단위(혹은 X재 1단위는 Y재 1/2단위)와 교환되고, B국에서는 Y재 1단위가 X재 3단위(혹은 X재 1단위가 Y재 1/3단위)와 교환됨을 뜻함.
- 이 경우 만약 두 나라 간에 무역이 허용된다면 A국은 Y재 1단위를 B국에 수출하면 무역 전 자국에서 교환을 통해 얻을 수 있었던 X재 2단위보다 1단위 더 많은 3단위를 얻을 수 있고, B국은 X재 1단위를 A국에 수출하면 무역 전 자국에서 교환을 통해 얻을 수 있었던 Y재 1/3단위보다 1/6단위가 더 많은 1/2단위의 Y재를 얻을 수 있게 됨.
- 따라서 두 나라는 무역을 함으로써 모두 경제적 이득을 누릴 수 있게 되는 것임.
  - 즉 이 경우 비록 A국이 B국에 비해서 X, Y재 생산 모두에서 절대열위에 있지만 각국은 서로 상대적으로 더 싸게 생산할 수 있는 상품, 즉 비교우위를 갖는 상품을 생산해서 수출하고 비교열위에 있는 상품을 수입함으로써 결국 각국은 무역 전보다 더 많은 양의 X, Y재를 소비할 수 있게 됨.

---

5) $\left(\frac{P_x}{P_y}\right)^A = (2/4) = (1/2) > \left(\frac{P_x}{P_y}\right)^B = (1/3)$이 뜻하는 경제적 의미는 우선 (P_x/P_y)는 Y재로 측정한 X재의 상대가격을 말하기 때문에 이 값이 A국이 B국보다 크다는 것은 곧 A국이 상대적으로 X재를 더 비싸게 생산하고 있음을 의미함.

- 이러한 의미에서 리카도의 비교우위론은 결국 누가 무엇을 상대적으로 더 싸게 생산할 수 있는가 하는 소위 비교생산비설(theory of comparative cost)에 그 바탕을 두고 있다고 하겠음.

4) 비교우위론의 평가

- 리카도 등 고전무역학자들이 본 국제무역이론의 특징
  - 생산요소가 한 나라 안에서는 산업 간에 이동이 완전히 자유로우나 국가 간에는 그 이동이 전혀 불가능하다는 점
  - 산업 간의 연관성을 완전히 무시하고 노동을 유일한 생산요소로 가정
  - 무역 전 각국에서 거래되는 재화들의 가치는 곧 재화를 생산하는 데 투입되는 노동의 양에 의해서 결정된다는 소위 노동가치설(labor theory of value)에 의존해서 이론을 전개
- 노동가치설의 비현실성
  - 노동가치설은 현실을 너무 단순화시킨 것으로 볼 수 있는데, 가령 토지, 자본 등 중요한 생산요소들이 전혀 고려되지 않은 것임.
- 무역이론의 시발점
  - 그럼에도 불구하고 노동가치설에 근거를 둔 리카도의 비교우위론은 무역이론을 전개하는 시발점으로서 그 중요성이 충분히 인정된다고 하겠음.
  - 국가 간의 무역이 왜, 또 어떤 패턴으로 발생할 것인가에 대해서 충분한 설명능력을 갖고 있음.
- 한계
  - 궁극적으로 어떠한 교환비율(혹은 교역조건)에서 균형에 도달할 것인지, 또 그때에 각국은 무역으로부터 어느 정도의 경제적 이득을 얻게 될 것인가에 대해서는 충분한 설명능력을 갖고 있지 못함.[6]

6) 이러한 문제들은 그 후 밀(J. S. Mill)에 의해서 풀렸음.

5) 비교우위의 주요 결정요인

- 상이한 부존자원
  - 쿠웨이트가 석유를 수출하고 칠레가 구리를 수출하는 것은 이 나라들이 그와 같은 자원을 풍부하게 갖고 있기 때문이며, 브라질이 커피를 수출하고 말레이시아가 생고무를 수출하는 것도 이 나라들의 기후가 그런 상품들을 생산하기에 적합하기 때문임.
  - 부존자원의 차이가 비교우위의 분포를 결정하는 또 다른 예로 중국이나 방글라데시 같은 나라는 다른 생산요소에 비해 노동을 풍부하게 갖고 있으므로 노동을 집약적으로 사용해 생산하는 상품(가령 의류나 운동화 등)에 비교우위를 가질 수 있는 것임.
  - 각 나라가 원래부터 갖고 있는 부존자원의 차이가 비교우위의 한 주요 결정요인이 된다고 볼 수 있음.
- 상이한 기술
  - 기술을 갖고 있는지의 여부가 자원의 부존 못지않게 중요한 역할을 함.
  - 미국이 컴퓨터 소프트웨어나 오락산업에서 다른 나라가 감히 넘볼 수 없는 우위를 점하고 있는 것은 오랜 기간에 걸친 기술축적 때문이라고 말할 수 있음.
  - 오늘날 제3세계 국가들이 경제적 종속상태를 벗어나려고 몸부림치지만 쉽게 그 꿈을 실현시키지 못하는 결정적인 이유도 역시 기술의 낙후에서 찾을 수 있는데, 그들은 기술의 부족 때문에 자원을 미가공상태로 수출하고 완제품을 수입하는 종속상태를 아직도 청산하지 못하고 있는 것임.
- 특화의 역사
  - 어떤 나라가 한 상품에 오랫동안 특화해 온 역사 때문에 비교우위가 생기는 경우도 있음.
  - 예를 들어 스위스가 시계 산업에 비교우위를 갖는 것은 이 나라에서 오랜 기간에 걸쳐 시계 제조에 특화해 온 역사와 무관하지 않음.
  - 프랑스나 이탈리아의 패션산업이 세계를 지배하는 것 역시 오랜 기간 이 방면으로 특화해 온 결과라고 말할 수 있음.

• 특화의 역사가 길기 때문에 비교우위를 갖게 되는 이유 중 가장 중요한 것으로 학습효과(learning by doing)를 들 수 있는데, 학습효과란 생산의 경험이 쌓이면서 효율적으로 생산하는 방법을 배우게 되고 이에 따라 생산비용이 점차 낮아지는 현상이 나타난다는 것을 뜻함. ⇒ 생산 경험의 축적을 통해 비용이 절감될 수 있다면 오랜 생산 경험을 갖고 있는 기업일수록 더 큰 가격경쟁력을 갖게 될 뿐만 아니라 겉으로 드러나지 않는 여러 가지 요령을 터득해 효율적인 생산·유통체계를 갖출 수 있는 이점도 생김.
• 하지만 오늘날 오랜 생산경험만으로는 비교우위를 유지하기가 쉽지 않음. ⇒ 치열한 경쟁구도 속에서 이루어지고 있는 지속적인 기술혁신의 여부가 관건이 되고 있음.

6) 무역에서 나오는 이득

- 무역을 통한 소비 가능성의 증대
  • 각 나라가 갖고 있는 생산자원과 생산기술에 아무런 변화가 없어도 무역을 통해 종전에 비해 더 많은 상품을 소비할 수 있게 됨.
  • 이는 무역이 각 나라 국민의 경제적 복지를 향상시켜 주는 역할을 한다는 것을 뜻함.
  • 바로 이것이 무역에서 나오는 이득인데, 두 나라 모두가 이런 이득을 얻을 수 있다는 사실이 중요함.
- 무역에서 나오는 추가적 이득
  • 한마디로 교역의 이득은 각 나라가 비교적 효율적으로 생산할 수 있는 상품에 특화한다는 데서 나오고 있는데, 현실에서는 특화하는 과정 그 자체에서 생산성이 증대될 가능성이 있고, 바로 이것이 무역에서 나오는 추가적 이득이 될 수 있음.
  • 그렇다면 특화하는 과정에서 생산성 증대를 기대할 수 있는 중요한 두 가지 이유로 규모의 경제와 학습효과를 들 수 있음.
  • 무역이 이루어지면 아무리 작은 나라라 하더라도 세계시장을 상대로 대규모 생산을 할 수 있기 때문에 국내시장의 협소함에 제약을 받지

않게 됨. ⇒ 시장확대를 통한 대량생산이 가능해짐으로써 규모의 경제 실현 가능성이 있음.

• 또한 한 나라가 어떤 산업에 특화해 생산의 경험을 축적해 가는 과정에서 학습효과에 의해 추가적인 생산성 향상을 기대할 수 있는데, 만약 어떤 산업에 이 학습효과가 현저히 존재한다면 비록 현재의 상태로는 비교우위가 없더라도 그 산업을 적극적으로 육성할 필요가 있음. ⇒ 학습효과를 통해 앞으로 그 산업에 비교우위를 갖게 될 가능성이 있기 때문임.

• 현재 우리가 보고 있는 비교우위의 분포는 영구불변의 성격을 갖는 것이 아니고, 시간이 흐름에 따라 바뀌어 나갈 수 있는 여지가 충분히 있음. ⇒ 동태적 비교우위(dynamic comparative advantage)

(5) 헥셔-올린정리와 레온티에프 역설

1) 헥셔-올린정리의 등장

- 비교우위론은 비교우위의 원인이 생산비의 차이에 있다는 것을 보이는데, 생산비의 차이가 왜 발생하는가에 관하여는 아무런 설명을 하지 않고 있는바, 1930년대에 스웨덴의 경제학자 헥셔(E. Heckscher)와 그의 제자 올린(B. Ohlin)이 이러한 미비점을 보완하였음.
  • 두 나라 간의 생산비에 차이가 나는 것은 생산의 자연적 · 기술적 조건(생산함수)이 서로 다르기 때문이지만, 생산함수가 똑같다 하더라도 생산요소의 부존량에 차이가 나면 상품생산에 투입된 요소집약도, 예컨대 자본-노동비율에 차이가 나기 때문에 생산비에 차이가 발생함.
- 비교우위의 원인이 생산요소 부존량의 차이와 요소집약도의 차이에 있다고 보는 무역이론이 헥셔-올린정리임.

2) 헥셔-올린정리에서 제시된 두 가지 명제

- 첫 번째 명제는 무역당사국 각각이 상대적으로 풍부한 생산요소를 많이 사용하여 생산되는 상품에 비교우위가 있다는 것임.

• 가령 한국은 노동이 상대적으로 풍부하기 때문에 임금이 낮아서 노동을 집약적으로 사용하는 옷 생산에 비교우위를 갖고, 미국은 토지가 상대적으로 풍부하기 때문에 지대가 낮아서 토지를 많이 필요로 하는 밀 생산에 비교우위를 갖게 되므로 한국은 옷 생산에 특화하고 미국은 밀 생산에 특화하여 서로 무역을 하면 두 나라 모두에게 이익이 된다는 것임.

- 두 번째 명제는 생산요소가 한 나라에서 다른 나라로 이동하지 않더라도 그 생산요소를 사용해서 만든 상품의 무역에 의해 생산요소의 상대가격이 국제 간에 같게 되는 경향이 있다는 것인데, 이를 요소가격균등화정리(factor price equalization theorem)라 부름.
  • 앞의 예에서 보듯이 한국은 노동집약적인 옷 생산에 특화함으로써 노동에 대한 수요가 상대적으로 증가하여 임금이 오를 것이고, 미국은 토지집약적인 밀 생산에 특화함으로써 토지에 대한 수요가 증가하여 지대가 오를 것이기 때문에 한국에서는 임금이 상승하여 미국의 임금과 점차 같게 되고, 미국에서는 지대가 상승하여 한국의 지대와 점차 같게 된다는 것임.

3) 레온티에프 역설

- 미국의 경제학자 레온티에프(W. Leontief)는 미국의 자료를 분석한 결과 헥셔-올린정리의 첫 번째 명제와는 정반대의 사실을 발견하였음.
  • 그는 1947년의 미국 산업연관표를 이용하여 100만 달러의 수출상품을 생산하는 데 필요한 노동량과 자본량을 계산하고, 동시에 100만 달러의 수입상품을 수입하지 않고 국내에서 생산할 경우에 필요한 노동량과 자본량을 계산한 결과 100만 달러의 수입상품을 국내에서 생산하는 것이 100만 달러의 수출상품을 생산하는 것보다 자본량을 상대적으로 더 필요로 한다는 것을 발견하였음.

- 즉 다른 나라에 비해 상대적으로 자본이 풍부한 나라로 생각되는 미국이 헥셔-올린정리의 첫 번째 명제와는 반대로 자본집약적 상품을 수입하고 노동집약적 상품을 수출한다는 결론을 얻은 것인데, 이를 레온티에프 역설(Leontief paradox)이라고 함.

- 이런 역설적 결과에 대한 원인 규명 시도
  - 레온티에프의 원인 규명 : 미국 노동자의 높은 생산성에서 찾고 있는바, 미국의 노동자는 다른 나라의 노동자보다 우수하며 또한 조직화되어 있기 때문에 미국의 한 사람의 노동자는 다른 나라의 3~5인의 노동자와 동등한 일을 할 수 있다는 것임. ⇒ 따라서 미국이 양적으로 볼 때는 자본집약적 국가이지만 생산성으로 볼 때는 노동집약적 국가(즉 효율성의 단위로 노동 부존량을 측정할 때 미국이 다른 나라보다 노동을 상대적으로 더 풍부하게 갖고 있는 것으로 드러날 가능성이 높음)라는 것이기 때문에 이런 결과는 역설이 아니며, 상대적으로 풍부한 요소를 사용하여 생산할 수 있는 상품에 비교우위를 갖는다는 헥셔-올린의 제1명제가 타당하다는 것을 뜻함.
  - 또한 미국은 각종 자원들을 주로 수입하고 있는데, 이들이 자본집약적인 방법으로 생산될 경우가 많기 때문에 그와 같은 실증연구 결과가 나왔다고 말하는 경제학자들도 있음. ⇒ 예컨대 석유나 철광석 같은 자원은 매우 자본집약적인 방법으로 생산되는 것이 사실인데, 미국이 그 자원들을 수입해야 할 처지에 있기 때문에 결과적으로 수입품의 자본집약도가 높게 나타날 수 있다는 것임.
  - 미국의 경제학자 존스(R. Jones)의 원인 규명 : 레온티에프가 역설적인 결과를 얻은 것은 요소풍부성(factor abundance)에 대한 기준을 헥셔-올린과 다르게 설정했기 때문인데, 헥셔-올린은 요소가격을 기준으로, 이를테면 이자율이 낮은 나라를 자본풍부국이라 한 데 반하여 레온티에프는 요소부존량을 기준으로, 예컨대 자본부존량이 상대적으로 큰 나라를 자본풍부국이라 하였음. ⇒ 요소가격과 요소부존량 중 어느 것을 기준으로 하느냐에 따라 상품생산의 비교우위가 다르게 나타날 수 있음.[7)]
- 레온티에프 역설은 비교우위를 판정함에 있어서 요소가격만을 기준으로 할 수 없다는 것을 노출시켜, 헥셔-올린정리의 단점과 한계가 명확히 부각되게 하였음.

---

7) 요소 간의 대체가 용이하며 생산이 최적상태에 있을 때 이자율이 상승하면 자본집약적 상품생산이 노동집약적 상품생산으로 전환될 수도 있는데, 이를 요소집약도의 역전(factor intensity reversal)이라 함.

- 또한 각 나라의 요소부존량에 따라 비교우위가 결정된다는 말에 일리가 있기는 하지만, 그것 말고도 많은 요인들이 현실의 무역패턴을 결정하는 것이 사실이므로 요소부존의 차이 하나로 무역패턴을 설명하려는 시도는 명백한 한계를 가질 수밖에 없음.

- 레온티에프 역설이 발표된 이래 헥셔-올린정리에 대한 검토가 끊임없이 이루어졌으며 그 결과 국제분업에 관한 여러 가지 다른 이론들이 나타나게 되었음.

(6) 제품사이클이론

1) 제품사이클이론이란

- 미국의 경제학자 버논(R. Vernon)에 의해 주창된 이론으로서 신제품은 생물의 경우와 마찬가지로 출생하여 성장기를 거쳐 노쇠기에 이르며 이로 인하여 국제적으로 분업이 이루어지고 무역이 성립하게 된다는 것이 제품사이클이론(product cycle theory)임.

- 버논에 의하면 첨단산업의 신제품은 최초에 선진국에서 주로 생산되는데, 일반적으로 선진국에서는 상대적으로 임금이 높고 이자율이 낮기 때문에 자본집약적일 수밖에 없는 첨단산업의 신제품 개발이 용이함.
  - 이러한 신생기를 지나면 제품에 대한 수요가 확대되어 성장기로 들어가는데, 이때 판매고는 급격히 신장하며 생산시설의 확대로 인한 규모의 경제가 가능하게 되고, 대량생산 및 대량판매방법이 도입됨.
  - 한편 외부로부터 이 산업으로 참가하려는 기업이 생겨 경쟁이 격화되기 때문에 성장기에 기업경영능력은 매우 중요한 역할을 함.
  - 성장기를 지나면 마지막 단계인 성숙기 또는 노쇠기에 들어가게 되는데, 이때에는 제품의 판매고는 주춤하며 제품은 더 이상의 기술개발이 필요없는, 즉 기술적으로 일정한 방향으로 굳어진 표준상품(standardized goods)이 됨.
  - 이 시기에는 신생기와 성숙기에서 연구개발활동과 기업경영능력이 결

정적 역할을 담당한 것과는 달리 단순한 저임금노동이 중요한 역할을 맡게 됨.

- 이와 같이 첨단산업의 상품은 신생기 → 성장기 → 성숙기라는 3단계의 사이클을 거치는데 각 단계에 대하여 선진국 · 신흥공업국 · 저개발국이 대응하는 바가 다르기 때문에 국제무역이 이루어진다고 보는 것이 제품 사이클이론임.
  - 가령 미국과 같은 선진국에서 개발한 신제품은 생산능력이 확대됨에 따라 상품생산은 미국의 국내소비를 상회하기 시작하여 한국과 같은 신흥공업국으로 수출이 시작됨.
  - 시간이 지남에 따라 상품이 표준화되면 한국에서도 생산이 가능하게 되어 생산비 면에서 한국과 미국의 경쟁이 치열해지는데, 제품이 표준화되었기 때문에 노동력이 풍부하여 임금이 싼 한국이 경쟁에서 이겨 비교우위를 확보하게 됨.
  - 따라서 성숙기에 이르면 생산비가 싼 한국과 같은 신흥공업국이 주로 생산하여 수출을 하게 되고 거꾸로 미국은 수입을 하게 되는 무역패턴의 역전이 일어나게 됨.

2) 평 가

- 모든 상품이 제품사이클을 가지지만 제품사이클이론이 특히 잘 설명하는 것은 첨단산업제품의 무역패턴이기 때문에 헥셔-올린정리로는 제대로 설명할 수 없는 첨단산업에 있어서의 무역패턴을 설명할 수 있다는 점에서 그 의의를 찾을 수 있음.
- 그러나 세계무역총량 중에서 첨단산업제품이 차지하는 비중이 적기 때문에 무역에 관한 일반적인 이론으로서는 설득력이 부족하다고 할 수 있음.

(7) 신무역이론

1) 산업 간 무역과 산업 내 무역

- 비교우위의 이론은 국가 간에 비교우위가 뚜렷이 드러나는 농산물과 공산품 간, 경공업제품과 중공업제품 간 등의 산업 간 무역(inter-industry trade)을 잘 설명함.
  • 산업 간 무역은 선진국과 개도국 간에 주로 일어남.
- 그러나 현실세계에서는 같은 산업 안에서 일어나는 무역, 즉 산업 내 무역(intra-industry trade)이 산업 간 무역보다 훨씬 큼.
  • 예컨대 섬유제품과 자동차 간의 무역보다 자동차 산업 안에서 중형차와 대형차, 특수목적차 등 다양한 차종 간의 무역이 훨씬 큰 것임.
  • 선진국 간 무역의 대부분은 이런 산업 내 무역임.

2) 신무역이론의 등장

- 미국의 경제학자 폴 크루그먼(Paul Krugman)은 이런 현실을 비교우위가 아닌 규모의 경제로 설명했는데, 이를 신무역이론(new trade theory)이라 부름.
  • 대형차를 생산하든 소형차를 생산하든 각각의 경우에 규모의 경제가 크게 작용한다고 해보면, 생산이 늘어날수록 평균비용이 감소하기 때문에 일본과 독일이 대형차와 소형차 두 차종을 같이 생산하는 것보다 예컨대 일본이 대형차 생산, 독일이 소형차 생산에 특화하여 무역하는 것이 두 나라 모두에게 이득이 됨.
  • 크게는 같은 반도체이지만 우리나라가 메모리 반도체에, 미국이 비(非)메모리 반도체에 특화하여 서로 무역을 하는 것도 두 나라 모두에게 이득임.

3) 신무역이론의 특징

- 비교우위이론이 수확체감의 법칙과 완전경쟁시장을 가정하는 데 비해

신무역이론은 규모의 경제와 불완전경쟁시장을 가정하고 있음.

- 현실의 무역을 보면 같은 산업 안에서 차별화된 상품들이 다양하게 거래되고 있는데 많은 공산품, 특히 첨단산업제품의 생산자는 소수의 독과점이므로 이런 현실을 신무역이론은 잘 설명해 줌.
- 신무역이론은 비교우위라는 개념에 의존하지 않기 때문에 어느 나라가 어느 품목에 특화할지 사전에 예측할 수 없음.
  - 앞서의 예에서 일본이 소형차, 독일이 대형차 생산에 특화해도 규모의 경제를 누리기는 마찬가지임.
  - 첨단산업제품의 경우 기술수준이 떨어지는 나라는 고부가가치제품을 생산하고 싶어도 생산할 수 없어 저부가가치제품 생산에 고착되기 쉬운데, 고부가가치제품을 생산하는 나라와 저부가가치제품을 생산하는 나라 간에 무역을 할 때 둘 다 이득을 보지만 전자가 더 많은 이득을 보게 되고 이에 따라 무역마찰이 발생

(8) 중력모형

- 중력모형(gravity model)은 국가 간 무역이 당사국들의 경제력과 거리에 크게 의존한다고 보는 모형인데, 구체적으로 양국의 경제력이 커질수록, 그리고 양국 간 거리가 가까울수록 양국 간 무역이 증가한다는 것임.
  - 경제력을 나타내는 변수로는 실질GDP, 인구 1인당 소득 등이 사용됨.
- 이 모형은 이론적 깊이는 없지만 현실세계에서 쉽게 확인할 수 있는 사실을 포착하기 때문에 근래에 국제무역의 실증분석모형으로 활용되고 있음.

참 | 고 | 자 | 료

(1) 남종현(2008), 《국제무역론》, 경문사.

(2) 김대식 외(2007), 《현대 경제학원론》, 박영사.

(3) 이준구 · 이창용(2007), 《경제학 들어가기》, 법문사.

제 2 장

국제통상정책의 사적 구조

(1) 중상주의

1) 중상주의의 기원과 본질

- 중상주의(mercantilism)는 근대민족국가 및 국민경제의 성립과 더불어 생성되었으며, 15~18세기경 서구 각지의 통일국가들이 자국의 번영을 유지하고 국민경제의 확립을 위하여 실시하였던 경제정책임.
  - 근세에 있어서의 경제학의 역사는 중상주의에서 시작되었다고 하는 것이 일반적인 견해인데, 중상주의가 발전한 시대는 경제사적으로는 근대자본제 사회의 성립기이며 정치적으로는 중앙집권적 절대군주국가 시대였음.
  - 중상주의는 일반적으로 15세기 말부터 18세기 중엽에 이르는 300년간에 걸쳐 유럽제국에서 근대국민국가의 건설과 함께 근대적 산업체제를 확립하기 위하여 채택된 국가본위의 간섭정책 또는 이를 기초로 한 이론에 대해 총체적으로 붙인 명칭임.
  - 중상주의의 본질을 정확하게 규정하기는 어렵지만 중상주의는 중세에서부터 근대로의 이행기인, 즉 초기자본주의 시대에 나타났으며 이것은 하나의 통상정책인 동시에 경제학설이며 시대개념이라는 것은 명확한 사실임.
- 중상주의 정책의 주체는 초기근대국가이며, 정책의 목표는 국가의 번영과 국력을 튼튼히 하여 국부를 증대시키는 데 두고 있음.
  - 여기서 국부라는 것은 국가적 견지에서 볼 때 필요한 재화를 의미하며, 귀금속(금 · 은)은 확실히 이러한 필요를 충족시킬 수 있는 재화였음.

• 특히 국민국가건설 당초에 있어서 중앙집권적인 국가제도의 확립 · 유지를 위해 많은 군인과 관리를 두어야 하므로 이를 위해 다액(多額)의 국고지출이 필요하였으며 화폐에 대한 국가의 수요가 급증하였음.
• 한편 봉건도시경제에서 국민경제로 이행됨에 따라 거래유통범위가 확대되어 이로 인해 화폐에 대한 수요가 급진적으로 증가하게 되었음.

- 화폐가 정치적 · 경제적 중요성을 띠게 됨으로써 화폐소재로서의 귀금속을 가지고 국부와 동일시하는 경향이 나타나게 되었는바, 통상정책의 목표는 단적으로 이러한 귀금속 획득을 위한 상권 확장에 두어 그 방법으로서 수입을 억제하고 수출을 장려하는 일련의 보호간섭정책인 중상주의가 나타나게 되었음.

2) 중상주의의 일반적 특성

- 중금주의
  • 중금주의(bullionism)란 중상주의 시대에 있어서 금 · 은(귀금속)을 부(富)라고 여기고, 이러한 귀금속의 상실은 국가의 손실로, 귀금속의 획득은 국가의 이익으로 생각하여 국가가 직접적으로 귀금속의 유출을 금지하고 그 유입을 장려해서 귀금속의 국내보유량을 증대해야 한다고 하는 주장임.

- 무역차액론
  • 무역차액론(balance of trade theory)의 경우 전기에서 후기로 옮겨감에 따라 내용상의 발전이 있었는바, 즉 중금적 무역차액론[8]에서 중상적 무역차액론으로 진전을 보게 되었음.
  • 당시 영국의 동인도회사의 중역이었던 토마스 먼(Thomas Mun)에 의해 수립된 중상적 무역차액론의 핵심은 일국의 부의 증대가 생산 면

---

8) 최초의 중금주의 단계에서는 무엇보다도 금과 은의 국내유치 및 축적이라는 형태로, 더욱이 금과 은의 직접적 통제에 의한 획득형태로 차액론이 고려되었음. 즉 당장의 목적은 금과 은 자체의 획득만을 문제 삼아 개개의 거래마다 금과 은 자체를 확보할 것을 의도하여 상공업과의 관계는 고려되지 않았기 때문에 이 단계의 차액을 중금적 무역차액론이라고 함.

에서 생기지 않고 거래 및 유통 면에서 생긴다고 생각한 후 부(富), 즉 재보(財寶)의 증가는 무역차액의 흑자에 의하여 생긴다고 주장하였음.

- 산업보호정책
  - 중상주의 체제는 중금주의에서 무역차액주의로 전개되었고 이는 다시 산업보호주의로 발전되었음.
  - 중상주의 체제의 제3단계로서의 산업보호정책하에서도 그 정책은 통상 면에 집중되었고, 그 중심적 과제는 국가적 강제력에 입각하여 대외통상을 관리하고 이를 확대하는 데 있었음.
  - 이와 동시에 산업보호단계하의 중상주의 체제에서는 대외통상에만 그 정책이 집중되지 않고 국내산업 및 노동문제에도 집중되었는바, 즉 이 단계의 보호주의는 결코 유치산업을 보호하기 위한 것이 아니고 성숙된 영국공업을 후진국의 저임금 노동경쟁으로부터 보호하는 것이었기 때문에 보호주의의 배후에는 단순한 무역차액의 획득이란 문제만이 아니라 국내의 고용증대와 임금문제 등 여러 가지가 포함되어 있었음.
  - 그리고 보호를 필요로 하는 것은 제조업뿐만 아니라 농업도 같은 이유에서 보호를 필요로 하였는데, 이와 같이 정책의 목표가 산업 및 노동에 집중된 것은 국내산업을 보호함으로써 고용을 증대시키고 이와 동시에 수출을 증대시킬 수 있다는 점과 이는 유리한 무역차액의 기초가 된다고 생각했기 때문임.
  - 후기 중상주의 시대에 있어서의 산업보호정책의 중요한 수단은 관세였으며, 이러한 관세를 통하여 외국상품의 수입과 소비를 억제하는 동시에 국내산업을 보호하려고 하였음.
- 식민지정책
  - 중상주의 시대에 있어서는 국내시장이 협소하다고 하는 문제 해결을 위해 해외시장의 확대가 끊임없이 요청되었음.
  - 식민지가 중요시된 것은 후기중상주의의 단계인데 거기에는 여러 가지 이유가 있었는바, 첫째로 국내제조업이 발전하여 그 제품을 판매

할 시장이 필요했다는 점, 둘째로 이 시기에는 다른 유럽제국에서도 다소간에 중상주의 정책이 실시되었으므로 이로 인해 영국의 입장에서 볼 때 유럽시장이 협소하게 되었다는 점, 셋째로 이 시기에는 식민지의 개발이 추진되어 식민지에서의 수요가 증대되어 시장으로서 식민지의 중요성이 인식되었다는 점, 넷째로 국내제조업의 발전은 보다 넓은 원료공급처를 필요로 하게 되었다는 점을 들 수 있음.

• 이와 같은 식민지는 본국제품의 시장뿐만 아니라 그 원료공급처로서 본국의 이익을 위해 본국의 독점물이 되어야 한다고 생각되었음.

- 화폐우위론
  • 중상주의자들의 공통된 주장이 화폐를 중요시하는 화폐우위설이었다는 것이 지금까지 통설로 되어 있는데, 근세의 국민국가에서 필요한 막대한 재정적 지출을 위해서 화폐를 중요시한 것은 당연한 것이었음.
  • 따라서 당시 중상주의 국가들은 화폐의 소재인 금과 은을 중시하고 이를 획득하고자 많은 노력을 경주해 왔음.

- 인구증가정책
  • 인구의 증가는 생산력 및 군사력의 증가와 직결되는 것으로 생각되어 장려되었음.

- 해운장려정책
  • 해운업과 해상권의 지배는 세계상권의 쟁탈뿐만 아니라 정치적·군사적으로도 중요한 문제로서 당시에는 국가의 흥망을 좌우하는 것으로 생각되었음.

3) 중상주의에 대한 비판

- 중상주의 정책은 자본주의의 발전과 더불어 점차 쇠퇴하기 시작하였음.
  • 약 300년간 유럽제국에 있어서 지배적이었던 경제정책 및 그에 관련된 경제사상은 국가의 지원과 보호가 필요했던 유치한 상태의 경제단계가 지나자 점차 그 필요성이 상실되게 되었음.
- 원래 중상주의 정책은 근대국가가 긴급히 부국강병을 달성하려고 하는

정치적인 목적에서 실시되었던 극단적인 국가간섭정책인 만큼 경제상의 자연법칙을 무시한 인위적인 간섭을 행함으로써 많은 부작용이 발생하여 오랫동안 지속될 수는 없었음.

- 왜냐하면 각국은 서로 자국시장은 폐쇄한 채 다른 나라의 시장에 대해서는 경쟁적으로 자국 상품의 판매를 강요하려고 노력하였기 때문인데, 그러나 이러한 노력은 자승자박이 되었으며, 그 가운데에서도 식민지의 쟁탈과 상권 획득의 경쟁은 가끔 전쟁의 원인이 되기도 하였음.
- 또한 국제통상을 통한 부를 획득하기 위해 수출산업을 발전시켜 무역을 융성하게 하고 보다 많은 자국제품을 외국으로 수출할 목적으로 상공업 보호에 역점을 두고 농업은 상대적으로 소홀히 하였기 때문에 농민의 불만을 자아냄과 동시에 북미에서 볼 수 있는 바와 같이 식민지의 착취는 본국에 대한 독립운동을 불러일으키게 되었음.

- 그 후 중상주의에 대한 반성이 일기 시작하였는바, 그 대표적인 사람이 케네(F. Quesnay)와 스미스(A. Smith)였는데, 특히 스미스는 중상주의에 대하여 최초로 체계적인 비판을 가하였음.
  - 그는 상인의 이해관계를 중심으로 하여 전개된 중상주의는 그것만으로는 국가사회의 발전이라는 이해와 반드시 일치되지 않는다고 생각하였음.
- 원래 중상주의는 국가형성과정에 있어서 필요에 의해서 생겨났기 때문에 일단 국가가 형성된 후에는 그 역할이 끝났다고 볼 수 있지만 오늘날 중상주의는 이 지구상에서 영원히 사라진 것은 아님.
  - 근래에 있어서도 과도한 수출확대정책과 더불어 엄격한 수입제한정책인 중상주의적인 정책이 실제로 나타나고 있음을 볼 수 있어 이를 신중상주의라고 칭하기도 함.

(2) 자유무역론

- 자유무역론이란 리카도의 비교생산비원리에 입각한 국제분업의 원리에

의해 국가의 보호·간섭·통제가 없는 자유로운 국제통상이 모든 국가에게 이익이 된다고 하는 이론으로서 17~18세기의 중상주의의 보호정책에 반대하여 대두되었으며 19세기에 구체화되었음.

1) 자유무역의 이익

- 자유무역론에 의하면 자유무역을 실시할 경우에 일국 또는 전 세계의 자원이 최적배분될 뿐만 아니라 일국 또는 전 세계의 경제적 후생수준이 향상되어 무역이익이 발생한다고 함.
- 요약
  - 다양한 자유무역정책의 경제적 논거를 요약하면 〈표 2-1〉과 같음.

〈표 2-1〉 자유무역의 경제적 효과와 자유무역정책론

<table>
<tr><th colspan="2">구 분</th><th>자유무역의 경제적 효과</th><th>자유무역정책론</th></tr>
<tr><td rowspan="2">정태적 효 과</td><td>자원의 효율적 배분 효과와 후생 증대효과</td><td>· 비교생산비에 따른 생산특화와 교환에 의한 자원의 효율적 배분
· 자유무역 통한 국민후생증대</td><td rowspan="4">국제분업론
자유경쟁론
소비자이익론 (후생증대론)
소득분배개선론
대외무역 통한 경제발전론</td></tr>
<tr><td>소득재분배 효과</td><td>· 요소가격 변화로 인한 요소소득 변화 (생산자잉여와 소비자잉여 변화)</td></tr>
<tr><td rowspan="2">동태적 효 과 (경제 발전 효과)</td><td>수출의 동태적 효과</td><td>· 수출을 통한 필요외화의 조달
· 수출을 통한 국민소득의 증대
· 시장규모 확대와 생산성 증대
· 국내저축 증대와 자본축적</td></tr>
<tr><td>수입의 동태적 효과</td><td>· 필요물자조달(소비후생증대, 발전위한 원자재·자본재조달)
· 경쟁력 향상효과(국내경쟁촉진, 산업효율화, 기술개발촉진)
· 새로운 수요의 확대(새로운 투자의 유발, 개발의지의 확대)</td></tr>
<tr><td colspan="2">대외적 효과</td><td>· 국제적 협조와 평화에 기여</td><td>세계평화론</td></tr>
</table>

2) 자유무역론에 대한 비판

- 자유무역에 의하여 무역이익이 발생되고 이에 따라 국민의 소득수준이 향상되고 자본축적이 실현된다면 자유무역의 동태적 이익도 발생하게 되지만 자유무역론의 타당성은 고전학파의 견해처럼 보편적일 수 없는 바, 그 주된 이유는 다음과 같음.
  - 첫째 자유무역론의 중요한 이론적 근거가 되는 비교생산비원리의 전개에 필요한 여러 가지 가정이 비현실적임.[9)]
  - 둘째 자유무역에 따르는 특화에 의하여 각국의 산업구조 및 무역패턴이 고정화되고 이에 따라 후진농업국의 공업화가 불가능함.[10)]
  - 셋째 자유무역에 의하여 선진공업국의 교역조건은 점차 개선되고 이와 반대로 후진농업국의 교역조건은 점차 악화됨에 따라 무역이익이 개발도상국에서 선진국으로 이전됨.[11)]
- 자유무역론의 보편타당성이 결여되고 이와 동시에 자유무역론에 대한 비판이 일자 차선책으로 보호무역론이 대두되게 되었음.

---

9) 비교생산비원리는 2국 2재 1생산요소의 가정뿐만 아니라 완전고용, 완전경쟁, 수확불변 등의 여러 가지 가정하에 정립된 이론이기 때문에 이러한 조건이 충족되지 않는 현실경제에 비교생산비원리가 타당할 수 있는지에 대해 의문이 제기될 수 있음.

10) 특화가 이루어지게 되면 선진국에서는 개도국으로 공산품을 수출하고 개도국으로부터 농산물을 수입하며, 이와 반대로 개도국은 선진국으로 농산품을 수출하고 공산품을 수입할 것임. 이에 따라 선진국과 개도국은 모두 무역이익을 얻을 수 있게 됨. 그 결과 선진공업국은 공업부문에 집중적인 특화로 고도의 공업화를 이룩함으로써 무역의 동태적 효과를 극대화할 수 있음. 이에 비하여 후진농업국은 농업부문의 집중적인 특화로 공업화의 기회를 상실하게 됨. 따라서 선진국과 개도국 간에 경제적 격차가 점점 확대됨.

11) 자유무역이 이루어진다면, 공산품의 교역조건은 유리해지고 농산품의 교역조건은 불리해짐에 따라 선진국은 유리하고 개도국은 불리하게 됨. 제2차 세계대전 이후 일정기간을 제외하면 개도국의 특화품인 1차산품의 수출이 정체되고 장기적으로 교역조건이 악화되었기 때문에 1차 산품에 특화하고 있는 나라는 생산이 증가하더라도 교역조건의 악화에 의해 결과적으로 실질소득이 감소하게 되는 경향이 있을 수 있다는 것인데, 이러한 현상을 궁핍화성장(immiserizing growth)이라고 하여 바그와티(J. Bhagwati)에 의해서 주장되었음. 또한 개도국에 있어서 1차 산품의 교역조건이 악화된다는 사실은 프레비쉬(R. Prebisch)와 싱거(H. W. Singer)에 의해서도 명백하게 밝혀졌음.

(3) 보호무역론

- 보호주의 통상정책이 초기에는 자국 산업을 보호하기 위해서 주장되었으나, 근래에는 이러한 단순한 목적에 그치지 않고 교역조건개선론, 국제수지개선론, 소득분배론 등 여러 가지 이론적 근거하에서 다양하게 주장되고 있음.

1) 보호무역의 이론적 근거

- 유치산업보호론
  - 리스트(F. List)에 의하면 자유주의 통상정책은 선진공업국에는 적합한 통상정책이 될 수 있을지 모르나, 개도국에는 오히려 보호주의 통상정책이 더 적합한 통상정책이 된다고 하였음.
  - 유치산업은 규모가 작고 자본과 기술이 부족하기 때문에 타국의 대기업과 경쟁할 수 없으므로 그 산업이 성장하여 생산에 있어서 규모의 경제가 발생하여 어느 정도 경쟁력이 갖추어질 때까지 일정기간 외국과 경쟁하지 않고 성장할 수 있도록 보호해야 하며, 그 후 이 산업이 충분히 발전하였을 때 무역장벽을 제거하여 자유무역을 실시해야 한다는 것임.
  - 리스트의 유치산업보호론은 그 이론적 근거로서 다음의 두 가지를 들고 있는데, 첫째는 전통적 무역이론인 비교우위의 개념에 대한 회의적 견해이며,[12] 둘째는 공업부문인 수입대체산업의 보호를 통해 경제발전을 도모할 수 있다는 것임.[13]

---

12) 여기서 비교우위의 개념은 정태적인 개념으로서 비교우위론에 의하면 요소부존도와 기술수준 및 소비패턴이 변하지 않는 이상 비교우위가 있는 산업에의 생산특화가 고정되게 됨. 그러나 유치산업보호론은 이러한 정태적인 비교우위의 개념에 대하여, 현재는 공업부문의 생산이 비교열위에 있지만 성공적인 경제발전에 의해서 비교우위로 역전될 수 있다는 점을 강조하고 있음.

13) 개도국의 수입대체산업부문은 일반적으로 규모의 경제가 존재하는 공업부문이며 아직 성숙단계에 이르지 못한 유치산업이라 할 때, 자유무역을 실시하게 되면 유치산업은 성숙된 외국 산업에 압도되어 성장의 기회를 잃고 맘. 그러나 보호무역을 실시하여 유치산업을 일정기간 보호하게 되면 성장의 기회를 가지게 됨. 수입대체산업인 공업부문에 규모의 경제가 존재하고 있다고 하면, 보호무역에 의해 국내생산량이 증가됨에 따라 규모의 경제가 실현되므로 자본축적이 증가되고 기술진보가 촉진되어 경제가 발전되게 됨.

- 보호무역의 또 다른 주요한 경제발전효과는 애로우(K. J. Arrow)의 '경험을 통한 기술습득'(learning by doing)인데, 실제로 생산경험이 없을 때는 생산성이 낮았지만 공업부문에서의 생산경험이 축적됨에 따라 미숙련공의 기술수준이 향상되고 생산성이 높아지므로 경제가 발전하게 된다는 것임.

- 교역조건개선론
  - 교역조건개선론은 보호무역의 이론적 근거로서 오래 전부터 인정되어 왔는데, 특히 마샬(A. Marshall)과 에즈워드(F. Edgeworth)는 수입품에 적당한 관세를 부과하면 관세부과국은 자유무역 때보다 교역조건이 개선된다는 점을 인정하였음.
  - 따라서 관세는 교역조건을 개선하기 때문에 각국은 자국의 교역조건을 개선하기 위하여 보호주의 통상정책을 실시하기도 함.
  - 프레비쉬(R. Prebisch)는 보호무역주의의 기본적인 전제를 공산품과 농산품에 대한 소득탄력성의 차이에 두고 있는데, 즉 공산품에 대한 소득탄력성이 농산품에 대한 소득탄력성보다 크므로 경제의 발전, 다시 말해 소득의 증가에 따라 농산품에 대한 수요는 상대적으로 감소된다고 하였음.
  - 그러므로 자유무역이 이루어짐으로써 선진국과 개도국 간의 교역조건은 개도국에 불리하게 됨.
  - 따라서 농산품 생산에 비교우위를 갖고 있는 개도국은 교역조건의 악화를 통한 소득의 감소를 방지하기 위하여 자유무역으로부터 탈피하여 공업화를 지향한 보호주의 통상정책을 실시해야 한다는 주장임.[14)]

- 소득분배론
  - 국제무역은 생산요소의 가격을 변동시키고 생산요소 간에 소득분배를 변동시키는 경향이 있음.
  - 예컨대 국제무역은 노동자의 실질임금에 영향을 미치게 된다는 것인데, 스톨퍼(W. F. Stolper)와 사무엘슨(P. A. Samuelson)은 1941년 "보

14) 일반적으로 소국(small country)은 세계시장(world market)에서 영향력을 행사할 수 없어 교역조건이 불리해지기 십상임.

호무역과 실질임금"(Protection and Real Wages)[15]이라는 논문에서 높은 임금을 받고 있는 미국 노동자의 실질임금수준은 임금이 낮은 국가와의 자유무역을 통하여 점진적으로 하락되기 때문에 이를 방지하기 위한 정책적 수단으로 보호관세제도가 필요하다는 점을 주장하였음. ⇒ 이러한 스톨퍼-사무엘슨(Stolper-Samuelson)정리는 보호무역주의의 유력한 이론적 근거로 인정받고 있음.

- 결국 보호무역은 그 국가의 희소한 생산요소 소유자의 실질소득의 감소를 방지하고 풍부한 생산요소 소유자의 실질소득의 증대를 방지함으로써 자유무역의 경우와 정반대의 소득분배가 이루어지도록 함.

- 국제수지개선론
  - 보호무역론은 국제수지의 악화와 실업을 해소하기 위해 주장되고 있음.

- 산업조정의 곤란에 의한 보호무역론
  - 자유무역이 이루어지고 있는 경우에 생산요소는 비교열위산업에서 비교우위산업으로 원활하게 이동하게 되는데, 이러한 현상을 산업조정이라고 할 수 있음.
  - 그러나 이러한 가정은 현실적으로 충족되기가 용이하지 않음.
  - 자유무역이 이루어진다면 노동의 실업이나 자본설비의 유휴화가 발생할 가능성이 있는바, 만약 노동의 실업이나 자본설비의 유휴화에 의한 손실이 자유무역의 이익보다도 큰 경우에는 자유무역을 부정하고 이들 산업을 보호하는 것이 유리하게 됨.
  - 이러한 근거하에 보호무역을 주장하는 것을 산업조정 곤란에 의한 보호무역론 또는 유치산업보호론과 대비하여 사양산업보호론이라고도 함.

- 특정산업의 진흥과 자급자족론
  - 어떤 경제외적인 요인에 의하여 특정산업을 보호·육성하고 그 산업의 생산규모를 확대시키거나 혹은 이를 적어도 일정한 수준으로 유지

15) W. F. Stolper and P. A. Samuelson, "Protection and Real Wages," Review of Economic Studies, Nov. 1941, pp. 58~73.

시키기 위하여 보호주의 통상정책을 실시해야 한다는 주장을 '경제외적인 요인에 의한 산업보호론'이라고 하며, 그 대표적 예는 원자력산업, 우주산업, 항공기산업, 방위산업 등에 대한 보호조치임.

- 또한 특정의 재화에 대하여는 국내생산량을 증가시켜 자급자족을 실현하기 위하여 보호주의 통상정책을 실시해야 한다는 주장이 있는데, 이를 '자급자족론'이라고 함. ⇒ 특정산업의 진흥과 자급자족론은 일국의 정치 및 국방과 밀접한 관련을 맺고 있음.

- 불요불급품 및 사치품의 소비억제론
  - 불요불급품목이나 사치성 품목의 수입을 억제하고, 이로 인해 이들 품목에 대한 소비를 억제하기 위하여 보호주의 통상정책을 실시해야 한다는 주장

- 재정수입과 관세교섭
  - 보호주의 통상정책은 관세수입을 증대시키기 위하여 실시되는바, 관세수입은 일국 재정의 주요한 원천이며 커다란 비중을 차지하고 있음.
  - 개도국일수록 재정수입을 목적으로 한 관세가 일국의 총조세 수입 중에서 차지하는 비중이 높고 선진국일수록 낮음.
  - 보호주의 통상정책은 교역상대국의 관세 및 비관세장벽을 완화하기 위하여도 실시되는데, 자국이 교역상대국의 무역제한조치에 대항하기 위하여 보호주의 통상정책을 실시하면 보복과 역보복의 악순환에 의하여 교역량이 현저히 감소되지만, 새로운 관세협정이나 통상협상을 통하여 이를 개선시킬 수 있는 전기를 마련할 수 있음. ⇒ 그러나 이는 극히 제한적인 이유에 지나지 않음.

- 요약
  - 다양한 보호무역정책의 경제적 논거를 요약하면 〈표 2-2〉와 같음.

〈표 2-2〉 보호무역정책론과 주요 논거

구 분	보호무역정책론	주요 논거 내용
거시경제 목표 달성	· 고용보호론	국내산업의 고용안정과 고용증대를 위한 보호
	· 재정수입론	관세 등을 통한 정부재정수입 확보를 위한 보호
	· 국제수지개선론	일국의 국제수지개선을 이룩하기 위한 보호
국내산업 보호론	· 산업분화론 (산업고도화론)	농업·공업, 전통산업·신산업의 균형적 발전, 산업구조고도화를 이룩하기 위한 산업보호
	· 유치산업보호론	일정한 보호를 통하여 비교우위를 가질 수 있는 유망산업의 보호
	· 사양산업보호론	경쟁력이 약화되어 도산위기에 있는 산업의 지원을 위한 보호(정체산업보호론)
	· 전략적 무역정책론	과점적 첨단산업 등에 대한 지원을 통해 세계시장 점유율을 높이기 위한 보호(첨단산업보호론)
후생증진, 소득분배개선론	· 시장왜곡개선론	생산물시장과 요소시장의 파레토최적조건을 저해하는 왜곡의 시정을 위한 보호
	· 교역조건개선론	관세부과 등을 통한 교역조건의 개선과 무역이익을 증대시키고자 하는 보호
	· 소득분배개선론	자유무역에 의한 소득배분왜곡 방지를 위한 보호(저임금노동론, 선진국 생활수준유지론)
비경제적 (정치경제적) 보호론	· 공정무역론	덤핑·보조금지급 등 불공정경쟁에 의한 상대국 수출을 제한하고 시정하기 위한 보호
	· 국민경제자립론	과도한 해외의존도의 경감, 국민경제안정, 건전한 자급자족체제 구축을 위한 보호
	· 집단선호론	특수이익집단의 이익을 위한 보호
	· 국가안보론	국가안보·국방 관련 산업에 대한 보호
	· 협상전략적 차원의 보호론	상대국과의 무역협상에서 유리한 조건을 확보하기 위한 보호

2) 보호무역론의 한계성

- 유치산업보호의 경우
  - 일국의 경제적 후생의 향상을 위해서는 유치산업이 국제시장에서 경쟁할 수 있을 때까지 보호무역에 의해 보호・성장되어야 한다는 논리는 타당한 것이라고 볼 수 있지만 실제로 적용범위는 협소한 편인바, 그 이유는 일반적으로 관세를 부과하면 자원이 관세부과에 의해 보호되는 특정산업으로 이동되지만, 이 산업이 초기에 필요로 하는 자본이나 기술을 창출할 수 없을 뿐만 아니라 특정산업, 즉 유치산업이 보호무역에 의해 기술과 경험을 습득해야 한다는 밀(J. S. Mill)의 기준[16]을 만족시켜야 하며, 아울러 경험과 기술의 습득기간 중의 높은 비용을 보상할 만큼 습득기간이 끝난 후에 생산비 절감이 충분히 이루어져야 한다는 바스테이블(C. F. Bastable)의 기준[17]도 충족되어야 하기 때문임.
  - 이와 같은 근거에서 장래에 규모의 경제가 실현되어 습득기간 중에 투자된 금액이 충분히 보상될 수 있다면 비록 초기에 손실이 발생하더라도 민간기업이 투자를 감당할 수 있지만, 이러한 투자사업의 수익성이 실현되기 이전에 기간이 너무 길어서 위험요소가 개발투자가에게 과중하게 된다면 보호무역이 정당화될 수 없음.
  - 위와 같은 제약조건하에서 유치산업보호론을 검토할 경우에 유치산업의 선정, 보호의 정도 및 기간 등 유치산업에 대해 정부가 집중적으로 지원한다는 것은 행정능력 면에서 막중한 부담이 될 것이기 때문

---

16) 그는 일정한 기간 동안 보호를 받은 다음에 성장이 되어서 더 이상의 보호를 받을 필요성이 없는 산업을 보호대상 산업으로 선정해야 한다고 주장하였음. 이것은 일정기간의 보호 후에는 보호대상 산업이 적어도 국내시장에서 수입품과 경쟁할 수 있을 정도로 발전되어야 한다는 것을 의미함. 즉 보호는 외국의 비교우위산업과 기술을 이식 또는 습득하는 과정에 한정되어야 한다는 것임. 그리고 이러한 이식 또는 습득 과정이 지난 후에는 보호가 철폐되어야 하는 일시적인 것이어야 한다는 것임.

17) 그는 Mill의 기준을 더 엄격히 하여 장래에 비교우위를 누리게 된다는 것만으로 보호를 정당화할 수 없다고 하였음. 그는 일정한 기간 동안 보호를 받은 후에는 더 이상의 보호를 받지 않고 자립해야 하며, 더 나아가 보호기간 중에 발생된 경제적 손실이 장래 그 산업이 발전함에 따라 발생되는 경제적 이익으로 충분히 보상될 수 있는 여지가 있는 산업을 보호대상 산업으로 선정해야 한다고 주장하였음.

에 특정산업, 즉 유치산업을 육성하기 위하여 관세율을 선택적으로 부과하는 것보다는 공산품 전반에 대하여 일률적으로 관세를 부과하고 유치산업 선정과정을 시장요인에 일임하는 것이 타당할 것임.

- 이렇게 함으로써 수입대체의 여지가 있을 수 있고, 또한 공산품 간의 비교우위에 따라 특화가 이루어질 수 있는 계기가 마련될 수 있다는 것임.
- 개도국들이 유치산업을 보호하고 육성시켜 나가는 과정에서 나타나는 문제점은 일반적으로 다음의 세 가지로 요약할 수 있는데, 첫째 어떤 산업이 진정한 유치산업인가에 대한 판단, 즉 유치산업의 선정기준에 관한 논의가 용이하지 않다는 점, 둘째 유치산업을 일단 보호하게 되면 반영구화되는 경향이 있다는 점, 셋째 개도국에 있어서 국내산업의 보호혜택을 외국투자기업들이 향유하게 될 수도 있다는 점을 들 수 있음. ⇒ 이상의 문제점들은 산업정책 운용의 잘못에서 비롯되는 것이지 그 자체에 결함이 있는 것은 아니므로 정부의 합리적인 산업투자정책에 의하여 최소화될 수 있는 문제점들이기 때문에 공업화단계에 있는 개도국에 있어서 유치산업을 보호·육성하는 유치산업보호론은 장기적으로 볼 때 수입대체를 가능하게 하고, 국내 여타산업에 대한 파급효과를 통하여 공업화를 촉진시킬 수 있는 유용한 이론임에는 틀림없음.

- 국제수지개선의 경우
  - 실제로 국제수지 불균형을 시정하기 위해 관세를 부과하게 되면 관세의 보호효과와 소비효과에 의해 수입이 감소되므로 국제수지는 그만큼 개선되게 되지만, 이때 수출은 아무런 변동이 없다는 것이 전제되어야 함.
  - 즉 일국이 관세를 부과하여 국제수지를 개선하려고 할 경우에는 교역상대국의 보복이 없어야 하고, 또한 이 나라의 수출에는 아무런 변동이 없어야 국제수지개선이 가능해짐.
  - 만약 일국이 관세를 부과하여 수입이 감소됨으로써 일차적인 국제수지개선이 이루어졌다 하더라도 이차적인 소득변동과정(국제수지개선

⇒ 수출의 상대적 및 절대적 증가 ⇒ 국민소득증대 ⇒ 수입증가)에서 국제수지는 다시 악화되게 됨.

- 그러므로 일반적으로 개도국에서는 국제수지 그 자체를 개선하기 위해서는 관세를 부과하기보다 조세를 부과하여 수입품 소비를 줄이고 저축을 증가시켜 간접적인 개선이 이루어지도록 하는 것이 보다 합리적일 수 있음.

- 교역조건개선의 경우
  - 보호무역에 의해 교역조건이 개선될 수 있는 경우는 일국의 교역량이 세계 총교역량 중에서 차지하는 비중이 상당히 큰 경우, 즉 대국(large country)인 경우임.
  - 다시 말해 공급 또는 수요의 독점력을 행사할 수 있는 국가의 경우에는 수출관세 또는 수입관세를 적절하게 부과함으로써 보다 유리한 조건으로 교역할 수 있음.
  - 그러나 개도국의 경우에는 세계교역에서 차지하는 비중이 비교적 작은 소국(small country)이므로 교역조건개선을 통하여 실질소득을 국제적으로 이전할 수 있을 만큼 충분한 공급 또는 수요의 독점력을 행사할 수 없기 때문에 이 이론이 적용될 가능성은 희박함.
  - 한편 보호무역에 의해 초기에는 교역조건이 개선되어 이익을 얻을 수 있지만, 그 후 교역상대국의 보복행위로 인하여 그 이익이 상쇄되거나, 또는 관세수입을 정부가 지출하거나 관세수입의 국내 소득재분배에 의해 유발되는 수입수요의 증가로 인하여 교역조건의 개선이익이 상쇄될 수도 있다는 것임.

(4) 신보호무역주의

1) 신보호무역주의의 의의

- 1970년대 초 석유파동과 그에 뒤따른 자원파동, 세계적인 경제성장의 정체, 국제수지의 불균형, 실업자의 격증, 인플레이션의 심화, 수요부진 등 세계경기가 침체국면으로 접어들자 자국의 방어책으로서 각국은 여

러 가지 무역제한수단으로 수입을 규제하기 시작했는바, 즉 자유무역주의가 후퇴하고 선진국이 주도하는 보호무역주의가 강화되기 시작하였음.

- 1970년대 초 이후에 나타난 세계적인 보호무역주의 현상을 신보호무역주의(neo-protectionism)라고 부르는데, 이 당시의 보호무역을 신보호무역주의라고 부르는 데는 과거의 보호무역과 구별되는 특징이 있기 때문임.
  - 보호무역주의는 원래 공업화단계가 뒤떨어진 개도국이 선진공업국의 수출 공세로부터 자국의 유치산업을 보호하려는 의도에서 대두되었으나 1970년대 초 이후에 나타난 보호무역주의는 선진국 상호간의 수입규제와 개도국 수출에 대한 선진국의 수입규제가 중심을 이루고 있다는 점에서 전통적 의미의 보호무역주의와는 그 성격을 달리하고 있음.

2) 신보호무역주의의 등장배경 : 통상마찰을 중심으로

- 구조적 요인
  - 첫째로 미국경제의 후퇴와 국제경제의 다극화를 들 수 있는데, 국제경제관계의 다극화와 신흥공업국의 등장으로 선진국 간의 이해관계가 첨예하게 대립되었을 뿐만 아니라 선진공업국이 자국시장을 신흥공업국으로부터 방어하기 위하여 선진국을 중심으로 신보호무역주의를 채택하지 않을 수 없게 되었음.[18)]
  - 둘째로 세계경제불황의 지속을 들 수 있는데, 1970년대 이후 세계경제의 성장률이 급격히 둔화됨으로써 장기침체에 빠져 선진제국의 실업률은 전후 최고수준에 이르게 되었는바, 실업률이 높아지자 이의 방지를 위한 노동조합의 활동과 기업체의 집단행동은 수입규제를 강화하라는 대정부압력으로 나타났으며 이에 각국 정부는 수입상품에 대한 규제를 강화하는 보호주의 통상정책을 일반화하는 경향을 보이게 되었음.

---

18) 미국경제는 1960년대까지 압도적인 위치를 차지하였으나 그 후 EC와 일본이 부상함에 따라 1970년대에 들어서는 미국의 세계경제 주도권은 상실되고 미국·EC·일본 등에 의한 다극화시대로 돌입하였음. 이러한 다극화에 추가하여 한국·대만·홍콩·싱가포르 등의 신흥공업국이라는 중진국이 등장하여 미국을 비롯한 선진공업국의 수출에 큰 타격을 입히게 되었음.

• 셋째로 신보호무역주의가 세계적으로 확대되고 있는 가장 근원적 요인으로 세계경제상 산업구조의 조정이 이루어지는 과정에서 선진국 상호간 또는 선진국과 개도국 사이에서 산업구조 조정이 바람직한 방향으로 이루어지고 있지 않았다는 점을 들 수 있는바,[19] 산업구조 조정의 지연으로 제조업 분야에서는 선진국 간의 산업구조가 유사하게 되었고, 다른 한편에서는 개도국의 공업화로 선진국과 동일한 유형의 산업구조로 변화하였기 때문에 공산품의 공급과잉이 초래되어 각국 간에 통상마찰이 빈발하게 됨에 따라 신보호무역주의가 정착되는 계기가 되었음.

- 직접적 요인

• 첫째로 집중호우식 수출에 의한 수입국시장의 교란을 들 수 있는데, 특정상품이 특정국으로 일시에 대량수출될 경우 수입국의 관련 산업이 심각한 타격을 받게 되어 생산감소와 실업증대 등 여러 가지 사회적·경제적인 문제를 일으켜 통상마찰의 직접적인 요인으로 작용함으로써 신보호무역주의가 강화되게 되었음.

• 둘째 국제수지 불균형의 심화를 들 수 있는데, 미국, 영국 및 프랑스 등의 선진국에서는 섬유, 철강 및 조선부문에서 이미 국제경쟁력을 상실하였을 뿐만 아니라 국제수지가 수년간에 걸쳐 적자를 보여 왔는바, 결국 이러한 국제수지의 불균형이 무역마찰의 직접적인 요인으로 작용하였음.[20]

---

19) 세계경제는 1970년대를 전후로 하여 산업구조의 재편성이 급속하게 이루어지고 있었음. 예컨대 1960년대에는 섬유, 의류, 신발 등 단순 노동집약적 제품이, 그 후에는 자동차, 기계류 등 자본 및 기술집약적 제품이 비교우위를 누렸으며, 이러한 비교우위가 미국에서 서구·일본으로 다시 신흥공업국으로 단계적으로 이전되었음. 이로써 경공업 제품을 전략상품으로 하여 세계시장에 진출한 신흥공업국은 중화학부문에까지 수출을 확대하고 있어 선진국의 수출에 큰 타격을 주게 되었음. 이에 대하여 미국 등 주요 선진국의 산업구조 조정은 적극적 산업조정(비교우위의 구조 변화에 대응하여 단기적으로 국제경쟁시장에서의 자원배분 메커니즘에 따라 사양산업의 자본 및 노동을 성장산업으로 과감하게 이전시키고, 장기적으로 기술혁신을 기초로 하여 세계의 생산과 무역의 확대에 기여하는 새로운 성장산업을 발전시키는 것을 목표로 하는 산업조정정책을 말함)이 되지 못하고 이미 비교우위를 상실한 국내 사양산업을 보호하여 고용안정을 도모하려는 방위적 산업조정에 역점을 두게 됨으로써 세계경제 전체 면에서 볼 때 바람직한 구조조정이 지연된 실정이었음.

• 셋째 관세장벽의 무용화를 들 수 있는데, GATT(관세 및 무역에 관한 일반협정)가 35년간에 걸쳐 관세율 인하에 노력한 결과 관세율은 급격히 인하되어 관세장벽이 무의미하게 되자 여러 가지 형태의 비관세장벽이 그 중요성을 더해가게 되었는데, 비관세장벽은 대부분 GATT 규범을 우회하든가 사문화시키는 형태로 운영되었으며 이러한 비관세장벽 위주의 보호무역이 신보호무역주의였음.

3) 신보호무역주의의 특성과 유형

- 신보호무역주의의 특성

• 1970년대 초 이후 증가일로에 있는 무역제한조치를 총괄하여 신보호무역주의라고 부르는데, 이는 전통적인 보호무역주의에 비해 다음과 같은 특성이 있는바, 우선 종래의 보호무역은 후진국을 중심으로 그들의 공업화를 위해 실시되었으며, 또한 독점자본주의 단계에서는 독점시장의 확보라는 관점에서 공격적인 성격을 띠고 있었으나 신보호무역주의는 시장교란의 방지라는 측면에서 수동적으로 산업구조 변화를 지연시키려는 데 목적을 두고 선진국에 의해 주도되었음.[21]

• 두 번째로 보호무역의 수단으로 관세보다는 비관세장벽을 이용하였다는 점을 들 수 있는데, 고전적 보호무역주의, 특히 독점자본주의 단계에서의 보호무역은 관세가 주요한 수입규제수단이었으나 GATT에 의한 7차에 걸친 관세인하교섭으로 관세율이 크게 낮아져 더 이상 관세를 이용하기 어렵게 되자 선진국을 중심으로 보호무역의 새로운 수단으로 비관세장벽, 즉 반덤핑제도, 상계관세의 발동, 긴급수입제한조치 등을 사용함으로써 그 수단이 다양화되었음.[22]

---

20) 국제수지의 적자국은 그들의 적자폭을 축소하기 위하여 대외적으로 외국상품에 대하여 수입규제를 강화하는 조치, 즉 신보호무역주의를 취하지 않을 수 없게 되었음.

21) 따라서 보호조치는 대개 고전적 보호무역주의가 무차별적이었던데 비해 신보호무역주의는 차별적이고 선별적인 성격을 띠고 있음.

22) 비관세장벽이 신보호무역주의의 주요한 정책수단으로 이용되는 이유는 다음과 같음. 첫째 관세율을 변경하는 경우에 입법절차를 거쳐야 하지만, 비관세장벽은 행정조치만으로 가능하다고 하는 편의성이 있음. 둘째 품목에 따라 선별적으로 발동되기 때문에 국제적 여론을 회피할 수 있음. 셋째 관세보다 국내물가에 미치는 파급효과가 작은 대신에 수입억제효과는 관세보다 커 비관세장벽이 빈번히 이용되게 되었음.

• 마지막으로 보호의 대상이 국제경쟁력을 상실한 선진국의 사양산업이라는 점인데, 종래 산업자본주의와 그 이전 단계에서는 보호의 대상이 후진국의 유치산업이었고, 독점자본주의 단계에서는 독과점산업이 그 대상이었던 반면에 1970년대 이후 확산되었던 신보호무역주의는 선진국에서 비교우위를 상실한 사양산업을 보호하여 자국의 고용수준을 유지하려고 하였음.[23)]

- 신보호무역주의의 유형

• 신보호무역주의라고 해서 무역제한조치들이 보호무역주의와 완전히 다른 것은 아니었는바, 보호무역주의의 무역제한조치는 관세와 비관세장벽을 통하여 실시되고 있었고, 다만 신보호무역주의에서는 무역제한조치로서 관세장벽보다 비관세장벽을 더욱 선호하였음.

• 관세장벽과 관련하여 전후 GATT창설 이후 7차에 걸친 관세인하협상, 특히 케네디라운드(Kennedy Round)협상이 성공하여 약 30,000개 품목에 대하여 관세율을 평균 35% 인하시킴으로써 선진국의 공산품에 대한 관세율은 10% 내외가 되어 관세의 보호장벽 기능은 크게 약화되었으며, 또한 도쿄라운드(Tokyo Round)에서는 1980년부터 8년간 단계적으로 관세율을 인하시키기로 합의함으로써 관세장벽은 더욱 낮아졌음.

• 비관세장벽은 일반적으로 비공개적이고 위장되기 때문에 정확히 파악하기는 어렵지만 1981년 GATT자료에 의하면 그 유형이 무려 5백여 종에 달하는 것으로 알려졌음.[24)]

---

23) 더욱이 근래에는 신보호무역주의가 일부 사양산업을 대상으로 한 한계적 산업보호정책에서 첨단산업 및 기술집약산업 등 전략산업을 보호하는 중추적 산업보호정책으로 전환되는 경향이 있음.

24) 비관세장벽의 유형과 관련하여 다음의 다섯 가지로 대별할 수 있음. 첫째 수량규제에 의한 방식(다자간섬유협정 등에 의한 쿼터제, 수출자율규제, 시장질서유지협정 등), 둘째 가격통제에 의한 방식(최저수입가격제, 각종 과징금, 반덤핑 및 상계관세 등), 셋째 정부간여에 의한 규제방식(보조금 지급, 정부의 국산품 우선구매 등), 넷째 제도 및 행정절차에 의한 방식(수입허가제를 통한 각종 증빙서류의 과다청구와 통관절차의 복잡화 등), 다섯째 표준 및 품질규격에 의한 방식(다른 나라와 상이한 여러 가지 표준을 설정하여 수입규제수단으로 활용하는 이 부류에는 제조기준, 보건 및 안전기준, 계량기준, 함량기준, 원산지규정, 포장규정 등이 있었음)

(5) 무역자유화와 우루과이라운드(UR)

1) UR의 대두배경과 의의

- UR의 대두배경
  - 우선 GATT의 기능약화를 들 수 있는데, GATT는 1948년 발족 이후 1970년대까지 7차례의 포괄적인 다자간무역협상을 통해 무역자유화를 지속적으로 추진해 왔으나 이러한 협상에도 불구하고 국제통상질서는 여전히 수출자율규제, 시장질서유지협정 등과 같은 보호무역조치의 만연으로 GATT의 가장 중요한 원칙인 무차별 적용의무가 지켜지지 않음으로써 GATT기능이 약화되고 있다는 지적이 있었으며 이와 동시에 GATT의 기능을 보완하는 새로운 국제규범 정립을 위한 다자간무역협상 추진의 필요성이 제기되게 되었음.
  - 1980년대에 접어들면서 고도의 기술상품에 대한 교역이 급속도로 증가하게 됨은 물론 이에 따른 금융, 운송, 통신 등 서비스교역도 급증하게 됨으로써 이들 분야에 대한 새로운 국제적 규범의 필요성이 거론되기 시작하였으며 또한 농산품 교역에 관한 국제규율이 확립되지 못한 채 공산품 위주의 무역규범체계로 된 GATT기능을 개편할 필요성이 대두되게 된 것임.
  - 선진국 간, 그리고 선진국과 개도국 간의 무역불균형 등 각국 간의 무역불균형 해소가 국제경제의 지속적인 발전을 위한 선결과제라는 데 인식을 같이함으로써 UR출범을 위한 분위기가 조성된 것임.

- UR의 의의
  - 첫째 UR은 보호무역주의가 만연된 변화된 세계통상환경 속에서 진행되었기 때문에 자유무역주의를 기조로 하는 새로운 세계통상질서를 창출하고 보호무역주의의 확산을 저지할 수 있는 차선책으로서 중요한 의의를 지니고 있음.
  - 둘째 UR은 신보호무역주의, 즉 비관세장벽의 만연이라는 국제통상환경하에서 추진되었는바, GATT는 이러한 비관세정책의 만연을 우려하였으며 아울러 여기에 대한 적절한 대응책을 모색해야 할 필요성을

절감하였기 때문에 UR에서는 이 문제를 중요한 의제로 삼았음.

- 셋째 UR은 주요 경제권 간의 상대적 위치가 급격하게 변화하는 과정에서 추진되었는바, 특히 개도국권의 부상이 매우 두드러져 과거와 같이 선진국 중심의 다자간통상질서를 새로운 주요 경제권과 새로운 통상환경을 수용하는 다자간통상질서로 정립할 필요성이 대두되게 되었음.
- 넷째 UR은 국제통상에서 새로이 부각되고 있는 분야에 대해 다자간 규범을 제정해야 된다는 의무에서 추진되었는바, 즉 UR에서는 그때까지 GATT가 취급하지 않았던 서비스, 무역관련투자, 지적재산권 등에 대한 새로운 규범의 정립이 필요하였음.
- 다섯째 GATT에서 오랫동안 그 해결책을 모색하여 왔으나 그때까지 타결을 보지 못한 문제들이 있었는바, 이 문제들의 해결을 위해 관세, 비관세조치, 열대산품, 천연자원산품, 섬유 및 의류, 농산물, 긴급수입제한조치, 다자간무역협정, 보조금 및 상계관세, GATT규정 등 대부분이 UR의 주요 의제들에 해당되었음.

2) UR의 개요

- UR의 목표
  - UR의 기본목표는 국제통상에 있어서 시장개방확대, GATT체제 및 규율 강화와 새로운 분야에 대한 다자간규범을 정립하여 1990년대 및 2000년대의 세계통상질서를 강화하는 데 있음.
- UR의 협상체계와 과제
  - UR협상은 GATT체제하의 다자간무역협상 중 가장 포괄적이고 복잡한 협상으로 상품교역에 관한 14개의 의제와 서비스교역 등 총 15개의 협상의제를 채택하였음.[25]

25) 구체적으로 각 분야별 협상대상 내용을 살펴보면 대체로 다음과 같음. ▶관세 : 관세율의 인하, 가공도별 세율격차의 완화 내지 폐지 및 관세양허 범위의 확대추진, ▶비관세장벽 : 보호무역주의 철폐약속의 이행과정에서 취해지는 모든 조치와는 별도로 수량제한을 포함한 비관세조치의 완화 내지 철폐, ▶농산물 : 농산물의 수출입에 영향을 미치는 모든 조치들이 일반협정규정 및 원칙에 따라 이루어지도록 추진, 즉 국내생산보조금과 수출보조금의 감축, ▶섬유 : MFA(다자간섬유협정) 등 국제섬유무역협정을 일반협정에 통합시켜 이 분야의 무역을 보다 자유화, ▶열대산품 : 가공・반가공 등의 형태

• 여기서 상품협상그룹은 크게 시장개방 분야, GATT규율 분야, 신분야 등으로 분류되었으며 서비스교역에 관한 문제는 상품협상그룹과는 별도로 서비스협상그룹에서 다루어지고 있으며 서비스교역에 관한 국제적인 규범을 정립하는 데 주력하고 있음.

3) UR협상의 타결경위

- 1986년 9월 UR이 공식 출범하면서 1990년 말까지 협상타결을 목표로 하여 총괄적인 감독기구로서 무역협상위원회(TNC : Trade Negotiations Committee)를 두고 그 산하에 상품협상그룹(GNG : Group of Negotiations on Goods)과 서비스협상그룹(GNS : Group of Negotiations on Services) 그리고 보호주의 조치의 동결/철폐(Standstill/Rollback)라는 감시기구를 두었으며, 또한 상품협상그룹(GNG) 산하에 지적재산권 등 14개의 협상그룹을 두어 협상을 시작하였음.
- UR협상은 당초 예상대로 협상 초반부터 선진국과 개도국 간, 그리고 수출입국 간의 의견대립으로 난항을 거듭하였음.
  • 1990년 12월 브뤼셀(Brussel)에서 개최된 각료회의에서 미국과 EU 간의 농산물보조금의 감축문제와 서비스시장의 개방문제에 대해 입장

여부를 불문하고 열대산품 무역의 완전한 자유화, ▶천연자원 : 가공·반가공 등의 형태 여부를 불문하고 천연자원산품의 완전한 무역자유화 추진, ▶MTN(Multilateral Trade Negotiation : 다자간무역협상)협정 : 도쿄라운드에서 타결된 각종 협정을 적절히 개선 확장, ▶보조금·상계관세 : 국제무역에 영향을 미치는 모든 보조금 및 상계관세조치와 관련된 일반협정규정 개선, ▶긴급수입제한조치 : 산업구조 조정 방안의 의무적 제시, 수출자율규제의 전면금지, 그리고 산업피해기준, 보복 및 배상조항 수정, ▶GATT기능 강화 : 각국의 통상정책이 서로 조화되도록 이를 주기적으로 검토, ▶GATT조문 개선 : GATT조문을 검토하여 적절하지 않다고 판단될 경우, 이에 대한 협상을 통해 GATT조문 개선, ▶분쟁해결 절차 : 신속하고도 효과적인 분쟁해결을 위하여 일반협정의 분쟁해결을 위한 절차 및 규정의 개선 강화, ▶지적재산권 : 지적재산권의 교역을 왜곡 또는 저해하는 요인을 완화하는 동시에 지적재산권 보호 그 자체가 무역에 대한 장애요인으로 작용하지 않도록 일반협정규정을 명료화하는 동시에 필요한 경우 새로운 규정 및 원칙 마련, ▶무역관련투자 : 무역을 제한하거나 왜곡시키는 효과를 초래하는 각종 투자조치에 대하여 일반협정규정의 적용을 검토하고 그러한 무역제한 또는 왜곡효과를 방지하는 데 필요한 규정 제정, ▶서비스무역 : 서비스무역을 다룰 원칙 및 규정에 관한 다자간 프레임워크를 설정하여 서비스무역을 위한 서비스협상그룹(GNS) 설치

차이를 좁히지 못함으로써 협상타결이 어렵게 되어 당초의 타결 시한을 넘기게 되었음.

- 그러나 1991년 2월 무역협상위원회는 협상재개를 위한 작업계획을 채택한 후 동년 4월에는 15개의 협상그룹을 7개로 통합·조정하였으며, 동년 12월에는 던켈초안(Dunkel Draft)이라고 하는 'UR최종의정서안'이 마련되었으며, 각국이 이 안을 협상의 기초로서 수용할 의사를 보임에 따라 UR협상이 크게 진전되었음.

- 또한 1993년 7월 던켈(Dunkel)에 이어 GATT 사무총장에 취임한 서덜랜드(W. Sutherland)가 무역협상위원회의 의장이 되었으며, 1993년 7월 도쿄에서 열린 4개국(미국, EU, 일본, 캐나다) 통상장관회의와 G-7 정상회의에서 시장접근일괄타결에 관해 불완전하나마 실질적인 합의가 이루어졌고, 동년 12월 15일까지 UR을 타결짓기 위한 집중적인 작업계획을 동년 8월 31일에 채택하여 추진하였음.

- 특히 1993년 11월 19일부터 서덜랜드 의장이 미국과 EU 양측에 대해 협상의 타결을 위해 집중적으로 노력한 결과 양측이 합의함으로써 마침내 1993년 12월 15일에는 "UR다자간무역협상 결과를 구현하는 최종의정서"(Final Act Embodying the Results of the Uruguay Round of Multilateral Trade Negotiations : UR최종의정서〈UR Final Act〉로 약칭)에 합의하게 되어 7년여에 걸친 UR협상이 타결되었음.

- UR협상이 타결된 이후 무역협상위원회는 UR에서 채택된 UR최종의정서의 서명을 위하여 1994년 4월로 예정된 마라케시(Marrakesh) 각료회의의 준비에 착수하였으며, 동년 4월 모로코에서 마라케시 각료회의가 개최되어 WTO 출범에 있어 다음의 네 건의 결정이 채택되었음.
  - WTO협정의 수락 및 가입에 관한 결정
  - 무역과 환경에 관한 결정
  - WTO협정의 이행에서 파생되는 기구 및 재정적 결과에 관한 결정
  - WTO준비위원회의 설립에 관한 결정 등

- 그 후 1994년 4월 15일에는 UR협상에 참여한 123개국 정부 및 EU를 대

표하는 각료들이 마라케시선언(Marrakesh Declaration)을 채택하였고, 111개국 대표가 UR최종의정서에 서명하였음.

- UR최종의정서에는 '세계무역기구 설립을 위한 마라케시협정'[(Marrakesh Agreement Establishing the World Trade Organization) 또는 'WTO(설립)협정'(WTO Agreement)으로 약칭)]과 각료결정 및 선언이 부속문서로 첨부되었음.

〈표 2-3〉 UR협상 타결경위

1986년 9월	: 우루과이 푼타 델 에스테 각료선언(UR 출범)
1988년 12월	: 몬트리올 중간평가
1990년 4월	: 멕시코 중간평가
1990년 12월	: 브뤼셀 각료회의(당초 협상타결을 목표로 하였으나 실패)
1991년 2월	: 무역협상위원회의 작업계획 채택
1991년 4월	: 15개 협상그룹 7개로 통합조정
1991년 12월	: 던켈 최종협정문안(Draft Final Act) 제시
1992년 1월	: 향후 협상결과 협의를 위한 TNC(무역협상위원회)회의 개최
1992년 12월	: 미국과 EU와의 농업보조금 문제에 대한 의견 조정
1993년 12월 15일	: 117개국이 UR최종의정서에 조인(UR협상 종결)
1994년 4월 15일	: 모로코 마라케시에서 123개국이 참가하여 UR협상 최종 종결 선언 및 WTO설립협정 채택
1995년 1월 1일	: WTO협정 발효

4) UR협상과 우리의 대응방안

- 기본방향

- 국제적으로 UR협상의 타결로 국내기업의 경쟁여건은 더욱 악화될 전망이므로 이러한 여건에 대응하면서 대외경쟁력을 강화하기 위해서는 기술개발과 산업구조개선 등 국내산업의 체질개선이 이루어져야 할 것임.
- 아울러 세계경제에 부응하는 책임과 역할수행이 선행되어야 할 것임.
- 우리나라는 경제력의 증대로 국제적으로 우리의 경제력에 상응하는 책임분담 요구를 받고 있으며, UR협상 타결 등을 통하여 무역자유화

조류에 부응하기 위해서 수출확대와 시장개방을 동시에 추구해야 할 것임.

- 대응방향
  - 첫째 국내기업들은 제품의 고부가가치화를 이룩하기 위해 노력해야 할 것임.
  - 둘째 기업활동을 지원하는 서비스산업의 확충과 함께 경쟁력이 미약한 산업에 대한 지원방안이 강구되어야 할 것임. ⇒ 금융, 정보, 통신 등의 서비스산업에 대한 지원이 확충되어야 함과 동시에 농업을 포함하여 경쟁력이 취약한 부문에 대해서는 개방영향을 최소화하기 위한 방안이 강구되어야 하며, 또 피해를 입게 될 농가를 비롯한 국내산업 부문에 대한 지원책도 함께 모색되어야 할 것임.
  - 셋째 대외경쟁력의 강화를 위해 ASEAN과 아시아 NICs 등과의 경제협력강화, 미국・일본・EU와의 기존 협력관계 공고화, 신흥개도국 및 동구권과의 협력, BRICs 등과의 실질적이고 실리적인 협력관계의 구축이 요구됨.
  - 넷째 금융의 자유화 및 국제화가 추진되어야 함.[26]

참 | 고 | 자 | 료

(1) 김정수(2003),《국제통상정책론》, 박영사.
(2) 노택환 외(2004),《국제통상의 이해》, 박영사.

26) UR협상 타결에 따라 우리 경제의 취약부문인 서비스시장도 개방하여야 하는데, 특히 금융시장의 자유화는 실물부문과의 상호관계를 감안하여 단계적으로 추진되어야 함. 또한 이러한 개방에 대응하기 위해서는 무엇보다도 금융기관의 경쟁력이 강화되어야 할 것임. 이를 위해서는 금융기관의 구제금융업무 수행능력을 제고하고, 또한 금융산업 재편을 통하여 금융기관별 경쟁력이 강화될 수 있도록 유도해야 할 것임.

제 3 장

무역규제의 구체적 방식

(1) 관세정책

1) 관세의 의의

- 관세(tariff, customs, customs duties)란 법정의 관세구역을 통과하는 수출입화물에 부과되는 일종의 조세를 의미함.
  - 관세구역은 정치적인 국가영역과 반드시 일치하는 것은 아니므로 관세경계와 국경이 동일한 것은 아님.[27]
- 관세는 일종의 조세이므로 다음과 같은 특성을 지니고 있음.
  - 관세는 국가에 의하여 징수되는 국세로서 법률이나 조약에 의하여 강제적으로 징수됨.
  - 관세는 물품세이고 수시세이며 관세의 궁극적인 대상은 소비행위이므로 일종의 소비세임.
  - 관세에는 반대급부가 없으며 관세의 부담은 다른 경제주체에 전가되는 특성을 지님.[28]
- 관세는 역사적으로 여러 가지 형태를 거치며 변천되어 왔음.
  - 오늘날에는 보통 국가영역을 단일관세영역으로 하지만 이전에는 일국내에서도 여러 관세영역이 설정되는 국내관세가 일반적 관례였음.

---

27) 예컨대 관세동맹의 경우 독자적인 국경이 설정되어 있으나 단일관세구역이 되는 반면, 자유항의 경우 일국의 국경 내에 있으나 관세가 부과되지 않음.

28) 이밖에 관세는 일반 내국세에 대하여 ▶관세영역을 전제로 하여 이러한 영역을 넘는 수출입화물에 대하여 부과됨. ▶필수품에 대하여는 낮고 불요불급품과 사치품에 대해서는 높게 부과되며, 또한 원자재와 중간재에 대하여는 낮고 완제품과 최종재에 대해서는 높게 부과됨. ▶정부의 재정수입증대 및 국내산업의 보호 등 여러 가지 경제적 효과를 지님.

2) 관세의 종류

- 무역정책수단으로서의 관세는 다음과 같은 기준에 따라 여러 가지로 분류되는데 주요한 내용은 〈표 3-1〉과 같음.

〈표 3-1〉 관세의 종류

분류기준	관세의 종류
과세대상	· 수출관세 · 수입관세 · 통과관세
과세목적	· 재정관세 · 보호관세(육성관세, 금지관세, 방지관세 등)
과세방법	· 종가세 · 종량세 · 선택관세 · 복합관세
과세율 수	· 단일관세 · 복수관세
제정방법	· 국정관세 · 협정관세
차별여부	· 차별관세(특혜관세, 공통관세, 탄력관세 등)

- 관세의 일반적 종류
  - 수출관세 · 수입관세 · 통과관세 : 수출품에 대한 수출관세(export duties), 수입품에 대한 수입관세(import duties), 수출입화물이 운송되는 과정에서 자국의 영토를 통과할 경우에 부과되는 통과관세(transit duties)로 구분되지만, 오늘날 관세라고 할 경우 수입관세를 지칭함이 일반적임.[29]
  - 재정관세 · 보호관세 : 정부재정수입을 목적으로 부과되는 재정관세(financial duties)와 국내산업보호를 목적으로 하는 보호관세(protective duties)로 구분되는바, 역사적으로 고대의 관세는 재정관세적 성격이 강하였으나 오늘날에 있어서는 더 이상 보호가 필요 없는 산업이나 커피 · 차 · 향료 등 기호품에 대한 관세의 경우에만 재정관세적 성격을 가지고 있음.[30]

29) 관세(關稅)는 보통 수입관세(import duties)를 말하는데, 외국상품이 국내로 수입될 때 부과되는 세금을 말함.

30) 한편 보호관세는 다시 구체적인 보호목적에 따라 국내의 유치산업보호를 위한 육성관세, 외국상품의 수입을 완전히 금시키기 위한 금지관세, 외국으로부터 국내산업의 압박을 방지하기 위한 방지관세 등으로 구분하기도 함.

• 종가세 · 종량세 · 선택관세 · 복합관세 : 과세기준이 금액인 종가세(ad valorem duties), 수량인 종량세(specific duties), 양자 중 어느 하나를 선택하는 선택관세(alternative duties), 양자를 동시에 복합적으로 적용하는 복합관세(compound duties)로 구분되는데, 과세기준으로서의 종가세는 과세의 형평성을 기할 수 있다는 장점이 있는 반면 과세대상이 되는 적정가격을 결정하기 어려워 분쟁이 따르고 이로 인한 절차와 비용이 소요된다는 단점이 있으며 종량세는 이와 반대되는 장단점을 나타내므로 이러한 장단점을 잘 고려하여 과세하려는 노력을 행하게 됨.[31]

• 단일관세 · 복수관세 : 동일상품에 대하여 동일세율을 적용하는 단일관세(single tariff)와 동일한 제품에 대해서도 국가에 따라 다른 세율을 적용하는 복수관세(double tariff)로 구분되는데, 이러한 복수관세는 결국 차별관세적 성격을 지니게 됨.

• 국정관세 · 협정관세 : 과세가 국가의 자주적 결정에 의해서 이루어지는 국정관세(national duties)와 국제적 협정에 의해 이루어지는 협정관세(conventional duties)로 구분되는데, 이러한 협정관세에도 두 국가 간의 쌍무적 협정에 의해 이루어지는 경우도 있고 다수국 간의 협정에 의해 이루어지는 경우도 있음.

- 차별관세(differential duties)[32]의 종류

  • 특혜관세(preferential duties)[33] : 특별한 관계에 있는 상대국과의 통상

---

31) 무엇을 기준으로 관세를 매기는지에 따라 종가세(從價稅 : ad valorem duties)와 종량세(從量稅 : specific duties)로 나눌 수 있음. 종가세는 수입상품의 가격을 기준으로 일정비율을 관세로 부과하는 것임. 예컨대 일본 자동차의 수입가격이 3000만원이고 관세율이 8%라면 관세는 240만원(3000만원×8%)이 되는 방식임. 반면 종량세는 수입상품의 물량을 기준으로 관세를 매기는 것임. 설탕 1kg당 관세를 100원으로 정하고, 설탕 10kg이 수입되면 관세 1000원(100원×10kg)을 부과하는 방식임. 우리나라는 대부분의 상품에 대해 종가세 방식의 관세를 적용하고 있음.

32) 차별관세란 관세부과에 있어 차별을 두지 않는 일반관세와 달리 어떤 특정국으로부터의 수입품에 대하여 타국의 제품보다 더 높은 관세율을 적용하거나 더 낮은 관세율을 적용하는 관세제도임. 이러한 차별관세는 중상주의시대나 2차 세계대전 이전의 무역정책에서는 빈번히 적용되어 주요한 보호무역수단으로 채택되었지만, 상호주의 · 무차별주의 · 최혜국조항 등이 채택된 GATT체제 이후 빈번하게 채택되지는 않았지만 여전히 여러 가지 형태로 잔존하고 있음.

33) 관세는 모든 국가에 같은 세율을 적용하느냐, 특정국가에 낮은 세율을 적용하느냐에 따라 구분할 수도 있음. 예를 들어 현재 우리나라는 미국산 자동차든, 일본산 자동차든

관계를 강화하기 위하여 낮은 관세율을 적용하는 관세제도로서 국제특혜관세 · 식민지특혜관세 · 일반특혜관세제도가 있는바, 역사적으로 국제특혜관세가 스칸디나비아국가들 간 또는 스페인 · 포르투갈 간에 적용된 적이 있었고 식민지특혜관세도 영연방국가 · 프랑스연방 · 미국과 필리핀 간에 시행된 바 있었지만, GATT는 이러한 특혜관세제도가 차별적 성격을 지니는 만큼 이의 확대나 신설을 금지하였음.[34)]

- 공통관세(common duties) : 관세동맹형태의 경제통합이 이루어지는 경우 역내국 상호간에는 관세의 철폐 또는 감면과 같은 특혜를 공여하는 반면 역외국에게는 공통적으로 설정한 관세를 부과하게 되는데, 이를 공통관세라고 함.[35)]
- 탄력관세(flexible duties) : 조세법률주의에 따라 관세 역시 본래는 입법부에 의한 관세율의 제정 · 조정에 의해 실행되어야 하지만 급변하는 국제통상환경에 대하여 신속하고 탄력적으로 대응하기 위해서는 일정한 범위 내에서의 관세율조정권을 행정부에 위임하는 것이 바람직하기 때문에 입법부로부터 일정한 범위 내에서의 관세조정권을 위임받아 행정부가 신축적이고 탄력적으로 운영하는 관세제도가 바로 탄력관세인데, 그 종류와 내용은 〈표 3-2〉와 같음.

똑같이 8%의 관세율을 적용하고 있음. 수입국에 따라 차별하지 않고 동일한 대우를 한다고 해서 최혜국 대우(MFN ; Most Favored Nation : 가장 좋은 대우를 해주는 나라에 적용하는 기준을 다른 나라에도 똑같이 적용하는 것) 관세라고 함. 그런데 한미 FTA(자유무역협정)가 발효되면 상황이 달라지게 됨. FTA 협정을 체결한 두 나라가 서로의 상품에 대해서만 다른 나라의 상품에 비해 낮은 관세를 부과하는 특혜를 주기 때문임. 2007년 4월에 타결된 한미 FTA에서는 3000cc 이하 승용차에 대한 관세를 즉시 철폐하기로 합의했음. 따라서 한미 FTA가 발효된다면 일본산 차가 한국에 수입될 때 8%의 관세를 물어야 하지만, 미국산 차는 관세를 물지 않게 되는 것임. 이렇게 특정국가의 상품에 대해 낮은 세율의 관세를 부과하는 것을 특혜관세(preferential tariff)라고 부름.

34) 일반특혜관세제도(GSP : Generalized System of Preference)는 남북문제의 해결을 위한 방안으로서 개도국으로부터 수입되는 제품에 대하여 선진국들이 관세 상의 특혜를 부여하는 제도로서 1970년 UNCTAD의 합의에 따라 1971년 7월부터 시행되어 왔음.

35) 관세동맹의 경우에는 관세를 통한 역내외 차별화를 이룩하지만, 자유무역협정 등과 같은 경제통합의 경우에는 역내국가 상호간에는 관세의 철폐나 감면 같은 조치를 취하지만 역외국에 대한 차별적인 공통관세를 부과하지 않고 회원국별로 독자적인 관세자주권을 행사함.

〈표 3-2〉 탄력관세의 종류와 내용

종 류	내 용	국제협약
보복관세 (retaliatory duties)	자국 상품에 대한 상대국의 불이익조치에 대한 보복조치로서 부과되는 할증관세	
덤핑방지관세 (anti-dumping duties)	외국의 덤핑에 의한 수출행위를 방지하기 위하여 부과되는 할증관세	덤핑방지 관세협정
상계관세 (compensation duties)	보조금 등 정부지원을 통해 이루어진 외국 수출품에 대하여 부과되는 할증관세	보조금 · 상계관세협정
긴급관세 (emergency duties)	특정제품수입이 급격히 증가되어 국내산업에 심각한 타격을 주거나 줄 우려가 있는 경우 수입증가를 긴급히 억제하기 위해 부과되는 할증관세(우리나라는 농림축산물에 대한 특별 긴급관세제도를 도입하고 있음)	세이프가드 협정
편익관세 (convenient/ beneficial duties)	조약 · 협정에 의한 관세 상의 혜택을 약속하지 않은 나라이지만 어떤 정치 · 외교 · 경제적 우호관계를 고려해 관세 상의 특전을 부여하는 제도	
수입할당관세 (import quota duties)	일정범위 내에서는 낮은 관세율을 적용하지만 그것을 초과하는 부분에 대해서는 더 높은 관세율을 적용하는 일종의 이중적 관세율제도	
조정관세 (adjustment duties)	수입자유화조치로 일부 품목의 수입이 일시에 너무 급격히 증대되어 국내산업 피해 또는 국민소비생활 교란 발생 시 피해 제거를 위한 관세율 조정관세	
물가평형관세 (price stabilization duties)	국내물가안정 · 특정물품의 원활한 수급 · 특정물품 가격등귀방지 등을 위해 관세율을 조정하거나 계절에 따라 수시로 변동시키는 관세제도	

3) 관세의 경제적 효과

- 관세의 경제적 효과는 관세부과국의 경제에 어떠한 효과를 가지는가라는 국민경제적 관점에서 논의될 수 있는데, 이러한 관점에서 논의되는 관세의 경제적 효과는 일반적으로 다음과 같이 요약될 수 있음.

- 가격효과 · 소비효과
  - 일국이 관세를 부과하면 그 재화의 국내가격이 상승되는 가격효과(price effect)가 발생됨.
  - 이러한 가격효과로 인하여 이 재화에 대한 총수요, 즉 국내소비가 감소되는 소비효과(consumption effect)가 발생되고, 이에 따라 소비자의 후생이 감소되는 후생효과가 발생함.
- 보호효과 · 경쟁효과
  - 가격효과로 인하여 수입경쟁(대체)재의 국내생산이 증대되는 생산효과(production effect)가 발생됨.
  - 이러한 생산효과는 결국 관세를 통한 국내산업보호를 의미하므로 보호효과(protection effect)라고 하며 관세의 경제적 타당성을 인정하는 가장 강력한 논거가 됨.
  - 이러한 보호효과를 통하여 관세는 국내산업의 경쟁효과(competition effect)를 갖게 되는바, 즉 관세를 부과하면 외국과의 자유경쟁을 제한 또는 차단함으로써 대내적으로는 외국 수입품과의 경쟁에서 유리한 경쟁효과를 갖게 됨.
- 재정수입효과 · 후생효과
  - 관세부과는 정부의 재정수입을 증가시키는 재정수입효과(revenue effect)를 발생시킴.
  - 따라서 관세의 부과는 소비자의 후생감소 · 생산자의 후생증대 · 정부의 재정수입증대를 동시에 가져오는데 이러한 후생의 전체 변화를 보면 관세의 부과는 관세부과국의 경제적 후생을 전체적으로 감소시키는 후생효과를 발생시킴.
- 소득재분배효과
  - 관세부과는 국내소득집단 간의 소득을 재분배시키는 소득재분배효과(income redistribution effect)를 발생시킴.
  - 관세부과로 인한 이러한 소득재분배효과는 두 가지 측면에서 고찰할 수 있는데, 하나는 관세의 소비효과와 생산효과를 통하여 소비자잉여의 일부가 생산자잉여로 전환됨으로써 생산자의 실질소득을 증가시키

고 소비자의 실질소득을 감소시키는 측면이고, 다른 하나는 생산요소의 상대가격 변화를 통하여 수입대체산업에 집약적으로 투입되는 생산요소에 유리하고 보호를 받지 못하는 수출산업에 집약적으로 투입되는 생산요소에 불리하게 소득이 재분배되는 측면임.[36)]

- 거시경제적 효과
  - 관세가 부과되면 관세의 보호효과를 통하여 국내산업의 생산량이 증가함으로써 고용이 증대되고 소득이 증대되는 고용효과(employment effect)와 소득효과(income effect)가 발생되는데, 이것은 보호효과의 거시적 표현이라고 할 수 있음.
  - 또한 관세가 부과되면 국내생산증대와 국내소비감소를 통하여 수입이 감소되는 무역효과(trade effect)가 발생되고 이를 통하여 일국의 국제수지를 개선시키는 국제수지효과(balance of payment effect)가 발생됨.
- 교역조건개선효과
  - 관세가 부과되면 가격효과를 통하여 수입수요가 줄어들어 상대방 수출국의 수출업자는 수출량의 감소를 막기 위하여 수출가격을 인하시키는 경향이 있으므로 관세의 부과는 관세부과국의 교역조건을 개선시키는 교역조건효과(terms of trade effect)를 발생시킴.
  - 그러나 이러한 관세의 교역조건효과는 관세부과국이 국제시장에서의 가격지배력 · 독점력을 지닌 대국이라는 가정이 전제되어야 하고 상대국이 보복관세로 대항하지 않아야 함.
- 평가
  - 이같이 관세의 부과는 여러 가지의 경제적 효과를 발생시키지만 이러한 효과들 중에서 가장 기대되는 관세의 경제적 효과는 보호효과(생산효과)라고 할 수 있음.
  - 왜냐하면 소비효과 · 후생효과 등은 관세부과로 인한 마이너스(−)적인 효과들이고 보호효과 이외의 기타 효과들은 플러스(+)적 효과들이기는 하지만 그 효과가 별로 크지 않거나 일정한 조건하에서만 나타날 수 있는 효과이기 때문임.

36) 이 가운데 후자의 측면이 이른바 '스톨퍼-사무엘슨의 정리'(Stolper-Samuelson Theorem)임.

• 예컨대 관세부과로 인한 소비감소효과의 경우 수입수요의 가격탄력성이 충분히 큰 사치품 등의 경우에만 그 억제효과를 기대할 수 있으며 또한 국제수지효과는 모든 수입상품에 대해 관세인상을 행하지 않는 한 뚜렷한 개선효과를 기대하기 어려우며, 또한 재정수입효과가 현저히 발생하기 위해서는 수입품과 유사한 상품이 국내에서는 생산되지 않아 관세가 부과되더라도 수입량이 감소되지 않아야 함.
• 소득재분배효과의 경우에도 엄밀한 가정이 충족되는 경우에만 성립되는 만큼 현실적이지 못하며 교역조건효과의 경우 관세부과국이 국제시장에서 어느 정도의 독점력을 행사할 수 있는 대국이라는 전제와 상대국이 보복관세로 대항하지 않는다는 전제가 있어야만 함.
• 따라서 관세를 부과하는 가장 중요한 목적은 결국 관세부과를 통한 국내산업보호라고 할 수 있음.[37)]

---

37) 한마디로 관세는 두 얼굴을 가진 존재임. 자국 산업을 보호하는 측면도 있지만, 자유무역을 방해하는 측면도 있음. 어느 나라에서든 1만원의 가격이면 똑같은 품질을 즐길 수 있는 A라는 상품이 있다고 하자. 만약 이 상품이 우리나라에 수입돼 관세율 10%를 적용받으면 시장에서는 1만1000원에 팔리게 됨. 소비자는 같은 품질의 국산상품을 1만원에 살 수 있으니 수입상품에 대한 수요가 적게 될 것임. 그만큼 국산상품에 대한 수요는 커지고 국내생산도 늘게 될 것임. 이렇게 관세가 해당 상품의 국내생산을 증가시키는 효과를 국내산업 보호효과라고 함. 물론 관세만큼 국가수입이 늘어나는 효과도 있음. 그러나 관세에는 부정적인 측면도 있음. 똑같은 품질의 B라는 상품이 국내에서는 1만1000원에 생산되고, 다른 나라에서는 1만원에 생산되는 경우를 생각해 보자. 이 상품이 수입될 때 관세율 20%를 적용하면 국내가격은 1만2000원이 됨. 국내 소비자는 같은 상품을 국산보다 1000원 싸게 살 수 있는 기회를 잃는 셈임. 소비자 부담은 커지고 소비자 후생(厚生 : welfare)은 줄어든 상황이 생기는 것임. 지나치게 높은 관세 부과는 국내산업 보호와 관세 수입이라는 이득보다, 소비자 후생 감소에서 비롯되는 손실이 더 클 수 있음. 또한 관세는 상품의 가격구조를 변화시켜 자원배분의 효율성을 떨어뜨리는 측면도 있음. 관세 장벽으로 대표되는 보호무역 조치가 해당 국가뿐만 아니라 세계 차원에서 이익이 되지 못한다는 것임. ▶소비자 후생 : 소비자 후생은 특정상품에 대해 소비자가 '최대한 지불해도 좋다고 생각하는 가격'과 '실제로 지불하는 가격'의 차이를 말함. 최대한 지불해도 좋다고 생각하는 가격을 '지불의향가격(willingness to pay)', 실제로 지불하는 가격을 '시장가격(market price)'이라고 부름. 지불의향가격과 시장가격의 차이가 커질수록 소비자의 만족도인 소비자 후생도 커짐. 만약에 어떤 소비자가 "A상품이라면 최고 1만1000원까지는 값을 치르겠다"고 생각한다면 지불의향가격은 1만1000원이 됨. 이때 시장가격이 9000원이라면 소비자 후생은 2000원이 됨. 만약 지나치게 높은 관세가 부과돼 시장가격이 높아지면 소비자 후생은 줄어듦. 예컨대 같은 품질의 국산 상품이 1만1000원인데 다른 나라에서 1만원에 생산돼 수입된 상품에 관세율 20%가 적용돼 시장가격이 1만2000원이 돼 버린 경우임. 이런 의미에서 관세가 소비자 후생을 떨어뜨릴 수 있다고 말할 수 있음. 이와 관련하여 조선일보(2009. 2. 27) 참조.

(2) 비관세장벽의 특성과 유형

1) 비관세장벽의 의의

- 일반적으로 비관세장벽(NTB : non-tariff barrier)이란 외국의 수출업자와 국내수입업자에게 어떤 비용을 증가시키거나, 수입량을 양적으로 제한시키거나, 외국의 수출업자와 국내수입업자에게 고도의 위험을 부담시킴으로써 국내의 수입가격을 올리고 수입량을 감소시킬 목적으로 실시되는 관세 이외의 모든 무역장벽이라고 할 수 있음.

- 관세는 수세기 동안 무역정책의 중심적 역할을 담당하여 20세기 초까지만 하여도 거의 유일한 수단이었다고 할 수 있는데, 양차대전 기에 접어들면서 전시경제의 수행을 위하여 수량제한효과를 비롯한 다양한 형태의 비관세장벽이 실시되기 시작하여 국제무역에 있어서 제한적이며 차별적인 요인으로 작용하였음.

- 그러나 비관세장벽이 하나의 세계적 현상으로서 본격적으로 채택되고 이에 따른 경제적 영향이 보편화된 것은 1970년대 이후의 신보호무역주의의 대두와 함께였는바, 이렇게 비관세장벽이 신보호무역주의의 중요한 정책수단으로 채택된 주요 이유는 다음과 같음.
  - 첫째 전후 GATT에 의한 무역자유화의 추진으로 케네디라운드(kennedy round)를 비롯한 7차에 걸친 관세의 일괄인하가 이루어졌고 개도국에 대한 선진국의 일반특혜관세제도가 실시됨으로써 무역장벽으로서의 관세의 비중이 크게 약화되었기 때문에 각국은 관세장벽을 대체한 비관세장벽을 주요한 무역정책수단으로 채택하게 되었음.
  - 둘째 GATT는 발족 당시부터 관세 이외의 일체의 무역제한조치를 불법화하고 있으나 구체적인 GATT규정 자체에는 각종의 비관세장벽을 합법화시키는 예외규정들이 너무 많아 그 실행 면에서 관세에 관한 규정에 비하여 엄격한 구속력을 가지지 못하였기 때문에 많은 비관세장벽들이 GATT의 규율밖에 존재하였음.
  - 셋째 비관세장벽은 관세장벽보다 신속하고 강력하며 탄력적으로 운용될 수 있는 특성을 지녔으며 또한 그 속성상 개발도상국에 대하여 보

다 차별적이므로 최근에 이르러 선진국들이 개도국의 농산품이나 노동집약적 상품에 이를 강화시키는 사례가 증가되었음.

2) 비관세장벽의 특성

- 비관세장벽은 관세와는 달리 극히 다양한 내용과 다양한 성격을 갖고 있어 그 특성을 통일적으로 논의하기 곤란하지만 대체로 다음과 같은 일반적 특성을 지니고 있는 것으로 요약할 수 있음.

- 복잡성과 다양성
  - 1980년대 초 GATT의 자료에 따르면 비관세장벽의 유형은 무려 500여 종에 달하여 그 내용이 다양하며 또한 관세 이외의 모든 정책수단들을 통칭하는 것이므로 그 내용이 매우 이질적이고 복합적이며 그 적용 및 운영도 매우 복잡함.
  - 따라서 이러한 비관세장벽의 경우 적절한 형태와 운영의 방법을 마음대로 선택하여 본래의 목적을 달성하기가 쉽고 또한 이의 부과에 따른 논란과 엄격한 조사들을 피할 수 있는 이점을 가짐.

- 불확실성과 융통성
  - 관련 정보가 불충분한 상태에서 수출업자는 수입국의 여러 가지 비관세장벽이 자신의 수출에 어떻게 어느 정도 제한적인가를 확실히 판단할 수 없게 되는 불확실성을 지님.
  - 또한 수입국의 정책은 어느 시점에서나 아무런 통고 없이 변경될 소지를 갖고 있으므로 고도의 융통성을 가짐.
  - 따라서 수출업자는 이러한 불확실성과 융통성 때문에 더 큰 위험부담을 받게 됨.

- 효과측정의 곤란성
  - 비관세장벽의 이와 같은 복잡성·불확실성·융통성 때문에 그러한 무역정책수단의 효과를 종합적으로나 개별품목별로 측정하는 것이 매우 곤란
  - 더욱이 비관세장벽의 어떤 것은 아주 유동적이어서 그 실시가 관계당

국의 전적인 재량에 의존하거나 은밀히 적용되어 이러한 효과측정의 곤란성은 더욱 커짐.

- 협상의 곤란성
  - 이와 같은 비관세장벽의 특성 때문에 관세와는 달리 비관세장벽의 완화 및 철폐를 위한 협상이 매우 곤란해짐.
  - 왜냐하면 비관세장벽의 경우 그것의 복잡성 · 불확실성 · 효과측정의 곤란성 때문에 상호간의 정도를 비교하여 이를 균일화할 어떤 지표의 설정이 불가능하며 또한 설사 정부 간에 어떤 협상이 성립되었다 하더라도 그것이 바로 비관세장벽의 철폐를 보장해 줄 수 없기 때문임.
- 선별성 및 차별성
  - 비관세장벽은 어떤 수출국에 대하여 선별적 · 차별적으로 부과될 수 있는바, 예컨대 수입할당제나 수출자율규제와 같은 조치들은 어떤 특정국에 대하여 부과될 수 있기 때문임.
  - 또한 비관세장벽은 명목상으로는 선진국과 개발도상국 모두에 무차별적인 것 같지만 실제로는 개도국에 대하여 차별적인 성격을 지니고 있는데, 그 이유는 대체로 다음과 같음. ⇒ 첫째 비관세장벽의 대상품목이 주로 개도국이 비교우위를 가지고 있거나 또는 미래에 이를 가질 전망이 있는 품목이고, 둘째 선진국의 경우보다 개도국에 대하여 특히 까다로운 실시를 하고 있다는 점, 셋째 개도국의 경제가 체질적으로 그에 대한 적응능력이 약하고 대체생산의 가능성도 적으며, 넷째 정보수집능력 및 국제협상능력이 약하다는 점에서 동일한 비관세장벽이라도 그것이 개도국의 무역에 미치는 효과가 보다 커지기 때문임.

3) 비관세장벽의 유형

- 비관세장벽이 복잡성 때문에 이러한 정책수단의 유형과 내용의 분류 역시 용이하지 않지만 대표적인 비관세장벽의 유형만을 정리한 것이 〈표 3-3〉임.

〈표 3-3〉 비관세장벽의 유형

구 분			대표적 무역정책수단
직접적 수 단	수입	수량제한	수입할당제(수입쿼터제), 관세할당제, 수입금지제, 수입승인제 등
		가격제한	최저 · 최고가격제, 가변부과금, 반덤핑조치, 상계조치 등
		기타제한	수입과징금, 수입예치금, 수입업허가, 기타행정규제 등
	수출	장려수단	보조금제도, 수출금융, 수출신용제도, 수출보험제도
		규제수단	수출세, 수출금지제도
간접적 수 단	수입제한수단		내국소비세, 외환관리, 기타 행정규제조치(광고규제, 운송규제, 영업규제, 규격 · 안전 · 식품위생 · 환경기준, 원산지규정, 차별적 정부조달 등)
	수출장려수단		공기업보호, 특정산업지원, 환율정책 등
관리무역정책수단			수출자율규제(VERs), 시장질서협정(OMA), 수입자율확대조치(VIEs)

- 여기서 '직접적 수단'이란 수입을 제한하거나 수출을 장려하기 위한 목적으로 부과되는 무역정책수단을 말하고 '간접적 수단'이란 다른 경제적 목표를 위한 정책이 결과적으로 대외무역에 반사적 · 파생적 영향을 주는 무역정책수단을 말함.
- 또한 '관리무역정책수단'이란 관련 국가들의 공식적 · 비공식적 합의와 조정을 통하여 관리되어지는 정책수단을 뜻함.
- 이하에서는 여러 가지 비관세장벽들 중 수입제한정책수단으로서 수입할당제, 수출장려정책수단으로서 보조금제도 등을 살펴보고 끝으로 관리무역정책수단에 대해 설명하고자 함.

(3) 수입할당제와 관세할당제

1) 수입할당제의 의의

- 수입할당제 또는 수입쿼터제(import quota system)란 상품의 수입은 원

칙적으로 인정하되 수입되는 상품을 일정기간 동안 총수량이나 총금액으로 규제하기 위하여 이를 지역별·국가별·업자별로 할당하는 수입제한제도임.

- 이러한 수입할당제는 역사적으로 관세 못지않게 중요한 무역정책수단으로 채택되어 왔으며 또한 오늘날에 있어서도 여러 가지 비관세장벽 중 가장 강력하고도 대표적인 정책수단으로 간주되고 있음.[38]
- 수입할당제는 시대에 따라 그 방법과 내용 등도 다양하게 이루어졌지만, 수입할당제를 수입국 자신이 독자적으로 부과하느냐 아니면 상대국과의 협정을 통하여 부과하느냐에 따라 다음과 같이 구분함.

2) 수입할당제의 구분

- 자주적 할당제(unilateral import)
  - 수입국이 상대수출국과 아무런 사전협의나 사전교섭 없이 일방적으로 일정기간 내에 자국에 수입되는 제품들의 수입량을 제한하는 제도임.
  - 자주적 할당제는 할당방식에 따라 수입허가총량만을 정해두고 상대수출국은 지정하지 않는 일괄할당제(global quota)와 일정기간 내의 수입총량을 특정국에게 사전에 분할 할당하는 배정할당제(allocated quota) 또는 국별할당제가 있음.
  - 자주적 할당제는 자국의 목표에 따라 독자적인 정책주권을 행사할 수 있다는 장점이 있지만, 외국과의 사전협의 없이 일방적으로 결정되므로 국제적 비난과 보복을 받기 쉽고 또한 수출입국을 막론하고 이로 인한 독점적 지위가 발생된다는 문제점을 안고 있으며 할당과 관련되는 국가행정행위가 커진다는 단점도 지니고 있음.
- 협정할당제(bilateral import quota)
  - 상대수출국의 정부나 유관단체와의 협의를 통해 할당량의 배분을 결정하는 제도임.

38) 선진공업국들이 채택하고 있는 비관세장벽의 유형 중 수입할당제가 50～60%를 차지하고 있음.

• 협약을 통해 수출독점을 배제하고 수입할당을 전 기간에 균분함으로써 급격한 가격변동을 피할 수 있으며 할당과 관련되는 국가행정행위가 최소화됨으로써 이와 관련되는 문제점을 극소화시킬 수 있다는 장점을 가짐.
• 그러나 할당사무가 수출국에 의해 이루어져 수입국은 불리해질 수 있으며 수출업자가 자기들의 지점 등을 수입국에 설치하는 경우 수입국의 수입업자는 그들의 지위마저 상실될 우려가 있다는 단점을 가짐.
• 역사적으로 볼 때 초기에는 주로 자주적 할당제가 실시되었으나 점차 국가 간 협정할당제가 나타나게 되었고 1960년대부터는 이러한 협정할당제가 다자간협정(multilateral agreement)의 형태로 발전되었는바, 가장 대표적인 형태로는 1961년 제네바에서 체결된 단기면직물협정(STA)을 들 수 있는데 이는 그 후 장기면직물협정(LTA)·다섬유협정(MFA)으로 연장 확대되어 왔음.[39]

3) 수입할당제의 경제적 효과

- 수입할당제는 수입억제를 목적으로 한다는 점에서 관세와 유사한 경제적 효과를 나타내지만 양자 간에는 그 본질적 성격의 차이에 따라 몇 가지의 주요한 차이점을 나타냄.

- 정책효과의 메커니즘
  • 양자 모두 수입제한을 위한 정책수단이지만, 관세는 관세부과 ⇒ 국내 소비자가격 상승 ⇒ 수요감소 ⇒ 수입감소라는 가격메커니즘을 통한 간접적인 제한수단임에 대하여, 수입할당제는 직접적으로 수입량을 할당하여 일정량 이상의 수입이 이루어지지 못하도록 제한하는 비관세장벽임.
  • 따라서 수입량을 제한하는 효과는 관세의 경우보다 수입할당제의 경우가 더 강력함.

---

39) 장기면직물무역협정(LTA : Long-Term Arrangement on Cotton Textiles)은 종전의 단기면직물협정(STA : Short-Term Arrangement on Cotton Textiles)을 대신하여 1962년에 체결된 다자간 쿼터협약이었고, 1974년부터는 면직물뿐만 아니라 인조섬유·모직물까지를 포함하는 다섬유협정(MFA : Multi-Fiber Arrangement)으로 대체되었음. 이후 WTO의 섬유 및 의류무역협정에서 이러한 MFA쿼터를 10년간에 걸쳐 단계적으로 폐지하기로 하였음.

- 정책운용의 신축성
  - 관세는 원칙적으로 조세법률주의에 따라 입법부에 의한 관세율결정이 이루어져야 하므로 그 신축성이 약하고[40] 국제기구나 국제협약 등에 의해 독자적이고 즉각적인 조치를 행하기가 어려운 경우가 많음.
  - 반면 수입할당제는 행정부의 재량에 의해 결정되어지기 때문에 정책 운용의 자의성 · 신축성 · 탄력성이라는 점에서 수입할당제가 관세보다 강력함.
- 정책의 실효성
  - 관세는 수입상태가 안정적이며 가격메커니즘을 통한 수입억제가 가능한 경우에 실효성이 있는 반면, 수입할당제는 외국의 공급탄력성이 비탄력적이고 불확실하거나 국제물가폭락 및 덤핑 등으로 가격메커니즘을 통한 수입억제가 효과를 갖지 못하거나 일국의 관세주권의 자주성이 약한 경우에 실효성이 있게 됨.
- 정책의 차별성
  - 관세는 무차별적임에 대하여 수입할당제는 차별적으로 운용할 수 있기 때문에 대외적으로는 최저비용공급자에 의해 공급되지 않을 수 있으며 대내적으로는 수입할당에 따르는 부당이윤이나 부패와 같은 부작용을 초래할 수 있어 할당의 관리방식이 중요한 의의를 갖게 됨.
  - 또한 수입할당제는 주로 과거실적에 따라 쿼터가 배정되므로 기존의 수출업자(수출국가)가 신규수출업자(신규수출국가)에 비하여 상대적으로 유리하다는 차별성도 존재함.
- 비효율적 자원배분
  - 동태적으로 볼 때 관세는 상대적으로 효율적인 생산지(해외)에서 공급을 하는 데 반해 수입할당제는 상대적으로 비효율적인 생산지(국내)에서 생산하게 되는 만큼 수입할당제가 자원배분을 더욱 악화시킴.

---

40) 어느 정도의 범위 내에서 그것을 조정할 수 있는 권한을 행정부에 위임하고 있는 제도가 탄력관세제도(flexible tariff system)이며, 우리나라는 관세법상 덤핑방지관세 · 보복관세 · 긴급관세 · 조정관세 · 상계관세 · 편익관세 · 물가평형관세 · 할당관세 등이 있음을 앞서 설명하였음.

- 경제적 지대발생
  - 관세는 정부의 세입을 증대시키는 재정수입효과를 가지지만 수입할당제는 이러한 세입증대는 없고 오히려 허가된 수입업자(quota holder)들에게 독점적 이윤을 보장해 주는 비합리성을 가짐.
  - 따라서 수입할당제의 경우 국내시장에서의 경쟁을 감소시키는 동시에 수입재의 희소가치를 높여 일종의 경제적 지대(economic rent)를 발생시킴으로써 관세정책과는 상이한 소득분배를 야기할 수 있게 됨.
- 국내가격변동효과
  - 국내가격의 변동은 수입할당제가 관세의 경우보다 불안정적인 것이 일반적인데, 그 이유는 관세를 부과하면 국제가격에 관세를 가산한 수준에서 가격이 안정되지만, 수입할당제의 경우 그러한 할당으로 어느 정도의 독점가격이 실현됨으로써 관세부과의 경우보다 가격변동 정도가 클 수 있으며 또한 할당기간의 초기에 수입이 쇄도할 경우 국내가격이 폭락하는 등 가격변동이 심할 수 있기 때문임.
  - 또한 국내수요증가가 있을 때 관세의 경우는 국내가격의 변화가 없으므로 더 이상의 추가적인 손실이 발생되지 않지만 수입할당제의 경우 국내가격이 관세부과 경우보다 더욱 인상됨으로써 추가적인 손실이 발생됨.

4) 관세할당제

- 의미
  - 수입할당제와 유사하면서 빈번히 채택되는 비관세장벽의 하나가 관세할당제(TQ : tariff quota)인데, 이것은 수입되는 상품의 일정량까지는 특별히 낮은 관세를 부과하고 이것을 초과하는 수입에 대해서는 보다 높은 관세를 부과함으로써 결국 수입제한의 효과를 얻는 제도임.
  - 따라서 관세할당제는 관세와 수입할당제의 기술적인 특성을 혼합하여 이 두 가지 정책수단이 개별적으로 실시될 때의 결함을 보완하려는 제도임.
- 단점
  - 이를 운용함에 있어 한층 더 복잡하여 행정비용이 많이 듦.

• 할당량 이내에서의 낮은 관세로 생긴 이득이 모두 해외의 공급자의 손에 들어가게 됨.
• 관세할당량이 결정된 초기에 수입이 쇄도함으로써 가격폭락이 유발될 수 있음.

- 선호 이유
  • 이러한 단점에도 불구하고 오늘날 선진국에서 많이 채택되는 주요한 이유는 개도국에 대한 일반특혜관세제도(GSP : Generalized System of Preference)에 대한 대응 때문임.
  • 즉 개도국으로부터 수입되는 일정량에 대해서는 특혜관세를 적용해 주되 그 이상의 수입에 대해서는 보다 높은 관세를 부과함으로써 이 상품이 무한정 수입되어 국내시장을 교란시키지는 못하게 할 필요성이 있기 때문임.
  • 또한 관세할당제는 다른 정책수단에 비하여 덜 제한적이어서 상대국의 보복우려가 크지 않음.

(4) 보조금제도

1) 보조금제도의 의의

- 보조금제도는 정부나 공공단체가 국내생산자에게 일정한 재정적 ·금융적 지원을 행하여 국제경쟁력을 강화시킴으로써 수출촉진·수입경쟁촉진·수입억제를 도모하는 무역정책수단임.
  • 따라서 이 제도는 직접적으로 수입을 억제하는 여타의 비관세장벽과는 다소 성격을 달리하지만 결과적으로 국제적인 교역량에 영향을 미친다는 점에서 하나의 중요한 보호무역정책수단이 되고 있음.
- 보조금제도는 경제 전체를 대상으로 하는 '일반보조금'과 특정산업·특정지역·특정기업·특정행위(예컨대 R&D보조금)를 대상으로 하는 '특정보조금'으로 구분될 수 있음.
  • 이들 중 후자가 더 큰 비중을 차지하고 있고 국제무역에서 주로 논란의 대상이 되는 것도 특정산업(부문)보조금임.

- GATT협약에서의 구분
  - 생산보조금(production subsidy) : 수입경쟁(대체)산업의 생산비 중 일부를 지원하여 국내생산을 촉진함으로써 수입을 제한하는 무역정책수단인데, 일반적으로 생산보조금은 독립된 정책수단으로서 보다 관세에 대한 보완적 정책수단으로 이용되어 정부가 수입관세에서 얻어진 재정수입을 다시 생산보조금으로 지급함으로써 산업의 보호효과를 한층 더 강화시키기도 함.[41]
  - 수출보조금(export subsidy) : 수출을 촉진시키기 위한 목적으로 수출산업에 지급되는 보조금을 말하는데, 예컨대 우리나라에서 수출용원자재에 대해 관세를 환급해 준다든지 수출금융을 저금리로 제공한다든지 하는 것도 간접적인 수출보조금정책의 일종이라고 할 수 있는바, 이러한 수출보조금제도는 1차적으로 생산비인하를 통한 국내산업보호효과가 나타나지만 2차적으로 수출품의 국제경쟁력을 강화시켜 수출을 증가시키는 효과를 발생시킴.

2) 보조금과 상계관세조치

- 보조금지급은 보조금을 지급하는 수출국입장에서 여러 가지 비효율성과 부작용이 나타날 수 있음은 물론, 보조금지급을 통한 국제경쟁력의 인위적 개선이 수입국 또는 교역경쟁국의 입장에서 불공정무역(unfair trade)이라는 비난의 대상이 되기 때문에 이렇게 보조금을 지급받은 상품의 수입을 억제하고 보조금지급효과를 상쇄시키기 위한 보호무역정책이 나타나게 되었는데, 그 대표적인 형태가 상계관세임.
- 상계관세(compensation duties)란 제품의 제조·생산·수출에 직간접적으로 제공한 보조금으로 인해 수입국산업에 피해가 발생되는 경우 이러한 보조금지급의 효과를 봉쇄하고 상쇄시키기 위하여 부과되는 특별관세임.
  - 상계관세의 경제적 논거는 보조금지급으로 인한 수입국 경쟁산업이

41) 그러나 현실적으로 이러한 생산보조금은 직접적으로 생산비를 보조해 주는 방식보다는 조세감면혜택을 부여하거나 낮은 금리로 기술개발자금을 제공하는 등 생산비를 간접적으로 보조해 주는 방식을 취함.

받게 되는 악영향을 배제하고 상쇄함으로써 공정경쟁을 확보한다는 것과 이를 통하여 외국정부로 하여금 보조금정책을 자제하도록 유도한다는 것임.

• 상계관세에 대한 국제협약은 GATT체제하의 도쿄라운드(TR)에서 처음 체결된 이후 우루과이라운드(UR)의 '보조금 및 상계관세협약'(Subsidiaries-Countervailing Duties Code)을 통하여 일층 강화되었음.

(5) 덤 핑

1) 덤핑의 경제적 의의

- 덤핑(dumping)의 의미
  • 자국시장에서 통상적으로 거래되는 정상가격(fair/normal price)보다 낮은 가격으로 해외시장에 판매하는 행위로서, 내국시장과 해외시장에 대한 가격차별화전략의 일환이라고 할 수 있음.
- 덤핑의 실행 이유
  • 해외덤핑 역시 국내에서의 덤핑과 마찬가지로 과잉생산품의 처분 · 국내의 조업 및 가격유지 · 특정시장의 신규개척 및 확보 · 경쟁의 배제 · 타업자의 기존 시장 탈취 · 시장의 독점적 지배와 독점이윤의 확보 · 타업자의 덤핑행위에 대한 보복 등과 같은 이유로 실행됨.
- 동기와 형태에 따른 덤핑의 구분
  • 간헐적 덤핑(sporadic dumpimg) : 계절적 요인에 따른 수급의 불일치, 일시적인 경기침체나 과잉생산 등의 문제 때문에 일어나는 덤핑으로서 기업이 자신의 정상적 시장을 교란시키지 않으면서 해외시장에 산발적으로 행하는 덤핑임.
  • 지속적 덤핑(persistent dumping) : 수출기업이 이윤극대화를 위하여 국내시장판매가격과 해외수출가격의 차별화를 시도하는 덤핑으로서 국내시장과 해외시장이 격리되어 있고 수요의 탄력성이 서로 다를 경우 시도되는 전형적인 가격차별화(price discrimination)행위임.
  • 약탈적 덤핑(predatory dumping) : 해외시장에서 경쟁자를 도태시킨 후

보다 독점적 지위를 누리기 위하여 일시적으로 행하는 덤핑행위로서 이렇게 경쟁자를 도태시킨 이후에는 더 높은 판매가격을 적용하여 독점적 이익을 누리려고 함.

- 덤핑의 폐해
  - 덤핑은 독점적 지위에 있는 수출기업에게는 추가적인 독점적 이윤을 가져다주지만 모두에게 바람직하지 못한 결과를 초래함.
  - 우선 수출국의 귀중한 자원을 낭비시키는 결과를 가져오게 되고, 수입국의 수입경쟁산업의 발전을 저해하거나 파괴하고 시장 질서를 교란시킬 뿐만 아니라 세계적으로도 비교우위에 입각한 자유무역 및 자원의 효율적 배분을 왜곡시킴.
  - 이 같은 덤핑의 폐해로 인해 수출국에서나 수입국에서 이를 규제하여 왔고 GATT나 WTO협정에서도 이를 제재하기 위한 반덤핑관세의 부과를 규정하고 있음.

2) 덤핑과 반덤핑조치

- 반덤핑조치의 허용
  - 덤핑행위는 수출국 · 수입국 · 세계 전체의 입장에서 모두 바람직하지 않은 행위인 만큼 GATT에서도 이러한 덤핑행위를 불공정무역으로 간주하여 그에 대한 제재로서 반덤핑조치를 허용하였음.
- 반덤핑관세의 부과
  - 수출국기업의 덤핑으로 인하여 경쟁관계에 있는 수입국의 국내산업이 실질적인 피해를 입거나 그럴 위험이 존재할 경우, 덤핑 마진(dumping margin)의 상당부분을 상쇄시키는 반덤핑관세를 부과할 수 있도록 규정하였음.
  - 그 후 1967년에 타결된 케네디라운드에서는 이의 실행을 위한 덤핑방지협약(Anti-Dumping Code)을 마련하였음.
- 반덤핑조치의 추진상황
  - 이러한 GATT의 반덤핑규정은 원칙적인 규칙을 정하고 있을 뿐 원인이나 합법적 기준 등을 명확히 하지 못해 실제로는 불공정무역을 시정한

다는 그럴듯한 미명하에 보호주의적 수단으로 남용되는 사례가 많았음.

- 실제로 1980년대 이후 반덤핑조치가 다른 정책수단에 비하여 급격히 증대되어 가장 선호되는 보호정책수단으로서 자리 잡게 되었음.
- 우루과이라운드(UR)협상을 통하여 이루어진 WTO의 반덤핑협정은 반덤핑조치를 취함에 있어 보다 높은 투명성을 요구하는 동시에 방법론적 · 절차적 규칙을 새로이 수립하여 그동안 보호주의적으로 악용되던 종전의 관행이나 절차를 다소 시정한 것으로 평가되고 있음.
- 그러나 여전히 이러한 반덤핑조치가 부당한 보호주의적 수단으로 악용될 여지를 지니고 있어 이에 대한 비판과 논쟁이 계속되고 있는바, 특히 반덤핑조치의 주요 대상국이 되고 있는 한국 · 일본 및 일부 개도국들이 반덤핑조치의 남용을 방지하기 위한 반덤핑협정의 개정필요성을 지속적으로 제기하여 새로운 무역협상의 의제가 되고 있음.

(6) 관리무역정책수단

1) 관리무역정책의 개념

- 등장배경
  - 1970년대 후반의 신보호주의 이후 미국은 쌍무적 통상협상에서 수출자율규제(VERs)나 시장질서협정(OMAs) 등 GATT 테두리 밖의 수입제한조치를 취하거나 수량적 목표치 또는 시장점유율 목표치를 설정하여 이에 따라 상대국의 시장개방과 확대를 요구하는 방식을 취하였음.
  - 이러한 새로운 접근방식들은 당사자 간의 합의에 의해 비제도적 · 비공식적으로 시행되어져 정치적 · 행정적 조정과정에 따라 결정되므로 결국 행정적 재량권에 의하여 지배되게 되었는데 이러한 무역체제를 관리무역이라고 칭하게 되었음.
- 관리무역의 의미
  - 관리무역(managed trade)이라는 새로운 용어가 대두되었지만 그 구체적인 정의와 특성 등이 학문적으로 완전히 정립되어 있지 못한 채 사용되어 왔음.

• 일반적으로 관리무역이란 '관련국가들 간의 쌍무적 · 다자적인 합의에 의해 국제 간의 교역이 관리되는 형태' 또는 '어느 정도의 정부개입(통제 · 지시 · 관리)이 이루어진 가운데서 이루어지는 무역의 상태'를 의미함.
• 따라서 관리무역 그 형태는 다양하지만 정부가 어떤 정책목표에 따라 무역흐름을 의식적으로 조정하고 통제함으로써 무역결과에 직접적인 영향을 미치는 무역형태라고 할 수 있음.

- 관리무역의 대표적 정책수단
  • 관리무역의 개념을 넓게 해석하면 다양한 협정내용들이 이러한 관리무역수단으로 포함되지만, 가장 대표적인 정책수단으로서는 수출자율규제(VERs) 조치와 수입자율확대(VIEs) 조치를 들 수 있음.

2) 수출자율규제(VERs)

- 의미
  • 수출자율규제(VERs : voluntary export restraints)란 타국으로부터의 수입에 의하여 국내의 산업이 위협을 받거나 시장교란의 우려가 있을 때 무역장벽을 강화시키겠다고 위협하면서 상대수출국으로 하여금 수출을 자율적으로 규제하도록 하는 협정을 체결하는 무역제한조치를 말함.

- 등장배경과 추진상황
  • GATT체제하에서 세계무역은 1950년대와 1960년대 전반에 걸쳐 급속하게 성장하게 되었는데, 이와 같은 세계무역의 급성장 속에서 일부 선진국들의 특정산업부문이 개도국들의 저가제품의 대량수입에 의해 국내시장이 교란되는 현상에 직면하게 되었음.
  • 선진국들은 이러한 국내시장교란현상을 제거할 목적으로 새로운 형태의 보호조치를 취하게 되었는데, 이것이 바로 1956년 미국과 일본 간에 맺어진 면제품부문에서의 수출자율규제였고 바로 이 조치가 관리무역수단의 시발이 되었음.
  • 그 후 이러한 수출자율규제는 섬유 · 철강 등과 같은 특정부문에 국한된 국제수지적자문제 또는 시장교란문제를 해결하기 위해 종종 사용

되어졌고, 가장 잘 알려진 사례로는 1980년대 초 미국이 자국의 자동차산업을 보호하기 위하여 일본에 압력을 가해 일본의 자동차업계가 대미수출을 자발적으로 규제하였던 경우임.

- 특성
  - 타율적으로 강요된 자율 : 수입국의 정부나 업계의 강한 요청이나 강요에 의해서 이루어지는 만큼 진정한 의미에서 자율적으로 이루어지는 것은 아니기 때문에 '자율'이라는 용어는 어디까지나 형식적이고 외교적인 표현일 뿐 실제로는 '타율적'으로 규제되는 것인바, 수출국 자신의 정치경제적 이익을 위하여 전통적으로 실시되어 온 수출국 스스로의 수출자율규제와는 그 성격이 다른 사실상의 비관세장벽임.
  - 차별성과 선별성 : 모든 수출국의 모든 수출품에 일률적으로 요구하는 것이 아니라 비교적 단기간에 특정상품의 수출을 증가시켰거나 그 때문에 국내시장의 교란이 우려되는 특정국・특정상품에 대하여 요구하는 것인 만큼 사실상 차별적이고 선별적인 성격을 지님.
  - 합의에 의한 운영 : 그 성격상 양국 간의 협정이나 교섭 등 합의에 의하여 이루어지기 때문에 수입국이 일방적으로 조치하는 수입할당제 등의 경우보다는 덜 제한적인 측면을 가지며 또한 수입국은 최소한 자유무역원칙을 계속 지지하는 듯한 외양을 갖추게 되는데, 이때 합의는 기본적으로는 수입국과 수출국 간의 쌍무적 협정에 의해 이루어지지만 때로는 관계되는 여러 국가와 동일한 협정을 다각적으로 체결하는 경우도 있음.[42)]

- 효과
  - 수출자율규제가 실시되면 수출하는 나라의 기업들이 가격을 올려 받을 수 있는 길이 열리게 되어 조금만 수출하는 대신에 상품의 가격을 올릴 수 있어 경우에 따라 이들은 짭짤한 재미를 볼 수도 있음.
  - 일본의 자동차회사들이 수출자율규제를 실시한 결과 수출물량은 줄었으나 수익성은 오히려 호전된 경험을 갖고 있다는 말도 들리는데, 수

42) 예를 들면 1977년 미국은 일본산 컬러TV에 대한 수출자율규제협정을 체결하였는데, 또 다른 컬러TV 수출국인 대만과 한국으로부터의 수입이 급증하자 이들과도 협정을 체결하였음.

출자율규제로 인해 상품의 수입가격이 상승하면 국내의 생산자도 이득을 얻게 되기 때문에 이 점에서는 관세를 부과하거나 수입할당제를 실시하는 경우와 비슷하다고 할 수 있음.

3) 시장질서유지협정(OMAs)

- 등장배경 및 의미
  • 수출자율규제협정과 유사한 관리무역정책수단으로서 시장질서유지협정(OMAs : orderly marketing agreements)이란 수출자율규제보다 더 온건한 표현을 사용한 것으로 1974년 미국의 통상개혁법(Trade Reform Act of 1974)에서 처음으로 사용하였으며 기본적으로는 수출자율규제와 동일함.
  • 즉 수출자율규제와 마찬가지로 수입증가로 인한 시장교란을 방지하기 위하여 상호간 협정에 따라 일정량의 수출만 이루어지도록 하는 것인데, 다만 일정한 제한물량을 초과하는 경우 수출자율규제는 수출국의 자율에 의해 수출을 자제토록 하는 데 비하여 시장질서협정은 수입국이 자동적으로 수량제한조치를 취한다는 점에서 수출자율규제보다는 시장질서협정이 보다 엄격한 수입제한조치라고 볼 수 있지만 두 제도의 경제적 효과는 거의 같다고 볼 수 있음.
- 추진사례
  • 주로 신발 · 가전제품의 경우에 이러한 정책수단이 활용되었음.

4) 수입자율확대조치(VIEs)

- 의미
  • 1970년대 후반 미국은 또 다른 새로운 관리무역수단인 수입자율확대(VIEs : Voluntary Import Expansions)조치를 도입하였는데, 이것은 수출국이 자국의 수출을 증대시킬 목적으로 수입국으로 하여금 당해 제품의 목표수입량 또는 목표시장점유율을 설정하여 이 수준까지 수입을 자율적으로 확대시키게 하는 무역정책수단임.

- 이 역시 협상을 통한 합의를 조건으로 하는 자율적 정책수단의 하나로서 대표적 관리무역정책수단이라고 할 수 있음.

- 등장배경
  - 이러한 조치는 1978년 미・일 정부 간에 쇠고기・오렌지의 수입량에 대한 합의가 이루어지면서 하나의 관리무역수단으로 등장된 이후, 1986년에 체결된 '미・일 간 반도체협정'에서부터 본격적으로 활용되기 시작하였고, 그 후 자동차부품부문에 있어서 미・일 간 수입자율확대를 위한 협상이 전개된 바 있음.

- 수출자율규제와의 비교
  - 수출자율규제가 수입규제형 관리무역수단이라면 수입자율확대조치는 상대국으로 하여금 자국제품에 대한 수입수요를 자율적으로 증대시켜 자국의 수출을 증대시키고 나아가 무역수지를 개선시킬 목적으로 하는 수출증대형 관리무역수단이라고 할 수 있음.
  - 따라서 수입자율확대조치는 '수입제한'이 아닌 '수입확대'를 지향하고 있다는 점에서 보호무역과는 거리가 있다고 볼 수 있으나 이를 비판하는 자유무역론자들은 수입자율확대조치 역시 또 다른 보호무역수단일 뿐이라고 비판함.
  - 즉 특정국으로부터의 수입확대를 강요하는 것이어서 GATT의 무차별원칙에 위배될 뿐만 아니라 이러한 강요는 결국 제3의 수출국에게 피해를 주는 것이므로 결코 자유무역적이라고 할 수 없다는 것임.
  - 이에 바그와티(J. Bhagwati)도 '수출자율규제조치가 수입보호주의(import protectionism)라고 한다면 수입자율확대조치는 수출보호주의(export protectionism)일 뿐'이라고 비판하였음.

참 | 고 | 자 | 료

(1) 노택환 외(2004), 《국제통상의 이해》, 박영사.
(2) 이준구・이창용(2007), 《경제학 들어가기》, 법문사.
(3) 2009. 2. 27., 《조선일보》

제 4 장

자유무역을 추구하는 움직임

자유무역을 추구하는 움직임에는 지역적 차원에서 자유무역을 실현하려는 움직임과 범세계적 차원에서 자유무역을 실현하려는 움직임의 두 유형이 있음.

(1) 지역적 차원에서의 자유무역

1) 지역주의

- 지역주의(regionalism)란 정치적으로 독립되어 있으면서도 지리적 인접성 · 문화적 공통성 · 역사적 동질성 · 경제적 상호의존성이 높은 지역의 국가들이 무역 · 통화 · 산업 · 금융 · 재정 등에 관한 통합을 체결하여 하나의 경제권을 형성하고, 역내 우선주의를 취하여 상호간의 이익을 도모하는 동시에 역외국들에게는 차별적 조치를 공동으로 행하는 지역적 경제공동체를 형성하려는 노력이나 경향들을 지칭함.
- 지역주의는 1960년대에도 활발히 나타난 바 있지만 1980년대 후반 이후 다시 활발히 나타나게 되었음.
- 그런데 일반적으로 다자주의적 무역체제하에서 지역주의는 예외적이고 지엽적인 것이었지만 오늘날의 세계적 지역주의는 다자주의와 함께 병행하면서 때로는 이에 대한 위협이 되기도 하고 때로는 이를 보완하기도 하는 특성을 보여주고 있어 특이하다고 할 수 있음.[43)]

---

43) 인접한 나라들 사이에서 무역장벽을 철폐해 나가려는 움직임, 즉 지역주의의 움직임이 세계적인 차원에서의 자유무역에 반드시 도움이 된다는 보장은 없음. 이들이 자기들끼리 주고받는 자유무역의 혜택을 다른 나라들에게는 제공하지 않기 때문임. 따라서 지역주의를 추구하는 나라들이 세계적 차원에서의 무역자유화에 적극적으로 협력하지 않는 한, 지역 밖의 나라에 아무런 혜택을 가져다주지 못함.

2) 지역경제통합의 유형

- 지역주의를 추구하는 지역경제통합(economic integration)에 대해서는 학자들마다 각기 조금씩 달리 유형화하고 있는데, 발라사(B. Balassa)는 경제통합의 발전단계를 자유무역지역, 관세동맹, 공동시장, 경제동맹, 완전한 경제통합으로 구분하였음.[44)]
- 이에 대한 기본적 내용을 〈표 4-1〉이 보여주고 있음.

〈표 4-1〉 지역경제통합의 단계별 형태와 내용

	역내국 간 무역자유화	역외국에 공통관세	무역자유화 +투자자유화	역내공동 경제정책	초국가적 기구창설
자유무역지역(FTA)	○	×	×	×	×
관세동맹(CU)	○	○	×	×	×
공동시장(CM)	○	○	○	×	×
경제동맹(EU)	○	○	○	○	×
완전한 경제통합	○	○	○	○	○

- 이러한 5가지 유형 이외에 가장 낮은 단계의 통합형태로서 특혜무역협정(preferential trade arrangements)을 포함하기도 하는데, 이는 회원국 간의 무역에 대해 비회원국과의 무역보다 더 낮은 무역장벽을 설치하여 특혜를 제공해 주는 협정임.
  - 예컨대 1932년 영국이 대영제국의 회원국들과 협정한 영연방특혜제도(British Commonwealth Preference Scheme)가 이러한 전형적인 형태임.

3) 자유무역지역(FTA : Free Trade Area, Free Trade Agreement)

- 이는 참가국 사이의 결속력이 가장 약한 형태라고 할 수 있는데, 여러

---

44) B. Balassa, The Theory of Economic Integration(G. Allen & Unwin, 1969). 한마디로 지역적 차원에서 자유무역을 추진하려는 협정에는 이에 참여하는 나라들 상호간의 무역을 어느 정도로 자유롭게 만들 것이며, 참여하고 있지 않은 나라와의 무역에 대해 어느 선까지 공동보조를 취할 것인지에 따라 여러 가지 구체적 유형이 존재함.

나라가 모여 자유무역지역을 결성하게 되면 참가국들 사이에는 모든 관세가 철폐되어 자유로운 무역이 이루어지게 되지만 이에 참가하지 않은 다른 나라들과의 무역에 대해서는 각 나라가 원하는 대로 관세나 기타의 무역규제를 가할 수 있음.

- 다시 말해 정치적·경제적으로 밀접한 관계에 있는 2개국 이상의 국가가 상호간의 관세를 인하 또는 철폐하고 무역의 수량적 제한조치를 제거함으로써 역내에서는 무역자유화를 실현하지만 역외국에 대해서는 가맹국의 독자적 관세 및 수량제한이 실시되는 경제통합의 가장 초보적인 단계임.

- 자유무역지역의 대표적 사례로 1992년 미국, 캐나다, 멕시코 3개국 사이에 협정이 체결된 북미자유무역지역(North American Free Trade Area, NAFTA)을 들 수 있음.[45]

- 최근 우리나라도 여러 나라들과 자유무역협정을 체결했거나 협상 중에 있어 이 문제에 대한 사회적 관심이 부쩍 높아진 상황인데, 우리나라가 맺은 자유무역협정 중 가장 앞선 것은 칠레와의 협정으로 2004년 4월 1일부터 이미 효력을 발휘하고 있으며, 그 외에 싱가포르, 유럽자유무역연합(EFTA), 아세안, 캐나다, 멕시코, 일본, 미국 등의 국가들과 협상이 타결됐거나 진행 중에 있음.

4) 관세동맹(CU : Customs Union)

- 참가국들 사이에서 모든 관세가 철폐되는 것은 물론 다른 데서 들어오는 상품에 대해 똑같은 관세를 부과한다는 점에서 자유무역지역보다 한층 더 강한 결속력을 보이는 조직임.
- 즉 역내국 간 거래에 관세부과 및 수량제한조치를 철폐하고 대외적으로는 공동 관세를 설정하여 역외국에 공동으로 대응하는 경제통합을 의미하는데, 대외적인 관세까지도 공동보조를 취한다는 점에서 자유무역지역

45) 이밖에 유럽자유무역연합(EFTA : European Free Trade Association), 미국-캐나다 자유무역지역(U.S.-Canada Free Trade Area), 미국-이스라엘 자유무역지역(U.S.-Israel Free Trade Area) 등이 있음.

보다 다소 강화된 형태라고 볼 수 있음.

- 이러한 관세동맹은 역사적으로 오래전부터 존재하여 왔는데, 1834년 독일 관세동맹(Zolleverein), 1947년 설립되었다가 1958년에 유럽공동체(EC)에 흡수된 베네룩스 관세동맹(Benelux : 벨기에, 네덜란드, 룩셈부르크)과 1960년대의 유럽경제공동체(EEC : European Economic Communities)가 그 대표적인 예임.

5) 공동시장(CM : Common Market)

- 관세동맹의 다음 단계로서 역내에 있어서 무역자유화뿐만 아니라 역내의 노동·자본을 비롯한 생산요소들의 자유이동, 즉 국제투자의 자유화를 보장하는 경제통합의 형태임.
- 즉 공동시장이란 역내의 생산물, 생산요소의 자유이동, 역외의 공동통상정책의 실시로 거의 동일 국가와 같은 상태에 놓여 있다고 볼 수 있음.
- 이러한 공동시장의 형태로는 유럽공동체(EC : European Community)를 비롯하여 중앙아메리카 공동시장(CACM : Central American Common Market), 안데안 공동시장(ANCOM : Andean Common Market), 카리브 공동시장(CCM : Caribbean Common Market) 등이 있음.

6) 경제동맹(Economic Union)

- 공동시장의 형태에서 더욱 발전하여 회원국 상호간에 재정·금융·사회복지 등 모든 경제정책을 상호 조정하여 운영하는 경제통합의 형태를 의미함.
- 이러한 경제동맹의 결성은 역내 각국의 독자적인 대내외 경제정책의 실시로 인한 역내 타국과의 마찰을 방지하기 위해 경제정책 전반에 관하여 협정을 체결하여 각 부분의 경제정책을 상호 조정함으로써 공동보조를 취하고자 하는 데 그 목적이 있음.
- 현재 유럽연합(EU)이 경제동맹의 형태를 띠고 있음.

7) 완전한 경제통합(Complete Economic Integration)

- 완전한 경제통합은 가맹국 상호간에 초국가적 기구를 설치하여 그 기구로 하여금 각 가맹국의 모든 사회경제정책을 조정·통합·관리하는 형태의 경제통합임.
- 경제통합의 형태 중 가장 완벽한 형태의 통합유형으로 재정·통화정책을 위시한 공통의 경제정책을 수행하기 위해서는 국가 고유의 경제적 주권을 초국가적인 기구로 이양되어야 함.
- 사실상 새로운 국가를 형성하는 형태로서 경제적인 통합뿐만 아니라 정치적 통합이 수반되는 형태임.

(2) 범세계적 차원에서의 자유무역 : GATT체제

1) GATT의 등장

- 제2차 세계대전이 끝난 후 국제 간의 협력을 통해 세계의 경제 질서를 바람직한 방향으로 이끌어 가기 위해 몇 개의 국제기구가 설립되기에 이르렀는데, 그 중 하나가 관세 및 무역에 관한 일반협정(GATT : General Agreement on Tariffs and Trade)으로 1947년에 창설되어 1995년 발전적 해체를 통해 세계무역기구(WTO : World Trade Organization)라는 공식기구로 변신할 때까지 각종 무역장벽 제거를 통한 국제교역 증진에 커다란 기여를 해왔음.

2) 다자주의

- GATT는 세계적 무역자유화를 위하여 자유주의 및 무차별주의와 더불어 기본적 절차규범으로서 다자주의를 표방하여 왔음.
- 다자주의(multilateralism)란 국제외교·안보·무역 분야에서 널리 사용되고 있으나 이에 대한 통일된 정의가 확립되어 있지는 않지만, 대체로 어떤 일반화된 행동원리에 기초하여 셋 이상의 국가 간의 관계를 규율하고 조정하는 제도적 형태라고 할 수 있음.

- 이러한 관점에서 보면 GATT는 무차별주의라는 행동원리에 기초하여 회원국들 간의 무역을 규율하고 조정하는 다자적 협정임.

- 한편 GATT는 이러한 다자주의하에서 그 설립목적을 달성하기 위하여 몇 차례의 다자간무역협상을 추진하여 왔음.
  - 다자간무역협상(MTN : Multilateral Trade Negotiation)이란 GATT회원국들이 국제무역 전반에 관한 현안을 해결하기 위하여 일정한 기간 동안 국제무역기구의 주재하에서 관세율인하와 철폐 또는 기타 무역정책 등에 대해 결정하는 다국 간 베이스로 추진되는 무역협상을 말하는데, GATT는 이러한 다자간무역협상 방식을 통하여 세계무역의 양적 확대와 자유화에 크게 기여하였음.

3) GATT의 성과와 한계

- GATT의 다자간협상
  - 1948년 이후 1994년까지 종말을 고할 때까지 45년간의 GATT활동을 대표하는 성과는 8차례의 다자간무역협상으로 대변됨.
  - 제4차 라운드까지는 별도의 명칭이 부여되지 않았으나 5차 라운드부터는 주창자(딜론라운드, 케네디라운드)와 첫 개최지(도쿄라운드, 우루과이라운드)의 이름을 따서 명명하게 되었음.
  - 이와 같은 8차례의 다자간협상 내용을 〈표 4-2〉에 요약하고 있는데, 이러한 8차례의 협상 가운데서도 특히 1960년대의 케네디라운드, 1970년의 도쿄라운드, 그리고 1986년 9월에 시작하여 1994년 4월 15일까지 7년 7개월의 시간이 소요된 우루과이라운드가 상당한 성과를 거두었음.
- GATT의 성과
  - 당초 새로운 국제무역기구(ITO)의 설립을 전제로 이를 담보하기 위한 잠정적 협정이었던 GATT가 ITO의 무산으로 인해 이를 대체하게 된 1948년부터 새로운 세계무역기구(WTO)가 출범함으로써 해체되게 된 1994년까지 약 45년 동안 GATT는 사실상의 국제무역기구로서의 기능과 역할을 수행하였음.

〈표 4-2〉 GATT에 의한 다자간무역협상의 주요 내용

라운드	연도(참가국)	협상방식과 주요 의제	주요 결과 및 특성
1차(제네바)	1947(23국)	· 관세(품목별 삭감)	45,000품목 인하
2차(아네시)	1949(29국)	〃	5,000품목 소폭 인하
3치(토케이)	1950~1951 (32국)	〃	8,700품목 양허
4차(제네바)	1955~1956 (33국)	〃	3,700품목 소폭 인하
5차(딜론)	1960~1961 (39국)	〃	4,400품목 양허 (평균 7% 인하)
6차 (케네디라운드)	1963~1967 (74국)	· 관세(품목별 + 선형삭감[46]) · NTB(반덤핑, 관세평가)	· 30,000품목 양허 (평균 35% 인하) · NTB 최초 논의[47]
7차 (도쿄라운드 : TR)	1973~1979 (99국)	· 관세(품목별 + 선형삭감) · NTB(반덤핑, 보조금, 관세평가, 정부조달, 수입허가, 기술장벽, 세이프가드)	· 250,000품목 관세양허 (평균 33% 인하) · 9개 NTB규약 제정[48]
8차 (우루과이 라운드 : UR)	1986~1993 (116국 → 125국)	· 관세(품목별 + 선형삭감) · NTB(TR의 9개 이슈 + 선적전검사, 무역관련투자) · 뉴이슈(서비스무역, 지적재산권, 분쟁절차, 무역정책검토제도)	· 253,735품목 양허 (평균 33% 인하) · TR협정내용 강화 + 무역관련투자협정 등 · 뉴이슈관련 협정 · WTO창설 합의

46) 제5차 딜론라운드까지는 국별 · 품목별 관세인하방식을 채택하였으나 케네디라운드에서는 관세를 일괄적으로 인하하는 선형삭감방식(linear tariff reduction)을 채택하여 더 큰 성과를 거두게 되었음.

47) 케네디라운드는 복수국간협정으로서 반덤핑규약(Anti-dumping Code)을 체결함으로써 비관세장벽(NTB)을 의제로 다룬 최초의 협상이 되었음.

48) 도쿄라운드는 케네디라운드보다 적극적으로 보조금 · 기술장벽 · 수출허가절차 · 반덤핑절차 등과 같은 비관세장벽의 철폐를 위한 9개의 협정을 체결하여 비관세장벽철폐에 있어서 최초로 많은 성과를 거두었음. 그러나 당초 의도와는 달리 선진국들의 이해관계가 중심이 되어 개도국의 이해관계를 폭넓게 반영하지 못하였을 뿐만 아니라 새로이 나타나게 된 선진국들의 신보호주의 추세를 막지 못하였다는 평가를 남겼음.

• 그동안 GATT는 관세장벽의 대폭적 경감 · 비관세장벽에 대한 규범제정 · 개도국에 대한 우대조치의 합법화 등을 통하여 자유롭고 공정한 세계무역의 획기적인 확대와 발전에 기여하였음.
• 이에 따라 GATT가 설립된 1948년 이후 1990년까지 세계무역량은 평균 8.2%라는 괄목할 만한 성장을 기록할 수 있었음.
• 2차 대전 이전까지의 무역이 각종 수입규제의 남발과 차별적인 조치 및 그에 대한 보복조치로 인해 극도로 위축되었던 것과 비교할 때 GATT에 의해 주도되어 온 전후의 이러한 자유무역의 확산과 양적 성장은 괄목할 만한 것이었음.
• 또한 당초 22개의 GATT회원국이 1994년 123개국으로 확대되어 세계무역의 90% 이상을 GATT체제로 편입시킴으로써 사실상 전 세계를 대상으로 하는 최초의 다자간 무역기구로서 기능하였음.
• 이에 따라 GATT는 국제적 협조를 바탕으로 하여 세계의 통상질서를 규율함으로써 전후 각국 경제의 성장과 국제경제의 안정 및 균형발전에도 크게 기여하였다고 할 수 있는데, 특히 수차례에 걸쳐 GATT가 주도한 다자간무역협상은 오늘날의 무역자유화에 결정적인 공헌을 하였음.

- GATT의 기본성격과 한계
  • GATT가 국제무역의 성장과 자유화에 커다란 기여와 괄목할 만한 성과를 나타내긴 하였지만 다음과 같은 내부적 · 구조적 한계점 때문에 출발시점부터 태생적 한계를 지니고 있었음.[49)]
  • 법적 구속력 미약 : GATT규정은 최혜국대우 · 관세인하와 관세교섭 · 가맹 및 탈퇴 등의 절차에는 어느 정도 구속력을 가지고 있었으나 수량제한금지 등 무역확대규정이나 개도국문제 등의 경우에는 가맹시점에서 국내범위 내에서만 그 행위의무가 부여되었기 때문에 이에 대한 법적 구속력이 미약하였음.
  • 통일성과 체계성의 미비 : GATT규정은 관세인하와 기타의 무역장벽을 제거하기 위한 협정이며 하바나헌장의 조항 중에서 각국의 합의가 이

49) GATT라는 이름이 시사하듯 그것은 여러 나라 사이에 맺어진 '일반협정'에 불과했으며, 사무국을 제외하고는 상설기구조차 제대로 갖추지 못한 조직이었음.

루어진 부분을 발췌하여 집대성한 것이기 때문에 각국의 주장이 복잡하게 반영되어 있어 통일성과 체계성이 미비하고 그 해석에 있어서도 많은 어려움이 있었으며, 또한 기본원칙에 대한 너무 많은 예외조항과 비현실적인 조항들이 규범의 효력을 약화시켰음.

- 국제협정으로서의 조건 부족 : GATT규정은 가맹국의 대표들이 서명한 후 국내법에 따라 국내비준 절차를 거쳐야 정식 발효되도록 되어 있었으나, 미국을 위시한 각국 의회는 그 협정문에 대하여 비준을 하지 않았기 때문에 국제협정으로서의 조건이 충족되지 못하였음.
- 국제경제기구의 성격 미비 : 국제무역의 원칙을 규정한 협정인 GATT는 관세인하와 비관세장벽의 철폐를 통한 무역자유화를 추구하기 위해 각국의 합의를 규정한 하나의 잠정적 협정에 그쳤기 때문에 국제경제기구로서의 성격을 갖추지 못해 의사결정권한·집행력·분쟁해결 능력 등이 없었음.

- WTO체제의 출범
  - 1990년대에 이르러 세계경제의 흐름은 급격히 변화하기에 이르렀고, 이제 GATT체제로는 더 이상 국제무역의 문제를 만족스럽게 해결할 수 없다는 데 모든 나라의 의견이 모아졌음.
  - 나라와 나라 사이의 상호의존관계가 더욱 커짐에 따라 모든 나라가 국제무역과 관련한 게임의 규칙을 확립해야 할 필요를 강하게 느꼈기 때문임.
  - 1995년 정식으로 출범한 WTO는 자유무역을 위한 파수꾼의 역할을 점차 강화해 나갈 것으로 기대되고 있음.

(3) 범세계적 차원에서의 자유무역 : WTO체제

1) WTO설립의 배경

- 세계 123개 회원국이 참가한 UR각료회의는 GATT의 한계를 극복하고 향후의 새로운 국제무역질서를 효과적으로 규율하기 위한 세계무역기구 WTO(World Trade Organization)의 신설에 합의함으로써 1948년 이후 45

년간 유지되어 온 GATT체제는 막을 내리고 1995년 1월 1일부터 WTO 체제가 새로이 출범하게 되었는바, UR협상의 배경인 동시에 WTO설립 배경의 요인들은 다음과 같음.

- 신보호무역주의와 GATT기능의 약화
  - 1970년대 세계적 경기침체에 따른 실업문제를 극복하고 자국의 사양 산업을 보호하고자 하는 선진국들의 이기적 무역정책에 따라 세계무역이 위축되고 보호주의가 만연되는 이른바 신보호무역주의가 나타나게 되었는데, 1980년대 이후에도 이러한 보호무역주의 경향은 더욱 강화되었고 새로운 지역주의마저 탄생되었음.
  - 이러한 과정에서 GATT의 기본정신과 배치되는 보호조치 및 GATT 밖의 보호무역수단들이 남용되었고 국제무역협상에 있어서도 GATT를 통한 다자주의적 협상보다 쌍무주의적·지역주의적 협상을 통한 무역규제조치가 남발되었음.
  - 또한 지금까지 GATT를 통한 무역자유화의 리더였던 미국의 경제력약화로 GATT체제의 지위 역시 동반하락하였음.
  - 이에 따라 위축된 세계무역의 활성화를 위한 새로운 다자주의적 노력이 필요하게 되었음.

- 무역자유화대상의 확대 필요성
  - GATT의 규율대상은 주로 상품(제조품)이었고 상품의 경우에도 농산품교역이나 석유 등 1차산품은 GATT 밖의 예외로서 거래되고 있었고 2차산품의 경우에도 섬유류교역은 별도의 다자간협정에 의해 규율되고 있었음.
  - 또한 과학기술발전과 소득수준향상으로 인해 서비스·지적재산권·국제투자 등과 관련된 새로운 무역이 증대되고 있음에도 이러한 새로운 부문을 규율하는 국제규범이 존재하지 않았음.
  - 따라서 이러한 모든 무역거래를 포괄하는 무역자유화규범이 새로이 필요하였음.

- 새로운 무역자유화규범의 필요성
  - GATT는 일괄적 관세인하를 목표로 하고 수량적 제한조치의 금지를

선언적으로 규정하였으나 이에 대한 규정의 비통일성·너무 많은 예외조치·비현실적 규정들로 인하여 실효성이 없었음.

- 따라서 관세보다는 비관세장벽이 더 중요한 무역정책수단으로 기능하였으며 또한 새로운 관리무역수단(VERs·OMAs) 등 GATT 밖의 회색지대조치(gray area measures)들이 범람하였음.
- 뿐만 아니라 GATT의 반덤핑조치(AD)나 상계관세조치(CVD) 등에 대한 남용으로 인한 보호무역이 심화되어 있었음.
- 이러한 비관세장벽·GATT 밖의 회색지대조치·GATT규정의 남용을 규제하고 규율할 수 있는 새로운 무역자유화규범의 제정이나 기존 규범의 강화를 위한 필요성이 증대되었음.

- 개도국의 불만과 욕구증대
  - 개도국들의 수출증대와 경제성장의 욕구는 여러 가지 국제적 노력에도 불구하고 오랫동안 충족되지 못하였음.
  - 또한 GATT체제는 그동안 미국을 비롯한 선진국들에 의해 주도되고 그들의 이해관계를 반영하는 규범을 운용하여 왔다는 불만도 높아졌음.
  - 따라서 개도국들의 대선진국시장의 접근을 확대하고 개도국의 자조적 노력을 지원하며 그들의 이해관계를 반영하는 어떤 다자적 기구가 필요하다는 목소리가 높아졌음.

- 새로운 국제기구의 필요성
  - 이러한 여러 가지 환경변화와 새로운 욕구에 따라 새로운 무역자유화를 주도할 메커니즘이 필요하였지만, GATT는 하나의 국제협정으로서의 법적 구속력이 약한 태생적 한계를 지니고 있어 GATT의 기능적 한계가 노출되었고 GATT에 대한 가맹국들의 신뢰도도 저하되었음.
  - 따라서 단순히 GATT의 기능을 강화하는 것만으로는 부족하고 그 기능을 강화하는 동시에 신뢰도도 높일 수 있는 어떤 새로운 다자간기구를 설립하는 것이 더 바람직하다는 인식이 증대되었음.

2) WTO의 목적과 기본원칙

- WTO는 GATT체제의 한계를 극복하기 위하여 새로이 설립된 체제이지만

기존의 GATT나 다자간무역체제를 전면적으로 부정하는 협정이 아니라 과거 GATT체제의 기존 원칙을 유지하면서 그 내용을 보완·발전시킨 협정이기 때문에 WTO는 GATT체제의 기본원칙을 계승하면서 몇 가지 추가적인 원칙과 목표를 전제로 하고 있는데, UR최종협정문과 WTO협정내용에서 나타나고 있는 WTO의 목적과 기본원칙을 정리하면 다음과 같음.

- 차별 없는 무역(무차별주의)
  - 무차별주의는 최혜국대우원칙과 내국민대우원칙으로 대표됨.
  - 최혜국대우(MFN : Most Favored Nation Treatment)는 특정국가에 대해 다른 국가보다 불리한 교역상의 조건을 부여해서는 안 된다는 원칙으로서 WTO 역시 이를 기초로 하고 있는데, 다만 서비스교역에 관한 일반협정은 각국이 이 원칙에 대한 예외를 최혜국대우 일탈목록에 기재토록 함으로써 이에 대한 예외를 추가하고 있음.
  - 내국민대우(NT : National Treatment)는 외국인과 내국인을 똑같이 대우해야 한다는 의미로서 수입국내에서의 수입품과 국산품 간의 공정한 경쟁을 할 수 있도록 보장함으로써 자유무역을 실현하고자 하는 데 있는바, WTO의 경우 서비스무역이나 무역관련 투자에 대한 협정을 새로이 제정함으로써 이러한 내국민대우원칙의 의미가 더 커졌다고 할 수 있음.

- 보다 더 자유로운 무역
  - GATT나 WTO 모두 자유로운 세계무역의 실현을 목표로 하고 있지만 WTO체제는 GATT에서 보다 더 넓은 분야의 무역거래를 대상으로 하여 보다 더 투명하고 예측 가능한 자유무역을 목표로 하고 있다고 할 수 있음.
  - 우선 WTO 역시 GATT와 마찬가지로 관세나 조세를 제외한 일체의 수입제한을 철폐하여야 함을 기본원칙으로 하는데, 관세나 조세는 수입가격변동을 통하여 국내시장에서의 수요와 공급에 영향을 미치는 간접적인 제한수단이지만 기타 수입쿼터와 같은 각종 비관세장벽은 수입품의 국내반입 자체를 제한하기 때문임.
  - 따라서 WTO체제 역시 시장접근을 보장하기 위하여 이러한 수량제한을 철폐한다는 것임.

• UR은 이러한 원칙을 관철하기 위하여 농산물 분야의 수많은 비관세 장벽을 거의 모두 관세화시켰음.
• 그러나 관세를 부과하는 경우에도 엄격한 규율이 따르는데, 예컨대 관세가 수입물품 간에 차별적으로 부과될 수 없음은 물론, 관세의 수준도 WTO에 약속한 양허수준 이상으로 인상할 수 없으며 또한 서비스무역 및 투자관련 무역에 대하여 WTO에 미리 약속한 규제조치 이상의 규제를 행할 수 없도록 하였음.
• 이러한 WTO의 기본원칙은 '예측 가능한 무역'(predictable trade)을 통하여 회원국들의 안정적인 시장접근을 보장한다는 것임.
• 한편 WTO는 새로운 협상 분야로 떠오른 서비스무역이나 지적재산권 등에 대한 시장개방을 추가로 포함시킴으로써 세계무역기구가 규율하는 자유무역의 범위를 더욱 확장시켰음.
• 이러한 분야는 시장개방이 장기적으로는 이익이 되지만 단기적으로는 개방에 따르는 충격이 크므로 개방일정에 대한 조정이 필요함.
• 따라서 WTO는 회원국들로 하여금 '점진적 자유화'(progressive liberalization)를 도입하도록 허용하고 있음.
• 이러한 전제에서 특히 개도국들에게는 무역자유화에 대한 의무이행의 유예기간을 더 길게 허용하였음.

- 보다 투명하고 공정한 무역
  • WTO는 각국의 행정기관이나 사법기관의 의사결정 또는 법령적용·제도운용은 합리적이며 예측 가능하여야 하고 그러한 결정에 대한 이유를 고지하고 그러한 결정의 기초가 되는 모든 법령 및 자료들이 공개되어야 한다는 '투명성(transparency)의 원칙'을 전제로 함.
  • 이를 위하여 WTO는 자신이 생산되는 모든 문서와 정보를 공개·발표하도록 하고 있고, 서비스무역이나 투자관련 무역의 경우 회원국들의 모든 무역관계법과 규제사항을 공표토록 하고 있으며, WTO의 부속협정이나 복수국간협정에서는 다수의 통보의무를 부과하고 있음.
  • WTO는 또한 무역정책검토제도(TPRM)를 통한 정기적 감시를 두어 회원국들의 무역정책과 관행에 대한 좀 더 높은 수준의 투명성을 확보하도록 하였음.

• 한편 WTO는 기본적으로 자유로운 무역을 목표로 하지만 관세를 허용하고 있고 제한된 조건하에서 기타의 보호무역정책수단도 허용하고 있기 때문에 엄밀하게 말한다면 '자유무역을 실현시키는 기구'라는 표현보다는 오히려 더 정확하게 말한다면 WTO체제는 '보다 개방적이고 공정하며 왜곡되지 않은 국제경쟁에 기여하는 규칙체계'라고 할 수 있음.
• 앞서 설명한 최혜국대우나 내국민대우 등과 같은 차별 없는 무역의 원칙 역시 이러한 공정무역을 위한 전제조건이 된다는 점에서 GATT체제 역시 공정무역을 그 기본목표로 하고 있었지만, 특별히 WTO체제의 기본목표로서 '보다 공정한 무역'을 추가하고 있는 것은 1980년대 이후부터 새로이 제기된 공정무역(fair trade)의 개념이 WTO협정에서 더욱 강조되고 강화되었기 때문임.

- 경제개발과 경제개혁의 촉진
• UR최종협정문의 전문에서 WTO는 상품과 서비스의 생산 및 교역의 증진과 이를 통한 회원국들의 생활수준향상 · 완전고용달성 · 실질소득과 유효수요의 지속적이고 양적인 확대를 목표로 함을 명시하고 있음.
• 또한 최빈개도국은 자신의 경제를 발전시키는 데 필요한 만큼의 국제무역증대의 몫을 확보하기 위하여 적극적인 노력을 기울여야 할 필요성이 있다는 점을 인식한다는 점도 명시하고 있음.
• WTO회원국 중에는 개도국 또는 비시장경제체제로서 경제개혁을 추진중인 국가들이 전체의 3/4 이상을 차지하고 있는데, 이들 국가들 역시 선진국과 같이 UR협상에 따른 무역자유화를 이행하고 있지만 WTO는 그들에게 새로운 WTO규정에 적응할 수 있는 유예기간을 허용함으로써 경제개발과 경제개혁이 촉진될 수 있도록 하였음.
• 또한 선진국들은 최빈개도국들의 수출품에 대한 시장접근약속을 신속히 이행하였고 선진공업국들로 하여금 개도국에 대한 각종 경제지원과 특혜조치들을 규정하였음.
• 이러한 일련의 조치들은 UR협상의 배경과 관련하여 설명하였듯이 그 동안의 GATT체제에 대한 개도국들의 불만이 높아지자 새로운 무역체제에서 이를 고려한 대응인 동시에 개도국들의 경제개발 및 경제개혁을 촉진하고자 하는 WTO의 기본목표와 원칙을 반영하고 있는 것임.

3) WTO체제의 특성

- WTO체제의 특성은 GATT체제와의 비교를 통하여 더욱 명확해질 수 있는데 그 주요 내용은 다음과 같음.

- 기본목표
  - GATT와 WTO 모구 무차별주의와 다자주의에 입각한 자유무역을 추구하고 있지만 WTO는 자유무역의 이념 위에 공정무역이라는 새로운 개념을 추가하고 있다고 할 수 있음.

- 규율대상
  - GATT는 주로 상품(제조품)을 대상으로 하는 자유화를 추구하여 농산품이나 서비스상품에 대한 자유화를 목표로 하지 못하였을 뿐만 아니라 제조품 중에서도 섬유류교역은 GATT 밖에서 규율되었음.
  - 반면 WTO는 GATT 밖에 있던 농산품이나 섬유류 교역을 자유화대상으로 편입하였을 뿐만 아니라 서비스무역·무역관련 지적재산권거래·무역관련 투자까지를 그 대상으로 확대하여 거의 모든 거래를 자유화대상으로 확대하였음.

- 시장개방
  - GATT는 관세인하에 주력하고 도쿄라운드(TR)에서 비관세장벽의 금지에 대한 선언적 규정만을 행함으로써 실효성을 가지지 못하였음.
  - 반면 WTO는 관세인하뿐만 아니라 특정부문의 무관세화까지를 선언하고 있으며 또한 비관세장벽의 철폐에 대한 규정을 보다 실질적으로 강화하였음.

- 규범관련
  - GATT체제하에서는 보조금과 관련된 규정이 불명확하고 반덤핑에 대한 규정이 있었지만 불명확한 점이 많아 상계관세나 반덤핑방지관세가 남용될 여지가 많아 개도국들의 불만이 높았음.
  - 또한 세이프가드(Safeguard)에 대한 GATT규정이 있었으나 이를 다자간협정으로 체결하는 데는 실패하였음.
  - 그러나 WTO는 보조금의 정의·반덤핑조치의 기준 및 절차의 명료화

를 통하여 규범을 강화시켰으며 세이프가드에 대한 독립된 협정을 체결함으로써 이와 관련되는 규범을 더욱 강화시켰음.

- 조직의 형태와 권한
  - GATT는 단순한 국제협정으로서 법적 권한을 지닌 국제기구로서의 역할을 수행하지 못하고 회원국에 대한 강제력을 행사할 수 없었음.
  - 따라서 GATT참여국은 협정의 체약국(contracting parties)으로서 지위를 누리게 되며 GATT의 결정 역시 권유적 성격을 지녔을 뿐 국제법상 구속력을 갖지 못하였음.
  - 반면 WTO는 법인격을 지닌 국제기구로서 가맹국들은 국제기구의 회원국으로서의 자격을 지니게 되며 만약 이들이 WTO규정을 준수하지 않을 경우 사법적 권능을 가지고 제재조치를 취할 수 있게 되었음.
- 분쟁관련
  - GATT의 경우 분쟁해결을 위한 구체적인 제도와 절차를 결여하고 있었고 분쟁해결조항이 불명확하였을 뿐만 아니라 관련규정들이 분산되어 있었고 감시기능 역시 취약하였음.
  - 반면 WTO는 분쟁해결기구(DSB) 및 절차규정을 신설하고 분쟁해결조항의 명료화 및 통합을 이룩함으로써 신속하고 효율적인 분쟁해결절차가 진행되도록 하였음.
  - 또한 회원국들의 무역정책과 관행을 감시할 수 있는 기능을 제고시키기 위한 무역정책검토기구(TPRM)를 신설하였음.
- 의사결정
  - GATT는 합의에 의한 의사결정관행으로 비효율적 의사결정이 이루어졌으나 WTO는 합의에 의한 의사결정관행을 존중하면서도 합의가 불가능할 경우 투표를 통하여 의사결정을 할 수 있는 요건과 절차를 명확히 함으로써 신속하고 효율적인 의사결정이 이루어질 수 있도록 하였음.

4) WTO협정의 주요 내용

- 관세에 관한 협정
  - UR협상에서의 기본원칙은 1986년 관세율을 기준으로 수입액을 가중

평균하여 협상타결 후 5년에 걸쳐 세계평균 33% 이상 인하하여야 한다는 1998년 몬트리올 각료회의에 기초하였는바, 이로써 선진국의 평균관세율이 GATT 설립당시 약 40%였는데 UR 이전 6.5%로 인하되었고 UR 이후 2,000년에는 3.9% 수준으로 인하되어 협상과정에서의 관세인하폭이 38%수준이었으며 개도국의 경우도 UR 이전 15.3%에서 UR 이후 2,000년에 12.3%로 인하되어 관세인하폭이 20% 수준이었음.

- 한편 일정 관세율 이상으로 관세부과하지 않겠다는 국제적 약속이라고 할 수 있는 관세양허품목의 범위를 대폭 확대함으로써 선진국의 경우 관세양허범위는 거의 100%에 이르게 되었음.
- 그리고 국가별 관심품목에 대한 쌍무적 관세인하조치를 취하도록 하였으며 특정산업 분야, 예컨대 철강 · 건설장비 · 의약품 · 의료기기 · 가구 · 농업장비 · 맥주 · 증류수 등 8개 분야의 무관세화를 목표로 하였음.

- 주요 비관세협정

- WTO협정은 무역에 대한 비관세장벽으로 작용할 수 있는 다양한 기술적 · 행정적 · 법적 문제들에 대한 협정을 체결하였는데, 이들 중 주요한 몇 가지 대표적인 협정내용을 살펴보면 다음과 같음.
- 무역에 대한 기술장벽협정 : 기술에 대한 규제나 산업적 기준은 국가마다 매우 다양한 차이를 보여 때로는 이러한 차이가 국가와 국가 간의 상품이동에 커다란 장벽으로 작용할 수 있는데, 무역에 대한 기술장벽협정(TBT : Agreement on Technical Barriers to Trade)은 이러한 기술장벽이 국제무역에 대한 보호정책수단으로 작용하지 않도록 하기 위하여 도쿄라운드(TR)에서 합의된 복수국간협정을 다자화하였음.
- 관세평가이행협정 : 수입업자에게 관세부과시 상품의 가치를 측정하는 절차는 관세율의 부과만큼이나 중요하고 심각한 문제인데, 관세평가이행협정(Agreement on Article Ⅶ of GATT 1947)은 공평하고 통일적이며 중립적인 관세평가제도의 설정을 목표로 하고 있음.
- 수입허가절차협정 : 오늘날에는 과거와 같이 수입허가절차를 수입제한수단으로 사용하는 예는 작아졌지만 여전히 수입제한을 위한 비관세장벽으로 작용될 수 있는 소지가 있는바, 수입허가절차협정(Agreement on Import Licensing Procedures)은 수입허가절차의 중립성 · 공평성 · 공정

성을 위한 것으로 도쿄라운드(TR)의 복수국간협정을 다자화하였음.

- 선적 전 검사협정 : 선적 전 검사란 해외로 나가는 상품의 자세한 선적 내용(가격 · 품질 · 수량 등)을 검사하기 위하여 선적검사기관이 행하는 모든 관행과 절차를 말하는데 때때로 이러한 선적 전 검사가 일종의 무역장벽으로 작용할 수 있게 되는바, 선적 전 검사협정(Agreement on Preshipment Inspections)은 WTO에서 새로이 도입된 협정으로서 선적 전 검사의 시행과정에서 무차별원칙을 적용하여 선적 전 검사절차와 기준은 객관적인 동시에 모든 수출업자에게 동등하게 적용하도록 하였음.
- 위생 및 동식물 검역기준 협정 : 검역기준이란 인간 및 동식물이 사용하는 식품의 안전확보 및 환경보호를 위하여 행하는 수입품에 대한 규제로서 오늘날 세계의 거의 모든 나라들이 이러한 목적의 기준을 제정 · 시행하고 있으나 1980년대 이후 사용빈도가 크게 확대된 이 조치는 차별적 수입제한 및 국내농축산업의 보호를 위한 비관세장벽으로 둔갑하는 경향이 커졌는데, 위생 및 동식물 검역기준 협정(Agreement on Sanitary and Phytosanitary Measures)은 국제무역에 직간접으로 영향을 미치는 상품기준 · 생산공정 · 절차 · 검역처리 · 포장 및 표시 등 모든 위생 및 검역관련 조치에 대하여 적용됨.
- 원산지규정협정 : 원산지규정협정(Agreement on Rules of Origin)은 자국의 원산지규정을 투명하게 운용하여 이것이 국제무역에 대한 왜곡을 가져오지 않고 통일적이고 공정하며 합리적으로 운영되어야 함을 규정하고 있는바, 본 협정은 특혜무역과 같은 경우를 제외하고는 모든 WTO회원국들에게 공통의 원산지규정이 적용될 수 있도록 원산지규정의 조화작업이 추구되었음.
- 정부조달협정 : 정부조달협정(GPA : Agreement on Government Procurement)은 중앙정부기관 · 지방정부기관 · 공기업이 행하는 일정규모 이상의 조달에 대하여 최혜국대우와 내국민대우원칙을 적용하도록 하였고 상품만이 아닌 서비스 · 건설계약에도 적용토록 하였으나 이 협정은 도쿄라운드(TR)에서 체결된 '정부조달규약'을 대치시키기 위하여 체결된 협정으로서 서명국에 한해 적용되는 4개의 복수국간협정(PTA)의 하나임.

- 새로운 상품협정
  - WTO에서는 종래 GATT 밖에서 규율되어 왔던 농산물교역 · 섬유 및 의류교역을 새로이 체제 내로 끌어들임으로써 상품교역의 자유화 범위를 확장하였는데, 이들 농산물 및 섬유류는 국제무역에서 차지하는 비중이 매우 높음에도 불구하고 GATT 밖에 존재함으로써 그동안 세계교역질서의 왜곡을 초래하여 왔음.
  - 농산물협정 : 초창기의 GATT도 농산물교역에 적용되었으나 수입할당제(쿼터)나 보조금정책 등과 같은 비관세장벽의 사용을 허용함으로써 사실상 GATT-1947 밖에서 운영되고 있었던 반면에 WTO는 농산물교역의 자유화를 이룩하기 위하여 이 영역에 대한 새로운 신설협정을 체결하였는데, 이러한 농산물협정은 UR과정에서 가장 첨예하게 의견이 대립되었던 분야로서 협정 체결에 어려움이 많았음.[50)]
  - 섬유 및 의류협정(Agreement on Textile and Clothing) : 섬유 및 의류산업은 대표적인 전통산업으로서 (미숙련)노동집약적 · 지역집중적 성격을 띠고 있어 개도국들이 비교우위를 누려온 전형적인 산업인 동시에 일찍부터 보호무역의 주된 대상이 되어 왔던 산업이기 때문에 동 분야는 GATT-1947 밖의 다자간섬유협정(MFA : Multilateral Fiber Arrangement)으로 규율되어 왔는바, 본 협정은 이러한 MFA체제를 다자간체제로 복귀시켜 섬유 및 의류제품의 교역자유화를 이룩함으로써 교역량증대 · 시장교란방지 · 균형적 발전을 도모하자는 것으로 농산물 분야와 마찬가

50) 본 협정의 주요 내용은 시장개방 및 국내보조와 관련됨. ▶시장개방 분야 : 본 협정은 관세 이외의 방법(비관세장벽)에 의한 수입규제조치를 금지하는 새로운 규칙으로서 예외 없는 관세화(tariff only)를 규정하였음. 또한 관세 및 수입가와 국내가격의 차이를 의미하는 관세상당치(tariff-rate equivalent)의 단계적 인하를 규정하였으며 동시에 관세유예기간 중에도 국내소비량의 일정수준을 의무적으로 수입하는 최소시장접근원칙(minimum market access)을 채택하였음. ▶국내보조 : 농산물교역은 전통적으로 농산물에 대한 보조금지급에 의하여 자유로운 국제무역이 왜곡된다는 비판을 받아 왔음. 이에 WTO농산물협정은 무역에 대한 왜곡을 발생시키거나 생산에 직접적인 영향을 미치는 국내보조정책을 제거함에 목적을 두고 있었음. 동 협정은 국내지원총액으로 합산한 금액의 상한선을 설정하고 매년 그 금액을 일정한 비율로 감축할 것을 합의하였음. 또한 농업 분야에 대한 각종 보조금 중 허용보조금의 범위를 명백히 설정하여 무역왜곡이 없거나 생산에 미치는 효과가 미미한 공공지출보조금은 허용하고 이러한 허용보조금 이외의 모든 보조금의 철폐 내지 감축을 결정하였음.

지로 이 분야 역시 UR협상과정에서 최대 논쟁점의 하나가 되었고 WTO 체제에서 처음으로 다자간협정으로 탄생되었음.[51)]

- 새로운 분야에 대한 협정
  - 과학기술발전과 소득수준향상으로 인해 새로운 무역형태가 증대되고 있음에도 이러한 새로운 부문의 무역을 규율하는 국제적 규범이 존재하지 않았기 때문에 이러한 모든 무역거래를 포괄하는 광범위한 무역자유화를 위한 새로운 규범이 필요하였는바, 이에 WTO는 서비스무역, 무역관련 지적재산권, 무역관련 국제투자와 관련된 새로운 협정을 추가하였음.
  - 서비스무역 일반협정(GATs) : 서비스무역이 크게 증가함에 따라 이를 규율하는 새로운 규범의 필요성이 증대되어 WTO에서 최초로 체결된 협정이 본 협정인데, 서비스무역 일반협정(GATs : General Agreement on Trade in Services)은 여러 가지 관점에서 여전히 미흡하고 불완전하여 본 협정의 체결이 곧 서비스무역의 자유화를 뜻하는 것은 아니나 사상 처음으로 서비스무역에 대한 다자간협정이 마련되었다는 것은 서비스무역에 대한 정책과 제도가 다자간협상의제로 자리 잡았음을 의미하여 이를 통한 서비스무역의 자유화가 보다 확대될 수 있다는 것을 의미함.
  - 무역관련 지적재산권협정(TRIPs) : 지적재산권(intellectual property rights)의 보호는 그동안 각국의 법제에 의해 규율되어 왔으나 최근 들어 지적재산권과 관련되는 상품의 무역이 크게 증가하였고 또한 복제기술의 발달로 지적재산권의 재생산이 더욱 쉬워졌기 때문에 이에 대한 다자간규칙의 제정과 이에 대한 보호제도의 강력한 시행이 요구되었는바, 이러한 배경 위에서 체결된 무역관련 지적재산권협정(TRIPs : Agreement on Trade Related Intellectual Property Rights)은 세계 전역에서의 지적재산권에 대한 보호방법의 차이를 줄이고 공통적인 국제규범하에서 이를 논의하고 이와 관련된 무역 분쟁이 있는 경우 WTO분쟁해결제도를 이용할 수 있도록 하였음.

51) 중요한 내용은 섬유쿼터를 10년간 3단계에 걸쳐 점진적으로 철폐하여 2005년에는 완전 자유화한다는 것과 과도기간 중의 세이프가드를 인정한다는 것임.

- 무역관련 투자조치협정(TRIMs) : 최종 합의된 무역관련 투자협정(TRIMs : Agreement on Trade Related Investment Measures)은 그 적용범위를 무역과 관련된 투자에 국한하여 상품무역에만 적용되고 서비스부문에 대한 투자의 경우 적용되지 않도록 하였으며 또한 그 내용도 내국민대우와 수량적 제한의 철폐와 관련된 이슈만을 논의하게 되었고 동시에 개도국의 경우 국제수지방어목적의 규정에 합치되는 경우 일시적인 예외를 인정하였으며 점진적 자유화와 추후 계속적인 논의를 규정하였는바, 본 협정은 궁극적으로 시현하게 될 다자간투자협정을 향한 잠정적이고 초보적 성격의 협정으로 볼 수 있기 때문에 다양한 무역관련 투자조치의 일부분만을 규정하고 있고 그것도 상품무역의 경우에만 적용하고 있는 한계가 있음에도 불구하고 무역을 제한하거나 왜곡시키는 무역관련 투자조치를 제거하기 위하여 제정된 사상최초의 다자간협정이라는 데 의의가 있고 많은 개도국들이 이러한 투자조치를 활용하고자 하는 유인을 감소시키는 계기로 작용하게 될 것임.

- 국제무역규범에 대한 협정
  - GATT의 규정들은 통일성부족 · 너무 많은 예외조치 · 비현실적 규정들로 인하여 실효성이 없었기 때문에 비관세장벽 · GATT 밖의 회색지대조치 · GATT규정의 남용을 규제하고 규율할 수 있는 새로운 무역자유화규범의 제정이나 기존 규범의 강화를 위하여 국제무역규범에 대한 협정의 제정 · 개정을 이룩하였음.
  - 반덤핑협정 : 반덤핑조치(Anti-dumping Measures)란 수출국기업의 덤핑으로 인하여 수입국의 국내산업이 피해를 입거나 입을 우려가 있는 경우 덤핑마진의 상당분을 관세로 상쇄시키는 조치로서 GATT 제6조에 규정하고 있으나 이에 대한 GATT규정은 미흡하여 반덤핑조치는 불공정무역을 제재한다는 그럴듯한 명분하에 사실상 위장된 보호주의적 수단으로 남용되는 사례가 빈번하게 되었는데, 이후 GATT의 다자간무역협상에서 반덤핑협약이 체결되었지만 미국 · EC 등 주요 선진국들이 자국의 반덤핑관련법을 개정하여 덤핑의 개념을 확대하고 각국의 덤핑조사기관들이 국내산업에 유리한 방향으로 법 규정을 해석함으로써 오히려 보호주의적 수단으로 활용되게 되었던 반면 수출국들은 일단 반

덤핑조사가 개시되면 큰 불확실성에 빠지게 되어 수출이 급격히 위축되는 피해를 입게 되어 주요 수출국들은 반덤핑협정의 내용을 보다 엄격히 하여 반덤핑조치의 남용방지를 요구하게 되었는바, 이러한 배경으로 이루어진 WTO의 반덤핑협정(Anti-Dumping Agreement)[52]은 도쿄라운드에서의 반덤핑협약을 기초로 투명성을 제고시키는 동시에 방법론적 · 절차적 규칙을 새로 수립함으로써 덤핑규제의 남발을 억제토록 하여 1980년대 범람하였던 반덤핑조치(AD)의 보호주의적 편향성을 다소 시정한 것으로 평가되었으나 보호주의적 수단으로 악용되는 경향이 강한 조사절차나 방법상의 관행들을 대부분 존치시킴으로써 여전히 미흡하고 불완전하다는 평가를 받기도 하였음.

- 보조금 및 상계관세협정 : 기존 협정은 보조금에 대한 명확한 정의가 없고 보조금을 국내보조금과 수출보조금으로만 단순 구분하여 왔으며 상계관세절차의 불명료성으로 인해 자의적 운용의 소지가 매우 높았는데, 보조금 및 상계관세협정(Agreement on Subsidies and Countervailing Measures)은 도쿄라운드의 협약을 기초로 하여 보조금의 정의를 명확히 하는 동시에 보조금의 종류를 금지보조금, 조치가능보조금, 조치불능보조금으로 나누어 규율하였으며 또한 개도국에 대한 일정한 우대조항을 두고 있는바, 본 협정은 반덤핑협약과는 달리 도쿄라운드(TR)의 협약보다는 현저히 개선되어 훨씬 명료해진 동시에 이를 통한 남용의 여지를 크게 감소시켰다는 긍정적인 평가를 받았음.[53]
- 세이프가드협정 혹은 긴급수입제한조치협정 : WTO의 세이프가드협정(Agreement on Safeguard)[54]은 무차별원칙을 적용하되 예외적으로 선

52) 1980년대 범람하였던 반덤핑조치(AD)의 보호주의적 편향성을 다소 시정한 것으로 평가되었으나 보호주의적 수단으로 악용되는 경향이 강한 조사절차나 방법상의 관행들을 대부분 존치시킴으로써 여전히 미흡하고 불완전하다는 평가를 받기도 하였음.

53) 특기해 둘 것은 농산물의 경우 농산물협정에서 따로 정하고 있기 때문에 본 협정은 농산물에 대한 보조금의 경우에는 적용되지 않는다는 것임.

54) 세이프가드(Safeguard)란 특정품목의 수입급증이 있고 그러한 수입급증이 다자간협정에 따른 무역자유화의 결과이거나 예견치 못한 사태발생의 결과이며 수입국에 대해 심각한 피해가 있거나 있을 우려가 있을 경우 자국의 국내산업을 보호하기 위하여 실시하는 긴급한 수입제한조치를 말하기 때문에 세이프가드는 긴급수입제한조치(emerging action) 또는 일반적 이탈조항(general escape clause) 등으로도 불리어짐. 이에 대해서는 GATT 제19조에서 규정하고 있었으나 규정의 불명료성 · 지나치게 엄격한 발동요건

별적용이 가능하도록 하였고, 세이프가드의 발동요건이 되는 심각한 피해의 기준을 보다 엄격히 하였으며, 기대이익을 상실하게 되는 수출국이나 제3국과 협의하고 적절한 보상을 제공할 것을 규정하였으며 또한 수출자율규제 · 시장질서협정 등과 유사한 회색지대조치의 금지와 함께 현행실시제도 4년 이내에 철폐하도록 하였고 수입비중 3% 미만의 개도국에 대해서는 발동을 금지시켰는바, 본 협정은 세이프가드에 대한 종전의 규정을 상당히 개선하여 회색지대조치들이 비록 제한적이기는 하나 다자간 감시와 규율을 받게 함으로써 이러한 협정의 강화가 없었더라면 더욱 확대되었을 가능성을 봉쇄하였다는 평가를 받고 있는데, 다만 선별적 적용을 허용함으로써 이러한 조치들을 오히려 합법화시켰다는 비판도 받고 있음.

5) WTO의 새로운 다자간협상

- 새로운 다자간협상의 논의 배경
  - 1995년 WTO의 출범으로 무역자유화의 폭이 넓어졌을 뿐만 아니라 무역규범의 투명성 강화로 공정무역질서가 확립됨으로써 국제무역질서는 커다란 전환의 계기를 맞이하였으나 WTO출범만으로 국가 간 통상마찰의 소지가 완전히 해소되거나 국제무역의 자유화가 완성된 것은 아니었음.
  - 우선 UR협상과정에서 타결이 미진한 분야에 대한 추가협상이 필요하였는바, WTO회원국들은 1993년 UR협정을 타결하면서 농산물과 서비스 분야에 대한 시장개방이 미흡하다고 판단하여 2000년 이후부터 추가적인 후속협상을 설정의제(BIA : built-in agenda)로 미리 정하여 두고 있었으나 많은 회원국들은 이러한 분야 이외의 공산품 분야에 있

등으로 인하여 실제로는 이러한 조치 대신에 기타의 관리무역수단들이 활용되어 왔음. 이러한 점을 시정하기 위하여 제7차 다자간협상인 도쿄라운드(TR)에서 위원회를 설치하여 논의하였으나 합의에 이르지 못하였음. UR협상과정에서 개도국들은 선진국들의 대개도국 세이프가드를 금지하여야 한다고 주장하는 반면 선진국들은 이러한 세이프가드를 선별적으로 적용할 수 있도록 하여야 한다는 주장이 서로 대립되었음. 이러한 요구를 절충한 것이 WTO의 세이프가드협정임.

어서도 상당한 무역장벽이 남아 있고 또한 UR협상결과를 이행하는 과정에서도 여러 가지 문제점이 있다고 인식하였음.

- 뿐만 아니라 세계화의 진전에 따른 국제무역 환경변화를 반영하기 위해서는 새로운 무역규범이 필요하다고 생각하여 새로운 협상의제들이 계속 대두되었는바, 예컨대 환경·노동·국제투자·경쟁정책 등과 관련된 국내정책을 무역정책과 연계시켜 이들을 새로운 다자간협상으로 논의하려는 인식과 시도가 그것임.[55)]
- 이들은 지금까지 논의되지 못한 뉴이슈(new issue)라고 하여 이들을 다룰 새로운 협상을 뉴라운드(new round)라고 부르기도 하였고, 21C 최초로 이루어지는 라운드라고 하여 밀레니엄라운드(millenium round)라고 부르기도 하였는바, 이러한 상황을 배경으로 하여 1994년 이후 WTO각료회의를 통하여 이에 대한 논의가 계속되다가[56)] 1999년 말 시애틀각료회의를 통하여 뉴라운드출범을 공식적으로 선언하기도 하였으나 개도국·NGO들의 반발과 주요 선진국 간의 합의도출 실패로 새로운 라운드의 출범이 무산되었음.[57)]
- 이후 2001년 11월 카타르 도하에서 열린 WTO 제4차 각료회의에서 도하개발아젠다(DDA : Doha Development Agenda)를 출범시키게 되었는데, 이러한 DDA협상은 GATT 이후 9번째, WTO출범 이후 1번째, 21C 최초의 다자간무역협상으로서 과거 라운드들이 주로 선진국의 이익을 대변하였다고 보는 개도국의 저항을 감안하여 '라운드'라는 명칭 대신 '개발아젠다'라는 명칭을 사용하였으나 언론에서는 여전히 '도하라운드'라고 부르기도 함.

- DDA출범의 의의
  - WTO출범 이후 계속된 논의와 첨예한 의견대립 끝에 드디어 새로운

---

55) 이러한 주제들을 GR(환경라운드), BR(근로조건과 노사관계), TR(기술라운드), CR(경쟁라운드), DR(디자인라운드) 등으로 불리기도 하였음.

56) 각료회의는 적어도 2년마다 한 번씩은 열리도록 정해져 있음.

57) 역대 각료회의는 다음과 같음. ▶제1차 WTO각료회의(1996.12.9-13, 싱가포르) ▶제2차 WTO각료회의(1998.5.18-20, 제네바) ▶제3차 WTO각료회의(1999.11.30-12.3, 시애틀) ▶제4차 WTO각료회의(2001.11.9-11.3, 도하)-뉴라운드 협상 출범 ▶제5차 WTO각료회의(2003.9.10-14, 멕시코 칸쿤) ▶제6차 WTO각료회의(2005.12.13-18, 홍콩)

라운드가 출범하게 되었는데, 이러한 DDA출범에 대해서는 다음과 같은 평가와 전망이 내려졌음.

- WTO위상의 재정립 : WTO가 당초 목표로 하였던 1999년 시애틀각료회의에서의 뉴라운드 출범이 실패함으로써 WTO체제에 대한 신뢰성에 타격을 입은 바 있으나 DDA협상이 출범함에 따라 세계무역의 중심축임을 자임하는 WTO로서는 통상마찰심화 · 지역주의확산이라는 도전에 맞서 다자주의적 자유화를 더욱 강화시키는 세계무역기구로서의 위상을 더욱 높이게 되었으며, 동시에 자유무역체제가 세계경제의 유일한 대안임을 재확인한 셈이 되었음.
- 보호주의의 예방 및 무역자유화의 확대계기 : 세계경기침체에 따라 각국이 수입규제조치를 남발하고 보호주의로 회귀할 조짐을 보여 왔고 이에 따라 세계무역이 급격한 위축세를 나타내고 있는 시점에서 이루어진 DDA협상은 보호주의경향을 예방하고 세계교역의 활성화에 기여하는 동시에 그 자체로서 무역자유화의 모멘텀(momentum)을 유지하고 강화하는 데 기여하게 될 것임.
- 세계경제회복 및 통합의 가속화 : DDA협상이 보호주의경향을 예방하고 추가적인 시장개방은 물론 새로운 무역규범의 제정과 강화를 통하여 다자주의적 자유화를 안정적으로 정착시키게 되면 침체된 세계경제의 회복과 성장에 견인차 역할을 하게 되는 동시에 이를 통한 세계경제의 상호의존성 증대와 통합을 가속화시킬 것임.
- 개방적 지역협력의 유도 : WTO에 의한 다자주의적 자유화와 병행하여 지역주의(regionalism)를 바탕으로 하는 자유무역협정(FTA)의 결성이 전 세계적인 추세로 정착되어 가고 있으나 DDA의 출범과 이로 인한 다자주의적 자유화의 강화는 지역주의 그 자체의 경향을 예방하고 완화시키는 동시에 배타적 지역주의 대신 개방적 지역협력을 유도함으로써 지역주의가 다자주의체제를 보완하는 방향으로 작용할 수 있게 될 것임.
- WTO내 통상 분쟁의 증대 가능성 : DDA협상은 그 명칭이 말해 주듯이 개도국의 경제발전에 대한 본격적인 검토가 이루어지는 계기가 마련될 수 있다는 긍정적 측면을 지니는 반면, 새로운 시장접근과 투

자 · 경쟁 등과 같은 새로운 이슈에 적극적인 선진국그룹과 특별우대 및 WTO규범개정문제에 적극적인 개도국그룹과의 첨예한 의견대립으로 단기적으로 WTO내 국가 간 통상마찰이 더욱 증대될 가능성도 없지 않으며 또한 개도국문제를 충분히 고려한다는 DDA협상원칙에도 불구하고 무역자유화로 인한 혜택이 과연 선진국과 개도국 간에 골고루 배분될 수 있을까에 대한 근본적인 의문이 여전히 도사리고 있는 것도 사실임.

- DDA협상의 주요 의제
  - DDA협상의 주요 의제는 크게 ▶추가적인 시장개방 협상의제(농업 · 서비스 · 공산품 등) ▶WTO 규범관련 협상의제(반덤핑 · 보조금 · 지역협정 · DSU규정 · TRIPS 등) ▶이른바 '싱가포르 의제'라고 하는 새로운 무역의제(환경 · 투자 · 경쟁정책 · 정부조달투명성 · 무역원활화 등)로 나눌 수 있음.[58)]
  - 이러한 협상의제를 협상의 성격과 시한에 따라 분류해 보면 〈표 4-3〉과 같음.

〈표 4-3〉 DDA협상의 주요 의제

구 분	성 격	의 제
일괄타결의제	주로 시장개방과 관련되는 의제	· 농산물교역 · 서비스교역 · 무역과 환경 · 비농산물(공산품 및 임수산물) 시장개방 · WTO규범(반덤핑 · 보조금 · 지역협정)
조기협상종결 의제	시장개방과 직접적 관계가 적은 이슈	· 분쟁해결절차(DSU) 규정 · 지적재산권협정(TRIPS)
협상방식합의 의제	출범당시 미합의 의제(싱가포르 이슈)	· 무역과 투자 · 무역원활화 · 무역과 경쟁정책 · 정부조달투명성
개발관련의제	주로 개도국들이 제기하는 의제	· UR협상결과의 이행 · 개도국 우대관련조항검토 등

58) 싱가포르 이슈 : 1996년 12월 싱가포르에서 개최된 제1차 WTO 각료회의에서 제기된 새로운 통상 이슈들로 투자(investment), 경쟁(competition), 정부조달 투명성(transparency in government procurement), 무역원활화(trade facilitation) 포함.

- DDA협상의 의제에 담긴 함의
  - 우선 광범위한 의제가 설정되어 DDA협상은 UR협상보다도 더 광범위하고 과감한 논의를 예정하였는데, UR협상결과가 불완전하였다고 평가되는 농업 및 서비스 분야의 추가적인 시장개방은 물론, 환경·투자·경쟁정책·정부조달투명성·무역원활화 등과 같은 새로운 의제를 포함하였고 WTO규범과 관련된 의제들을 망라하였음.
  - 협상의제설정과 관련된 회원국 간의 첨예한 의견대립이 있었으나 이같이 광범위한 의제를 설정한 것은 특정분야만을 다루는 협상에서는 각국 간의 이익과 손실의 균형을 맞추기가 어렵기 때문에 가능한 많은 회원국들이 관심을 가지는 모든 분야를 망라함으로써 무역자유화의 혜택이 회원국 간에 균형 있게 배분되도록 가급적 의제의 범위를 넓히는 것이 바람직하였기 때문임.
  - 다음으로 DDA협상에서는 선진국들의 추가적인 시장개방요구와 함께 자신들에 대한 특별배려를 요구하는 개도국의 주장들이 모든 협상 분야에서 주요한 고려사항이 되었다는 점에서 나름대로 균형된 의제설정이 이루어졌다고 할 수 있음.59)
- DDA협상의 추진계획
  - DDA협상은 이같이 폭넓고 균형된(broad and balanced) 의제설정하에 당초 2002년 1월부터 2005년 1월 1일까지 3년이라는 기간 내에 협상을 조속히 종료할 것을 목표로 하였는데, 이것은 7년 이상이나 걸렸던 지난번 UR협상이 전철을 밟지 않고 가급적 빠른 기간 내에 협상을 종결하여야 한다는데 WTO회원국들이 인식을 같이 하였기 때문임.
  - 또한 DDA협상을 총괄하기 위한 협상감독기구로서 무역협상위원회(TNC : Negotiations Committee)가 설치되었으며 그 아래 각 분야의 협상그룹이 설치되어 협상을 실제적으로 진행하기로 하였음.

---

59) 예컨대 새로운 무역협상의 명칭을 '라운드' 대신 '개발아젠다'로 한 상징적 조치는 물론, 그동안 개도국들이 줄기차게 제기해 온 반덤핑규정 등의 개정문제를 주요 의제로 삼았고, 개도국의 요구에 따라 공중보건강화를 위한 지적재산권관련 특별선언을 채택하였으며 결과적으로 WTO협정이행과 관련되는 개도국의 요구(약 100여 개)들 중 절반에 대한 해결방안을 의제로 포괄된 것 등이 그것임.

• 그러나 협상의제가 광범위하고 회원국 간의 이해관계 역시 복잡하기 때문에 사실상 3년이라는 짧은 기간 내에 이러한 타결이 가능할 것인가에 대한 우려도 없지 않았음.
• DDA의 협상방식에 대해서는 UR에서와 마찬가지로 모든 의제에 대한 논의를 동시에 진행하고 동시에 종결하여 전체협상결과를 하나의 패키지(package)로 하여 분야별 양보와 타협이 가능하도록 하는 일괄타결방식(single undertaking, package deal)을 채택하였음.
• 특정분야의 협상을 미리 끝내게 하거나 일부 분야의 협상결과만을 선별적으로 받아들이게 한다면 협상타결에 필수불가결한 '주고받기'(give and take)가 어렵기 때문인데, 다만 특정사안에 대한 조기합의가 이루어지고 모든 회원국들이 동의하는 경우 합의결과를 조기에 시행함이 가능하도록 하였음.

6) DDA협상의 진행과정과 전망

- DDA협상의 진행과정
  • 1999. 11. : 제3차 각료회의(시애틀)에서 뉴라운드 출범 실패
  (환경운동가, 반세계화주의자의 시위로 무산)
  • 2001. 11. : 카타르 도하(제4차 WTO각료회의)에서 뉴라운드 출범 합의
  (▶ 비농산물, 농산물, 서비스 분야 무역자유화
  ▶ 반덤핑 및 보조금협정 등 기존 협정 개정)
  • 2003. 9. : 제5차 멕시코 칸쿤 WTO각료회의 협상방식 합의 실패[60)]
  (▶ 싱가포르 이슈에 대한 선·후진국 이견
  ▶ 농산물 분야 이견)
  • 2004. 7. : DDA 세부원칙 기본골격 합의안 채택[61)]

---

60) 시애틀각료회의(1999년 제3차 WTO각료회의로서 뉴라운드를 출범시킬 예정이었으나 반세계화주의자들의 반발로 무산)와 마찬가지로 칸쿤각료회의가 결렬(애초에 2002년부터 뉴라운드를 진행하여 2005년 1월 1일까지 종료하기로 합의)됨으로써 WTO의 신뢰도는 상당한 손상을 입었다고 할 수 있으며 따라서 앞으로의 전망도 불투명하다는 부정적인 견해가 제기되었음.

61) 2003년 9월의 칸쿤각료회의에서 협상세부원칙에 관한 기본골격수립에 실패하면서 교착상태에 빠진 이후 2004년 7월 WTO회원국들은 제네바의 WTO본부에서 일반 이사회

• 2005. 12. : 제6차 홍콩각료회의
(일부 분야 합의했으나 진전 없이 종료)
• 2006. 7. : 스위스 제네바 주요국(G6) 각료회담 결렬
• 2007. 1. : 부시 미 대통령과 EU 집행위원장 DDA협상 재개 위한 회담
• 2007. 7. : 농업 · 비농산물 분야 세부원칙 초안 배포
• 2008. 7. : 스위스 제네바에서 잠정타협안 도출했으나 최종 합의에 실패, 협상 결렬

- DDA협상의 결렬
  • DDA협상이 또다시 결렬되었는데, 파스칼 라미 WTO 사무총장은 2008년 7월 29일 스위스 제네바에서 153개국 회원국 대표가 참가하는 무역협상위원회 회의를 소집하고 협상 결렬 사실을 공식 발표하였음.
  • 7년째 진행되고 있는 DDA협상의 성패를 가를 분수령으로 여겨진 이번 협상이 결렬됨에 따라 앞으로 통상 주도권이 다자간협상에서 FTA 등 양자간협상으로 이동할 것으로 전망됨.

- DDA협상 결렬의 원인이 된 주요 쟁점
  • 이번 협상 결렬의 원인이 된 주요 쟁점들을 살펴보면 다음과 같음.
  • 개도국 긴급수입관세(SSM) 발동 조건 완화 : 개도국 긴급수입관세는 농산물 수입량이 급증할 경우 개도국이 관세를 올려 자국 농업을 보호할 수 있도록 하는 제도인데, 잠정타협안에서 수입량이 기준물량의 140%를 초과할 때 SSM을 발동 가능하도록 한 규정에 대해 인도는 수입량이 110%만 초과해도 SSM이 발동되도록 해야 한다고 주장하였고, 중국이 인도에 동조하고 미국이 이에 반대하면서 합의를 이루지 못했음.
  • 미국의 면화 보조금 감축 : 면화를 주로 생산하고 있는 서아프리카의 최빈국들은 미국이 면화 보조금을 80% 이상 감축해야 한다고 주장한

를 소집하여 DDA협상의 기본골격초안을 승인하였음. 147개 회원국이 만장일치로 초안을 승인함으로써 교착상태에 빠져 있던 DDA협상이 다시 재개되게 되었음. 다만 이번 골격합의는 '원칙의 원칙' 정도에 대한 공감대를 마련한 것으로서 구체적인 시장접근확대 및 관세감축방법에 대해서는 '추후논의를 통해 해결한다'는 식의 합의여서 향후 국가 간 이해관계가 첨예한 사안의 조율과정에서 진통이 불가피할 전망. DDA협상은 당초 2004년 말까지를 시한으로 설정하였지만 이번 합의에서 제6차 각료회의(2005년 홍콩개최)까지로 협상시한을 연장하였음.

데 대하여 미국 측은 세계 최대 면화수입국인 중국이 면화를 관세감축 면제 품목으로 지정한다면 면화 보조금을 감축하지 않겠다며 중국의 면화 수입관세와 자국의 면화 보조금 삭감을 연계시켰으며 중국 역시 면화에 대한 수입관세를 감축하라는 미국의 주장을 받아들이지 않았음.

- 개도국의 분야별 자유화협상 참여 : 분야별 자유화(Sectoral Liberalization)는 공식에 의한 일반 관세감축에 추가해 특정 공산품 분야를 설정해 관세를 철폐하는 협상을 말하는데, 중국은 분야별 자유화 참여는 자발적이어야 한다는 입장인 반면, 미국 등 선진국은 주요국의 분야별 자유화 참여가 필요하다는 입장을 고수해 타협에 실패하였음.
- 이외에도 공산품 분야에서 WTO 최근가입국대우, 농업 분야의 자율관세 의무수입량(TRQ) 신설, 관세 단순화, 미국의 무역왜곡보조총액(OTDS), 블루박스(생산제한계획하 보조), 품목별 AMS(우루과이라운드 감축대상 보조) 상한 등의 쟁점이 있었음.

- DDA협상 결렬의 평가
  - 이번 DDA 소규모 각료회의는 '농업 및 비농산물 시장접근(NAMA : Non-Agricultural Market Access) 세부원칙(modalities)'에 대한 합의를 목표로 2008년 7월 21일부터 우리나라를 포함한 30여 개 WTO 주요 회원국들이 참여한 가운데 스위스 제네바에서 개최되었음.
  - 전문가들이 최대 난제로 본 농업 분야의 관세와 정부 보조금 감축 문제들이 예상보다 쉽게 타결되고 농업과 비농산물 분야 자유화 세부원칙에 관한 잠정타협안이 마련되면서 협상 타결 가능성에 대한 기대가 한껏 높았으나 농업 분야의 개도국 긴급수입관세(SSM) 발동요건 완화를 비롯한 남은 쟁점을 놓고, 미국과 인도·중국이 팽팽히 맞서면서 아무런 합의도 도출하지 못했음.
  - SSM(Special Safeguard Mechanism)에 대한 인도의 집착 : 이번 주요국 각료회의 합의도출 실패의 핵심원인으로 언급되고 있는 미국과 인도의 개도국 농산물 특별긴급관세에 대한 대립을 평가할 때 SSM에 대한 인도의 지나친 집착을 지적하지 않을 수 없음.
  - 처음부터 무리한 각료회의 소집 : 당초 DDA협상의 진전상황을 감안할 때 이번 소규모 각료회의를 통하여 농업과 NAMA에서 완전한 형태의

세부원칙 합의도출은 처음부터 어려웠다는 평가도 가능함.

• WTO 중심의 다자무역체제에 대한 신뢰 저하 : 핵심쟁점에 대한 G7 잠정 합의안 도출에도 불구하고 주요국 각료회의에서의 최종 합의도출 실패는 그만큼 다자협상에서의 합의도출이 어렵다는 점을 회원국에게 각인시켰다는 점 이외에 기존의 WTO 중심의 다자무역체제에 대한 회원국의 불신을 더욱 가중시킬 것으로 예상됨.

• 우리나라 입장에서는 아쉬움이 남는 잠정 타협안 : G7 잠정 타협안은 우리나라가 개도국지위를 유지하는 한 DDA 이행으로 인해 예상되는 우리 농업부문의 피해를 상당히 완화시킬 수 있는 보호장치 획득이 가능했다는 점에서 우리로서는 아쉬움이 남는 타협안임.

- 향후 전망 및 우리 경제에의 영향

• 전문가들은 이번 협상 결렬로 다자간통상체제가 위축되고 WTO도 역할이 무역분쟁 조정에 그치는 등 힘이 약화될 것으로 전망했음.

• 또한 협상 결렬의 가장 큰 원인이 선진국 - 신흥개도국을 불문하고 자기 국익에만 집착하는 주요 무역대국들의 '이기적 자세'에 있는 만큼 보호무역이 강화될 수 있다는 시각도 있음.

• 한편 이번 협상 결렬의 가장 큰 피해자는 최빈개도국들인 것으로 나타났는데, 이는 협상 성공 시 기대할 수 있었던 선진국들의 농업 보조금 삭감, 선진국 시장에서의 무관세 및 무쿼터 특혜, 무역 원활화 지원 등 많은 기회가 상실되었기 때문임.

• 우리나라도 좋은 기회를 잃은 셈이 됐는데, 잠정 타협안대로 합의가 이뤄졌다면 농업에서 타격이 있기는 하겠지만, 개도국 지위를 유지하면서 쌀, 고추, 마늘 등 주요 품목에 대한 보호장치를 확보할 수 있었고, 공산품 분야에서 개도국으로의 수출확대가 가능했기 때문임.

• 지금까지 우리나라는 대외통상에서 다자주의와 양자주의 전략을 병행해 왔지만 앞으로는 양자주의 쪽에 무게가 실릴 전망임.

• 정부는 향후 EU, 멕시코, 캐나다, 인도 등과 동시다발적 협상에 더욱 주력할 방침임.

7) 글로벌 금융위기하에서의 WTO체제의 위기

- 최근 상황
  - 보호무역주의의 파고(波高)가 세계를 휩쓸면서 WTO(세계무역기구) 체제가 사실상 붕괴하고 있는데, 수출이 GDP(국내총생산)의 40% 이상을 차지하는 한국으로서는 자유무역의 상징인 WTO체제가 무너지고 보호주의 장벽이 높아지면 치명적 타격을 입을 전망임.[62)]
  - WTO체제는 최근 미국과 중국 · 일본 · EU 등 각국이 금융 · 자동차 · 가전 산업에 엄청난 규모의 보조금을 지급하면서 뿌리째 흔들리고 있는데, 이미 미국은 GM 등에 대한 174억 달러 구제금융안과 자동차 구매 시 1500달러의 세금 감면안을 마련했고, 프랑스 · 독일 · 영국 등도 자국 자동차 업체 지원책을 내놓았으며 대만은 자국 반도체 업체들에 대규모 M&A(인수 · 합병)자금 지원을 결정했음.

---

62) 보호무역주의의 주장을 인정하면서도 외국의 보복을 고려한다면 그러한 것은 타당성을 갖자 못함. 각국이 금융위기를 해결하기 위해 보호무역 장벽을 높이고 있는데, 자유무역 신봉자인 미국에서마저 '되도록이면 국산을 애용하자'는 목소리가 드높다고 함. 한국을 상대로 정부의 국산품 애용 캠페인은 WTO(세계무역기구) 협정에 위반된다고 일침을 가했던 나라가 바로 미국이었음. 보호무역 경쟁은 어떤 결과를 초래할까. 국제무역론에 따르면 통화가치 절하 등 수출 촉진책은 경기 회복에 도움이 되는바, 일본이 2002년 장기불황 터널에서 빠져나올 수 있었던 것도 바로 수출 촉진에 힘입은 바 컸음. 여기에 수입규제 조치가 곁들여지면 효과는 더욱 배가될 것임. 수출기업 경기 호전에 경상수지 흑자까지 더해지기 때문임. 하지만 상대국에는 부담이 되는데, 수입이 늘어 소득이 바깥으로 유출되기 때문임. 이처럼 수출 촉진을 통한 경기 회복은 상대국 희생을 기반으로 함. 국제무역론은 이 같은 전략을 '인근궁핍화정책'(beggar-my-neighbor policy)이라 함. 상대방을 궁핍하게 만들면서 경기를 회복시킨다는 의미임. 따라서 이 같은 전략은 성공하기 힘든데, 이는 상대국도 가만히 있지 않기 때문임. 종국에는 보호무역 경쟁이 벌어짐. 비슷한 일이 1930년대 세계대공황 때 있었는데, 당시 각 나라는 자국 산업을 보호한다는 미명 아래 강력한 보호무역정책을 폈음. 이는 결과적으로 불황의 골을 더 깊게 만드는 결과를 가져왔음. 세계교역이 축소되면서 서로가 서로를 궁핍화시키는 '반향효과'를 불러왔기 때문임. 경제학은 이 같은 상황을 막기 위해 '견인기관차'가 필요하다고 말함. 보호무역을 하기보다 '서로 수입을 늘려 상대방 수출을 촉진함으로써 세계 경기를 함께 끌어올리자'는 협정을 맺으라는 조언임. 이는 1979년 오일쇼크, 1985년 플라자합의, 1987년 루브르협정 때 경상수지 적자에 시달리던 미국이 독일과 일본에 제안한 바 있음. 얼핏 괜찮은 아이디어로 보이지만 그 누구도 먼저 나서길 원하지 않음. 수입이 늘면 당장 큰 충격이 오기 때문임. 결국 협력은 쉽지 않고 경기는 더욱 침체되는 것이 대체적인 세계경제 위기의 모습임. 이와 관련하여 매일경제(2009. 2. 28) 참조.

- 전문가 시각
  - 무역연구원 신승관 박사는 "정부의 대규모 금융 지원은 WTO 규정에 어긋난다"고 지적[63]
  - 파스칼 라미 WTO 사무총장은 2009년 2월 23일 '글로벌 코리아 2009'에서 "잘못된 보호주의는 누구도 보호할 수 없고 고립주의는 절대 효과가 없다"고 경고[64]
  - 서도원 한화증권 애널리스트는 "세계 대다수 기업이 어려워 일단 살고 보자는 분위기 탓이 크다"고 언급[65]
  - 박태호 서울대 국제대학원장은 "지금 WTO는 보호무역 감시와 조정기능을 상실해 뿌리가 흔들리고 있다"며 "WTO체제는 이미 무너졌다"고 언급[66]
  - 지식경제부 고위 관계자는 "WTO 취지에 어긋나는 우회적 보호장벽이지만 특정기업 지원이 아닌 데다 우리 측 피해 입증도 어려워 대응이 쉽지 않다"고 언급
- 수출기업에 미치는 영향
  - 문제는 WTO체제[67] 무력화로 인한 국내 수출기업들의 피해인데, 이는 일본·중국 정부의 지원금이 자국 기업에 들어가면 한국 기업들의 피해가 불을 보듯 뻔하기 때문임.

---

63) 특정산업·기업에 대한 정부 지원으로 피해가 발생하면 규정에 따라 제재를 당할 수 있음. 2000년 초 한국 반도체업체인 하이닉스는 은행에서 6조원대의 자금지원을 받았다가 미국·일본·EU로부터 상계관세를 맞았음. 그런데 이번엔 미국·EU 등이 자국 기업들에 대규모 자금을 지원하고 나선 것임.

64) 그러나 WTO는 물론 어느 나라도 보조금 지급을 문제 삼기는커녕 공개 비판도 못하는 실정임.

65) 미국·EU 등에 이의를 제기했다가 시장을 잃거나 보복당할 수 있다는 우려도 작용하고 있음.

66) 중국 정부는 가전제품을 사는 농민에게 보조금을 주고 있고, 일본도 디지털TV 구입자에게 2만엔씩을 보조한다는 방침이지만 주 혜택은 모두 자국 업체 몫이고 한국 기업들엔 '그림의 떡'임.

67) 세계무역기구(WTO)는 1995년 국가 간 자유로운 상품거래를 통해 교역을 늘리고 경제성장을 이끈다는 취지에서 출범했음. 국가 간 경제분쟁에 대한 판결권과 강제집행권을 통해 자유무역질서를 세워왔음. WTO는 수출기업에 대한 정부의 지원을 금지하며 특정산업·기업에 대한 정부의 보조금 지급으로 외국에 피해가 발생할 경우 상계관세 부과나 수입금지 조치 등을 할 수 있음.

참 | 고 | 자 | 료

(1) 노택환 외(2004), 《국제통상의 이해》, 박영사.
(2) 이준구 · 이창용(2007), 《경제학 들어가기》, 법문사.
(3) 유성임(2008), "DDA 협상 어떻게 됐나?", 《"click" 경제교육》, 한국개발연구원, 2008. 9.
(4) 서진교(2008), "WTO의 DDA 협상 결렬의 평가와 향후 전망", 《KIEP 오늘의 세계경제》, 대외경제정책연구원, 2008. 8.
(5) 2009. 2. 24., 《조선일보》
(6) 2009. 2. 28., 《매일경제》

제 5 장

국 제 수 지

(1) 국제수지표

1) 국제수지표란

- 국제수지표(balance of payment accounts)는 일정한 기간 동안에 일어난 한 나라의 모든 대외거래를 요약해 놓은 통계표

2) 국제수지표 작성의 두 가지 원칙

- 첫째 국제수지표는 상·하단으로 나누어져, 상단에는 나라와 나라 사이에서 재화나 서비스를 사고팔거나 임금, 이자, 배당 등을 지급하는 경상거래를 기록하고, 하단에는 나라와 나라 사이에서 자본이 오고 가는 자본거래를 기록
  - 경상거래를 기록하는 상단을 경상계정(current accounts), 자본거래를 기록하는 하단을 자본계정(capital accounts)이라고 부름.[68]
  - 경상계정에는 재화거래(재화의 수출과 수입), 서비스거래(선박과 항공기의 운임, 관광수입, 통신·보험요금), 소득거래(우리나라에서 일하는 외국인 노동자에게 지급하는 임금이나 우리 근로자가 해외에서 얻는 임금, 해외금융자산과 부채로부터 발생하는 이자, 배당 등의 투자소득 등), 경상이전거래(해외교포로부터 송금이나 정부 사이의 무상원조처럼 아무 대가 없이 주고받는 등의 대외거래)가 기록

68) 보다 정확하게 말하면 두 개의 주요 계정인 경상계정과 자본계정, 그리고 한 개의 마감계정인 공적결제계정(official settlement account)으로 구성되어 있음. 공적결제계정은 경상계정과 자본계정에서 이루어지는 모든 민간거래상의 수입(credit))과 지급(debit)간의 차이가 기록되는 계정으로 준비자산증감이 이에 해당됨.

- 자본계정에는 투자거래(직접투자, 증권투자), 기타 자본거래(해외 이주비, 특허권 등의 자산거래)가 기록

- 둘째 국제수지표는 좌우로 나누어져 왼쪽은 수취란(대차기장 방법에 의하면 대변에 해당)이 되는 한편, 오른쪽은 지급란(차변에 해당)이 됨.[69]
  - 경상거래든 자본거래든 외국으로부터의 수취(receipt)를 일으키는 모든 거래는 수취란에 기록 ⇒ '수취를 일으킨다'는 표현을 쉬운 말로 바꾸면 '외환을 받는다'가 되는데, 예를 들어 상품을 수출하면 외화로 수출대금을 받게 되므로 이런 거래는 경상계정의 수취란에 기록되며, 또한 외국 사람이 우리나라 주식을 살 경우 역시 외환으로 그 구입대금을 받게 되므로 자본계정의 수취란에 기록됨.
  - 반면에 외환을 지불해야 하는 거래, 즉 지급(payment)을 일으키는 모든 거래는 지급란에 기록되는데, 예컨대 외국으로부터 상품을 수입하면 외화로 수입대금을 지불하게 되므로 이런 거래는 경상계정의 지급란에 기록되며, 또한 우리나라 사람이 외국의 채권을 구입하는 경우에도 이를 자본계정의 지급란에 기록해야 함.

(2) 국제수지의 의미

1) 국제수지란

- 국제수지(balance of payments)란 대외거래의 결과 발생하는 적자와 흑자를 측정하기 위해 고안된 개념
- 만약 대외거래의 수취가 지급을 초과하면 국제수지 흑자(surplus), 그리고 지급이 수취를 초과하면 국제수지 적자(deficit)가 발생했다고 함.

2) 국제수지의 다양한 개념

- 국제수지표는 복식부기의 원리에 의해 기록되기 때문에 수취란의 총합

---

69) 수취는 수입이라고도 하는데, 대차기장 방법에 의하면 대변(credit)거래이고 지급은 대차기장 방법에 의하면 차변(debit)거래임.

과 지급란의 총합은 언제나 사후적으로 일치하게끔 되어 있기 때문에 실질적인 의미를 갖는 국제수지를 측정하기 위해서는 국제수지표의 중간 부분에 가상적인 선을 긋고 그 위쪽 거래만의 수지를 따져야 함.

• 예를 들어 경상계정과 자본계정 사이에 가상적인 선을 긋고 그 위 부분에 있는 경상거래만의 수지를 따지는 방식으로 국제수지를 측정할 수 있는데, 이것을 경상수지(current account balance)[70]라고 부름.

- 그런데 오늘날처럼 국제적으로 자본이 활발하게 교류되고 있는 상황에서 차관, 직접투자, 증권투자 같은 자본거래도 나름대로 목적을 갖고 행해지는 거래라고 볼 수 있기 때문에 국제수지표의 어디에 가상적인 선을 그어야 한다고 잘라 말하는 것은 어려운 일임.

• 바로 이 때문에 현실에서 경상수지 말고도 무역수지라든가 기초수지 같은 다양한 국제수지의 개념이 활용되고 있는 것임.[71]

(3) 국제수지의 구성

- 국제수지는 크게 경상수지, 자본수지, 준비자산증감 등으로 구성

1) 경상수지

- 경상수지는 상품이나 서비스를 사고파는 대외거래의 결과 벌어들인 외화와 지급한 외화의 차이를 말하며 이는 상품수지, 서비스수지, 소득수지, 경상이전수지로 구성[72]

---

70) 간단하게 말하면 재화와 서비스의 수출액과 수입액을 비교한 결과라고 할 수 있으나, 좀 더 정확하게 살펴보면 다음과 같음. 경상수지(balance of current account)란 한 국가의 대외거래 상태를 나타내는 지표 중의 하나인데, 과거에는 무역수지, 무역외수지, 이전수지를 합한 것으로 표시하였으나 1997년 말부터는 국제적 분류체계에 맞추기 위하여 IMF 편제기준에 따라 상품수지, 서비스수지, 소득수지, 경상이전수지를 합하여 집계하고 있음. 보통 국제수지 적자 또는 흑자를 말할 때 대개 경상수지를 기준으로 하고 있음.

71) 과거에는 경상수지에 자본수지를 합한 종합수지와 자본수지 중의 장기자본수지와 경상수지를 합한 기초수지를 산출했으나 현재는 집계하지 않고 있음.

72) 상품수지는 무역수지로, 서비스수지와 소득수지의 합은 무역외수지로 부르기도 함. 그런데 무역수지와 상품수지의 경우 발표기관이 다르기 때문에 발표 수치가 동일하지 않음에 주의하기 바람. 즉 지식경제부(과거 산업자원부)가 발표하는 무역수지와 한국은

• 상품수지란 상품을 수출해서 벌어들인 외화와 상품을 수입하는 데 지출한 외화의 차이를 나타냄.
• 서비스수지는 다른 나라와의 서비스거래에서 벌어들인 외화와 지급한 외화와의 차이를 말함.
• 소득수지는 우리 근로자가 해외에서 일하거나 국내자본을 해외에 투자하여 벌어들인 외화와 국내에서 일하는 외국인 근로자에게 임금으로 지급하거나 외국자본에 대해 이자나 배당금으로 지급한 외화와의 차이를 나타냄.
• 경상이전수지란 아무런 대가없이 주고받는 거래인 정부 간 무상원조, 송금 등 무상거래 내역을 기록

- 경상수지가 계속 흑자를 기록하는 나라는 해외에서 벌어들인 외화가 해외에 지급한 외화보다 많으므로 보유하는 외화가 점점 늘어나 외국에 돈을 빌려줄 수 있을 것인 반면에 경상수지가 계속 적자인 나라는 벌어들인 외화보다 지급해야 할 외화가 많기 때문에 보유하는 외화가 점점 줄어들거나 부족한 만큼을 메우기 위해서는 외국으로부터 빚(외채)을 얻어 와야 할 것임.

2) 자본수지

- 자본수지는 외국으로부터 돈을 빌리거나 빌려줌으로써 발생하는 외화유출입의 차를 기록하는데, 자본거래의 성격에 따라 직접투자, 증권투자 등을 대상으로 하는 투자수지와 해외이주자금, 특허권 및 저작권의 매매 등을 대상으로 하는 기타자본수지로 구분[73]

행에서 발표하는 상품수지가 서로 다름. 그 이유는 통계계상기준 및 포괄 범위가 달라 차이가 발생함. 즉 무역수지는 우리나라의 관세선을 통과하면 수출입으로 계상되는 통관기준으로 작성되며 상품수지는 상품의 소유권이 이전되어야 수출입으로 계상되는 소유권이전 기준을 적용함. 그리고 무역수지는 수출을 본선인도가격, 수입은 보험 및 운송가격을 포함한 가격을 기준으로 하지만 상품수지는 수출입 모두 본선인도가격을 적용함. 결국 무역수지와 상품수지는 발표기관이 달라짐으로 인해 그 정의가 달라 같은 뜻을 가지고 있지만 수치가 다르게 나오는 것임.

73) 자본수지의 구성항목을 좀 더 정확하게 말하면 크게는 투자수지와 기타자본수지로 구분할 수 있으며, 투자수지는 다시 다음의 3가지, 즉 ① 직접투자수지 : 직접투자라는

- 자본거래에 의하여 외화가 국내로 들어오는 경우는 외국 빚을 얻어오거나 외국에 빌려주었던 돈을 돌려받을 때, 해외에서 증권을 발행하여 자본을 들여오는 때 등이며, 반대로 얻어온 빚을 갚거나 돈을 빌려주는 경우 등에는 외화가 해외로 나가게 됨.
- 자본거래의 결과 국내로 들어온 외화가 해외로 나간 외화보다 많을 경우 자본수지는 흑자로 나타나게 되며, 그 반대의 경우에는 적자가 됨.

3) 준비자산증(-)감

- 준비자산증감은 경상수지와 자본수지를 합한 개념으로서 일정기간 동안에 외국과의 사이에 일어난 상품 수출입 등 경상거래는 물론 자본거래의 결과까지를 종합적으로 반영한 것이며, 이는 통화당국(한국은행)의 외환보유액 증감으로 나타나게 됨.
  - 준비자산증감은 중앙은행이 국제수지 불균형을 바로잡기 위해 사용할 수 있는 준비자산의 변동을 기록
  - 준비자산은 금, 외화자산(현금, 예금 및 증권) 등의 형태로 보유함.
  - 이 항목은 모든 대외거래활동의 결과로 발생한 외화자금의 과부족을 중앙은행이 어떻게 메우고 운용하는가를 나타냄.
- 준비자산이 증가한 경우는 정부와 민간이 해외로부터 받은 외화가 지급한 외화보다 많아 국내로 외화가 들어온 상황을 의미하며, 반대로 준비자산이 감소한 경우는 국내의 외화가 해외로 유출되었음을 의미

(4) 국제수지표의 사례

- 실제의 국제수지표를 예로 들어 설명해 보기로 함.

자본거래 결과, ② 증권투자수지 : 외화 표시 금융상품(주식, 채권 등)을 사거나 파는 자본거래 결과(포트폴리오투자수지), ③ 기타투자수지 : 현금 및 예금(받거나 준 외화), 무역신용(쉽게 말해 외상으로 무역을 한 경우에 그로 인해 조만간 받거나 주게 될 돈) 결과와 기타자본수지(해외 이주 등)로 구분

〈표 5-1〉 국제수지표

(단위 : 억 달러)

	2003	2004	2005(잠정)
Ⅰ. 경상수지	119	282	166
1. 상품수지	220	376	335
2. 서비스수지	−74	−80	−131
3. 소득수지	3	11	−13
4. 경상이전수지	−29	−24	−25
Ⅱ. 자본수지	139	76	5
Ⅲ. 준비자산증(-)감	−258	−387	−198
Ⅳ. 오차 및 누락	0	29	28

- 2005년을 보면 상품이나 서비스를 사고파는 대외거래의 결과인 경상수지는 166억 달러 흑자임.
  - 이 가운데 상품의 수출과 수입의 차이인 상품수지가 335억 달러 흑자를 기록한 반면, 서비스수지는 해외여행, 유학 등으로 외화의 지출이 수입보다 많아 131억 달러 적자를 기록하였음.
  - 소득수지는 국내기업의 외국인투자자에 대한 배당금 지급 등으로 13억 달러 적자이며 경상이전수지도 25억 달러 적자를 보이고 있음.
- 외국으로부터 돈을 빌리거나 빌려줌으로써 발생하는 외화유출입의 결과인 자본수지는 5억 달러 흑자임.
- 경상수지와 자본수지의 결과는 준비자산증감으로 나타나는바, 준비자산증감은 −198억 달러임.
  - 여기에서 (−)부호는 외환보유액이 증가하였음을, (+)부호는 외환보유액이 감소하였음을 나타낸다는 점에 유의[74] ⇒ (−)부호는 한국은행의 외화자산증가를 의미하는데, 한국은행의 외화자산이 증가하면 그 대가로 원화를 지급하여 본원통화가 그만큼 증가함. 반면에 (+)부호

74) 적자가 나는 경우 자국 중앙은행의 외화보유고로부터 적자분을 메우게 되면 자국 중앙은행의 외환자산인 외환리저브는 감소하지만 국제수지표의 복식부기 원리에 따라 플러스(+)로 기록됨.

의 경우는 중앙은행의 준비자산이 그만큼 줄어들었음을 의미하며, 따라서 원화는 환수됨.

- 경상거래와 자본거래의 결과 흑자를 보인 것은 우리나라 안으로 들어온 외화가 나라 밖으로 나간 외화보다 많다는 얘기이고 따라서 외환보유액이 증가하게 됨.
- 국제거래 결과 발생하는 외환보유액의 변동은 국제수지표에서 준비자산증감으로 표시함.

- 마지막으로 오차 및 누락이 28억 달러로 나타나고 있는데, 국제수지표에서 경상수지와 자본수지의 합계는 준비자산증감과 정확히 일치하여야 하지만 실제로는 기초통계 간의 작성기준 차이, 보고 잘못이나 누락 등으로 차이가 발생함.
  - 따라서 경상수지, 자본수지 및 준비자산증감의 합계가 '0'이 되지 않게 되는데, 이것을 오차 및 누락이라는 조정항목으로 조정하게 됨.

참 | 고 | 자 | 료

(1) 이준구 외(2007), 《경제학 들어가기》, 법문사.

(2) 김대식 외(2007), 《현대 경제학원론》, 박영사.

제 6 장

외환시장과 환율

(1) 환율과 환율제도

1) 환율이란

- 환율이란 이종통화 간의 교환비율 혹은 외환, 즉 외국화폐의 가격임.75)

2) 환율제도

- 고정환율제도
  - 각 나라 화폐 간의 교환비율이 고정되어 있음.
  - 제2차 세계대전 이후 성립되었던 브레튼우즈 체제는 세계 각국이 미국 달러화에 대한 자국 화폐의 환율을 고정시킨(pegged) 고정환율제도였음.

75) 환율표시방법과 관련하여 먼저 외국 돈을 기준으로 하여 환율을 나타내는 방법이 있는데, 이는 우리나라 원화와 미국 달러화의 환율을 U$1=₩1,000 또는 ₩/U$=1,000으로 표시하는 방법임. 즉 외국 돈 1단위를 받기 위해서 우리 돈을 얼마나 지급하여야 하는가를 나타내는 방법으로 이러한 표시환율을 자국통화표시환율 또는 지급환율이라고 함. 다음으로 우리 돈을 기준으로 하여 우리 돈 1단위로 외국 돈을 얼마나 받을 수 있는가를 표시하는 방법을 외국통화표시환율 또는 수취환율이라고 함. 우리나라의 경우 원화의 대미달러화 환율을 ₩1=U$0.001 또는 U$/₩=0.001로 표시하였다면 이는 외국통화표시환율이 됨. 그러나 외환시장에서는 여러 나라의 돈이 거래되므로 우리 돈과 외국 돈의 비교뿐만 아니라 외국 돈 상호간의 교환비율도 나타낼 수 있는데, 일반적으로 외국통화 1단위에 대한 미달러화의 교환비율을 나타내는 방법을 미국식(American terms)이라 하며 미달러 1단위에 대한 외국통화의 교환비율로 표시하는 방법을 유럽식(European terms)이라고 함. 미달러화가 기축통화의 역할을 담당하면서부터 국제외환거래의 대부분은 미달러화와의 매매거래를 통하여 이루어짐에 따라 국제외환시장에서의 환율고시는 대부분 미달러화 1단위에 대한 외국통화의 비율인 유럽식(European terms)으로 표시하고 있음. 그러나 유로화와 호주달러화 등 몇몇 통화는 미국식(American terms)으로 표시되고 있음.

• 그러나 1960년대 후반부터 달러의 국제적 신뢰성이 흔들리면서 결국 1970년대 초에 브레튼우즈 체제가 붕괴됨에 따라 대부분의 나라는 변동환율제도로 변경

- 변동환율제도
  • 외환에 대한 수요와 공급에 따라 그 가격인 환율이 달라지는 제도를 말함.
  • 따라서 외환에 대한 수요와 공급이 무엇에 의해 결정되는가를 알면 환율의 움직임도 알 수 있음.

(2) 환율의 움직임을 바라보는 기본시각

1) 환율은 기본적으로 외환의 수요와 공급에 의해 결정

- 환율은 기본적으로 외환에 대한 수요와 공급에 의해 결정되는바, 그 각각의 결정요인은 다음과 같음.
- 외환에 대한 수요
  • 우리나라가 외국으로부터 물건을 수입하고 그 대금을 지불하기 위해서는 원화를 외국 화폐로 바꾸어야 하는데, 이것은 곧 외환에 대한 수요가 생겼음을 뜻함.
  • 우리나라 사람이 외국기업의 주식을 사는 등 해외투자를 하는 경우에도 외환에 대한 수요가 발생
  • 수입과 해외투자가 외환에 대한 수요를 결정하는 기본요인
- 외환의 공급
  • 수출과 외국인의 국내투자(해외자금의 유입)는 외환의 공급을 결정하는 기본요인
- 우리나라의 수입이나 해외투자가 늘어나면 외환에 대한 수요도 증가하여 외환의 가격, 즉 원화의 환율이 올라감.
  • 원화의 환율이 상승하면(e↑) 같은 1 달러를 사더라도 더 많은 원화를 지불하여야 하는데, 이것은 원화의 가치가 그만큼 떨어졌다는 것으로 '원화가 평가절하되었다'라고 말하기도 함.

- 반대로 우리나라의 수출이나 외자도입이 늘어나면 외환의 공급이 증가하여 환율이 떨어지는데, 이것은 원화의 가치가 그만큼 올라간 것으로 '원화가 평가절상되었다'라고 말하기도 함.[76)]

2) 환율의 실제 움직임

- 과거 원화의 환율은 1980년대 후반 3저 호황 때를 제외하면 줄곧 상승하였는데, 이는 우리나라가 무역적자를 계속 내고 있기 때문(외환수요↑ ⇒ e↑)이었음.

- 환율이 변동한다고는 하지만 말 그대로 외환시장의 수급상황을 반영하여 자유롭게 변동하는, 순수한 변동환율제도는 존재하지 않음.
  - 환율이 하루에 변동하는 폭을 제한하거나 중앙은행이 외환시장에 개입하는 등의 방법으로 정부가 환율을 관리하는 관리변동환율제도가 현실의 모습임. ⇒ 이를 managed floating system or dirty system이라고도 부름.

- 우리나라는 1980년대 들어 복수통화바스켓 제도를 시행하다가[77)] 1990년 3월부터 시장평균환율제도로 이행하였으며,[78)] 그 후 1997년 12월 16일, 국제통화기금의 권고를 받아들여 환율의 하루 변동 폭을 제한하지 않는 자유변동환율제도로 이행(1998년부터)하였음.[79)]

---

76) 평가절상과 관련하여 가령 우리나라 원화의 대미달러화 환율이 1달러당 1,000원에서 800원으로 변동하였다면, 이때 원화의 절상률은 원화 1원의 가치가 1/1,000달러에서 1/800달러로 변동하였으므로 25%[={(1/800)/(1/1,000) −1}×100]가 됨.

77) 복수통화바스켓 제도란 자국통화의 환율결정을 미 달러화의 가치에만 연결시키지 않고 5개국(미국, 서독, 프랑스, 일본, 영국)의 통화를 가중 평균하여 환율을 결정하는 제도를 말함.

78) 시장평균환율제도는 전날 은행 간에 이루어진 매매율을 가중 평균하여 오늘의 원-달러 기준환율을 산출하고, 이를 중심으로 환율이 변동할 수 있도록 하되 하루 동안의 변동 폭을 일정범위(가령 상하 10%) 내로 제한하였음.

79) 이에 따라 원화의 대미달러환율은 은행간시장에서 외환수급에 따라 자유로이 결정됨. 그러나 일본 엔화, 영국 파운드화 등 미달러화 이외의 기타통화에 대한 우리나라 원화의 환율은 원화의 대미달러환율을 국제금융시장에서 형성되는 기타통화의 대미달러환율로 재정(裁定)하여 간접적으로 산출하고 있음. 예를 들어 우리나라 원화와 미달러화 환율이 U$1=₩992.10이고, 동경외환시장에서 미달러화와 일본 엔화 간의 환율이 U$1=¥115.60이라면 원화와 엔화의 환율은 연쇄방식에 의해 100¥=₩858.22이 됨. 이때

(3) 외환시장의 구조와 특징

1) 외환시장 구조

- 외환시장은 크게 외국환은행이 여행자나 수출입업자 등과 거래하는 대고객시장과 외국환은행 간에 거래하는 은행간시장으로 구분[80]
  - 대부분의 외국환거래는 은행간시장에서 이루어지기 때문에 대고객 거래나 회계처리 등에 기준이 되는 매매기준율은 은행간시장의 거래에 의하여 결정됨.
  - 은행간시장은 다시 은행 간 직접거래인 장외시장과 브로커를 통한 거래인 장내시장으로 구분
  - 일반적으로 우리나라에서 외환시장이라 하면 좁은 의미로 은행 간 장내시장을 주로 지칭
- 우리나라 외환시장에서 거래되는 상품은 현재 원/달러 및 원/엔의 두 종류
- 대고객 및 은행 간 장외시장의 경우는 상품의 종류 및 거래조건이 정형화되어 있지 않으나 은행 간 장내시장의 경우는 거래의 원활화를 위해 거래조건 등이 표준화되어 있음.

2) 과거 외환시장의 특징

- 외환시장 하부구조 취약
  - 외국환은행만이 은행 간 외환시장에 참가할 수 있어 참가자수가 극히 제한

우리나라의 대미달러환율을 기준으로 간접적으로 계산된 원화의 엔화에 대한 환율을 재정환율(arbitraged rate)이라고 하며 이러한 재정환율을 계산하기 위하여 사용된 미달러화와 일본 엔화의 환율을 크로스레이트(cross rate)라고 함. ⇒ ₩/100¥={매매기준율(₩/U$)} / {미달러화와 일본 엔화와의 환율(¥/U$)}×100=(992.10/115.60)×100=858.22

80) 최근에 외환시장의 종류는 일반적으로 다음과 같이 구분함. 현물환시장(은행간시장, 대고객시장), 선물환시장(은행간, 대고객), 스왑시장(은행간, 대고객), 선물시장(futures, 장내거래소[부산, CME]), 옵션시장(은행간, 대고객, 장내거래소), 전통적 외환시장(현물환, 선물환, 외환스왑)과 파생적 외환시장(통화선물, 통화옵션, 통화스왑)

- 높은 실수요거래 비중
  - 외환시장에서의 실수요거래 비중이 주요 선진 외환시장과 비교해볼 때 상당히 높은 수준으로 경상거래액 대비 외환거래액이 1배 내외의 수준을 보이고 있어 동 비율이 5배에서 50배 정도까지 이르는 선진국과 큰 차이를 보이고 있음.
  - 이같이 실수요거래 비중이 높음에 따라 외환거래 규모는 선진국에 비해 매우 작음.

- 현물환 중심의 거래
  - 외환거래의 종류는 크게 현물환, 선물환 및 외환스왑으로 나눌 수 있는데, 우리나라의 경우 종전에는 현물환거래가 대부분을 차지하였으나 최근 들어 외환스왑 거래규모가 크게 증가

- 브로커 중심의 거래
  - 대부분의 은행간거래가 브로커를 통한 거래(장내거래)이며, 은행간직거래(OTC : Over the Counter) 비중은 낮은 수준
  - 우리나라 총 외환거래 중 브로커 경유 거래 비중은 90%이상에 달함.
  - 선진국의 경우 주요 은행들이 외환가격을 끊임없이 고시하는 등 브로커 기능을 적극적으로 수행하는 데다 전자거래체결시스템[81] 발달 등으로 브로커를 통한 거래 비중이 30%내외에 불과
  - 이처럼 우리나라의 은행간직거래 비중이 낮은 것은 ① 외환거래가 대부분 거래조건이 단순한 현물환을 중심으로 이루어지고 있을 뿐만 아니라 부도위험이 없고, ② 국내 주요 은행들이 적극적으로 가격을 고시하는 브로커 기능을 수행하지 않고 있는 데다 ③ 외환시장 참가자들이 몇몇 대규모 은행을 제외하고는 거래규모가 작기 때문에 탐색비용을 포함한 거래비용을 줄이기 위해 브로커를 선호하는 데 기인

- 시장의 자율조정 기능 미약
  - 상대적으로 작은 외환시장 거래규모, 선물환시장 기능 취약, 환율연계 파생상품 미발달 등으로 외환의 초과수요 및 공급이 외환시장 자체

---

81) 1992년경부터 이용되기 시작한 것으로 추정(동경의 경우 1992년 9월부터)

내에서 소화되지 못함에 따라 외환수급 불균형 발생 시 환율이 과도하게 변동할 가능성이 있음.

- 수급조정을 통해 원활한 외환거래를 형성하기 위한 중앙은행의 시장 참여 필요

3) 최근 외환시장의 특징

- 외환거래 규모 큰 폭 증가
  - 2008년 들어 일평균 외환거래 규모(은행간 현물환거래)가 대외거래 규모 증가, 역외거래자들의 시장참여 확대 등에 힘입어 큰 폭으로 증가
  - 총외환거래 규모도 2008년 1분기 중 일평균 595억 달러로 전년대비 28% 급증[82)]
- 원·달러 환율 변동성 확대
  - 2007년 중 원·달러 환율의 일중 변동성 : 전년수준보다 축소
  - 그러나 2008년 들어 변동성 크게 확대[83)] ⇒ 국제금융시장 불안(9월 위기설 등), 역내외 시장참가자들의 활발한 포지션 플레이 등
- 역외 선물환시장의 영향력 증대
  - 원화는 전 세계 NDF 시장에서 가장 활발히 거래되는 통화[84)]

---

82) 2005년(223억 달러), 2006년(302억 달러), 2007년(465억 달러), 2008년 1사분기(611억 달러), 2008년 2사분기(595억 달러)

83) 일중 변동폭이 8.4원(9월 1일~16일 중 24.4원)이었음. 최근의 환율 변동성 추이는 아래 표와 같음.

〈원/달러 환율 변동성 추이〉

(일평균 기준) (원)

	2005년	2006년	2007년	2008년			
				연중	7월	8월	9.1~16일
일중변동폭	4.7	4.6	3.0	8.4	8.0	6.9	24.4
전일대비변동폭	3.1	3.2	2.1	5.5	5.1	4.8	19.8

84) NDF(Non-Deliverable Forward) 거래란 만기에 차액만을 지정통화(통상 미달러화)로 정산하는 선물환거래를 말함. 여기서 차액=선물환 계약금액×[(계약 시 선물환율-만기 시 현물환율)/만기 시 현물환율]을 의미. 주로 비거주자들이 국제화되지 않은 통화를 대상으로 환위험을 헤지하거나, 환차익을 획득할 목적으로 이용(역외시장 형성). 만기 차액결제로 결제위험이 상대적으로 낮음. 결제금액이 적게 소요되므로 투기적 거래에 자주 이용.

- 국내은행들의 NDF 참여, 대규모 외국인 주식투자 헤지 수요 등으로 유동성이 풍부하고 안정적
- 24시간 거래 ⇒ 현물환 시장에 직접적으로 큰 영향을 미침.

- 금리차익거래 유인 지속
  - 주된 이유로 선물환시장의 수급 불균형, 스왑시장의 불균형, 외화자금 차입의 제약 등을 들 수 있음.

(4) 외환시장 개입

1) 외환시장 개입이란

- 변동환율제도하에서 환율은 기본적으로 외환시장에서의 외환에 대한 수요와 공급에 의해 결정되지만, 이를 시장에만 맡겨둘 경우 국제 간 단기자본이동 등에 의해 환율이 매우 불안정한 움직임을 보일 수 있을 뿐 아니라 기초경제여건을 크게 벗어남으로써 경제에 심각한 부작용을 초래할 위험이 있음.

- 이에 따라 각국 중앙은행은 급격한 환율변동 완화 및 적정 환율수준 유지 등을 목적으로 외환시장에 참여하여 외환을 매매하는 경우가 있는데, 이를 외환시장개입이라고 함.
  - 일반적으로 외환시장의 규모가 큰 선진국의 경우 중앙은행의 외환시장개입의 영향이 상대적으로 적은 데 비해 외환시장의 규모가 작은 개발도상국의 경우 중앙은행의 시장개입 영향력은 매우 크다고 할 수 있음.

2) 직접개입과 구두개입

- 외환당국의 시장개입은 직접개입과 구두개입의 두 가지 형태로 이뤄짐.

- 직접개입
  - 이는 외환보유고를 이용, 환율을 의도한 방향으로 끌고 가는 정책수단임.

- 구두개입
  - 이는 환율정책 방향이나 외환당국의 입장을 피력함으로써 환율에 영향을 미치는 간접개입임.
- 대부분 국가들은 외환당국의 신뢰성과 실제 시장개입 비용 등을 고려해 일상적으로는 구두개입방식을 활용함.
  - 급박한 상황에서만 직접 개입에 나선다는 얘기
  - 눈에 띄는 것은 미국을 비롯한 선진국들은 구두개입에 실패, 한계를 느꼈을 때만 직접 개입하는 이른바 'cheap talk' 원칙을 가능한 지키려고 노력하는 점임.

3) 역풍적 개입과 순풍적 개입

- 개입형태에 있어서는 최근 환율 추세를 역전시키는 역풍적 개입과 최근 추세를 지속할 수 있도록 유도하는 순풍적 개입으로 구분
- 엄격히 따진다면 환율이 급등락할 때 이를 안정시키는 '스무딩 오퍼레이션'과 중국 위안화 평가절상 문제가 불거진 이후 세계 각국들이 앞을 다투어 추진하는 시장개입은 대부분 역풍적 개입에 속함.

4) 외환시장 개입의 효과

- 시장개입 효과를 분석하기 위해 많이 활용되고 있는 연립방정식 모델, 시차분석 모델 등 분석방법에 따라 다소 차이가 있음.
- 그러나 직접개입이든 구두개입이든 당국의 시장개입은 효과가 있는 것으로 평가
  - 특히 한국과 같이 시장규모가 작고 중층적 발전이 안 된 국가일수록 개입효과는 커지는 것으로 추정됨.
- 개입에 따른 문제점
  - 직접개입은 환율 움직임을 외환당국 의도대로 끌고 갈 수 있지만, 개입과정에서 불확실성을 유발시켜 환율 변동성이 커지는 문제가 발생

⇒ 이는 급격한 환율변동을 완화하려는 직접개입이 성공적으로 이뤄지긴 하지만 원래 예상했던 환율 변화가 이뤄지지 않음에 따라 시장참여자의 기대를 어긋나게 하기 때문임.

- 반면 구두개입의 경우 당국 의도대로 환율 움직임을 바꾸지는 못하지만 변동성을 줄이는 효과는 있음. ⇒ 구두로 외환당국의 입장과 환율정책 방향을 시장에 알림으로써 불확실성을 제거할 수 있는 이른바 '고시효과(announcement effect)'가 있기 때문임.

- 실증결과를 놓고 본다면 어떤 형태든 개별국가 차원에서 이뤄지는 외환당국의 시장개입은 나름대로 의미를 가짐.
  - 구체적으로 시장개입의 정책방향을 제시한다면 직접개입은 시장 환율이 일시적 충격으로 인해 경제여건과 괴리됐을 때만 제한적으로 실시하는 것이 바람직함.
  - 구두개입도 시장이 불안정할 때 환율을 안정시키는 효과가 있으나 잦은 구두개입은 시장자율조정 기능과 외환시장의 중층적 발전을 저해함.

5) 동시다발적 시장개입의 효과

- 세계 각국이 시장개입을 동시다발적으로 추진하고 있는 점에 주목할 필요가 있는바, 국제금융시장에서는 금리인하와 함께 외환시장 개입도 도미노 현상이 벌어지고 있는 셈임.

- 동시다발적으로 이뤄지는 시장개입의 효과를 어떻게 볼 것인가
  - 이론적으로 한 나라가 통화가치를 어떻게 운용하느냐의 문제는 대표적인 '인근(혹은 근린) 궁핍화(窮乏化)정책'의 관점에서 해석되는데, 이는 다시 말해 어느 한 나라가 통화가치를 인위적으로 낮게 유지해 얻어지는 수출과 경제성장 측면의 이득은 인접국 또는 경쟁국들의 희생에 다름 아니라는 견해임.
  - 최근처럼 글로벌시대에 있어서는 가장 경계하는 정책수단임.
  - 결국 최근에 벌어지는 세계 각국의 시장개입은 통화전쟁의 성격을 강하게 띠고 있는바, 외환당국이 시장개입을 통해 의도한 효과를 기대할 수 없지만 다른 나라들이 시장개입을 할 때 따라가지 못할 경우

그 피해는 더 커지기 때문에 자국의 이익을 보호하기 위해서는 불가피하게 시장에 개입하는 상황임 .

(5) 환율의 변동요인

1) 장기적 관점

- 장기적으로 보면 환율은 전통적 이론이 제시하듯이 양국의 물가상승률의 차이를 반영하여 결정되는 것으로 볼 수 있으며, 또 실제적으로는 외환의 수급에 영향을 주는 국제수지 상황이 가장 중요한 변수라고 볼 수 있음.
- 우리나라의 물가가 외국보다 많이 오르게 되면 우리나라의 물건가격이 상승하여 수출경쟁력이 약화되는 반면, 수입수요는 증대됨.
  - 따라서 외환의 수요가 많아져 우리나라 돈의 가치도 떨어지게 됨.
  - 역사적으로 보아도 인플레이션이 지속되는 국가의 통화가치는 하락하는 반면, 물가가 안정된 국가의 통화가치는 상승하고 있음.
- 우리나라의 경우 환율은 1980년대까지는 대체로 경상수지, 1990년 이후에는 종합수지[85]와 밀접한 움직임을 보여 온 것으로 분석되고 있음.

2) 단기적 관점

- 그러나 단기적으로는 다음과 같은 여러 가지 요인이 외환시장에서 외환딜러의 매입과 매도 결정에 영향을 미치게 되고, 그 결과로 환율이 변동함.
- 첫째 대고객 외환수급 상황이 영향을 미침.
  - 외국환은행이 기업, 개인 등 고객과의 외환거래 결과 매입초과(또는 매도초과)를 나타낸 경우 은행간시장에서 외환공급(또는 수요) 증대로

85) 현재 개정된 한국은행 국제수지표에는 종합수지라는 항이 없음. 개정되기 이전의 종합수지는 중앙은행과 예금은행을 제외한 국민경제의 모든 부문이 일정기간 중 대외거래를 통해 외화가 얼마나 모자라거나 남았는가를 표시하였음.

환율이 하락(또는 상승)하는 경향이 있음.

- 둘째 외환거래자의 예상이나 기대심리가 중요
  - 국제 외환시장 동향, 국제수지 등 거시경제 전망, 당국의 정책방향 등 장래 환율에 영향을 미칠 수 있는 요인들에 대한 시장참가자들의 기대가 현재의 포지션 보유를 변화시킴으로써 환율이 변동함.
  - 가령 외환거래자는 우리 경제의 통화량 증가율이 다른 나라 경제보다 높을 경우 물가상승으로 우리 돈의 가치가 외국 돈보다 떨어져 환율이 높아질 것으로 예상하고, 또 우리나라의 경제성장률이 다른 나라보다 높을 경우에는 생산물량이 확대되고 우리 경제의 신뢰도가 높아질 것이므로 우리 돈의 가치가 높아져 환율이 떨어질 것으로 예상함.
  - 이때 통화량의 증가나 경제성장이 장기에 걸쳐 서서히 나타나는 것이라 하더라도 이러한 변화가 상당한 확신을 가지고 예상되는 한 환율은 이러한 예상을 바로 반영함.
  - 따라서 환율은 장기에 걸쳐 서서히 변화하는 여러 가지 요인들이 구체화되기 전에 외환거래자에 의하여 먼저 변동하게 됨.
  - 여기서 주목할 사실은 특히 시장참가자들의 환율상승(또는 하락) 기대심리가 같은 방향으로 집중될 경우에는 동반효과(bandwagon effect)를 통해 환율이 급변동하는 경향이 발생
- 셋째 중앙은행의 외환시장개입도 중요한 요인
  - 어느 나라의 중앙은행이 외환시장에서 그 나라 통화를 대가로 하여 다른 나라의 통화를 매입하게 되면 외환시장에서 그 나라의 통화는 공급이 늘어나고 상대국의 통화는 수요가 증대되어 단기적으로 그 나라 통화의 약세를 유도할 수 있게 됨.
- 넷째 국제금융시장의 동향도 중요한 영향을 미침.
  - 주요 교역국의 통화가치가 미 달러화에 대해 변동할 경우 이는 우리나라의 수출경쟁력 또는 해당 통화의 대외자산·부채의 가치변동을 통해 결국 우리경제에 영향을 미치게 되므로 외환시장에서 이런 사정을 반영하여 원·달러 환율이 변동함.
  - 한편 외국의 금리 또는 주식가격의 변동은 국내금리 및 주식가격과의

상대적 수익률을 변동시킴으로써 국제 간 단기자본이동을 촉진하여 환율에 영향을 줌.[86)]

• 미국의 금리인상 또는 주가상승 시 고수익을 노린 단기자본의 이동으로 미 달러화를 제외한 다른 통화는 대체적으로 약세를 보이는 경향이 있는 것은 이러한 사실을 반영함.

• 반면 인접효과(neighborhood effect)로 인해 일국의 주가가 폭락하는 경우 인접국 또는 관련 국가의 주식도 동반하락함에 따라 그 국가의 환율이 약세를 보일 수도 있음.

- 다섯째 외화보유의 소지비용(carrying cost)도 중요

  • 예컨대 원화자금사정이 악화될 경우 외환보유에 따른 소지비용이 상대적으로 높아지게 되므로 외국환은행은 외환을 매도하게 되고, 그에 따라 환율이 하락하는 경향이 있음.

- 여섯째 금융기관의 외화자금사정도 중요한 요소

  • 외국환은행들의 외화자금사정이 악화되어 차입이 어려운 경우 필요외화를 외환시장에서 매입하려고 할 것이므로 환율상승 초래

  • 1997년 말과 1998년에 우리나라에 대한 해외 신용평가기관들의 신용등급 하향 조정으로 인해 종합금융회사를 비롯한 일부 외국환은행들의 외화차입여건이 악화되어 이들이 외환시장에서 달러 매입에 나섬에 따라 환율상승 압력이 증가한 바 있음.

3) 종합적 견해

- 이와 같이 환율은 국제수지, 물가, 내외금리차, 외환거래자의 예상 및

---

86) 내외금리차를 환율변동의 장기적 요인으로 설명하기도 함. 만일 우리나라의 이자율이 상승하면 우리 돈으로 표시된 은행예금, 채권 등 금융자산의 예상수익률도 높아지게 됨. 우리나라에서 금융자산에 대한 예상수익률은 높아진 데 반해 외국에서의 금융자산에 대한 예상수익률은 변함이 없다고 하면 우리 돈으로 표시된 금융자산을 더 선호하게 됨. 이에 따라 우리 금융자산을 사기 위해 외국 돈이 들어오게 되고, 그 결과 많아진 외국 돈에 의해 우리 돈의 가치가 상대적으로 올라가게 되어 환율은 떨어짐. 그러나 이때 유의할 것은 환율에 영향을 주는 이자율은 실질(예상)수익률이라는 점임. 즉 우리나라의 명목이자율이 외국에 비해 높더라도 (기대)인플레이션율이 더 높아 실질(예상)수익률이 낮다면 오히려 우리나라 돈의 가치는 상대적으로 떨어지게 된다는 것임.

중앙은행의 외환시장개입 등 경제적 요인에 의해 수시로 변동될 뿐만 아니라 설명하기 어려운 매우 다양한 요인들, 즉 전쟁이나 천재지변, 정치상황 변동 등 비경제적 요인에도 영향을 받아 변동함.

(6) 환율변동의 영향

- 환율이 변화하는 요인은 무수히 많으며, 이러한 환율의 변화가 있게 되면 또 이것이 경제에 영향을 미치게 됨.
  - 환율변동은 각종 가격변수의 조정과정을 거쳐 국제수지, 물가, 외채부담 등 거시경제적인 면에 영향을 미칠 뿐만 아니라 기업의 환위험 노출로 인한 채산성 변동 등 미시적인 면에도 영향을 미치게 됨.

1) 먼저 환율상승 시 경상수지에 영향을 미침

- 환율상승 시 일반적으로 수출은 단가하락에 의한 수출물량 증대로 증가하는 한편, 수입은 수입가격의 상대적 상승에 따라 감소함으로써 전체적으로 무역수지가 개선됨.
  - 대미달러환율이 올라가면 해외여행도 줄이게 되고 미국유학, 해외출장도 줄이게 되며 수입품의 소비도 줄어듦.[87)]
  - 반면 외국인들의 국내관광은 늘어나게 되고 우리나라 물건의 가격이 싸지게 되므로 수출은 늘어남.
- 그런데 환율변동 시 수출입가격의 변화가 수요의 변화를 일으키는 데에는 시차가 발생할 수 있으므로 환율상승 초기에는 수출입의 양은 변화하지 않고 가격만 악화되어 오히려 무역수지가 악화될 수 있는데, 이러한 효과를 J-커브효과(J-curve effect)라고 함.[88)]

87) 하지만 원자재 및 부품의 해외의존도가 높은 나라의 경우 원자재 및 부품을 높은 가격을 주고서라도 수입할 수밖에 없어 수입감소는 제한적일 수밖에 없는 측면도 있음.

88) 환율상승 시 가격경쟁력의 변화가 실제 수출량을 줄이고 수입량을 늘리는 데에는 상당한 시간이 필요하기 때문에 환율이 상승하였을 때 오히려 무역수지가 악화되다가 어느 정도 시간이 흐른 뒤에야 비로소 무역수지 개선효과가 나타나게 되는데, 이를 J-curve 효과라고 부름. 물량 변화는 시간을 두고 서서히 나타나는 반면, 가격 변화는 즉각 나타나므로, 그리고 평가절하 시 시간의 경과에 따른 국제수지 개선효과를 보면 알파벳 J자 형태를 보이기 때문에 붙여진 이름임.

2) 둘째 환율상승 시 국내물가 상승

- 수입상품의 원화가격이 상승하고 이에 따른 생산원가 상승으로 국내물가가 상승할 수 있음.
- 물가상승에 따라 임금이 상승하고 이것이 다시 물가상승으로 이어질 경우 환율상승에 따른 물가상승효과는 증폭됨.
  - 특히 수입비중이 높거나 수입원자재의 사용 비중이 높은 석유화학제품, 나무・종이제품, 정밀기기 등의 가격상승 압력이 클 것으로 예상됨.
- 또한 환율상승 시 대외부채가 높은 기업은 환차손을 입을 가능성이 크므로 이들이 생산하는 제품의 가격상승에 대한 압력이 증대함.

3) 셋째 환율상승 시 외채상환부담 증가

- 미 달러화 표시 대외채무의 원리금(원화기준) 상환부담이 증가
- 우리나라의 경우 외화표시채권은 대부분 중앙은행 등 금융기관이 가지고 있는 반면, 외화표시채무는 대부분 기업들이 보유하고 있어 환율상승 시 특히 기업들의 채무상환부담이 증가함으로써 해당 기업 채산성 악화요인으로 작용함.
- 또한 경상거래에 있어서도 환율상승 시 수출기업은 기계약에 대해 환차익이 발생하는 반면, 수입기업은 환차손에 직면함.
  - 한편 이와 같은 환차손을 축소하기 위하여 수출대금 수령 시기는 미루고 수입대금결제는 앞당기는 현상이 발생할 경우, 이는 다시 환율의 추가상승을 초래할 수 있음.

4) 넷째 환율상승 시 주식시장에 영향을 미침

- 환율상승 시 환차손 우려로 인해 외국인 주식투자자금 등 해외자본이 유출됨에 따라 주식시장에 영향을 줄 수 있음.
- 1997년 말 이래 외국인 주식투자자금의 대규모 순유출은 국내 주식시장의 침체, 미래경기에 대한 비관 등에 따른 것이기는 하나 환율급등으로

인한 외국인들의 환차손 우려도 큰 요인의 하나인 것으로 판단됨.

- 이에 따라 최근 우리나라 주가는 환율상승 시 하락하고 환율안정 시 상승하는 등 주가와 환율 간의 상관관계가 크게 증가하고 있음.

5) 끝으로 환율상승 시 기업 및 산업부문에 영향을 미침

- 기업들이 원화 저평가에 기반한 가격경쟁력에만 의존함으로써 품질개선・기술개발 등 비가격경쟁력 개선노력이 미흡해지거나 경쟁력이 약한 산업부문의 구조조정이 지연될 우려가 있음.
- 따라서 장기적으로 산업 전반의 체질약화에 따른 대외경쟁력 저하 가능성이 생김.

6) 환율하락에 따른 효과

- 원화의 평가절상은 수출을 줄이고 수입을 늘림으로써 무역수지를 악화시킴.
  - 원화가치가 절상되면 달러화로 표시한 수출상품의 가격이 상승하여 경쟁국 제품에 비해 가격이 비싸지게 되므로 외국으로부터 수출주문량이 줄어들게 됨. ⇒ 수출이 줄어들면 경제성장이 둔화되고 실업자가 늘어나게 되어 고용사정이 어렵게 됨.
  - 반면에 상품수입에 있어서는 환율하락분만큼 수입상품가격이 하락하게 되므로 수입품의 소비가 늘게 되어 수입이 증가하는 것이 일반적임.
- 대신 외채부담을 줄이고 물가안정에 기여
  - 환율이 내려가면 수입상품의 가격이 하락할 뿐만 아니라 외국으로부터 원료를 수입하여 생산하는 상품의 제조원가를 하락시키게 되므로 결과적으로 국내물가가 내려가는 긍정적 측면도 있는데, 우리나라의 경우 제조업부문은 원유, 철강재, 비철금속 등 수입원자재의 투입비율이 크기 때문에 환율이 물가에 미치는 영향은 매우 크다고 할 수 있음.

- 또한 외환자유화의 진전과 대외거래 증가에 따라 우리나라의 기업과 금융회사들은 많은 자본을 외국으로부터 빌려오고 있는데 환율이 내리면 외국 빚을 지고 있는 기업에게는 그만큼 원금상환부담이 줄어들고, 이는 결국 원가를 절감시켜 일반 소비자에게 싼 가격으로 물건을 제공할 수 있게 됨.

7) 환율의 간접효과

- 원화와는 직접 관련이 없는 외국화폐들 사이의 환율 변화도 우리나라 경제에 영향을 미칠 수 있는데, 이를 환율의 간접효과(indirect effect 혹은 third effect)라고 부름.

- 미국 달러화와 일본 엔화 사이의 환율 변화 시
  - 가령 엔화 강세 시(엔화의 환율하락 시) 일본 제품에 대한 우리나라 제품의 가격경쟁력이 상대적으로 높아져 수출이 폭발적으로 늘고, 반대로 엔화가 약세를 보이면 우리나라의 수출은 침체를 벗어나지 못함.
  - 일례로 엔화가 10% 평가절하되면 우리나라 자동차 수출이 16% 가량 줄어든다는 연구 보고서도 있음.
  - 이는 엔화강세 시 세계시장(world market)에서 $표시 가격으로 우리 제품이 상대적으로 싸졌기 때문임.

- 엔화의 환율이 1980년대 후반 1달러당 260엔에서 130엔 선으로 급속히 떨어졌던 것(엔화강세를 의미)이 이른바 3저 호황을 가져왔던 중요한 요인 중 하나였음.
  - 1990년대 들어서도 엔화의 대달러 환율이 1 달러당 120엔 선을 유지하다가 1995년 7월 한때 80엔 선까지 하락하면서 우리나라는 1994~1995년 사이 급속한 수출증가와 경제성장을 기록하였음.
  - 그러나 이후 엔화의 환율이 다시 1 달러당 120엔 이상으로 급상승하면서 1996년 하반기부터 우리나라는 심각한 경기침체를 경험하였는데, 이러한 현상은 우리나라의 수출이 품질경쟁력보다는 가격경쟁력에 의존하고 있음을 보여주는 예임.

8) 결 론

- 이와 같이 환율변동은 경제 여러 분야에 이해가 상반되는 영향을 미치게 되므로 환율은 가능한 한 실세를 반영하여 안정되도록 하는 것이 바람직함.

관련사항

▣ 한국의 환율제도 변천과정

- 우리나라는 정부수립 이후, 사실상 미 달러에 환율을 고정시키는 고정환율제도를 고수하다가 1980년 2월 복수통화바스켓 제도를 채택하면서 변동환율제도로 이행되었음.
  - 이것은 1970년대 두 차례의 석유파동에 이은 경상수지 적자의 폭이 깊어지고 종전의 미 달러에 고정된 연동 환율이 국제수지 조정수단으로 기능을 못하였으며 시장상황을 반영하지 못하고 국내 물가상승률이 교역 상대국의 물가상승률보다 훨씬 높아 원화가 과대평가 되는 결과를 가져왔기 때문임.
- 그러나 이 환율제도는 통화당국의 시장실세 반영 장치라는 정책조정 변수 때문에 의도적으로 환율을 조작하고 있다는 의혹이 있어 결국 1990년에 전일 총 시장거래금액을 총 거래량으로 나눠 환율을 산출하는 시장평균환율제도로 이행하게 되었음.
- 이후 환율 변동 폭을 점차 확대하다가 1997년 말 자유변동환율제도가 전격적으로 시행되었음.
  - 1997년 외환위기 이후 IMF가 한국의 환율제도에 제한 폭을 두는 것이 외환시장의 안정보다는 왜곡을 초래하기 때문에 환율결정을 시장기능에 맡기는 것이 바람직하다는 의견을 수용하였기 때문임.

▣ 환율의 종류

- 환율은 가격의 인식시점이나 거래성격 등에 따라 현물환율과 선물환율, 매입환율과 매도환율, 은행간환율과 대고객환율 등 다양한 개념으로 구분해 볼 수 있음.

1) 현물환율과 선물환율

- 현물환율(spot exchange rate)이란 외환거래 당사자 간 매매계약 후 통상 2영업일 이내에 외환의 결제가 이루어지는 환율을 말함.
- 선물환율(forward exchange rate)은 외환의 매매계약 체결일로부터 2영업일 경과 후 장래의 특정일에 결제가 이루어지는 환율을 말함.
  - 선물환율은 금리평가이론(covered interest rate parity)에 따르면 두 통화 간의 금리차와 일치하므로 다음 산식에 의해 산출됨.

$F=S\cdot(1+i)/(1+i^{*})$ 혹은 $(F-S)/S=i-i^{*}$

단, F : 선물환율 i : 국내금리 S : 현물환율 i^{*} : 해외금리

2) 외환시장에서 제시하는 은행 간 매입환율과 매도환율

- 매입환율(bid rate 또는 buying rate)이란 은행이 외환을 매입할 의사가 있는 가격(환율)을 말함.
- 매도환율(offered rate 또는 asked rate)은 외환매도가격으로 제시한 가격(환율)을 의미
  - 예를 들어 한 은행이 원·달러 환율을 1,200.00 - 1,200.50으로 제시하였다면 이는 1달러당 1,200.00원에 매입할 의사가 있으며 1달러당 1,200.50에는 매도할 의사가 있음을 나타냄.

3) 외환거래 당사자에 따라 대고객환율과 은행거래에 적용되는 은행간 환율로 구분

- 통상 외환시장에서 결정되는 환율은 은행간환율을 의미함.

• 은행간환율은 대고객환율보다 매입율과 매도율 간의 차이가 작은데, 이는 은행 간에는 거래가 대규모로 이루어짐으로써 단위당 거래비용이 더 적게 들기 때문임.

- 대고객환율은 은행간환율을 감안하여 각 은행이 자율적으로 결정, 고시하고 있으나 당일의 은행 간 환율변동이 심한 경우에는 실시간의 환율변동을 반영하여 당일 중에 몇 차례에 걸쳐 대고객환율을 수정 고시하기도 함.[89]

4) 명목환율, 실질환율, 실효환율, 균형환율

- 명목환율(NER : Nominal Exchange Rate)은 외환시장에서 매일 고시되는 국제통화 간 환율을 말함.
  • 명목환율은 비교국 간 물가변동을 반영하지 못하는 문제점이 있음.
- 이에 반해 실제 구매력까지 반영해 조정한 환율이 실질환율(RER : Real Exchange Rate)임.
  • 실질환율은 현재의 명목환율 변동을 한 나라와 외국 간 물가변동 차

89) 외국환은행의 대고객환율에 대해 좀 더 자세히 알아보면 다음과 같음. 대고객환율은 당일자 매매기준율 또는 재정된 매매기준율 및 외국환은행 간 매매율을 감안하여 외국환은행이 자율적으로 결정하며 돈을 주고받는 방법에 따라 전신환매매율, 여행자수표매매율 및 현찰매매율 등으로 나누어짐. 모든 외환거래는 매매기준율을 중심으로 외국환은행이 거래의 종류에 따라 일정률의 마진을 감안하여 자율적으로 결정한 대고객매매율에 따라 이루어지는데, 일반적으로 은행이 고객에게 외국 돈을 팔 때 적용되는 매도율이 외국 돈을 살 때 적용되는 매입률보다 높음. 매매기준율은 서울외국환중개회사가 고시하고 있는데, 서울외국환중개회사를 통해 거래된 미 달러화의 현물환(익영업일 결제물) 거래량과 거래환율을 가중 평균하여 산출하는 시장평균환율(market average rate)을 말함. 전신환매매율이란 전신에 의하여 1일 이내에 자금이 결제될 때 적용되는 환율로서 은행의 자금부담비용이 포함되지 않는 순수한 의미의 환율이며 다른 대고객매매율의 기준이 됨. 수출입거래 등에 따라 대금을 주고받을 때 적용되는 일람출급환어음매입률, 수입어음결제율, 기한부어음매매율 등은 전신환매매율에 은행의 자금부담비용, 즉 환어음의 결제 또는 자금화에 소요되는 기간에 해당하는 금리(환가료)만큼을 빼거나 더하여 결정됨. 한편 우리가 해외여행을 하고자 할 경우 해외에서 사용하기 위해 외국 돈이 필요하므로 해외여행자는 은행에 가서 우리나라 돈을 외국 돈으로 바꾸어야 하는데 현찰로 바꾸는 경우 현찰매매율이 적용되며, 여행자수표(traveller's check)로 바꾸는 경우 여행자수표매매율이 적용됨. 만일 현찰로 가지고 나간다면 환전 시 은행에서 가장 비싼 환율을 적용 받게 되어 여행자수표나 크레디트카드 등을 이용하는 것보다 불리하게 됨.

이로 조정한 환율이기 때문에 한 나라 상품의 국제 가격경쟁력을 측정하는 데 널리 이용함.

• 다만 상황에 따라 가변적인 요소가 너무 많기 때문에 절대적인 수치를 제시하기 어려운 문제가 있음.

- 실효환율(EER : Effective Exchange Rate)은 두 나라 간 통화를 확대해 자국 통화와 모든 교역상대국 통화 간의 종합적인 관계를 나타내는 환율임.

  • 주요 교역상대국의 명목환율을 교역량 등으로 가중 평균한 명목실효환율과 여기에 다시 교역상대국의 물가지수 변동까지 감안해 만든 실질실효환율로 구분

- 균형환율이란 국제수지가 1년 또는 2년 이상의 일정한 기간 동안 균형을 유지할 수 있게 하는 외국환 시세를 말함.

  • 단순히 국제수지의 균형을 이루는 수준의 환율의 개념보다는 보다 넓은 의미에서 사용하는 경우도 있는바, 즉 장기적으로 경제의 실업문제가 해소될 수 있는 소위 잠재성장률을 달성하는 데 적정한 수준의 환율을 뜻하기도 함.

참 | 고 | 자 | 료

(1) 김상조(2001), 《손바닥 경제》, 사계절.

(2) 한상춘(2003), "외환시장 개입 효과 있나", 《한국경제》, 2003. 7. 13.

(3) 1997. 12. 26., 《매일경제》

(4) 한국은행(2006), 《알기 쉬운 경제지표 해설》, 2006. 8. 25.

(5) 문한근(2008), 《최근 외환시장 동향과 주요 이슈》, 한국은행 정책보고서, 2008. 9. 19.

제 7 장

개방경제하에서의 경제정책

(1) 환율과 환율제도

1) 환율변동의 영향

- 환율은 국제수지나 국민소득에 중요한 영향을 미침.

2) 환율제도의 변천

- 환율제도는 크게 고정환율제도와 변동환율제도로 나뉘는데, 물론 이 두 제도 사이에는 다양한 중간형태의 제도들이 있고, 또 지금도 여러 환율제도들이 공존하고 있지만, 환율제도의 변천을 전 세계적으로 보면 국제통화기금(IMF)의 발족 이후 브레튼우즈 체제에서는 고정환율제도가 일반적이었으나 1970년대 초반 국제통화질서의 동요가 있자 1976년의 킹스턴 회의에서 변동환율제도로 전환하게 되었음.
- 미국의 국제수지 적자가 누적되고 금 유출이 증가하자 1971년 8월 15일 미국의 닉슨 대통령은 금과 달러의 교환을 정지한다는 것을 골자로 한 경제 긴급조치를 발표하였음.[90]
  - 닉슨의 긴급조치는 그때까지 세계경제체제로서 유지되어 온 브레튼우즈 체제의 붕괴를 의미하는 동시에 전후 세계무역의 기본원리였던 자유주의가 쇠퇴하고 신보호주의의 시대가 개막되었음을 의미함.
  - 닉슨의 긴급조치는 워낙 큰 충격파를 가져왔기 때문에 흔히 닉슨 쇼크라고 불리기도 함.

---

90) 금과 달러의 태환을 중단한 이유는 한마디로 필요한 달러에 상응하는 만큼의 금이 없었기 때문임.

- 닉슨 쇼크로 인한 국제통화체제의 혼란을 수습하기 위해서 주요 선진국들은 스미소니언 합의를 이끌어내는 등의 노력을 기울였으나 큰 실효를 거두지는 못했으며, 1973년 초 미국은 다시 달러화의 평가절하를 단행하였음.

- 이어 주요 다른 나라들도 달러화에 대한 자국통화의 가치를 인상시키면서 변동환율제로 이행하였는데, 이로써 고정환율제는 완전히 붕괴되었으며 IMF는 1976년 4월 자메이카의 수도 킹스턴에서 가맹국들의 변동환율제를 정식으로 공인하였음. ⇒ 이때부터를 브레튼우즈 체제에 대신해 킹스턴 체제라고 부름.

(2) 개방경제체제하에서의 경제정책의 효과

1) 먼델-플레밍 모델이란

- 개방경제체제하에서 경제정책의 효과가 어떻게 작용하는가를 설명해 주는 기본이론이 먼델-플레밍 모델(Mundell-Fleming Model)임.
  - 이것은 시카고 대학의 먼델 교수와 IMF의 수석 연구원이던 플레밍이 각각 발표한 논문을 합친 이론임.

- 대부분의 거시경제학 이론은 국민소득이나 물가, 이자율과 같은 주요 경제변수가 결정되는 과정을 설명하면서 외국부문이 없는 폐쇄경제 모델을 가정하고 있기 때문에 국제적 자본이동이 활발한 현실경제를 설명하기 어려우며, 따라서 그것에 기초한 정책으로는 경제문제를 올바로 해결하기 어려운 게 사실임.

- 그러나 먼델-플레밍 모델은 자본이 국제적으로 자유롭게 이동하는 경제에서 변동환율제와 고정환율제 아래서의 재정정책과 통화정책의 효과를 각각 분석하고 있음.

2) 먼델-플레밍 모델의 결론

- 먼델-플레밍 모델(Mundell-Fleming model)의 결론은 고정환율제에서는

재정정책이, 변동환율제에서는 통화정책이 국민소득을 보다 많이 향상시킨다는 것임.

- 변동환율제하에서의 재정정책
  - 재정정책과 관련하여 정부가 소득증대를 목적으로 정부지출을 증가시키거나 조세를 감면하는 등의 확대재정정책을 실시하면 총수요가 확대됨으로써 국민소득이 높아지고 이자율은 상승함.
  - 그런데 자본의 이동성이 높을 경우 이자율의 상승은 외국으로부터 자금이동을 유인하는 요인이 되므로 자본수지를 흑자로 전환시킬 것임.
  - 이때 국제수지는 흑자가 되고 환율은 하락(자국통화의 가치상승)함.
  - 자국통화의 가치상승으로 자국의 수출은 증가하지 않는 반면, 수입 등은 증가하기 때문에 적어도 경상수지는 적자 경향을 보이고, 나아가 총수요의 감소를 가져옴.
  - 따라서 변동환율제하에서 자본이동이 완전한 경우 재정정책의 경기자극효과는 상쇄되어 사실상 나타나지 않게 됨.[91]

- 변동환율제하에서의 통화정책
  - 통화정책과 관련하여 중앙은행이 통화량을 증가시키면 이자율은 하락함.[92]
  - 이자율의 하락은 자본이동이 완전하기 때문에 즉각적으로 대량의 자본이 유출되고, 자본수지는 대폭적인 적자를 발생시켜 국제수지 적자가 시현됨.
  - 그 결과 환율의 상승(자국통화의 가치하락)을 가져오게 되는데, 이는 수출의 촉진과 수입의 억제를 초래함으로써 경상수지의 흑자로 이어져 총수요는 증대하게 됨.
  - 결과적으로 통화정책이 국민소득을 증가시키는 이차효과가 나타나는 것임.[93]

---

91) 물론 높아진 자국 이자율은 자본이동의 완전성 가정에 의해 원래 수준으로 되돌아옴으로써 자국이자율=외국이자율이 됨.

92) 물론 이자율의 하락이 일시적으로 투자 증대를 통해 국민소득을 증가시키게 됨.

93) 여기서도 낮아진 이자율은 자본이동의 완전성 가정에 의해 외국의 이자율 수준으로 돌아옴.

- 고정환율제하에서의 재정정책
  - 재정정책과 관련하여 고정환율제 아래서는 환율변동이 없으므로 재정정책에 의한 국민소득의 증가 효과가 그대로 나타나게 되기 때문에 재정정책이 보다 효과적이라는 것임.
- 고정환율제하에서의 통화정책
  - 통화정책과 관련하여 고정환율제 아래서는 금리하락에 따른 환율변동이 없기 때문에 국제수지는 개선되지 않아 통화정책은 그다지 효과가 없음.

3) 먼델-플레밍 모델의 시사점

- 이러한 분석은 개방경제 아래서 경제정책의 효과를 이론적으로 설명해 줄 뿐만 아니라 전후 세계경제의 변화를 역사적으로 설명하는 데도 유용함.
- 즉 브레튼우즈 체제로 불리는 고정환율제의 시기에는 대부분의 나라들이 케인즈주의적인 재정정책을 선호하였고 그 효과도 매우 컸음.
- 그러나 변동환율제로 전환하자 케인즈주의 경제학이 쇠퇴하고 통화정책을 강조하는 통화주의자들이 대두하였음.
- 이것은 단순히 학문적 유행의 변화가 아니라 환율체제와 경제정책 사이에 존재하는 긴밀한 관계 때문이라고 볼 수도 있음.

참 | 고 | 자 | 료

(1) 경제교육연구회(2008), 《생활인을 위한 경제학 이야기》, 시그마프레스.

(2) 오정훈(2007), 《국제금융》, 박영사.

제 8 장

산업정책의 기초개념

(1) 산업정책의 발전

- 역사적으로 볼 때 산업정책이란 용어는 프랑스와 일본에서 1960년대 중반부터 산발적으로 사용되기 시작했음.

1) 1960년대 말~1970년대 초

- 프랑스에서 경제정책의 한 유형으로 산업정책이 정식으로 자리를 잡게 된 것은 1960년대 후반 제5차 경제개발계획(1965~1970)에서임.
  - 이 당시 프랑스에서는 외국인 투자자유화와 국내시장개방으로 물밀듯이 밀려들어오는 외국자본과 수입품에 대항하여 제조업을 육성하는 것이 경제정책의 시급한 과제였음.
  - 이에 제5차 경제개발계획에서 제조업 육성의 당위성이 강조되었고, 이를 구현하기 위한 정책수단으로서 산업정책이 논의되었음.
- 일본에서는 1970년 초에 통산성이 이를 공식적으로 사용하기 시작하였고, 1973년 7월에는 이를 전담하는 산업정책국을 신설하였음.
- 이처럼 1960년대 말과 1970년대 초에 걸쳐 프랑스와 일본에서 싹트기 시작한 산업정책은 1970년대 세계경제를 동요시킨 두 차례의 석유파동 이후 명실상부한 새로운 경제정책의 수단과 학문적 영역으로서 자리를 잡게 됨.

2) 1970년대 이후

- 1970년대 들어 각국이 산업정책에 특별한 관심을 갖게 되었음.

• 왜냐하면 세계자원위기가 빚어낸 '새로운 경제현상'에 과거의 경제정책수단으로는 대처해 나갈 수 없었기 때문이었음.
• 여기서 말하는 새로운 경제현상은 선진국의 철강, 조선 및 섬유 분야 등에서의 산업구조조정문제를 말함.

- 브레트우즈 체제하에서 30년 가까이 번영을 누려 오던 이들 산업의 구조조정은 이자율조작, 통화공급 같은 전통적인 거시경제정책이나 무역정책만으로는 불가능하였음.

- 산업구조조정에 대한 자신들의 전통적 경제정책의 무능과 한계에 직면한 영국과 미국은 일본이 그들에 비해 훨씬 효율적으로 자국의 산업구조를 조정하여 나가는 것을 인정하지 않을 수 없었음.
  • 물론 이들은 처음에는 시장경제원리에 반하여 정부가 시장에 적극적으로 개입하여 산업을 육성하고 구조조정하는 일본의 산업정책에 강한 경계와 함께 비판적인 시각을 가졌음.
  • 그러나 현실적으로 일본경제의 기적을 연구하는 과정에서 일본산업의 비약적 발전이 통산성의 산업정책에 바탕을 두고 있다는 사실을 발견하고 서구사회 일각에서 차선의 정책대안(second-best policy)으로서 산업정책의 실시를 주장하는 목소리가 커졌음.

3) 1980년대 이후(미국의 상황)

- 전통적으로 산업정책에 대해 가장 비판적인 입장을 취하던 미국에서조차 1980년대 초에 의회와 경제학자들 간에 산업정책의 실시 여부에 대한 열띤 논쟁이 있었음.

- 그런데 이 논쟁에서 산업정책에 반대하는 자유주의자가 승리하고 산업정책의 실시를 주장하던 개입주의자가 패배함으로써 그 이후 1980년대에는 산업정책에 대한 더 이상의 열띤 논쟁은 없었음.

4) 1990년대 이후(미국의 상황)

- 1980년대 초 논쟁에서 산업정책의 실시를 주장했던 라이시(R. Reich)나

타이슨(L. Tyson), 샤피로(R. Sapiro) 같은 일련의 경제학자가 1990년대 들어 클린턴 행정부의 경제정책을 주도하게 됨에 따라 산업정책에 대한 관심이 다시 높아졌음.

- 특히 하버드대의 라이시는 노동부장관으로서, 그리고 버클리대의 타이슨은 대통령 경제자문회의 의장으로서 클린턴 행정부 내에서 산업정책의 역할을 강조

(2) 산업정책의 개념

1) 산업정책의 정의

- 국제적으로 일치된 학문적 정의가 없이 경제학자에 따라 아주 다양하고 폭넓은 정의를 내리고 있음.
  - 용어 자체도 구조정책(structural policy), 적극적 조정정책(positive adjustment policy), 산업전략(industrial strategy) 같은 다양한 표현으로 사용되고 있음.
- 산업정책에 대한 다양한 정의를 종합해 보면 다음과 같은 몇 가지 공통된 개념요소를 발견할 수 있음.
  - 자국 산업의 경쟁력향상
  - 시장실패의 보정
  - 자원배분과 산업구조조정에 대한 정부의 적극적 역할
  - 경제나 산업의 국내공급능력 확대
  - 산업발전과 생산성향상
- 상기의 다양한 개념요소를 종합하여 산업정책이란 '시장실패를 보정하거나 동태적 비교우위를 확보하기 위해 정부가 특정산업활동이나 시장기구에 개입하여 자원배분을 효율화시킴으로써 자국의 산업특화를 목표하는 방향으로 유도하는 일련의 전략적 정책체계(policy mix)'라고 정의할 수 있음.

2) 산업정책의 4대 개념요소

① 산업제일주의

- 산업정책론이라는 학문과제는 산업제일주의에서 출발하는데 이는 역사적으로 산업정책이 프랑스와 일본의 산업경제학 틀 속에서 생성되고 발달하였다는 데 기인함.
- 다시 말해 산업경제학적 입장에서 볼 때, 한 나라의 경제적 후생을 극대화시킨다거나 국민의 생활수준을 궁극적으로 향상시킬 수 있는 최선의 길은 '산업발전'이므로 금융산업의 발전이나 재정, 조세 등을 다루는 거시경제정책은 산업정책의 효율적 전개를 지원하기 위한 정책수단으로 이해됨.
  - 따라서 산업정책의 개념 자체를 부정하거나 낮게 평가하는 전통적인 영미식의 경제학적 접근과 큰 대조를 이룬다고 볼 수 있음.

② 개입주의(interventionism)

- 산업정책은 정부가 민간경제활동이나 시장기구에 대한 간섭을(직접적이든 혹은 간접적이든) 전제로 하는 개입주의적 성격이 강한데, 일반적으로 네 가지 유형으로 구분
- 첫 번째 유형은 자유방임주의
  - 역사적으로는 케인즈가 등장하는 1930년대 대공황 이전의 영국이나 미국의 경제정책이며, 오늘날 학문적 흐름으로는 프리드만류(類)의 시카고학파에 의해 대표됨.
  - 산업활동에 대한 정부개입이 전면적으로 부정되므로 여기서는 산업정책이 등장할 여지가 없음.
  - 기업의 자유로운 경제행위나 시장기구에 정부가 개입하지 않는 자유방임정책이 최선의 경제정책임.
- 두 번째 유형은 신고전학파 종합
  - 이는 케인즈학파의 입장으로서 재정정책이나 금융정책을 수단으로 한 총수요관리정책의 필요성은 인정하지만, 정부가 개별산업에 직접적으로 개입하는 것은 반대함.

• 대부분의 영미계 경제학자가 이에 속하며, 오늘날 미국이나 영국 등의 경제정책이 이 같은 정책유형을 따름.

- 세 번째 유형은 개입주의
  • 이는 경제운용을 원칙적으로 시장기구에 일임하되, 전적으로 이에 의존하는 것이 아니라 국가적 목적달성을 위한 한정된 범위 내에서 정부의 유도적 역할을 인정함.
  • 이들은 현실적으로 시장기구가 완벽하지 못해 시장실패가 발생하므로 정부는 이러한 시장실패를 보정하기 위해 제한적으로 산업활동에 개입해야 한다고 봄.

- 마지막 유형은 사회주의적 계획경제
  • '중앙집권적 계획경제'가 행해지는 과거 소련이나 동구권의 경우로 시장기구를 완전히 부인하고 정부가 시장기능을 대행함.

- 이상의 관점에서 볼 때 세 번째의 개입주의 경향이 강한 국가에서 산업정책이 적극적으로 실시되고 있음.
  • 이의 가장 대표적인 국가가 프랑스, 일본, 한국이며 정도의 차이는 있으나 의욕적인 산업화를 추진하고 있는 일부 동남아국가나 중남미국가도 이 국가군의 범주에 포함됨.

③ 선별성(selectivity)

- 산업정책은 국민경제의 자원배분에 인위적으로 영향을 미치기 때문에 무차별성의 특징을 갖는 재정정책, 금융정책 등과 같은 거시경제정책과 구별됨.
  • 산업정책은 산업 간의 자원배분뿐만 아니라 동일한 산업 내의 자원배분에도 개입함.

- 산업제일주의 때문에 가능하면 제조업으로 국민경제 내의 자원을 집중시키려 하며, 제조업 내에서도 사양산업에서 새로운 유망산업으로 자원을 재배분하고자 함.

- 각국의 비교우위가 수시로 변하는 동태적 국제분업체제 속에서 볼 때

산업정책의 이 같은 선별성은 국민경제에 경제적 후생증대를 가져다 줄 수 있지만, 잘못하면 상당한 정부개입의 실패를 초래함.

- 즉 정부가 앞으로 전개될 동태적 비교우위의 변화에 대해 정확한 정보와 비전을 가지고 승자산업(winner)을 잘 가려낸다면 자국의 산업특화(industrial specialization)를 유리한 방향으로 이끌어 나갈 수 있지만, 그렇지 못할 때에는 산업의 과잉투자, 독과점화 등을 통해 엄청난 자원배분의 왜곡을 초래함.
  - 예를 들면 1960년대 프랑스는 향후 승자산업을 핵에너지, 해양개발 등으로 보고 이 부문에 막대한 정부지원을 해주었으나 이 부문에서 확고한 경쟁력을 확보하지 못했음은 물론, 오늘날 핵이나 해양개발에 대한 세계수요가 그리 크지 않은 점을 생각해 볼 때 프랑스의 산업정책은 올바른 승자산업을 골라내지 못했음.
  - 이와 반대로 일본 통산성은 1960년대 전자와 자동차를 승자산업으로 선정하였는데, 이는 오늘날 일본의 번영에 커다란 기여를 한 것으로 평가되고 있음.

④ 동태적 비교우위(dynamic comparative advantage)

- 수출상품의 국제경쟁력 확보에 관심을 가지는 무역정책과 달리 산업정책은 동태적 국제분업체제 속에서 앞으로 비교우위를 확보할 수 있을 것으로 기대되는 유망산업(promising industries) 분야에 미리부터 전략적으로 특화해 나가는 데 관심을 가짐.
- 그러므로 동태적 비교우위에 깊은 관심을 갖는 산업정책에서는 정책의 우선목표를 산업육성을 위한 생산자잉여에 둠.
  - 이 점이 소비자잉여와 국민생활수준의 향상에 정책적 최우선 순위를 두는 신고전학파의 견해와 대조를 이루는 것으로 바로 이것이 한미 간, 미일 간 통상마찰에서 양국 간에 인식의 차이를 가져오는 주요한 이유 중의 하나임.
- 신고전학파적 미국의 입장에서 보면 한국이나 일본은 소비자잉여를 희생시켜 가며 정부의 지원하에 특정산업을 육성하여 자국 상품을 세계시

장에 수출함으로써 세계무역의 구조적 불균형을 초래함.

- 더욱이 한국이나 일본에서 소비자잉여의 희생을 강요하는 산업정책은 결과적으로 이들 국가의 수입수요를 인위적으로 억제함으로써 미국상품의 對日·對韓수출을 그만큼 어렵게 함.

- 그러나 산업정책을 옹호하는 산업경제학자의 해석은 이와는 달리 산업정책이 세계무역의 구조적 불균형을 초래한다고 볼 수 없다고 주장
  - 소비자잉여의 문제는 보다 장기적이고 동태적으로 보아야 한다는 것임.
  - 동태적 비교우위를 확보하기 위해 산업발전 초기에 다소 소비자잉여를 희생시키더라도 자국 산업이 성공적으로 수출산업화하면 장기적으로 보다 큰 소비자잉여의 증대와 함께 국민생활수준의 향상을 가져올 수 있음.
  - 그러므로 국내 소비자입장에서 보더라도 장기적인 안목에서 초기의 희생이 결국에는 보상받을 수 있으므로 결코 소비자잉여를 희생당한다고 할 수는 없음.
  - 뿐만 아니라 세계무역구조 측면에서 보더라도 궁극적으로 한 나라의 국민소득이 높아지면 수입수요가 증대하여 상대국으로부터 보다 많은 재화를 수입하게 되므로 결코 산업정책이 세계무역의 구조적 불균형을 초래한다고 볼 수는 없다는 주장임.

(3) 산업정책의 특성

1) 후발국의 정책철학(policy of catch-up)

- 역사적으로 볼 때 산업정책은 항상 선진국을 따라잡고자(catch-up) 하는 후발국의 의욕에 의해 강조되었음.

- 후발국의 정책철학과 관련하여 프랑스 소르본느 학파가 내세운 네 가지 헤게모니 가설은 다음과 같음.
  - 추론1 : 역사적으로 볼 때 국제경제 질서를 결정하는 경제원리나 이념은 세계경제의 주도권을 장악한 선도자(leader)에 의해 만들어졌음.

- 추론2 : 이는 다시 세계적인 보편진리로서 다른 후발자(follower)에 직접 또는 간접적으로 확산되었음.
- 추론3 : 이와 같은 보편적 진리에 맹목적으로 따른 후발자가 선도자를 따라잡고 세계경제의 헤게모니를 장악한 예는 거의 없음.
- 추론4 : 역사적으로 선도자를 추월(catch-up)한 후발자는 전자(前者)가 만들어 세계적으로 보편진리화한 경제이념을 보다 독자적인 통찰력을 가지고 자국의 현실에 적합하게 소화·발전시켜 나간 국가군들이었음.

- 이 추론을 역사적으로 뒷받침하는 것이 근세 중상주의시대의 영국과 19세기 자유무역주의시대의 독일과 미국, 그리고 제2차 세계대전 이후의 일본임.
  - 역사적으로 후발자였던 영국은 15세기 지리상의 발견 이후 스페인, 포르투갈이 주도한 중상주의를, 19세기 독일과 미국은 영국이 주도한 자유무역주의를 맹목적으로 따르는 것을 거부하고 자국의 현실에 적합하게 소화했기 때문에 선도자를 추월하여 세계경제의 헤게모니를 장악할 수 있었음.

- 영국의 사례
  - 중상주의 시대인 15세기 말 바스코 다 가마의 인도항로, 콜럼버스의 신대륙 등 지리상의 발견을 주도하고 해외로부터 막대한 금·은을 반입할 수 있었던 스페인과 포르투갈에 있어서 金·銀은 곧 국부에 해당했음.
  - 이 중상주의 사상은 보편적 진리로서 그 당시 유럽의 다른 후발국가에 확산되어 국제경제 질서를 결정하는 기본이념이 되었음.
  - 네덜란드 등 후발국이 다투어 중상주의를 따르고 있을 때 이를 거부하고 국내산업보호에 눈을 돌리고 제조업을 육성한 것은 영국이었음.
  - 철저한 중상주의를 추구하던 스페인이 눈앞의 외화수입(즉 금·은) 확대를 위한 양모수출에 혈안이 되어 메스따(Mesta)라 불리던 목축업자를 보호하고 있을 때, 영국은 원자재인 양모를 그냥 수출하기보다는 이를 가공하는 모직업자의 육성에 주력하였음.

• 영국의 왕은 국내모직업자를 보호하기 위해 양모를 가공하지 않고 원자재 상태로 수출하는 자를 형사 처벌할 정도로 강력한 국내산업 보호정책을 실시하였음.
• 그 당시로는 국제경제 질서의 기본이념에 해당하는 중상주의에 맹목적으로 따르지 않고 독자적인 통찰력을 가지고 모직공업을 육성시켜 나간 영국은 세계에서 제일 먼저 산업혁명에 성공하고 19세기 이후 경제대국의 지위를 누렸음.

- 미국, 독일, 그리고 일본의 사례
  • 산업혁명 이후 19세기 자유무역시대에도 마찬가지로서 영국이 세계경제의 헤게모니를 장악하고 자유무역주의를 주창할 때 그 당시 후발국이었던 미국, 독일과 일본은 영국이 주도하는 자유무역주의에 맹목적으로 따르기보다는 그들 나름대로의 국내산업 보호정책을 실시하였음.
  • 보호주의의 필요성을 최초로 체계화한 사람은 미국의 2대 재무장관이었던 해밀턴(A. Hamilton)이었음.
  • 소박한 해밀턴의 국내산업보호육성론[94]은 19세기 중반에 들어 독일의 리스트(F. List)에 의해 설득력을 갖춘 유치산업보호론으로 발전하였음.
  • 리스트의 주장에 따르면 자유무역이론은 '각국의 경제발전단계가 같을 때' 국제무역이 가져올 수 있는 이익만을 강조하였기 때문에 독일같이 선발 자본주의 국가인 영국과 자유무역을 한다면 영국을 맹주로 한 영국적 세계지배체제를 용납하고 독일은 완구나 목제, 기둥시계 정도를 수출하는 2급 국가로 전락할 수 있다고 우려하였음.
  • 가장 뒤늦게 산업화에 착수한 일본도 마찬가지로서 1868년의 명치유신 이후 그들이 구미의 발전단계에 도달하였다고 하는 1970년대 중반에 이르기까지 일본의 경제정책은 기본적으로 민간기업의 자유로운

94) 그는 의회에 제출한 유명한 '제조업에 관한 보고서'에서 외국과의 경쟁을 극복하고 영국이 누리는 정도의 세계시장을 확보하기 위해서는 무엇보다도 장려금, 보조금, 고율의 관세와 같은 수입제한정책에 의해 제조업을 적극적으로 보호해 주어야 한다고 주장하였음.

경제활동을 보장하면서도 자원배분방식은 정부가 의도하는 데로 유도하기 위한, 이른바 산업정책이 주축을 이루었음.

- 종합적 견해
  - 맥키원(McKeon)의 헤게모니설(hegemony thesis)에서 볼 수 있듯이 역사적으로 각 시대에 있어서 세계경제의 헤게모니를 장악한 국가는 항상 비교우위원리, 자유무역이론, 시장경제원리 등에 의한 자유무역과 자유방임주의를 추구하고 이를 보편적으로 국제경제 질서로 일반화시키려는 경향이 있음.
  - 이 같은 헤게모니설에서 볼 때 한 가지 흥미 있는 것은 정부개입에 대한 미국의 역사적 태도 변화임. ⇒ 19세기 영국을 따라잡고자 강력한 국내산업보호육성정책을 쓰던 미국은 20세기 들어 세계자유무역의 선도자가 되면서부터는 산업정책에 대해 아주 비판적인 입장을 취해왔으나 1970년대 세계경제 위기 이후 자동차, 철강 등 주요 산업 분야에서 일본, EU 등에 도전을 받게 되자 1980년대 이후 산업정책의 실시에 대해 적극적인 관심을 가져왔고, 1990년대 들어 클린턴 행정부에서는 개입주의 경제학자인 노동부장관 라이시, 대통령경제자문회의 의장 타이슨 등을 중심으로 거의 공공연히 산업정책의 필요성이 주장되었음.

2) 공급지향적 정책

- 산업정책은 산업에 대한 생산요소의 투입이나 생산함수를 변화시키는 것과 같이 총공급관리에 초점을 두는 공급지향적 정책임.
  - 이자율 변동, 통화량 공급조절 같은 재정·금융수단을 통하여 총수요를 관리함으로써 단기적인 경제안정이나 경기부양을 꾀하는 케인즈의 총수요관리정책과 구별됨.
- 산업정책은 정부가 시장기구에 개입을 하여 생산적인 투자 쪽으로 자원을 재배분하여 국민경제의 공급능력이나 공급 잠재력을 높이는 것을 목적으로 하는 수단체계임.

3) 비영미계 정책철학

- 앵글로색슨계의 신고전학파 경제이론은 비교우위원리에 바탕을 둔 자유무역이나 시장경제원리를 존중하는 자유방임주의에 의해 세계 각국이 경제적 후생을 모두 증가시킬 수 있다고 보는 반면, 비앵글로색슨계인 산업정책론은 다소 신중상주의적 성격을 띠어 어느 나라가 적극적으로 자국 산업의 보호육성정책을 쓰면 일정기간 다른 나라의 경제적 후생을 감소시킬 수 있다는 전제를 받아들이고 있음.

- 현실적으로 가장 적극적인 산업정책으로 고도성장을 이룩한 일본경제 때문에 미국경제가 구조적 무역수지적자와 심각한 국내산업 구조조정으로 상당한 경제적 어려움을 겪었음.
  - 그러므로 미국을 중심으로 한 앵글로색슨계 국가는 일본, 프랑스, 한국 등 비앵글로색슨계 국가의 산업정책에 의한 불공정한 정책개입이 그들 국내산업에 피해를 주었다는 강한 피해의식을 가지고 있음.

4) 정치논리가 크게 작용하는 정책

- 이 특성은 산업정책이 가지는 선별성에 기인하는 바, 정부가 선별적으로 민간경제활동에 개입하기 때문에 국민경제 내 여러 계층의 소득분배에 무시못할 영향을 미치게 됨.
  - 즉 산업정책으로 인해 이익을 보는 계층과 손실을 보는 계층이 나타남.

- 산업정책으로 영향을 받은 다양한 경제적 이익집단은 가능한 모든 수단을 동원하여 산업정책 결정과정에 영향력을 행사하고자 하는데, 문제는 이러한 영향력 행사가 '시장 내에서 경제논리'에 의해 이루어지지 않고 '시장 밖에서 정치논리'에 의해 이루어진다는 데 있음.

- 이 같은 특성 때문에 선진국의 경험을 보면 산업정책 그 자체가 경제논리보다는 정치논리에 끌려 그 효율성이나 공정성을 저해하고 궁극적으로 정부개입의 실패를 초래한 예를 많이 찾아볼 수 있음.

• 1970년대 유럽 일부 국가의 경우 도저히 경쟁력을 회복할 수 없는 조선산업이나 철강산업에서의 고용을 유지하기 위해 정부가 엄청난 보조금을 지불한다거나, 정치적 압력을 못 이겨 도산이 불가피한 구조적 부실기업에게 구제금융을 해주었음.

- 이러한 의미에서 볼 때 산업정책은 계량적 분석기능이 뒷받침할 수 있는 금융정책이나 재정정책과 달리 때로는 정치논리가 강하게 작용하고 다분히 사회적 가치판단을 수반하는 정책이라는 점에서 행정 관료의 엄격한 경제논리와 높은 행정기술능력이 요구된다 하겠음.

(4) 산업정책의 수단

- 산업정책의 수단에는 크게 나누어 정책수단의 기능을 중시하는 주체적 분류(기능적 분류)와 정책목적이 무엇인가에 따라 분류되는 객체적 분류(목적별 분류)로 나눌 수 있는데, 전자에는 시장경제정책적 수단인 경쟁정책(competition policy)과 시장보완정책으로 볼 수 있는 시장간섭정책(market intervention policy)이 속하며, 후자에는 산업정책의 하부목표에 따라 구조조정적 수단(구조조정정책), 구조유지적 수단(구조유지정책), 구조형성적 수단(구조형성정책)으로 세분됨.[95]

1) 경쟁정책

- 산업정책이란 결국 자원의 최적배분을 통한 경제적 목표(고도성장, 완전고용, 물가안정, 국제수지균형)를 최대한 달성하고자 하는 것이므로 경쟁정책은 중요한 산업정책의 수단이 되는 것임.
- 경쟁정책은 산업 간 또는 기업 간 독점 또는 과점을 해소하여 경쟁을 유발시킴으로써 시장의 가격기구를 활성화하고 궁극적으로 자원의 효율적인 배분을 기하는 정책임.

---

95) 최선의 산업구조를 유지하기 위해서는 외부환경의 변화에 적응시키는 조정정책뿐만 아니라 경우에 따라서는 변화의 속도를 지연시키거나 더욱 빠르게 하는 유지정책 및 발전정책이 동원되어야 할 것임.

- 이런 의미에서 경쟁정책은 가장 일반적인 형태의 산업정책으로 볼 수 있음.

- 경쟁을 유발시키는 정책에는 독점을 방지하는 정책과 경쟁을 촉진하는 정책으로도 나눌 수 있음.[96)]

- 기업결합이 경우에 따라서는 인정되기도 함. 즉 첫째 산업활동의 능률 증대와 경영합리화를 위하여 산업구조 및 조직의 개편이 불가피한 경우, 둘째 시설투자 및 경영에 거액의 자금이 필요한 데도 통상적인 방법으로는 그 자금의 조달이 곤란한 때, 셋째 공공의 이익을 위하여 필요한 경우에는 기업 간의 결합을 인정하고 있음. ⇒ 이것을 산업합리화 이유에 의한 경쟁제한정책이라고 하고 있음.
  - 이러한 이유에서 기업결합을 허용함에 있어서도 다음과 같은 원칙이 있음.
  - 첫째 개별기업의 경영합리화가 아닌 산업 전체의 합리화를 목적으로 해야 하며(국민경제적 원리), 둘째 불가피한 경우에 한하여 결합을 인정할 것이며(보충성의 원리), 셋째 결합을 통한 산업합리화의 이익이 경쟁을 제한함으로써 발생하는 손실을 능가해야 한다는 것임.(비교후생의 원리)

- 또한 국제경쟁에 직면하여 외국의 거대자본에 대항하는 국내기업의 경쟁력의 열세가 규모의 영세성에 기인한다면 전통적인 산업조직정책은 재고되어야 할 것이지만 이러한 논리는 매우 포괄적인 기준이 되어 거의 모든 산업에 인정될 위험을 안고 있기 때문에 국제경쟁력을 강화하기 위한 기업결합의 인정에는 국제경쟁력의 상승효과와 경쟁제한으로 인한 손실효과를 비교하여 신중히 실시되어야 할 것임. ⇒ 국제경쟁력의 강화와 경쟁제한

---

96) 어느 나라 할 것 없이 산업조직정책의 가장 중요한 제도적 장치는 독점규제법(또는 공정거래법)임. 이 법규 속에 경쟁의 목적과 경쟁을 유지하기 위한 모든 수단이 명시되어 있음. 그러나 더욱 중요한 것은 이 법의 존재 이유임. 이 법은 경쟁을 위해 존재하는 것이 아니라 유효경쟁이나 최적경쟁을 유지하여 경제적 효율을 극대화하는 데 있다는 것임. 따라서 경제환경의 변화에 따라 법의 정신은 바뀔 수 있다는 것임.

2) 시장보완적 정책수단

- 시장보완적 정책이란 시장경제 또는 경쟁정책의 예외적인 모든 수단을 말하는데, 일종의 시장간섭정책으로 넓은 의미에서 보면 이것도 경쟁제한정책으로서 산업조직에 영향을 주는 정책임.

- 전통적인 산업정책이라고 볼 수 있으며, 대표적인 예로서 다음을 들 수 있음.

  • 정부의 직접적인 시장참여 ⇒ 일반적으로 정부는 시장행동의 주체는 아니지만 때로는 시장의 안정을 위해(가격안정이든 물량확보이든) 정부 또는 공법인이 직접 공급자로서 또는 수요자로서 시장에 참여하는 경우가 있는데, 가령 공개시장조작, 공기업 및 정부구매를 들 수 있음.

  • 국유화조치 ⇒ 국민경제의 특성부문 혹은 특정산업에는 성격상 민간주도의 산업생산이 불가능한 경우가 있는데, 이 경우 정부는 동 산업의 전부 또는 일부를 민간부문으로부터 이양받을 수 있음.[97]

  • 공급확대를 위한 재정·금융정책 ⇒ 정부의 직접적인 시장개입은 가능한 억제하고 간접적인 방법을 통하여 자원을 배분하는 것이 더 좋은 정책이 되는바, 정부가 취할 수 있는 간접적인 산업정책의 수단으로 가장 오래되고 일반적인 것이 재정 및 금융정책임.

  • 독과점의 조성 ⇒ 시장이라는 자동조절장치 속에도 스스로의 모순 내지 결함이 존재한다면 전 산업을 시장에만 맡길 수 없는 상황이 발생하게 되는데, 경쟁제한을 허용하는 주된 이유는 첫째 판로상의 애로

---

97) 전시나 이에 준하는 국가비상사태하에서뿐만 아니라 평시에도 이러한 경우가 존재하는데 그 전형적인 것이 외부경제가 나타나는 산업임. 예를 들어 국방, 교육, 치안 등을 상정해 보면 민간기업의 이윤동기에서 결정된 생산량 또는 공급량은 최적생산량보다 적으며 반대로 공해를 유발하는 재화의 경우에는 사적비용의 과소책정으로 시장균형생산량은 과대하게 됨. 이러한 이유에서 국유화라는 정부의 직접개입은 정당화되는 것임. 이외에도 첫째 자연독점이 존재하는 경우(전력생산, 철도운송), 즉 어느 산업의 생산에 있어 고정비용(투자)이 너무 높아 시장에서의 경쟁은 전 기업의 파멸을 뜻하며 최소한의 산업생산도 보장받지 못할 경우, 둘째 소득분배적 차원에서 국유화가 정당화되기도 하며, 셋째 경기의 조절을 위해 국유기업의 존재가 인정되는데, 즉 공기업의 투자규모와 투자시점을 조정함으로써 경기를 안정화할 수 있다는 것도 중요한 국유기업의 이점임.

(가령 수출부진, 수입급증)가 존재하는 산업의 경우 과잉생산시설을 축소하기 위해 생산자 카르텔을 결성하여 생산량을 조절하는 것이 산업의 유지를 위해서 긴요할 수 있으며, 둘째 시장의 여건으로 보아 수요탄력성은 저하되고 생산기술의 상승으로 공급탄력성은 높아지는 경우 카르텔을 형성할 가능성이 큼(생산자 카르텔을 통해 각 기업의 생산량을 할당하고 공동으로 기술을 개발하고 해외경쟁에 대해 공동으로 대처하는 수단이 강구).[98]

- 시장참여의 제한 ⇒ 일종의 자유경쟁을 제한하는 조치로 생산자 또는 공급자의 자격을 엄격하게 하여 기존 시장참여자를 보호하는 수단인데, 앞서 말한 독과점의 조성과 다른 점은 독과점의 형성이 목적이 아니라 기존 생산자를 보호하려는 데 있다는 것임.[99]
- 행정적·법적 의무부과 ⇒ 산업정책 수단의 범주에는 정부가 경제과정에 직접적인 영향을 주는 것 외에도 경제주체(기업)의 의사결정에 간접적으로 영향을 줄 수 있는 각종 행정법규, 행정상의 의무조치 등

98) 특히 기술혁신이 신제품개발보다 생산공정기술에 집중될 경우가 그러함. 이때에는 산업이 일단 불황을 맞으면 구조적이 될 가능성이 큼. 때문에 카르텔의 형성이 용이하고 허용되기도 함. 1970년대와 1980년대 미국 및 EU의 철강산업은 한편으로 국내수요의 감소와 다른 한편으로 일본, 한국, 대만 등의 새로운 철강생산국의 도전에 직면하여 구조애로를 겪었음. 이때 철강산업의 생존을 위해서 합리화조치를 취했음. 우리나라에서도 IMF 경제위기 이후 각 산업별 투자조정이 정부에 의해 시도되었는데, 각 기업 간 과잉투자와 중복투자를 해소하고 기업 간 전문 업종을 제조정하는 문제에 초점이 있었음. 이러한 정책도 일종의 카르텔 결성을 통한 산업정책임.

99) 자유경쟁을 제한하는 방법으로 두 가지가 있는데, 하나는 기존 참여자 간의 카르텔의 결성이고 다른 하나는 새로운 진입을 어렵게 하거나 아예 불가능하게 하는 것인데, 시장참여의 제한은 후자에 관한 것임. 시장참여 제한조치는 기존 생산자나 공급자를 보호한다는 중상주의적 무역정책 외에 현대적인 의미의 정책수단은 보다 다양한 정책목표를 지향함. 첫째 양질의 재화나 서비스의 공급을 위해서는 시장참여 제한이 필요함(가령 의사나 약사의 자격이나 개업의 요건을 까다롭게 하는 것은 저질의 의료행위로부터 국민을 보호하는 정책목표에 접근하기 위한 것임), 둘째 파멸적 경쟁을 방지하기 위해서인데, 국민생활에 영향이 큰 산업, 즉 에너지, 교통부문에 무분별한 시장참여로 인해 시장질서가 교란되는 것보다 참여제한을 통한 기존 질서를 보호하고 안정적 공급을 확보하는 것이 더욱 중요하기 때문), 셋째 은행, 증권, 보험업에 참여하기 위해서는 각종 법규에 의해 설립절차가 매우 까다로울 뿐만 아니라 금융감독원에 의해 규제를 받게 되어 있어 시장진입이 극도로 제한받고 있는데, 이는 금융산업의 특수성에 기인하기 때문(금융기관의 도산은 금융산업에 그치는 것이 아니고 그 여파는 전 산업에 확산되어 경제의 기본질서를 뒤흔들 수도 있어 금융기관의 신용은 어떠한 이유에서든지 지켜져야 함).

이 포함되는데, 이것은 기업활동에 일종의 기본구도를 제시하는 것으로 그로 인해 해당 기업의 경제행위상 선택의 폭을 줄이는 것이 됨.[100)]

- 행정지도 ⇒ 행정관청이 경제주체에 대해 일정한 목표를 위해 유도하는 사실행위로 이해되고 있으나 그 내용이나 형식은 매우 복잡함.[101)]

3) 구조조정정책

- 경제성장은 반드시 생산구조(산업구조)의 변동을 통해서만 가능
  - 세계 모든 나라가 추구하고 있는 경제목표, 적절한 성장이란 생산요소가 높은 이익을 가져오는 부분으로 끊임없이 이동하는 결과로 가능하기 때문에 경제성장은 산업구조변동의 결과이자 원인이기도 함.

- 산업구조 조정정책은 변화하는 내부적・외부적 환경에 일국의 산업이 적응할 수 있도록 취하는 정책으로 전통적인 산업정책의 주된 내용이 되고 있음.

- 구조조정정책이란 변화하는 시장여건에 상응하는 산업구조를 조정하기 위한 정책을 총칭하는 것임.
  - 말하자면 특정산업의 수요와 공급이 일치하지 않는 경우, 또 이러한 불균형이 시장에서 자동적으로 해소되지 않는 경우 취해지는 모든 정책임.

---

100) 예컨대 정부의 투・융자는 특별한 규정에 의하도록 되어 있으며(각종 기금관리법), 사회정책상 실시되는 저소득층을 위한 생활보조금의 지급에도 수혜자는 반드시 지켜져야 할 의무사항이 있음. 주택건설업자는 택지의 위치, 주택의 수량, 질에 대해서 행정적 의무를 충실히 이행해야 하며(가령 주택사업촉진법), 시내외 버스사업자들도 시・도에서 제시하는 의무사항을 준수할 때만 경제행위를 할 수 있을 것임. 국제 간 거래도 행정적 의무부과와 같은 사례를 볼 수 있으며, 산업정책적 관점에서 전형적이라 볼 수 있는 행정적 조치는 환경정책에서 볼 수 있음. 우리나라에도 환경보전법과 각종 시행규칙이 그러한 것으로 산업정책에도 중요한 영향을 주고 있음. 향후 산업정책은 환경정책에 더욱 큰 영향을 받을 것으로 보임. 그것은 환경이라는 것이 최종 경제목표를 달성하는 데 중요한 요인일 뿐만 아니라 국제 간에도 중요한 현안이 되고 있기 때문임.

101) 법치주의 국가에서는 행정은 법률에 의거함이 원칙인데 행정지도가 중요한 정책수단이 되고 있다는 것은 아이러니가 아닐 수 없지만, 정책수단의 신속성, 효과의 극대화 등을 고려할 때 이 또한 중요한 수단이 될 수 있음.

- 보다 구체적으로 말하자면 특정산업을 시장환경의 변화에 맞게 신장시키거나 경우에 따라서는 축소시키는 것이 이에 해당함.
  - 선진국의 경험으로 보아 과잉생산시설의 축소조정형태가 일반적인 것으로 보이지만, 이때 생산규모의 축소는 해당 산업의 사멸을 위한 것이 아니라 오히려 생존・발전시키기 위한 것임을 알아야 함.

- 산업정책으로서의 구조조정의 최종 목표가 진정한(효율적인) 시장경제의 창달에 있다면 특정산업에 대한 재정적 지원이나 직접통제 같은 수단은 일시적이어야 함.
  - 즉 구조조정이라는 것은 위기에 처한 기업(산업)이 일시적 도움(조정정책)을 통해 경쟁력을 회복하여 장차 시장경제에 재편입되기 위한 것임.

- 이러한 관점에서 Peters는 구조조정정책이 필요한 경우로 다음 5가지를 들고 있음.[102)]
  - 경제주체의 시장적응능력의 제고
  - 급격한 구조변동의 완화 또는 회피
  - 성장지향적 조정의 촉진
  - 공급애로의 해소
  - 구조적 과잉시설의 축소

4) 구조유지정책

- 국제경쟁력을 상실하고 있거나 생산력이 타 산업에 비해 낮음에도 불구하고 국민경제 전체를 위해 혹은 비경제적 이유로 생산규모나 고용규모가 유지되어야 하는 산업을 우리는 구조유지산업이라고 부르고 있는데, 일국의 사정상(보통 정치적・사회적 이유에서) 반드시 생산규모나 고용규모가 유지되어야 하는 산업이 존재할 때 필요한 정책임.

- 대체로 산업구조유지를 위한 정책에는 다음과 같은 몇 가지 배경이 있음.

---

102) Hans-Rudolf Peters, Grundzüge sektoraler Wirtschaftspolitik(Bern/Stuttgart : Paul Haupt, 1975), pp. 616～618.

- 생산자보호 : 소득의 안정 및 균형[103)]
- 고용확보 : 고용안정 및 노동소득의 확보[104)]
- 일정생산량, 시장점유율의 유지[105)]

5) 구조형성정책

- 현재 존재하지 않는 산업(미래산업)이나 아주 취약한 산업(유치산업)이라도 시장여건의 변화, 기술진보의 요인에 의해 장래성이 있다고 판단되는 경우에는 산업생산의 증가나 발전을 도모하는 정책을 취할 수 있는데, 이러한 목표를 가진 산업정책을 구조형성정책 또는 구조발전정책이라 함.
  - 최근 첨단기술산업의 등장으로 이 부분에 대한 중요성은 매우 높음.[106)]

---

103) 생산자보호 측면에서 취해지는 구조유지정책은 경제적 독립성의 보호라는 정치적 이유에서 선호되고 있음. 대체로 농업, 에너지, 철강 등 국민경제에 영향이 큰 산업은 자립을 근거로 가능한 국내생산을 선호하게 된다는 의미임. 선진국의 경험에서 보면 소득분배 차원과 경제적 독립 유지라는 국가 이익이 일치하는 경우에는 과감히 지속적으로 산업을 보호해 온 것을 볼 수 있음.

104) 어느 특정산업 종사자의 해고방지와 임금소득의 보호라는 측면에서 고려. 특히 산업별 노동조합이 잘 발달한 사회에서는 조합원의 이익을 위해 산업구조조정을 원하지 않을 것이며 현 구조의 지속을 요구하게 될지도 모름. 어쨌든 산업구조유지는 후생적 측면에서 볼 때 바람직한 것은 아니며(자본주의적 시장경제질서라는 것은 생산요소의 자유로운 이동을 전제로 하는바, 생산성이 낮은 산업에 종사하는 근로자들은 보다 생산성이 높은 타 산업으로 이동함으로써 임금의 하락을 방지하고 국민경제 전체의 생산성을 높여 후생수준의 증가를 기대할 수 있음) 장기간 지속될 때에는 요소의 배분을 왜곡시키는 결과를 초래할 것임.

105) 최소한의 국내생산이 국민경제를 위해 필수적인 것으로 인식되는 경우가 있는데, 가령 석탄의 경우가 해당됨. 석탄은 유일하게 국내생산이 가능한 자원으로 에너지의 독립적 확보라는 과제에 비춰볼 때 석탄채굴산업은 포기할 수 없는 기간산업임. 따라서 낮은 생산성에도 불구하고 정책당국은 일정량의 석탄생산을 목표로 하고 있으며 생산보조금은 물론 판로까지 확보해 주는 것이 일반적인 추세임. 일정시장점유율을 목표로 하고 있는 경우는 EU의 철강산업 보호가 대표적임. EU 집행위원회는 철강의 역내 자급률을 90%까지 올리는 목표를 세우고 있음. 그러면 왜 철강산업과 같은 특정산업에 대한 일정한 시장점유를 고집하는 것인가? 철강은 예로부터 군수산업으로 보호를 받아왔다는 정치적 이유 외에 철강산업이 갖는 외부경제가 그 이유임. 조선 및 해운에 대한 자국 산업 보호주의는 중상주의 시대부터 싹터온 것으로 강한 군함과 상선단의 보유는 국력의 상징으로 보았기 때문임.

106) 성장지향적 구조조정정책과 구조형성정책은 경제성장을 지향한다는 점에서는 성격이 비슷하지만, 근본적인 차이는 기존산업인가 미래산업인가의 차이임. 구조적 애로를 겪고 있는 기존산업(예를 들어 철강이나 조선)의 구조조정의 촉진(예를 들어 산업합리화)은 분명히 유지산업의 경우처럼 구조형성정책과는 거리가 있음. 후자는 첨단산업과

- 구조형성정책의 수단으로 다음의 3가지가 거론되고 있음.
  - 하부구조의 구축
  - 성장잠재력의 개발
  - 기술혁신
- 어떤 나라이든지 이상 3가지 목표(구조조정정책, 구조유지정책, 구조형성정책)를 동시에 추구하는데, 그것은 경제 내부의 부문 간·산업 간 불균형이 존재하기 때문임.
- 따라서 일국의 경제는 상기의 3가지 정책의 조화에 의해 경제적 효율을 발휘하게 될 것임.

(5) 산업정책의 유형

1) 국가와 시대에 따라 산업정책의 의미는 변화

- 대체로 경제사상의 변화와 더불어 그 맥을 함께 해왔다고 할 수 있음.
  - 중상주의 시대 ⇒ 특정산업(예를 들어 수출산업)을 중심으로 선별적으로 지원
  - 19세기 초 ⇒ 자유주의가 풍미했던 터라 산업방임주의와 자유무역이 성행
- 산업정책의 논쟁 시작
  - 20세기에 들어 케인즈주의자와 신자유주의자 간의 이론적 논쟁의 핵심은 정부의 시장개입에 대한 정당성과 개입방법에 관한 것으로 볼 수 있음. ⇒ 산업정책의 논쟁
  - 케인즈학파는 정부의 재정정책을 중심으로 경제과정에 개입을 인정하

같은 미래선업의 경우에 해당되는 말임. 성장지향적 조정의 촉진과 관련하여 산업정책에는 원치 않는 급속한 구조조정을 회피하는 것 외에도, 반대로 바람직한 경우 현재의 조정속도를 가속시키는 것도 포함되는데, 만약 산업조정과정에서 애로요인이 발생하여 성장유망산업으로의 구조전환이 방해를 받고 있다면 산업정책의 기조는 이 애로요인을 제거함으로써 조정과정을 가속시키는 방향으로 나아가야 할 것임. 공업화를 서둘고 있는 대부분의 개도국 산업정책은 적어도 초기단계에서는 이상의 성격을 가지고 있는 것이 보통임.

고 있으나 신자유주의자는 케인지안의 무원칙적인 시장개입은 오히려 자원의 낭비를 낳는다고 하여 반대하였음.

• 케인지안은 과정정책을 중시하고 신자유주의자는 질서정책을 강조하였는바, 이를 달리 표현하면 전자는 선별적 산업정책을, 후자는 일반적 시장(혹은 산업)정책[107]을 옹호하였다는 것임.

2) 산업정책 유형의 스펙트럼

- 일반적 산업정책
  • 이것은 비선별적인 산업정책으로 경제정책은 모든 산업에 차별 없이 영향을 주어야 한다는 원칙에서 비롯된 것으로 비교적 산업구조의 인위적인 조정을 피하고 있음.
  • 오직 시장에서의 경쟁과 가격기구를 통하여 자원의 최적배분을 시도하고 있는 것으로 볼 수 있음.[108]

- 부문적 산업정책
  • 산업분류상 대분류에 의한 정책으로 산업부문 간 자원배분의 원리로 응용되고 있음.
  • 1차, 2차, 3차 산업 간의 고용 및 생산에 관한 정부의 정책이 이에 속함.[109]

- 산업별 산업정책
  • 전형적인 산업정책으로 산업 소분류에 의한 지원정책임.
  • 산업구조의 고도화를 위한 전략산업에 정부의 지원을 집중하는 것으

---

107) 대체로 우리는 시장과 산업을 유사한 것으로 이해해 왔는데, 이것도 엄밀히 구분하면 시장은 수요 측면을 중심으로 재화의 대체성이 높은 재화의 집단을 말하고 산업이란 공급을 중심으로 제조방식이 유사한 재화의 집단을 말함. 그러나 산업과 시장의 엄밀한 구분은 별 의미가 없음. 그 이유는 산업의 구별은 공급과 수요 측면 모두가 고려되어야 하므로 공급 측면만을 고려한 분류는 현대 산업정책의 적용에 모순이 발생하기 때문임.

108) 대표적 정책수단은 경쟁정책으로 우리나라에서는 공정거래법을 예로 들 수 있으며 비선별적 금융정책도 이러한 정책에 속함.

109) 제조업우선주의, 농업에 대한 특별조치, 에너지산업에 대한 정부의 시장간섭 등을 그 예로 들 수 있음.

로 첨단산업 내지 유치산업 육성을 위한 것과 성숙산업 내지 사양산업의 합리화를 위한 정책으로 나눌 수 있음.[110)]

- 사안별 산업정책
  - 정부가 중요한 프로젝트를 선정하여 지원하는 정책으로 과학기술정책 차원에서 많이 이루어짐.
  - 최근 기술경쟁의 결과로 이 정책을 매우 중시하고 있음.
- 기업별 산업정책
  - 개별기업에 대한 정부의 지원정책으로 개별기업이 생산 및 고용 측면에서 중요한 시장비중을 차지하거나, 국영기업일 경우 이러한 경우가 발생함.
  - 예를 들면 한국전력(주)이 발전소 건설을 위해 차관을 들여올 경우 정부가 지급보증을 해주는 것이 바로 이에 해당[111)]
- 종합적 견해
  - 위에서 언급한 산업정책 유형의 스펙트럼 가운데 어떤 것을 선택하느냐 하는 것은 각 나라마다 산업정책에 대한 인식과 방법이 다를 수 있기 때문에 국민경제의 발전정도, 시대적 상황에 따라 각자 선택을 하게 되는 것임.[112)]

---

110) 전자의 예로 항공우주산업촉진법, 생명과학산업육성법 등을 들 수 있고, 후자의 예로는 산업발전법에 의한 합리화산업지정을 들 수 있음.

111) 원칙적으로 개별기업에 대한 산업정책은 심사숙고가 필요. 1990년대 취해진 대우조선에 대한 정부(산업은행)의 재정지원(보조금)은 한미 간의 통상마찰을 유발한 바 있음.

112) 시장의 기본적 질서와 관련하여 질서정책 외에도 구조정책과 과정정책을 들 수 있음. 질서정책이란 유효시장을 구축·유지하기 위한 프레임워크정책으로서 신자유주의 경제학자들이 매우 중시했음. 구조정책이란 국민경제 제부문 간 발생하는 불균형을 시정하는 것으로 부문 간 선별적인 간여를 의미하는 것임. 마지막으로 과정정책이란 경제에서 매일 매일의 흐름을 처리하는 임기응변정책임. 가령 걸프만 전쟁으로 중동지역 수출이 중단되어 관련업체의 도산이 우려된다면 정부는 긴급 지원책을 마련할 수 있음. 이와 같은 질서, 구조, 과정정책의 세 가지 시장질서정책을 산업정책의 유형과 대응시킬 수 있음. 즉 일반적 산업정책은 시장 및 산업의 기본질서에 관한 정책으로 질서정책이라면 산업별 산업정책은 산업 간 불균형을 제거하려는 것으로 구조정책으로 볼 수 있고, 기업별 산업정책은 과정정책의 성격이 강하다고 하겠음.

(6) 산업정책과 경제사상

- 자본주의의 역사를 16~17세기 중상주의부터 본다면 경제사상의 변천은 고전주의, 보호주의, 신자유주의, 신보호주의 등 여러 차례 전환의 과정을 경험했다고 볼 수 있는데, 국가의 역할과 대외경제정책에 관한 사회적 인식은 그 시대 경제사상에서 나오는 핵심적인 문제였음.

1) 중상주의

- 중상주의는 부국강병을 위해 재정, 행정, 무역에 걸친 실무적 정책이지 이론적으로 정리된 것은 아님.
  - 따라서 경제사상으로 보지 않는 견해도 있음.
- 중상주의의 또 다른 문제는 무역차액[113)]=국부, 즉 교환가치를 곧 국부로 인식하고 있다는 것임.
- 후에 아담 스미스(A. Smith)나 리스트(F. List)에 의해 국부의 원천은 생산력이라는 수정이 가해지지만 중상주의의 정책내용은 현대의 소위 신산업정책과 큰 차이가 없다는 점에서 산업정책의 시작으로 볼 수 있다는 것임.

2) 고전적 자유주의

- 국가간섭에 대한 비판적 시각은 18세기에 이르면서 경제적 자유주의에 대한 사상을 싹트게 하였음.
- 이후 아담 스미스의 국부론의 출간으로 고전주의 경제학이 시작되고 국가의 시장개입은 바람직하지 못한 것으로 인식됨.

---

113) 영국의 토마스 만(Thomas Mun)은 수입을 억제하고 수출을 촉진하여 무역차액을 남기는 것이 국부를 얻는 지름길이라 하여 무역차액설을 주장하였음. 그런데 토마스 만의 무역차액설은 흄(D. Hume)에 의해 비판되었는데, 그는 항구적인 무역차액설은 불가능하다고 주장했음. 말하자면 무역수지 흑자로 금은이 국내로 유입되면 통화팽창으로 인한 물가상승이 발생하는데 이렇게 되면 거꾸로 수출이 감소하고 수입이 증가되어 무역차액은 일어나지 않는다는 것임.

- 즉 시장은 자유방임상태에서 가장 효율적이기 때문에 정부의 정책은 불필요하다는 것임.

- 자유방임주의 경제사상은 무역과 산업에 대한 완전한 국가불간섭정책을 낳았는데 국내산업에 대해서는 철저한 자유경쟁정책을, 국제무역에 대해서는 자유무역독트린을 표방하게 했음.

- 자유경쟁(달리 말하면 방임주의)과 자유무역에 대한 고전주의의 입장은 당시 선진 영국의 사회적 배경에서 나온 것으로 독일이나 미국과 같은 후진국에는 불리한 것이었음.

- 따라서 고전주의 경제사상은 나폴레옹 전쟁이 종결된 1820년대부터 약 50년 동안 유럽에서 정책적으로 채택되기는 했지만, 미국의 해밀턴(A. Hamilton), 독일의 리스트(F. List)의 이론적 반격으로 19세기 후반부터는 퇴조하기 시작했음.

3) 역사학파와 산업보호

- 19세기 독일을 중심으로 나타난 역사학파, 이들은 경제발전에도 단계가 있음을 주장하면서 상이한 경제발전단계에 있는 국가 사이에는 자유무역이 성립될 수 없음을 주장하였음.

- 후진단계에 있는 국민경제는 국경개방보다 국내산업을 육성하는 과제가 더욱 중요하다고 하면서 밖으로는 관세장벽을 통한 보호무역을, 안으로는 산업육성정책을 제시하였음. ⇒ 이를 '유치산업보호론'이라 하는데 근대적인 산업정책의 효시가 되었음.

- 리스트의 유치산업을 위한 보호무역론은 국제분업의 이익을 무시하는 것이 아니라 국제분업을 통한 자국이익을 확대하기 위해서는 현재 유치한 산업수준을 끌어 올려야 한다는 것임.
  - 따라서 당분간 유치한 국내산업의 보호가 불가피하다는 내용임. ⇒ 이는 자원의 배분을 동태적으로 이해한 것으로 현대 산업정책이 이론적 근거가 됨.

- 19세기 후반 영국을 제외한 각국은 자국의 불리한 산업생산력을 제고하

기 위해서 보호 및 육성관세를 도입하기 시작했고 보조금을 통해서 국내산업을 국제적 수준으로 성장시키는 정책을 채택하게 되었음.

- 그러나 국가 간의 지나친 경쟁을 유발하여 국가에 의한 경제활동의 제약, 식민지쟁탈전, 자유무역의 위축 등을 가져오고 급기야는 1차 세계전쟁이 발발하고 말았음.

4) 신자유주의

- 1920년대 독일 서남부 Freiburg 대학을 중심으로 새로운 경제사조가 일어나고 있었음.
- 정부에 의한 지나친 시장개입은 민간의 자유로운 기업활동을 제약하고 시장의 기능을 위축시켜 국민경제의 발전을 저해하는 요인이라고 주장하면서 빼앗긴 시장의 기능을 다시 회복하자는 운동이 그것이었음.
- 대표적 학자인 오이켄(W. Euken)의 기본적인 생각은 "정부정책으로 시장기능이 저해되어서도 안 되지만 자유방임적 자연적 질서도 아니다"라는 것임. ⇒ 따라서 정부의 정책은 시장기능을 보장하기 위해서는 매우 강력할 필요가 있음을 주장하였음.114)
  - Freiburg 학파의 신자유주의 경제학은 질서정책 중심의 경제정책을 제안하였으며 질서를 유지하기 위해서는 강력한 경제정부를 지지하였다는 점에서 자유방임을 주장한 고전적 자유주의와는 구별됨.
- 결론적으로 신자유주의가 산업정책론에 주는 교훈이라 함은 산업정책에 통일성, 일관성을 부여하는 일이 매우 중요하다는 것임.
  - 보통 산업정책을 정부의 임기응변 정책으로만 이해하는 경향이 있는데, 이것은 잘못된 인식임.
- 산업정책 최고의 목표는 자원의 최적배분이므로 스스로 시장기구의 회복

114) 신자유주의자에 의하면 시장경제는 케네(F. Quesnay)나 스미스(A. Smith)가 말하는 것처럼 자연적질서가 아니라, 최선의 정책에 의해 구축된 설정적 질서라고 믿고 있는 것임. 프라이부르크학파의 태두라고 할 수 있는 오이켄(W. Euken)은 유효한 시장경제를 구축하기 위한 기본적 질서를 다음과 같이 열거하였음. ▶시장의 개방 ▶사유재산의 확립 ▶재산권자의 책임 ▶계약의 자유 ▶통화가치의 안정 ▶경제정책의 일관성

이 불가능할 경우에만 구조 또는 과정정책의 정당성이 존재하고 그렇지 않는 경우에는 시장질서 회복에 산업정책이 동원되어야 한다는 암시임.

- 말하자면 산업정책을 질서화, 법제화함으로써 경제행위의 리스크를 줄이고 시장기능의 효율을 높일 수 있다는 것임.

- 신자유주의 경제사상은 철저한 반독점경쟁정책, 안정된 통화정책, 원칙 있는 정부개입으로 안정위에 성장이라는 산업정책의 이상을 실현하는 원동력이 되었음.[115]
  - 한편으로 신자유주의는 미국에서도 프리드만(M. Friedman) 등 시카고 학파를 등장시켜 뉴딜정책 이후 케인즈적 간섭주의를 청산하고 미국 경제를 활성화하는 데 일조를 했음.

5) 신보호주의

- 월남 전 이후 미국경제의 성장률이 둔화되고 국제수지가 악화되는 등 침체국면에 들자 자유무역의 정신이 퇴조하고 보호주의적 성향이 팽배하게 되었음.
  - 공정무역(fair trade)이란 이름으로 무역역조 시정을 요구하였으며 이를 위해 쿼터, 수출자율규제 등 보호주의적 조치를 취하기 시작했음.
  - 미국의 수입규제정책은 전 선진공업국으로 확산되어 국제무역은 새로이 보호주의 경향을 띄게 되었음.
- 이러한 조류를 19세기의 보호주의와 구별한다는 의미에서 신보호주의라 하고 있음.
- 신보호주의는 여러 가지 의미에서 고전적인 보호주의와는 다름.

---

115) 신자유주의자들은 시장의 기본적 질서와 관련하여 질서, 구조, 그리고 과정정책 가운데 과정정책을 인정하지 않았음. 빈번한 과정정책은 시장의 자율을 해치고 그 파급작용으로 결국 중앙관리체제가 된다는 입장을 갖고 있기 때문에 케인즈적 처방(가령 재정정책)에는 일반적으로 부정적인 시각을 가지고 있음. 신자유주의자들도 경기정책이나 고용정책의 중요성을 무시한다는 것은 아님. 그러나 그것들은 어디까지나 긴급사태를 벗어나기 위한 응급책으로 끝나야 한다는 것임. 또한 그러한 응급책들이 시장의 기본질서를 교란하는 것은 아니 된다는 것임. 케인즈주의자들의 정책처방은 현존 질서정책에는 관심이 없고 대증요법적인 과정정책(매우 단기적이고 국부적 성격이 강함)에만 매달렸다는 데서 비판의 대상이 된다는 것임.

• 첫째 1970년대 이후 나타난 무역보호주의 경향은 후진국이 아니라 선진국에서 주로 나타나고 있음. ⇒ 그것은 종전의 보호정책의 대상이 유치산업이었지만 근래에는 주로 사양산업 보호에 이용되기 때문임.
• 둘째 리스트는 육성관세를 통한 산업보호를 주장했지만 최근 사양산업을 보호하기 위한 수단으로서는 주로 비관세장벽이 이용되고 있음.

6) 신중상주의

- 2000년 이후 국제경제는 글로벌화되고 국제 간의 무한경쟁 시대로 접어들고 있음.
- 무한경쟁의 핵심은 과학기술산업인데, 이러한 신산업의 국제경쟁력을 확보하기 위해서 보조금, 세제상 특혜 등 중상주의적 산업정책이 추구되고 있음.
- 따라서 국내 사양산업을 위한 보호주의 정책과 동시에 첨단산업육성을 위한 적극적인 육성정책이 산업정책의 주요 내용이 되고 있다는 점에서 최근의 조류를 신중상주의라고 부르기도 함.

〈표 8-1〉 경제사상과 산업정책

사 상	경제정책의 목표	산업정책의 특징
중상주의 (16~17세기)	부국강병	국가의 직접통제 무역차액, 산업육성
고전주의 (18~19세기)	후생증대 소비자이익극대화	자유방임 자유경쟁
보호주의 (19~20세기 초)	국가이상 실현 catching-up	유치산업보호, 육성관세 사회간접자본의 확충
신자유주의 (20세기 전반)	최적배분 경제적자유 확대	시장기능창달, 반독점 질서 정책우선주의
신보호주의 (20세기 후반)	고용유지, 국제경쟁력강화 new catching-up	사양산업보호, 비관세장벽 첨단산업육성, 보조금정책
신중상주의 (21세기 초반)	세계화, 글로벌경제 국익우선	무한경쟁, R&D 미래산업(IT, BT 등)

(7) 산업정책과 무역정책

- 현실적으로 이 두 가지 정책은 혼돈되어 쓰이거나 그 개념정의가 정확히 정립되지 않은 상태에서 여러 가지 의미로 사용되고 있음.

- 한마디로 정의한다면 무역정책이 '수출입'에 대한 정책적 개입이라면, 산업정책은 '산업'에 대한 정책적 개입임.
  - 때로는 양자가 비슷한 의미로 쓰일 때가 있는데, 같은 국제경쟁력을 논할 때 무역정책에서는 '수출경쟁력'이란 표현을 쓰고, 산업정책에서는 '산업경쟁력'이란 표현을 쓰는 것이 그 좋은 예임.

- 산업정책과 무역정책은 다음과 같은 몇 가지 점에서 차이가 남.
  - 첫째 무역정책이 상품의 수출과 수입을 주된 정책적 관심사항으로 하고 있는 반면, 산업정책은 산업과 관계된 모든 분야를 다루기 때문에 그 관심이 보다 폭넓고 다양함. ⇒ 하이테크 산업특화를 위한 산업구조의 고도화, 사양산업을 축소하기 위한 산업구조의 조정, 노동인력의 재배치와 직업훈련, 기술개발, 공업입지, 해외투자, 외국인투자유치와 다국적 기업의 관리 등이 산업정책의 주된 관심사항임.
  - 둘째 무역정책이 '방어적'이라면 산업정책은 '공격적'임. ⇒ 전통적으로 영미국가에서 무역정책은 수출보다는 수입, 즉 외국으로부터의 수입에서 국내산업을 보호하기 위한 관세를 비롯한 각종 제한정책에 가장 큰 비중을 두는 반면에, 산업정책의 가장 큰 목적은 산업발전으로서 이는 곧바로 자국의 산업을 육성하여 세계시장으로 진출시키는 것을 의미하기 때문에 보다 적극적이고 공격적인 정책임.
  - 셋째 전통적으로 무역정책의 가장 주된 수단은 관세이며 그 이외 수출보조금, 수입할당, 수출자율규제, 반덤핑관세 및 상계관세 등 비관세장벽의 비중이 최근 중요하게 부각되고 있음. ⇒ 그러나 산업정책은 이들보다는 보조금, 정책금융, 행정지도, 비전제시 같은 다양한 정책수단을 사용함.
  - 넷째 무역정책이 수출입에 관계된 것만을 다루는 데 비해, 산업정책은 수출입에 관계되지 않는 정책수단들도 많이 다룸. ⇒ 예를 들면

산업환경, 산업입지, 지역산업육성 및 산업구조조정 등은 무역과는 관계되지 않는 국내산업 그 자체의 문제임.

• 다섯째 무역정책이 국제거래에서 상품의 이동, 즉 국제무역을 다룬다면 산업정책은 무역 이외의 국제 간 자금이동과 해외투자, 국제생산도 함께 관심을 갖고 있음.

- 경제의 범세계화(globalization) 추세에 따라 국제거래에서 순수한 무역보다는 국제생산(해외투자에 의한 생산활동)이 더 큰 비중을 차지한다는 점을 생각할 때 경제정책으로서 산업정책의 비중이 더욱 커질 것임.

〈표 8-2〉 OECD가 분석한 산업정책과 무역정책의 차이

구 분	산업정책	무역정책
목 적	산업경쟁력 향상	무역의 흐름에 대한 영향
방 법	산업육성을 용이하게 함	수출촉진, 수입제한
수 단	보조금, 기술개발, 조세, 정부구매	관세, 쿼터 및 수출지원 등 비관세정책
정책수단의 다양성	수단이 광범위함	전통적으로 수입규제로 제한되어 있음
정책효과	느리고 덜 유연함	대부분 즉각적이고 유연함
예산부담	높음	낮음
소비자부담	높은 조세부담	낮은 조세부담
효 과	장기효과 기대	비교적 단기효과

자료 : OECD, Globalization of Industrial Activities(1992), p.21.

(8) 산업정책에 대한 정치경제학적 접근의 중요성

1) 산업정책의 역사적 변화 추이

- 산업정책은 국가가 의도적으로 시장에 개입하여 자원배분을 왜곡시킴으로써 특정산업의 경쟁력을 제고시키려는 행위임.

- 1960년대 초반에서 적어도 1980년대 중반까지 우리나라는 소위 '발전국가'의 전형으로서 국가가 경제성장과 산업발전을 주도해 왔음.
- 그러나 1980년대 후반부터 국내외 정치경제 체제의 환경변화로 인하여 산업발전에서의 국가의 역할이나 발전과정에서의 국가와 산업의 관계가 크게 변화되기 시작했음.

- 비록 정도의 차이는 있지만 일본을 비롯한 동아시아 국가들이 공통적으로 국가주도에 의한 급속한 경제발전에 성공한 이후 서구학계는 경제성장과 산업발전에 있어서의 국가역할에 대해 깊은 관심을 나타내기 시작했음.
  - 1960년대까지만 해도 미국을 비롯한 서구학계에서는 시장경제의 효율성에 대한 깊은 신뢰를 가지고 있었고, 그에 따라 시장경제에 대한 국가의 개입은 시장의 실패가 존재할 때를 포함한 예외적인 경우를 제외하고는 비효율적이라는 생각이 지배적이었음.
  - 그러나 국가의 의도적 시장개입을 통해 초고속 경제성장을 이룩할 수 있었던 일본을 비롯한 동아시아 국가들의 성장경험은 이러한 신고전주의 경제학과 다원주의 사회에 대한 신념을 흔들기에 충분했음.
  - 그 결과 1970년대 중반부터 미국의 학계에서는 동아시아 국가들의 경제발전 경험에 대한 다양한 연구들이 쏟아져 나오기 시작했음.

- 동아시아의 경제발전과정에서의 국가역할에 대한 논의가 활발히 진행되는 가운데 1970년대의 경제난을 극복하는 과정에서 미국과 영국을 비롯한 선진국을 중심으로 시장경제로의 회귀현상이 나타나기 시작했음.
  - 1980년대 중반부터 전 세계적으로 풍미하기 시작한 신자유주의의 출현으로 시장경제에 대한 국가의 개입이 비효율적이라는 입장이 다시 등장하게 됨.
  - 대처리즘과 레이거노믹스로 대표되는 신자유주의는 국가에 의한 시장개입을 가급적 축소하는 것이 시장경제의 효율성을 극대화하는 것이라는 신고전주의 경제학의 화려한 부활이라고 해도 과언이 아님.
  - 이에 따라 범세계적으로 공공부문의 축소 현상이 공통적으로 나타나기 시작했고, 공기업의 민영화, 정부조직의 축소 개편, 각종 규제의 혁파, 기업활동의 자유 보장 등이 주류를 이루게 되었음.

- 우리나라도 이러한 신자유주의의 영향을 받아 김영삼 정부와 김대중 정부에서 세계화 · 정보화 · 지방화를 적극적으로 추진하면서 지속적인 행정개혁과 공공부문의 혁신이 강조되었고, '작지만 강한 정부'를 지향한 조직개편이 반복적으로 이루어지기도 하였음.
- 동시에 1989년 소련과 동구권의 몰락으로 2차 세계대전 이후 지속되어 오던 냉전체제가 무너지면서 선진국들을 중심으로 자유무역주의에 입각한 세계시장의 단일화 노력이 가속화되었고, 그 결과 세계무역기구가 출범하면서 자유무역을 근간으로 하면서도 평등하고 공정한 무역질서를 추구하는 시장경제원리의 보편화가 이루어지기 시작했음.
- 국제정치경제체제의 이러한 변화는 특정산업의 경쟁력을 제고시키기 위한 특정산업지향적 산업정책을 불가능하게 만들면서 경제성장과 산업발전을 위한 새로운 정부역할에 대한 논의를 촉발시켰음.
- 이제 국가에 의한 시장개입은, 특히 특정산업의 경쟁력 강화를 위한 산업정책은 현실적으로 매우 어렵게 되었음.

2) 산업정책 연구의 접근방법

- 산업정책을 연구하는 접근방법은 크게 경제학적 접근과 정치학 · 사회학적 접근(또는 정치경제학적 접근)으로 나눌 수 있음.
- 경제학적 접근
  - 이는 기본적으로 시장경제의 효율성에 바탕을 두어 산업구조정책과 산업조직정책 등을 통해 생산함수의 효율성을 증대시키는 대안을 연구하는 경향이 있음.
  - 국내 국책연구기관들의 인적자원의 대부분이 경제학박사들을 위주로 구성되어 있기 때문에 이들 국책연구기관의 연구 결과물들은 대체로 경제학적 입장에서 벗어나지 못하고 있음.
  - 경제학적 연구들이 가지고 있는 가장 중요한 장점은 한 경제사회의 효용이 극대화되는 파레토 최적의 상태를 상정하고 이의 실현을 위한 정책대안을 제시하는 네 기여한다는 점임.

- 이에 따라 각 분야별 또는 기능별 정책목표를 설정하고 그것들을 실현할 수 있는 최적의 대안을 찾고자 노력함.
- 그러나 정책대안은 시장을 대체하여 국가가 자원배분과 생산활동에 직접 참여하는 것이 아니라 시장의 효율적 기능을 원활히 하기 위한 보조적 역할에 한정됨.

- 경제학적 접근의 한계
  - 산업정책은 국내외의 정치와 경제 또는 시장과 국가의 끊임없는 상호작용의 결과로 나타나며, 그 효과는 동일한 정책이라도 대상산업 분야와 세계시장의 구조적·제도적 특성에 따라 다르게 나타나고 있는 것이 경험적 현실임.
  - 따라서 경제학 일변도의 산업정책 연구는 특정국가가 처해 있는 시대적 환경이나 제도적 특수성을 제대로 반영하지 못해 비현실적 연구결과를 양산할 수 있는 위험을 내포하고 있음.

- 정치경제학적 접근
  - 이는 경제학적 접근과는 달리 구조적·제도적 변수들의 역동적 상호작용을 시간의 흐름에 따라 분석함으로써 산업정책과정과 결과 간의 인과관계의 분석에 있어 역사적 맥락을 중요시함.
  - 그러므로 특정산업이나 경제 전반의 발전과정에서 나타난 국가역할이나 정책의 효과성을 현실적으로 분석할 수 있으며, 맹목적이고 추상적인 이론의 수립보다는 현실에 바탕을 둔 경험적 이론이나 사례연구에 관심을 갖고 있음.
  - 이들은 산업정책이나 산업발전의 결과를 역사적 산물로 이해함.
  - 다시 말하면 구체적 정책대안의 선택은 정책결정자의 합리적 선택의 결과이기보다는 사회경제의 구조적 영향과 제도적 규칙하에서 이해관계자들의 지속적인 상호작용의 결과로 이해됨.
  - 그래서 이들은 주로 비교역사적 분석방법을 사용하여 우리나라와 주요 외국의 산업정책 경험을 비교하거나 국내산업 간의 비교, 혹은 동일산업에 대한 시기별 비교 등을 시도하고 있으며, 연구결과는 산업

발전의 정치경제학 또는 정치와 경제의 상호작용에 대한 인과적 분석으로 나타나고 있음.

- 종합적 견해
  - 경제학적 접근은 통시적으로 산업발전을 위한 목표설정과 그것을 달성하기 위해 효율적인 대안을 제시할 수 있다는 장점이 있는 것이 사실
  - 그러나 대다수 정책대안들은 현실적으로 역사적 경험의 영향을 받으며, 산업의 발전과정에서 이해관계자들의 끊임없는 상호작용의 결과로 나타남.
  - 이렇게 개발되고 제안된 정책대안들은 중장기적 비전과 전략적 목표와 연계되어야 실천을 통해 정책목표를 실현시킬 수 있음.
  - 경제학적 연구는 근본적으로 이론적 합리성을 제고시키는 데는 유리하지만 경험적·실천적 목표의 달성에는 한계가 있음.
  - 그러므로 정치학이나 사회학적 입장에서 역사적 분석을 통해 경제학적 연구를 보완할 필요가 있음.

3) 바람직한 국가의 역할

- 각 산업 분야의 발전과정에서 나타난 국가역할은 산업 도약기의 국내외 정치경제적 상황, 국가와 산업의 관계, 국내외 시장상황, 국내 경제구조, 기술수준과 획득방법 등 다양한 변수들에 따라 각각 다르게 나타나고 있기 때문에 한마디로 바람직한 국가역할이 무엇인가를 단정적으로 표현하기는 어려움이 있음.

- 그러나 1990년대 이후 지식기반사회에서 창의성이 중요시되는 다수의 정보통신산업 분야에서 공통적으로 나타나는 국가의 역할은 산업발전의 주체가 아니라 이해조정자, 기반조성자, 그리고 외부로부터의 충격을 완화하는 완충자로서의 역할이라고 할 수 있음.
  - 즉 과거와는 달리 국가는 서로 다른 이해관계를 갖는 민간 행위자들의 갈등을 줄이고 이해관계를 조정하는 조정자의 역할과, 산업발전에 유리한 환경을 조성하는 기반조성자의 역할, 그리고 글로벌화의 진전

에 따른 국내경제에의 충격을 완화시키는 완충자의 역할을 주로 맡고 있음.

- 이에 따라 산업정책의 수단도 보다 간접적이고 기능적인 방향으로 변화되어 왔음.
  - 대표적인 수단으로는 산업발전에 필요한 물리적, 제도적 기반을 조성하는 각종 사회간접자본의 투자와 관련된 정책과 IT 제품에 대한 정부와 공공부문의 수요를 바탕으로 한 수요견인정책, 국제화 · 세계화 달성을 지원하는 정책 등을 들 수 있음.
- 이러한 국가역할은 구체적 정책의 수립과 집행과정에서 특정산업(가령 정보통신산업)의 보편성과 분야별 산업의 특수성에 따라 상황적응적으로 나타날 수밖에 없을 것임.

4) 결 론

- 중요한 것은 산업발전의 주체는 여전히 기업이라는 사실임.
- 그러므로 앞으로의 산업정책은 기업들이 스스로 기술혁신과 창의적 기업활동에 나설 수 있도록 유인할 수 있는 환경을 조성하는 방향에서 이루어져야 할 것임.

참 | 고 | 자 | 료

(1) 김세원 · 안세영(2003), 《산업정책론》, 박영사.
(2) 홍성걸 편저(2004), 《국가와 산업경쟁력》, 국민대학교 출판부.
(3) 이갑수(2007), 《글로벌시대의 산업정책론》, 도서출판 대명.

제9장

산업정책의 이론적 기초

(1) 산업조직론과 산업정책

1) 산업조직론의 성격 및 발전

- 산업이라는 것은 시장에서 경쟁관계에 있는 판매자 또는 공급자의 집단적 기업군을 일컫고 있음.
  - 여기서 기업군의 내부조직, 그 조직에 따른 자원배분상태, 기업행동체계를 포괄하여 산업조직이라고 부르고 있음.
  - 예를 들어 독과점이라는 시장구조는 어떤 산업에 있어서 자원의 배분이 소수 또는 한 개 기업에 집중되고 시장도 그들 소수에 의해 지배되는 상태를 말함.
- 따라서 산업조직론은 각 산업의 조직, 자원배분상태, 기업행위 등의 경제적 효과를 후생경제학적인 관점에서 분석·평가하는 이론으로 볼 수 있음.
- 산업조직론은 시장기능의 발휘 여부, 평가결과에 대한 정책적인 개선책까지 고려해야 한다는 점에서 다분히 실천적인 측면이 있음.
  - 이러한 관점에서 산업조직론은 산업정책의 중요한 이론적 기초가 되고 있음.
- 산업조직론의 특징
  - 첫째 가격론의 응용학문으로 방법론상 가격이론의 분석방법과 도구가 그대로 이용됨. ⇒ 말하자면 가격론의 부분균형방법이 그대로 유효하며 따라서 산업조직론은 가격이론의 연장이라고 할 수 있음.
  - 둘째 산업조직론은 그 성격상 실천적인 학문인 동시에 정책 지향적이

라고 할 수 있음. ⇒ 즉 산업조직론의 연구대상이 시장기구의 동태를 파악하고 그에 따른 개선책이나 정책대안까지 제시한다는 점에서 실천적인 성격을 갖고 있기 때문에 전통가격이론이 갖지 못한 규범적인 문제를 다루고 있음.

- 셋째 산업조직론은 산업을 중심으로 시장구조[116] – 시장행동[117] – 시장성과[118]의 세 가지 측면에서 논의되므로 시장구조만을 주요 대상으로 삼는 전통이론과는 다름. ⇒ 따라서 입체적인 가격이론이라 할 수 있음.
- 마지막으로 경험적인 인식을 중요한 대상으로 삼고 있는바, 전통적 가격 이론이 경제주체의 시장행위를 선험적으로 파악하여 완전경쟁을 최선으로 보고 있는 데 반하여 산업조직론은 어떤 구체적인 경쟁상태를 동경하고 있는 것이 아니라 유효경쟁이라 하여 그 구체적인 조직은 경험분석에 맡기고 있음. ⇒ 산업조직론의 방법적 구성(경험-이론-실증-정책)에서 보듯이 시장의 경험에서 이론이 구성되고 있다는 것임.

2) 유효경쟁의 개념

- 자원의 효율적인 배분이라는 측면에서 경쟁은 분명히 중요한 것이지만 그것은 목표가 아니고 어디까지나 수단임.
  - 만약 경쟁이 최적배분을 저해하는 요인이 있다면 비경쟁정책이 유효한 수단일 수 있다는 것임.
  - 완전경쟁의 독트린에 사로잡혀 목적과 수단을 혼동한다면 올바른 산업조직이 탄생할 수 없음.

---

116) 시장구조란 시장 내에서 가격이나 수량 결정에 전략적으로 영향을 미치는 특정시장의 조직상의 특정임. 다시 말하면 공급자군 상호간의 관계, 수요자군 상호간의 관계, 공급자와 수요자 간의 관계, 기존 기업과 잠재적 경쟁기업과의 관계 등을 규정하는 구조상의 제 특징을 말함. 그러므로 시장구조란 기업 간의 경쟁의 성질과 정도, 가격 및 산출량의 결정, 기술진보 등 시장에서 기업의 행동과 시장의 성과에 직접적인 영향을 미침.

117) 시장행동이란 특정시장에서 기업이 주어진 시장구조에 따라 판매 또는 구매를 행함에 있어 적응, 대적하는 행동의 유형임.

118) 산업정책의 관심에서 결국 문제가 되는 것은 시장기구가 원활하게 작용되어 만족할 만한 성과를 가져오고 있는가 하는 것임. 베인(J.S. Bain : Industrial Organisation, Harvard Univ. Press, Mass., 1958, p.12)은 시장결과를 정의하기를 일정한 시장구조하에서 특정의 시장행동을 통해 도달한 최종적인 결과라고 하였음. 그리고 기업의 행동이 사회적 후생에 미치는 영향은 주로 가격과 시장결과를 통해서 나타난다고 하였음.

- 우리의 산업정책 목표는 시장성과의 극대화임.
  - 이를 보장하는 어떠한 경쟁관계(시장조직)도 우리는 유효한 것으로 보아야 하는 것임.
- 클라크(J. M. Clark)는 "경쟁은 완전할 수도 없고 완전하게 되는 것을 바랄 수도 없다. 우리가 바랄 수 있는 것은 경쟁이 유효(effective)하다든지 건전(healthy)하다는 것이다"라고 하여 경쟁의 새로운 개념을 열었음.
  - 그에 의하면 우리가 피할 수 없는 여러 가지 제한조건의 범위 안에서 실현 가능한 조건들을 골라내어 가장 바람직한 경쟁형태의 개념을 정립하는 것이 중요하다고 하였음. ⇒ 이것이 그의 유효경쟁(workable competition)의 개념임.[119]
- 말하자면 자연적 독점, 경제성장, 공공재, 소득분배 등을 고려하면서 경쟁을 저해하는 요인을 제거하는 것이 바람직하지만 경쟁이 산업발전과 경제후생을 저해하는 경우에는 의도적으로 경쟁요인을 제거하는 것이 유효경쟁임.

3) 최적경쟁집약도의 개념

- 최적경쟁집약도(Optimal Competition Intensity)란 개념은 그 어의가 설명하듯이 경쟁의 범위와 구조에도 최적이 존재한다는 것임.
- 경쟁집약도란 선두 혁신기업의 독점이윤이 모방기업에 의해 잠식되는 속도를 말함.
  - 다시 말하면 소극적 기업으로 하여금 시장에서 밀려나게 하는 강제력에 상응함. ⇒ 따라서 경쟁집약도가 높으면 이윤잠식속도가 크고, 소극적 한계기업은 시장에서 강제적으로 추방되는 정도가 큼.
- 어느 산업의 경쟁집약도를 최적의 상태로 둔다는 것은 이윤잠식속도를 최적화하여 창조적 혁신기업으로 하여금 이노베이션의 동기를 부여하고 모방기업으로 하여금 모방의 동기를 부여하여 산업의 산출고와 가격을

---

119) J. M. Clark : Toward a Concept of Workable Competition, in A. E. R. vol. 30, no. 2, June 1940.

최선으로 유지한다는 것임. ⇒ 경쟁이 가지고 있는 두 가지 시장효과(혁신과 모방)가 최대로 발휘될 수 있는 시장조직을 가져오는 경쟁이 최적경쟁이라는 것임.

- 최적경쟁집약도의 개념은 구체적인 정책적 대안을 제시할 수 있었다는 데서 중요한 의의를 갖고 있음.
  • 특히 현대기업의 생산물은 예외 없이 제품차별화가 존재하는데, 이것은 물론 국제무역의 중요한 요인이 되기도 함.
  • 오늘날 산업정책의 주요 동기가 국제경쟁의 격화에 있다는 것은 말할 것도 없음.
  • 최적경쟁집약도에 의한 산업조직의 정책은 특히 개방경제에 노출되어 있는 우리나라에는 매우 흥미 있는 내용임.

4) 경쟁가능시장의 개념

- 전통적 가격이론에 따르면 독점구조하에서는 경쟁상태보다 적은 산출량과 높은 초과이윤이 발생하게 되는데, 때로는 독점구조하에서도 독점이윤은 그리 크지 않거나 경쟁적인 정상이윤 수준에도 미치지 못하는 경우가 있음.
  • 예를 들자면 해운산업의 경우가 그것인데, 해운산업(특히 연안해운의 경우)은 전통적으로 해운동맹에 의해 독점적 시장구조가 형성되어 있음에도 불구하고, 적자와 경영난에 직면하고 있는 것이 보통임.
  • 역사적으로 정기선 해운의 수익률이 상당히 낮다는 사실은 알려져 있음.[120)]
  • 그것은 비록 외견상으로는 독점적으로 보이지만 내부적으로는 경쟁의 압력을 받고 있음을 의미함.
- 이와 같이 독점적 시장구조하에서도 경쟁은 유효할 수 있다는 것이 경쟁가능시장이론(Theory of Contestable Market)임.

---

120) 로치데일 보고서에서도 영국의 해운동맹이 예상과는 달리 초과이윤을 얻지 못하고 있음을 보여주고 있음.

- 경쟁가능시장이론의 특징
  - 전통이론에서 최대의 경제적 후생을 보장하는 완전경쟁시장은 소수의 기업이 존재하는 산업에는 존재하지 않지만, 완전경쟁이 가능한(contestable) 시장은 독점과 과점을 포함하는 전체 산업의 시장구조에 적용될 수 있음. ⇒ 이러한 경쟁가능시장은 바람직한 산업조직 기준으로 역할을 할 수 있음.
  - 일반적으로 전통적인 분석에서는 과점모델은 대상기업의 반응패턴이나 가정된 예상에 주로 의존해 왔음. ⇒ 과거 기존 기업의 추측된 변화에 의존하던 것을 완전히 자유롭게 하고, 그 대신 그러한 구조와 행동은 잠재적 경쟁 압력에 의해 좌우됨.
  - 경쟁가능시장에서 기업의 수는 적절한 경쟁지표가 되지 못함. ⇒ 즉 경쟁가능시장은 효율적인 시장성과를 얻기 위하여 다수의 실재기업(actual firms)보다는 다수의 잠재적 기업(potential firms)의 존재를 필요로 하고 있음.[121)]
  - 가장 중요한 차이점으로 전통이론에서는 산업의 시장구조는 외생적으로 주어지는 것으로 보았으나, 경쟁가능시장이론은 시장구조가 산업 내부에서 결정되는 것으로 보았음.

5) 산업조직과 산업정책

- 고전주의경제학 이후 전통적인 경제학은 산업정책을 인정하지 않으려는 태도를 취해왔는데, 그 이유는 의도적으로 경제구조에 간여한다는 것은 자원의 최적배분에 반한다는 믿음이 깔려있기 때문이었음.
  - 단지 경쟁을 유지 · 강화함으로써 최적배분이 가능하다고 믿었음.
- 그런데 바람직한 경쟁형태에 대한 강한 의문이 제기되면서 정책수단을 통하여 일국의 산업조직을 최적으로 유지할 수 있다는 견해를 가지게 되었음. ⇒ 말하자면 산업조직정책이 인정된 셈임.
- 더구나 최근 국제경쟁이 치열해지고 구조조정에 관한 필요성이 부각되

121) 잠재적 진입기업의 수는 진입이 완전히 자유롭고 퇴출비용이 전혀 없을 때 가장 많을 것임.

면서 산업정책을 산업조직정책의 수준을 넘어 구조정책으로까지 확대·발전시키는 계기가 되었음.

- 각국의 산업조직에 관한 정책은 자국 경제가 처한 상황에 따라 다소 다르게 나타남.
  - 시장질서 내지 시장메커니즘이 비교적 왜곡 없이 작동하고 있는 경제에서는 경쟁을 신고전학파의 완전경쟁을 유지하려는 정책을 기조로 할 것이나, 경제가 빠른 속도로 성장하고 있다거나 자본시장에 왜곡이 존재하는 경제에서는 순수한 경쟁을 유지할 수 없음.
  - 후자의 경우에는 주로 구조정책에 의한 왜곡의 시정이 더욱 효과적일 수 있다는 것임.
- 따라서 산업조직정책이 발달된 나라는 대개 시장경제의 역사가 길고 경제수준이 나은 선진공업국들임.
- 우리나라도 최근 시장경제의 자율을 중시하여 과거의 구조조정종책에서 질서정책 중심의 대전환을 시도하고 있으나 자본시장의 불완전, 경제주체의 비합리적 사고 등으로 소기의 성과를 거두지 못하고 있음.
- 어느 나라 할 것 없이 산업조직정책의 가장 중요한 제도적 장치는 독점규제법임.
  - 이 법규 속에 경쟁의 목적과 경쟁을 유지하기 위한 모든 수단이 명시되어 있음.
- 그러나 더욱 중요한 것은 이 법의 존재이유인데, 이 법은 경쟁을 위해 존재하는 것이 아니라 유효경쟁이나 최적경쟁을 유지하여 경제적 효율을 극대화하는 데 있다는 것임. ⇒ 따라서 경제환경의 변화에 따라 법의 정신은 바뀔 수 있다는 것임.

(2) 산업구조변동이론

1) 산업구조변동이론의 의의

- 일국의 산업구조(Industry Structure)는 끊임없이 변화해 가고 있음.

• 그 결과 자본주의적 시장경제는 전통적 농경사회에서 산업사회, 고도 산업사회로 급기야는 후기산업사회 또는 탈공업화사회[122]로 진입하고 있음.

- 일국의 경제구조가 변화한다는 사상은 19세기 독일의 역사학파나 마르크스주의자들이 가졌던 것으로 발전론의 기본철학임.
  - 국민경제의 동적발전이란 진화론(evolution theory)의 개념과 유사한 것으로 경제구조의 변화를 발전적인 것으로 보는 견해임.
  - 반면에 신고전학파의 균형개념은 경제 내부의 부분적 불균형을 부인하는 것으로 항상 내부적 완전균형을 유지하는 내용으로 일관하고 있음.

- 이런 관점에서 구조변동이론은 진화론적이며 불균형과 불연속적인 것을 본질로 하고 있다고 하겠음.

- 다이내믹한 시장경제에서 산업구조의 변화는 경제성장의 결과이기도 하지만 동시에 그 전제가 되고 있음. ⇒ 말하자면 생산력, 생산성의 진보와 함께 국민경제에 나타나는 것은 산업구조의 변화이지만 산업구조의 변화 없이는 경제발전 또는 성장이 불가능하다는 것임.
  - 그것은 국민경제의 구조 변화와 생산력의 발전은 거의 동시적이며 상호의존적이기 때문임.

- 일반적으로 산업구조의 변화란 외부적 또는 내부적 요인에 의해 산업 간 불균형이 발생하는 현상을 말하는 것으로[123] 만약 이러한 불균형이

122) 1970년대를 기점으로 미국과 일본 등 선진공업국들은 거의 예외 없이 2차 산업의 비중이 생산이나 고용 측면에서 줄고 있었는데, 이러한 현상을 탈공업화(De-industrialisation)라고 부르고 있음.

123) ▶내부적 요인 : ① 수요 : 산업 간 소비불균형이 산업구조 불균형의 원인이 됨. ② 공급 : 기업이 경영전략에 의해 공급량이나 공급재화의 조합을 변화시킨다면 이는 곧 산업구조를 변화시키는 요인임. ③ 기술 : 새로운 소재 및 제품의 발명, 공정상의 혁신이 발생한다면 산업구조에 상당한 변화를 가져올 것임. ▶외부적 요인 : ① 이데올로기 : 세계경제사를 보면 사상이나 이념이 경제를 상당부분 지배하여 왔음을 알 수 있는데, 자연법철학사상, 자유주의, 마르크스주의, 역사주의, 신자유주의 등 제 이념들은 정치적 조직체를 지배하여 왔고 따라서 경제정책이나 산업구조에 영향을 주었다는 것임. ② 경제질서정책 : 산업조직이나 경제조직에 대한 정책은 산업구조에 중대한 영향을 주었는데, 가령 반독점정책이라든지 자유무역정책은 국내산업의 구조를 경쟁적으로 유지하여 산업혁신이나 산업합리화를 통한 산업구조조정을 용이하게 함. ③ 규제 : 자유로운 경제활동을 제약하는 각종 특정산업에 대한 규제도 중요한 외부적 요인으로 산업구

바람직하지 못하다면 다시 과거의 구조로 돌아가기 위한 조정이 있어야 할 것이고, 반대로 그것이 바람직한 불균형이라면 의도적으로 지속하거나 도달하기 위한 조정이 필요할 것임.
- 전자를 안정정책이라 하고 후자는 성장정책이라 함.

- 일국 경제의 구조 변화가 순조롭지 못하고 애로가 발생한다면 그것은 바로 구조위기이고, 경제안정은 저해되고 경제성장은 침체될 것임. ⇒ 따라서 산업정책론의 주요 과제는 이러한 구조변동을 이해하는 것은 물론이고, 그 변동의 원인을 규명하는 것임.

- 우리가 말하는 산업구조라는 것은 일국의 경제가 지닌 전체경제와 산업, 산업과 산업, 산업 내 관계를 특징적으로 추상화하여 부르는 것으로 볼 수 있음.
  - 원래 경제구조라 함은 생산구조와 분배구조를 모두 포함하는 말임.
  - 산업구조라는 것은 주로 생산구조를 의미하는 것으로 이에는 부문별, 산업별 산출량 · 고용구조 · 기업규모 · 무역구조 · 임금구조 등이 포함됨.
  - 이 중에서 산업구조의 가장 기초적인 평가기준은 산업별 산출량이며 최근에는 산업조직론의 영향으로 고용이나 기업규모, 생산성도 중요한 테마로 대두되고 있음.

- 구조변동을 기본적으로 발전적인 시각에서 본다면 이 변동의 원인과 결과를 주의 깊게 분석해야 할 것이며, 이에 따른 정책적인 대응이 강구되어야 할 것임.[124]

조변동에 작용함. ④ 자연적 요인 : 자연재해나 자연적인 우연한 사건으로 산업의 심각한 불균형을 초래할 수도 있고, 새로운 산업에 유리하게 작용될 수도 있음. 가령 석유의 발견은 자동차, 항공산업을 가능하게 했음.

124) 구조변동이론에 관한 학설은 다음과 같이 정리될 수 있음. ▶사이클 이론(J. Schumpeter) ▶공업화단계론(W. Hoffmann) ▶3부문 모델(Clark-Fisher-Fourastié) ▶탈공업화사회론(E. Toffler), 사이클 이론이 산업정책과 관련하여 시사해 주는 것은 신산업을 유치산업의 개념으로 육성시키는 것과 성숙 내지 사양화되고 있는 구산업을 합리화하는 것으로 볼 수 있음. 3부문 모델의 경우 전통적으로 산업정책은 2차 산업 중심으로 인식해 왔으나 생산이나 고용 면에서 압도적으로 중요한 위치를 차지하게 된 3차 산업의 중요성은 더 이상 외면할 수 없고, 따라서 적극적인 대처가 필요하다는 점을 강조. 한편 호프만은 공업화 단계의 진화이유를 수요 측면과 공급 측면에서 설명하였음. 즉 소득이 증가함에 따라 수요의 중심도 생필품에서 내구소비재로 옮겨가게 되는데, 이에 따라 생산의 중심도 음식료, 섬유산업에서 보다 자본집약적인 산업으로 이전된다고 주장하였음.

2) 서비스 경제와 산업정책

- 선진공업국의 정보화나 소프트화의 진행은 우리나라와 같은 중진국의 입장에서는 이중의 부담을 지게 되었음.

- 4차 산업[125]의 발전은 선후진국 간의 생산성 격차를 더욱 크게 할 가능성이 있는데, 이것은 서비스산업 전체의 문제뿐만 아니라 타 부문, 즉 농업이나 제조업의 생산성에도 영향을 주게 되었다는 의미임.

- 따라서 우리나라도 종래의 하드웨어 중심의 산업정책의 기본틀에서 소프트웨어 산업도 고려하는 인식의 전환이 필요함.

- 우리나라 산업정책의 기본은 공정거래법, 산업발전법(구 공업발전법) 등 몇몇 관련법규에 의해 나타나고 있는데, 대부분 제조업 중심의 지원정책임.

- 소위 4차 산업에 대한 정책은 미흡한 실정으로 볼 수 있음.
  - 가령 지식이나 문화를 하나의 산업으로 보는 인식이 부족
  - 최근 서비스시장의 개방 움직임과 함께 국제경쟁력의 제고라는 정책의 목표가 수립되긴 했지만 근본적으로 문제가 있음.
  - 서비스산업을 일괄적으로 차별하는 현재 우리나라의 산업정책은 문제가 있음.

또한 공급 면에서도 기업은 학습효과를 축적하고 기술진보를 가속시켜 생산방식이 더욱 자본집약적으로 된다고 주장. 마지막으로 탈공업화사회론과 관련하여서는 탈공업화를 설명하는 여러 주장들(◇경제발전단계론에 입각하여 3부문 모델에 의한 제조업 비중 저하를 설명, ◇제조업의 국제경쟁력 상실로 인한 산업공동화를 설명, ◇다국적기업의 과도한 해외투자활동으로 제조업 투자재원의 해외누출, ◇공공부문의 증가로 인한 민간부문의 위축과 정부부문 비대화, ◇사회적 기강의 해이로 인한 사치성 서비스 소비의 증가 등)이 있는데, 탈공업화는 어느 유일 이론에 의해서가 아니라 제 이론들을 복합적으로 조명할 때 이해가 가능함.

125) ▶ 1차 산업 : 농림, 수산업 ▶ 2차 산업 : 광업, 제조업 ▶ 3차 산업 : 소비재(혹은 소비자)서비스 ▶ 4차 산업 : 투입재(혹은 자본재)서비스 혹은 생산자서비스, 여기서 소비재산업에 속하는 것으로는 음·식료품, 섬유·의류, 가죽·신발, 목재가공 등이며, 자본재산업에 속하는 것으로는 철강·금속, 기계, 자동차·수송기계, 화학 등임. 한편 금융·보험·운송·기술 등 투입서비스는 기타 개인서비스보다 자본 및 기술집약적임. 따라서 생산성도 상당한 차이를 보임. 서비스를 크게 생산자서비스와 소비자서비스로 나눌 수 있는데, 정보화 사회라는 것도 제4차 부문, 즉 생산자서비스의 확대로 인한 경제 전반의 효율성이 제고되는 현상을 말한다고 할 수 있을 것임.

• 중간투입재로서의 서비스에 대해서도 첨단산업이나 기타 제조업과 차별을 두지 말고 지원책이 필요

- 서비스 부문을 3차 산업과 4차 산업으로 나누어 국민경제의 생산성을 높일 수 있는 부문을 집중 육성해야 할 것임.

- 최근 다자간협상에서 미국 등 선진국이 집중 거론한 부문이 4차 산업이라는 것에 유의해야 할 것임.
  • 제4차 부문인 생산자서비스(금융 · 보험 · 운송 · 기술 등)는 산업의 설립이 타 산업에 주는 외부경제가 매우 크며, 금융 및 보험의 경우처럼 규모의 경제가 작용되는 산업임.

- 4차 산업의 육성은 제조업에서 첨단기술산업의 발전과 사회의 정보화가 전제되지 않으면 안 되기 때문에 산업과 정보를 하나의 정책목표로 이해해야 할 것이며 이에 대한 법적 · 제도적 보완이 절실함.

(3) 산업정책론과 지역혁신

1) 지역혁신정책의 배경

- 세계경제는 경제국경이 붕괴되는 현상이 가속되면서 빠른 속도로 통합되고 있으며, 더구나 WTO 체제의 정착으로 세계화 현상은 더욱 강화되고 글로벌 차원의 무한경쟁시대가 도래하였음.

- 한편 국내적으로는 규제철폐 등 시장경제의 강화로 지역 간, 부문 간 경쟁이 격화되고 있는데, 그 중에서도 특히 중앙 대 지방, 또는 지방 대 지방이라는 지역경쟁이 새로운 양상으로 나타나게 되었음.
  • 그런데 이러한 지역 간 무한경쟁이 오히려 지역 간 경제력 차이를 심화시키고 있음.

- 특히 우리나라의 경우 수도권과 지방의 경제력 불균형이 지난 수십여 년간 심화되어 왔다는 의문이 설득력을 얻고 있는바, 기존의 발전전략을 재검토해야 한다는 주장이 제기되고 있음.

- 1990년대 후반부터 선진제국에서는 지역경제의 성장전략으로 지역혁신 시스템, 혁신네트워크 등 신개념을 이용한 성장전략이 수립되고 있음.
  - 말하자면 중앙정부의 거시정책 방향에 맞추어 각 지방에서는 지역경제 활성화를 위해 대학, 기업체 등과 연계한 혁신시스템 구축을 통하여 지역산업구조를 변화시키고 지역특성에 적합한 산업클러스터 형성을 위하여 정책적 노력을 증가시키고 있음.
  - 혁신클러스터는 혁신적인 기업, 대학, 연구소, 정부기관 등이 일정지역에 모여 정보교류와 지식창출의 네트워크를 형성하면서 시너지효과를 내는 혁신 집적체제를 말함.
- 이와 같은 대내외적 환경변화에 따라 지역이 중요한 경제주체 단위로 부상되고, 지방정부는 지역경제를 위한 핵심정책 입안자로 떠오르고 있음.

2) 혁신시스템과 클러스터

- 계획가의 시각에서 '클러스터'와 '혁신시스템'의 개념과 상호 관계를 단순 명료하게 정의하고, 각 계획에서 일관성 있게 사용하도록 하는 데 참고가 될 수 있도록 관련 용어들을 간략하게 정리해 보고자 함.
- 산업집적(industrial agglomeration)
  - '특정산업 내의 가치사슬(value chain : 원재료 및 중간재 공급업체 – 당해 업체 – 제품 수요업체 간의 수급관계)[126]이나 산업 간의 유기적 연관관계가 형성되어 있지 않은 채로 다수의 기업들이 일정지역에 단순 입지해 있는 상태'를 말함.

---

126) 가치사슬 : 기업활동에서 부가가치가 생성되는 과정을 말함. 마이클 포터(M. Porter)가 내부역량을 평가하기 위한 방법으로 제안한 것으로 크게 지원부분과 운영부분으로 나누어짐. 운영부분은 조달로부터 시작되어, 생산, 판매에 이르는 직접적으로 고객들에게 전달되는 부가가치를 생산하는 부분이며, 지원부분은 연구개발, 재무, 인사와 같이 직접적으로 부가가치를 창출하지는 않더라도 이를 창출할 수 있도록 하고, 더욱 높은 가치를 창출하는 방법을 제시하는 부분임. 인터넷의 등장으로 기업 내부에서 이루어지던 가치사슬의 해체가 가속되면서 네트워크를 통한 아웃소싱이 활발해지고 있음. 그리고 외부에 존재하던 가치창출 부분도 종합적으로 보려는 경향이 강해지고 있기도 함.

• 과거 우리나라 각 지역에 조성된 산업단지들은 대부분 이러한 산업집적이 특정한 소규모의 지역에 집중적으로 이루어진 사례들로 볼 수 있음.

- 산업클러스터(industrial cluster)
  • '특정산업 내의 가치사슬과 관련 산업 간의 연관관계 속에서 상호 유기적인 분업 및 협력관계를 맺고 있는 다수의 기업들이 일정지역에 입지해 있는 상태'를 뜻함.
  • 산업집적과 구분하기 위해 보통 산업군집으로 번역됨.
  • '일정지역'은 국가일 수도 있고, 지역일 수도 있고, 단지일 수도 있음.
  ⇒ OECD는 산업클러스터의 공간적 범위에 따라 Mega-cluster(대개 국가규모 내지 초광역 규모), Meso-cluster(지역규모), Micro-cluster(단지규모)로 구분하고 있음.
  • 외부경제효과(범위의 경제)의 창출이 가능함.

- 혁신클러스터(innovation cluster)
  • "혁신 관련 행위주체(이하 '혁신주체'로 표현)들, 즉 기업뿐만 아니라 연구소, 대학, 기업지원기관, 금융기관 등이 일정공간 또는 지역 내에 입지하여 상호 협력시스템을 구축한 상태"를 말함.
  • 산업클러스터가 지식의 활용 주체인 산업 또는 기업 간의 연관관계에 초점을 맞춘다면 혁신클러스터는 산업 또는 기업은 물론 지식의 창출, 확산부문까지 포괄한 종합적 시스템을 강조하는 것임.
  • 혁신과정에서의 시너지효과를 통해 혁신성과를 높일 수 있음.

- 국가혁신시스템
  • Lundvall은 혁신시스템을 '새롭고 경제적으로 유용한 지식의 창출, 확산, 활용과정에 참여하는 요소들과 그 요소들 간의 상호작용 관계'로 규정하고, 국가혁신시스템을 '국민국가 내에서의 그러한 요소들 및 그 상호작용 관계'로 규정하였음.[127)]
  • 현대 경제에서 가장 근본적인 자원은 지식이며, 가장 중요한 과정은 상호작용적 학습임.

---

127) Lundvall, B.(ed.)(1992), National Systems of Innovation, Pinter, London.

- 근대 국민국가의 형성은 산업화 과정의 원동력인 학습과정 가속화의 필요불가결한 조건임.

- 지역혁신시스템
  - '지식기반경제시대의 상호작용적 학습의 적정 단위로서의 지역 내의 혁신주체들 간의 신뢰와 호혜성을 토대로 지식의 창출, 확산, 활용도를 높이기 위한 상호 협력체제'라고 정의할 수 있음.
  - 성공의 관건은 혁신주체들 간의 상호 신뢰와 호혜성의 함양, 즉 사회자본의 확충임.
  - 정책론적 측면에서 지역혁신시스템을 단순히 국가혁시시스템의 하위시스템으로 보는 것은 오류임.
  - 즉 정책의 적정단위가 국가가 아닌 지역이라는 점을 강조함으로써 국가혁신시스템론의 대안적 성격을 띠고 있음.

- 클러스터와 혁신시스템 간의 관계
  - 클러스터는 기업(산업클러스터) 또는 혁신주체들(혁신클러스터)의 공간적 입지양상을 뜻하며, 혁신시스템은 기업 또는 혁신주체들, 나아가 지역 내의 클러스터들 간의 상호작용 관계를 중시하는 개념임.
  - 상호작용 관계가 긴밀해지려면 기업 또는 혁신주체들 간의 지리적 근접성이 요구됨.
  - 공간적 근접성만으로 상호작용적 학습이 최적으로 일어날 수는 없으므로 클러스터 구성 주체들 간의 인터페이스를 촉진하기 위한 전략 또는 정책(networking)이 필요함. ⇒ 엄밀한 의미에서의 지역혁신시스템 구축정책은 이것을 의미함.

- 산업클러스터와 지역혁신시스템 및 국가혁신시스템
  - 하나의 산업이 두 개 이상의 지역에 각각 클러스터 형태로 분포할 경우 정책단위를 지역으로 할 것인가, 산업으로 할 것인가가 문제가 됨.
  - 지역으로 할 경우엔 지역혁신시스템론, 산업으로 할 경우엔 국가혁신시스템론 또는 광역 혁신시스템론이 적용되어야 함.
  - 덴마크 등 OECD 국가들의 정책사례를 보면 최근 지역혁신시스템적 관점이 보다 유용한 것으로 평가되고 있음.

• 그러나 차세대 성장동력산업 중 집중적 연구개발이 필요한 일부 산업은 국가혁신시스템의 관점에서 접근하는 것이 바람직할 수 있음.

3) 지역산업정책으로서 혁신네트워크

- 1990년대 이후 선진제국의 지역개발전략이 대규모 투자유치와 같은 물적 투입에서 내재적 혁신역량을 제고하는 방향으로 선회하고 있음.
  • 그 중심에 서는 것이 혁신네트워크, 혁신클러스터 같은 개념임.
- 혁신네트워크의 존재가 지역경제에 긍정적 효과를 주고 있음을 확인할 수 있음.
  • 지역사례의 경우에서 네트워크 참여기업의 경영성과가 현저히 우수한 것으로 조사되고 있음.
- 결론적으로 지역혁신 네트워크와 지역경제 활성화 사이의 상관관계가 매우 크므로 지역산업정책에 큰 의미를 주고 있음.

4) 지역산업정책의 추진전략[128)]

- 전후방연관 구조에 기초한 전략산업의 특화
  • 지역산업의 생산체계를 효율적으로 구성하기 위해서는 전략산업의 유망 산업부문을 도출하고 이들의 전후방연관구조를 파악한 후 경제권역 차원에서 여타의 클러스터와의 연계를 고려하여 세부 특화 분야를 선정해야 함.
- 혁신인자를 고려한 클러스터 기능의 특성화
  • 클러스터의 산업지원 기능을 효율적으로 정비・확충하기 위해 산업육성에 필요한 주요 구성요소들의 상대적 중요도(혁신인자) 분석에 기초하여 클러스터의 기능적 특성화 및 연계방안이 수립되어야 함.
- 글로벌-지역거점(Hub-Spoke형) 클러스터의 연계구조 형성
  • 국가경제 발전과 지역경제 발전을 연계시키고 조화시키기 위해 향후

---

128) 이와 관련하여 김영수 외(2007) 참조.

클러스터 육성 전략은 글로벌-지역거점 클러스터의 연계구조 형성에 주력해야 함.
- 글로벌 거점은 지역경제의 발전을 선도하고 국가경제 발전의 골격에 해당하는 글로벌 경쟁력을 갖춘 거점 클러스터(Hub Cluster)를 의미함.
- 지역거점은 지역 내 여타 산업 및 시·군 지역의 지연(地緣)산업 발전에 기여하는 동시에 지역 내 글로벌 거점과 연계하는 지역경제 차원의 중소 거점 클러스터(Spoke Cluster)를 의미함.

- 경제권역 차원의 지역혁신체제 구축
  - 글로벌-지역거점형 클러스터 연계체제를 구축하기 위해서는 개별기업은 물론 각각의 산업클러스터가 공통적으로 필요로 하는 다양한 혁신자원을 확충·운영하기 위한 임계규모를 확보하기 위해 인접한 광역시·도를 포괄하는 경제권역으로 지역혁신체제의 공간적 범위를 확대할 필요가 있음.

(4) 국제무역과 산업정책

- Ricardo나 Heckscher-Ohlin 모델이 안고 있는 제 기정들이 현실적이지 못하기 때문에 이후 많은 경제학자들은 새로이 국제무역의 발생과 원인을 규명하고자 했음.[129] ⇒ 새로운 이론들은 모두 Ricardo의 비현실적인 가정을 완화하면서 이루어졌다고 볼 수 있음.

1) 국제무역과 산업조직

- 국제무역과 산업조직은 밀접한 연관을 맺고 있다는 것이 최근 일반적인 견해임.
  - 국내 산업조직의 효율성에 따라 국제경쟁력이 좌우된다는 것은 여러가지 경험적 연구를 통해 드러나고 있으며, 반대로 국제무역 역시 국내 산업조직에 영향을 주고 있음.

---

129) 대표적 이론들을 제목만 소개해 보면 신요소부존설, 기술격차무역이론, 제품차별화이론, 산업내무역이론, 산업입지이론 등을 들 수 있음.

- 수입정책
  - 수입이 국내시장에 미치는 영향에 대해서는 비교적 잘 알려져 있음.
  - 외국기업이 국내시장에서 공급자(생산자)로 참여하는 것은 산업조직을 매우 경쟁적인 상태로 이끌게 됨.
  - 그것은 국내기업과는 달리 외국기업은 담합의 가능성이 적고 보통 기술적 우위를 보이게 되므로 국내 경쟁기업에 주는 압력은 큼.
  - 물론 수입이 모든 경우에 국내경쟁을 제고시키는 것은 아님. ⇒ 수입되는 상품의 종류, 시장상황에 따라 비경쟁수입도 있음.
  - 만약 국내생산자가 자사 제품과 같은 상품을 수입하여 판매한다면 경쟁자의 수가 증가하지 않으며, 또한 국내에서 전혀 생산되지 않는 상품을 수입한다면 이 경우에도 국내 경쟁상태를 변화시키는 것은 아님.
  - 그러나 엄밀히 말해 재화의 대체성이나 교차탄력성이 높다면 국내 다른 상품시장에 영향을 줄 수도 있음.
- 수출정책
  - 수출은 국내에서 생산된 제품이 해외시장으로 유출되는 현상이므로 경쟁수입처럼 직접 국내 산업조직에 영향을 주는 것은 아님.
  - 수출기회의 존재가 경우에 따라서는 간접적으로 국내시장가격을 하락시키는 방향으로 작용하기도 함. ⇒ 이 경우는 국내시장이 개방되어 있다는 가정하에서만 성립하는데, 다시 말해 수입에 대한 제한이 없어 외국의 잠재적 경쟁압력이 존재하는 것이 전제가 되어야 함. ⇒ 그래야만 가격이 국제가격으로 하락할 가능성이 있음.
  - 만약 수출기회는 존재하지만 국내시장이 완전히 폐쇄되어 있는 경우에는 오히려 독점기업의 국내 판매량이 감소할 뿐만 아니라 가격도 상승할 것임.
  - 따라서 수출의 영향을 평가하기 위해서는 국내시장의 개방정도가 문제가 됨. ⇒ 우리나라의 수출증대는 국내가격을 하락시키는 후생효과를 발생시키는 데는 매우 미흡했다고 보는데, 그 이유 중 하나는 국내시장의 폐쇄성을 들 수 있음.

- 종합적 견해
  • 일국의 특정산업에서 경쟁수입이 발생하는 경우에는 경쟁압력을 증대시켜 국내기업의 시장지배력의 행사를 제한시키게 됨.
  • 또한 수출도 독점기업의 시장지배력을 완화시키는 역할을 하지만 국내시장이 개방되어 있다는 전제하에서만 가능함. ⇒ 국내시장이 폐쇄적일 경우에는 수출기회의 존재는 국내시장을 더욱 독점적 구조로 만들 수도 있다는 것임.

2) 신국제무역론과 산업정책

- 최근 전개되고 있는 선진제국의 대외경제정책의 특징은 국민주의적 가치에 입각한 국익우선에 초점을 맞추고 있음.
  • 따라서 국제무역이론의 관심도 세계적 차원의 국제분업이나 자유무역을 실현하는 모델 또는 도구를 개발하는 것에서 개별국가의 경제적 이익을 중시하는 것으로 옮겨지게 되었음. ⇒ 국제무역이론이 다자간 모델에서 2국간모델로 전환된 것이 그것임.
- 신국제무역론이 우리나라에 주는 정책적 의미
  • 첫째 무역을 통한 국제경쟁은 더욱 치열해질 것이라는 전제에서 정부의 역할은 더욱 증대할 것임.
  • 둘째 게임이론에서 보듯이 국가 간의 전략선택이 매우 중요함. ⇒ 이 전략이 통상외교 또는 협상에서 나타난다고 보면, 교역상대국의 입장을 잘 이해해야 하고 통상외교능력을 키워야 할 것으로 봄.
  • 마지막으로 기업정책에 관한 것으로 현대의 국제무역은 불완전경쟁의 상황에서 이루어지므로 국가 간 경쟁은 국적을 가진 기업 간 경쟁의 의미가 더욱 큼. ⇒ 따라서 정부와 기업과의 협조가 어느 때보다도 중요한데, 해외정보를 공유함은 물론이고 해외진출, 해외투자 등에 대해서도 밀접한 협력이 요구됨.

(5) 서비스교역과 산업정책

1) 미래성장의 열쇠인 서비스산업

- 서비스업은 성장 및 고용의 원동력이며 다른 산업의 경쟁력 제고를 위해서도 반드시 필요한 산업임.
  - 서비스산업의 고용창출 효과는 제조업의 1.7배에 달함. ⇒ 2000년 기준 산업별 취업유발계수는 서비스산업이 10억원 당 24.3명으로 제조업의 14.4명을 크게 상회
  - 서비스업의 고용창출은 수요확대 ⇒ 투자확대 ⇒ 고용창출의 선순환 고리로 연결될 수 있음.
  - 중간투입요소로서의 서비스업 비중이 높아지고 있어 서비스업이 발달할 경우 제조업 생산성 증가로 이어져 경쟁력에 도움이 될 수 있음.
- 서비스업 성장을 위해 가장 먼저 해야 할 일은 '개방과 경쟁'임.
  - 서비스업을 발전시킬 가장 빠른 방법은 개방을 통해 선진국의 노하우와 기술, 자본을 받아들이는 것임.
  - 자본과 설비만 받아들이면 되는 제조업과 달리 서비스업의 경우 노하우가 있어야 하기 때문에 개방이 필요
  - 특히 서비스업은 선진기술이나 경영기법을 갖춘 외국 업체가 국내에 자회사를 설립하는 형태로 진출하기 때문에 국내 서비스산업의 경쟁력이 높아지는 데 기여하게 될 것임.

2) 산업·무역정책상의 함의

- 서비스교역의 자유화 주장
  - 미국은 기술발전과 더불어 서비스의 성격이 변화되어 이제는 재화와 유사하게 되었으니 재화의 자유로운 교역으로부터 교역당사국이 모두 이익을 얻게 되는 것과 마찬가지로, 서비스도 자유롭게 교역하여 이익을 볼 수 있도록 하자고 주장
  - 상품교역에 대한 GATT의 규정과 대응하게끔 서비스에 대해서도 자유

로운 교역을 보장하는 규칙 내지 약속을 마련하여 제도화하자는 것임.

- 이런 목적을 위하여 미국은 GATT의 적용범위를 재화에서 서비스로 확대하는 것, 즉 GATT의 모든 약관에 쓰이는 재화의 의미에 평상적인 재화뿐만 아니라 서비스도 포함하는 새로운 규정을 삽입하자고 주장하였음.
- 그리고 드디어 1994년 GATS(서비스무역일반협정)가 WTO체제 내에 설립되었음.

- 서비스교역에 대한 상반된 입장
  - 서비스를 재화와 같이 자유로운 국제교역의 대상이 되게 하여 개별경제의 서비스시장을 외국인 공급자에게 개방해야 할 것인가 또는 서비스는 재화와 다른 것이기 때문에 서비스의 자유로운 교역을 배제해야 할 것인가에 대한 입장은 서비스의 상반되는 성격 중 어느 쪽을 중시하는가에 따라 결정될 수 있을 것임.
  - 서비스의 자유로운 교역을 주장하는 입장은 오늘날 많은 서비스가 다른 재화나 서비스의 생산을 위한 중간투입물이 된다는 점을 중시하고 있음. ⇒ 다시 말해 서비스의 국제적 교역을 자유화하고 비교우위에 입각하여 외국에서 값싸게 생산된 서비스를 구입해 사용함으로써 서비스를 투입하는 산업의 생산과정에서는 생산원가를 줄이고 소비행위에서는 효용을 증대시킬 수 있게 된다는 것임.
  - 그러나 서비스를 비교역재로 규정하였던 공공성, 공급의 독과점성과 그에 따른 규제의 필요성, 국가안보와의 관련성 등을 중시하는 입장은 서비스의 자유로운 교역에 찬성할 수가 없고, 따라서 서비스의 개방에 대해 소극적인 입장을 취하게 됨. ⇒ 서비스의 개방에 따라 서비스에 대한 규제가 이완되게 됨으로써 국가안보, 공공성, 외부경제성 등과 관련하여 당면하게 되는 손실이 서비스를 개방함에 따라 서비스의 공급가격이 떨어지게 됨으로써 얻게 되는 이익보다 더 크다고 보기 때문임.
  - 다시 말해 현재 일부 서비스의 생산과 관련된 기술이 국별로 상당한 격차를 보이고 있고 낙후된 기술과 생산능력을 가지고 있는 나라에서

이러한 격차를 단시일 내에 극복할 수도 없는 상황에서, 서비스시장을 개방함으로써 단기적 내지 정태적으로 서비스의 공급가격이 떨어질 수 있고 그에 따라 그것을 사용하는 소비자나 생산자가 이득을 보게 될 것임은 일단 인정할 수 있는 사실임에 틀림없지만, 장기적이고 동태적으로도 서비스를 개방하고 자체 내에서 서비스 생산능력을 양성하지 않는 것이 도움이 될 것인지는 서비스가 한 나라의 경제발전 과정에서 중심적인 역할을 차지하는 중요성을 고려할 때 반드시 분명하지 않음.

- 서비스를 원칙적으로 개방해야 옳은지 또는 그렇지 않은지는, 서비스산업의 일부가 궁극적으로 육성해야 할 산업이나 현재 유치산업일지도 모른다는 인식에 이르게 되면 쉽게 판단하기 어려운 문제가 됨.
- 따라서 개도국은 서비스시장의 성급한 개방 때문에 경제개발에 필수적인 자국 내 서비스산업의 생산활동이 선진국에 넘어가는 것을 피하기 위해 노력하고 있음. ⇒ 즉 서비스교역의 자유화에 의해 첨단서비스 분야를 선진국이 독점할 가능성을 배제하기 위해 노력하고 있음.

(6) 국제경제관계와 산업정책

1) WTO 다자주의와 산업정책

- 새로운 무역기구하에서 무역질서의 가장 큰 변화는 아무래도 서비스 분야와 지적재산권 분야라고 해야 할 것임.
- WTO 제9차 다자간협상인 도하라운드에서는 상대국의 산업에 피해를 줄 수 있는 개별국가의 정책에 대한 비판적 논의가 있었음.
  - 보조금을 비롯한 각종 불공정한 산업정책을 규제하고 산업정책에 대한 국제적 코드를 합의하고자 했지만 회원국 간의 이견이 노출
- 2006년 7월 도하라운드는 더 이상 합의를 이뤄내지 못하고 잠정적 종결을 선언한 바 있지만, 그럼에도 불구하고 글로벌 규범은 우리나라의 산업정책에 큰 영향을 줄 것임.

- 농업
  - 가장 타결이 어려운 분야로 각국이 안고 있는 정치적 부담이 매우 큼.
  - 대체로 수출국과 수입국의 입장이 맞서고 있으나 수출국 중에서도 농업보조금을 두고 상호 견해가 좁혀지지 않는 등 의견이 분분함.
  - 우리나라의 경우 가장 큰 문제는 예외 없는 농산물개방과 관세화임.[130] ⇒ 특히 쌀 수입만은 불허한다는 예외 있는 농산물 수입개방은 우리나라, 일본, 스위스 등 소수 입장인데, 관철 가능성이 희박하며 또한 농산물 수입에 대한 관세로의 전환도 우리에게 매우 문제가 되고 있음.
- 보조금
  - 보조금 문제는 우리나라와 같은 중진국이나 개발도상국의 산업정책을 제한하는 중대한 문제임.
  - 선진국과 같이 자본시장이 비교적 완전하고, 기업의 위험부담 능력이나 시장적응능력이 있는 경우에는 정부의 개입 없이도 자원을 효율적으로 배분할 수 있다고 보지만 개발국의 경우는 그렇지 않음.
  - 현행 GATT 규정에는 구조조정보조금, 연구개발보조금, 지역개발보조금 모두 사실상 허용되고 있으나, 다자간협의에서는 이러한 보조금을 두고 의견이 대립되고 있음.
  - 미국과 호주는 가장 진보적인 입장을 취하여 의료(보건) 및 교육에 대한 보조금을 제외하고는 정부의 모든 이전(transfer)은 보조금의 성격을 가진 것이라 하여 상계(countervailing)를 주장하고 있음.
  - 현재 이러한 보조금의 확대해석은 일본 및 EU에 의해서도 거부되고 있지만 어느 정도 국제무역에 영향을 줄 것으로 보임.
- 서비스교역
  - 서비스교역의 비중은 상품교역의 약 1/3수준임.

130) 농산물 개방은 1994년 체결된 우루과이라운드(UR)에서 처음 논의되었음. 1994년 체결된 우루과이라운드(UR) 농업협정에서 모든 농산물은 '예외 없는 관세화'의 원칙에 따라 비관세장벽을 철폐하고 시장을 개방해야 함. 대신 관세를 매겨 개방충격을 줄이되 관세는 단계적으로 낮추기로 하였음.

- 이미 무시할 수 없는 교역량이며 성장 추세로 보아 2020년경이면 상품교역 수준과 비슷할 것으로 보고 있음.
- 따라서 서방 선진국들은 서비스교역에 상당한 관심을 보이고 있음.
- 서비스교역의 자유화는 이번 GATT 제8차 협상(우루과이라운드)에서도 중요한 과제가 되었는데, 그 결과 탄생한 것이 GATS(서비스무역일반협정)임.
- 특히 서비스 순수출국의 입장에 있는 미국은 완전자유화를 주장하고 있으며, 우리나라는 현재 비교우위를 갖고 있는 건설부문 중 토목사업 분야를 제외한 전 분야에서 비교열위를 보이고 있음.
- 따라서 서비스 자유화가 실현될 경우, 수입국의 입장에 있는 우리나라의 서비스산업은 더욱 위축될 것으로 보임.

- 지적재산권
  - 지금까지는 세계지적재산권기구(WIPO)에서 관장해 왔으나 이 기구의 통제능력이 미약하여 상대적으로 미국 등 선진제국의 지적소유권이 부당하게 침해되었다는 주장임.
  - 따라서 WTO체제 내에서 새로운 강화된 규정을 두자는 것이 미국을 비롯한 선진공업국의 주장임. ⇒ 그 결과 탄생한 것이 TRIPs(무역관련지적재산권)임.
  - 지적재산권에 대해서는 선진국과 후진국의 입장으로 양분되어 있으나, 이미 미국은 이 문제에 대해서는 'WTO plus 방식'을 철저히 시행하고 있음.131)

- 환경문제와 산업정책
  - 환경문제에 관한 국제적 인식이 증가하고 있어 국제환경협약 체결을 위한 협상이 본격화되고 있음.
  - 국제환경협상 역시 국제경제에 큰 영향을 줄 것으로 보임.
  - 예를 들어 CFC(일명 프레온가스)나 할론가스의 생산을 규제하자는 논

131) 미국 대외통상정책의 기조를 'WTO plus 방식'이라고 하는데, 다자주의방식이 미국의 이익을 보장하지 못한다고 하면 쌍무적, 일방적 통상정책을 시행한다는 것으로 유명함. 지적재산권에 대해서 미국은 다자간협정보다 1974년 미통상법, 1933년 미관세법, 1988년 종합무역법 등 국내법으로 대처함.

트리올의정서 등이 그것임. ⇒ 동 의정서에 우리나라를 비롯한 75개국이 가입하고 있는데, CFC가스의 생산을 절반으로 줄이고 언젠가는 완전히 생산 중단하는 것으로 되어 있음.

- 최근 오존층의 파괴가 심각해지자 미국, EU가 중심이 되어 목표를 앞당겨 2010년까지 CFC가스 생산을 완전 중지하려고 하고 있음.
- 그렇게 되면 대체물질 개방이 부진한 우리나라의 관련 산업에 중대한 영향을 주게 됨.
- 특히 가전, 자동차, 화학산업 등 수출 주종상품이 이에 해당되어 산업생산, 수출에 타격이 될 것으로 보임.
- 그리고 이산화탄소 배출량을 동결하자는 교토의정서는 미국의 거부에도 불구하고 2005년 2월 16일 발효되었음.
- 이와 비슷한 것으로 바젤 협약으로 불리는 산업폐기물의 국제 간 이동에 관한 협정이라는 것이 있는데, 만약 동 조약이 발효되어 산업폐기물의 국제 간 이동에 제동이 걸린다면 여러 가지 산업, 예를 들면 환경산업, 재생산업 등에 영향을 미치게 될 것임. ⇒ 우리나라는 매년 170여 만 톤의 폐지, 철 부스러기, 고철 등 산업폐기물을 수입하고 있으며, 우리나라의 주요 교역상대국인 미국, 일본이 가입을 추진하고 있어 우리의 적극적인 대응이 요망됨.
- 이외에도 기후변화협약, 생물학적다양성협약, 해양생물자원보호협약, 산림의정서 등이 추진되고 있음.
- 이상과 같이 환경보전을 위한 인식이 확산되면서 세계 각국은 다자간, 쌍무간, 또는 일방적 환경조약이나 환경에 관한 법률을 제정하고 있음.
- 제2의 UR협상으로 불리는 국제환경협상은 산업화가 본격화되고 있는 중진공업국의 산업에 가장 큰 타격을 줄 것으로 보임.
- 국제경제질서가 환경문제를 중심으로 재편되고 있다고 보아도 무방함.

- WTO체제가 우리나라 산업에 미치는 영향은 매우 광범위한데, 지금까지 국내산업보호라는 명목으로 당연하게 수용되었던 보조금지급, 관세장벽, 비관세장벽 등 산업정책의 수단에 제동이 생긴 것임. ⇒ 이것이 의미하

는 바는 향후 산업정책을 결정하는 중요한 외부변수로 국제관계의 변화를 주시해야 한다는 것임.

- 앞으로 보다 우회적이고, 외부경제를 창출하는 간접적 정책을 개발하는 문제가 제기될 것임.

2) FTA시대의 산업정책[132)]

- FTA 확대를 산업경쟁력 강화의 계기로 적극 활용하기 위해 새로운 산업정책 과제를 마련해 나가야 함.
- FTA시대의 산업정책은 과거 '빠른 추종자(Fast Follower) 전략'에서 '혁신주도자(Leading Innovator) 전략'으로 정책패러다임을 전환할 필요가 있음.
  - 중국 등 신흥개도국의 부상, 경쟁력 원천의 이동 등 대내외 여건의 악화 속에서 우리 산업의 글로벌 경쟁력을 지속적으로 확보해 나가기 위한 것임.
- 정부는 현재의 제조・생산기술기반중심 '선진국 따라잡기(Catch-Up) 전략'으로는 규모의 경제를 바탕으로 과거 우리의 성장전략을 답습중인 중국 등과의 경쟁에 한계가 있다고 보고, 산업의 질적 경쟁력을 제고할 수 있는 핵심원천기술, 창조적 인재에 기반한 '창조・혁신형'으로 산업정책의 방향을 전환해 나가겠다고 밝혔음.
- 정부가 발표한 정책방향의 주요 시책
  - 창조・개방형 R&D ⇒ 15대 전략 분야[133)]의 핵심원천기술을 창조적으로 개발・선점하는 '창조・개방형 기술혁신전략'의 추진을 통해 미래성장동력을 지속적으로 창출
  - 창조적 인재육성 ⇒ '창조적 인재 = 국가경쟁력'이라는 인식하에 산업수요에 맞는 '창의적인 인력양성'을 기술정책의 새로운 중심으로 설정[134)]

132) 지식경제부(구 산업자원부)의 보도자료(2007. 9. 4) 내용임.
133) 디스플레이 등 주력산업(7개), 로봇 등 미래유망(4개), 나노기반 등 기반기술(4개)
134) 과거 고용중심에서 활용중심으로 인력양성의 패러다임을 전환

• 제조업 생산성 혁신 및 지식서비스산업 육성 ⇒ 제조업, 특히 중소제조업의 가격경쟁력을 단기적으로 보강시키기 위해 중소기업 공정혁신 중심의 '제조업 생산성혁신 종합계획'을 수립 · 추진하는 동시에, 제조업의 성장 · 고용의 한계를 보완하고 산업구조의 고도화를 견인할 수 있는 '지식기반서비스산업'을 집중 육성해 나갈 계획
• 개방형 통상정책 및 경제시스템의 선진화 ⇒ 외국인 투자환경개선 2차 중장기계획 수립, FTA 대응 맞춤형 종합서비스 제공 등 '개방형 통상정책'을 지속적으로 강화해 나가는 한편,[135] 글로벌 기준에 부합하는 기업제도의 정비, 협력적 노사관계 정립, 환경친화적 경영혁신 유도, 기업의 사회적 책임(CSR) 확산 등 '경제제도의 선진화'를 위해서도 적극 노력

참 | 고 | 자 | 료

(1) 이갑수(2007), 《글로벌시대의 산업정책론》, 도서출판 대명.
(2) 장재홍(2004), "혁신시스템과 클러스터 – 그 개념과 상호관계", 《e-kiet 산업경제정보》, 산업연구원, 2004. 2. 19.
(3) 산업자원부(2007), "산업정책의 대전환 : 빠른 추종자 전략에서 혁신 주도자 전략으로", 산업자원부 보도자료, 2007. 9. 4.
(4) 김영수 · 김선배 · 오형나(2007), "지역산업정책 10년의 성과와 과제", 《연구보고서》, 제527호, 산업연구원, 2007. 12.

135) 현지시장진출, 생산네트워크 구축, 원자재 확보, 선진기술 적용 등을 위한 우리기업들의 해외진출을 적극 지원하는 '전략적인 해외진출 지원체제'를 정비하고, 선진국을 중심으로 진행 중인 구체적인 온실가스 감축의무 부담논의에 대응하여 범국가 차원에서 새로운 '기후변화협약체제(Post-Kyoto체제)'에의 적극적 대응체제를 구축해 나갈 계획임.

제 10 장

산업정책의 발전방향

(1) 산업정책에 대한 재평가

1) 산업정책의 기여

- 대내외적 여건의 변화, 특히 '자유화'의 진전에 따라 전통적인 의미의 산업정책의 성격이 점차 변하여 가고 있음.
  - 다시 말하여 정보통신산업의 예에서도 보듯이 '특정산업보호'라는 산업정책의 본질에는 변함이 없으나 정부개입의 형태 및 강도 또는 동원되는 수단에 있어서는 달라지고 있음.
  - 또 각국의 경제철학 또는 제도는 물론, 문화나 관행에 따라 같은 정부개입이라 하더라도 크게 차이를 나타내고 있음.
- 산업정책의 공과(功過) 논란
  - 19세기 유럽대륙, 1950년대 이후 일본, 그리고 1960년대 이후 한국을 비롯한 소위 신흥공업경제와 같이 성공한 사례가 있는가 하면 많은 개도국의 경우에서 보듯이 실패한 예도 적지 않음.
  - 나아가 성공한 예가 반드시 또는 어느 정도 산업정책에 힘입고 있는가 하는 설득력 있는 실증연구도 별로 없음.
- 일부 아시아제국 내 급속한 성장과정에서 산업정책의 기여와 관련하여 일국경제의 체계적인 자본축적 및 생산성 향상을 가져왔다고 보는 견해가 있는가 하면, 이보다는 단순히 물적·인적 자본의 증가에 바탕을 둔 소위 외연적 성장(extensive growth)에 크게 의존하였다고 반론을 제기하기도 함.
  - 설사 후자의 견해를 받아들인다 하더라도 특히 개도국의 경우 성장촉진을 위한 자원동원에서 배분에 이르기까지 정부개입이 크게 작용한

다는 점을 고려한다면 외연적 성장 자체가 산업정책에 힘입고 있음을 부인할 수 없음.

- 물론 산업정책의 실시 여부가 어느 정도 성장에 영향을 미쳤는가를 사후적으로 정확히 비교·분석하는 데 현대 경제학적 접근으로는 한계가 있지만, 단지 급속히 성장을 이룩한 국가에서 산업정책이 어느 정도 산업구조의 고도화, 해당 산업의 생산성 따라서 성장에 기여했는지는 추론할 수 있음.

- 또 다른 시각에서 본다면 급속한 성장을 이룩한 국가에서 산업정책이 성장에 기여한 측면이 있다고 추론이 가능하긴 하지만, 문제는 이 자체가 산업정책 이외 다른 정책기조를 택했을 경우보다 반드시 우월하다는 사실을 객관적으로 증명한다고 볼 수는 없으며, 단지 다른 국가들과 비교한다는 상대적인 의미를 가질 뿐임을 인식할 필요도 있음.

2) 신제도경제학적 접근

- 정부개입의 타당성과 관련하여 최근 논의되고 있는 신제도경제학적 (Neo-institutional economics) 접근[136]은 앞으로 발전하기에 따라서는 산

136) 신제도주의경제학(Neo-institutional Economics)은 제도를 개인의 합리적 선택의 결과로 설명하려는 경제학적 조류를 말함. 이러한 조류가 경제학계에서 관심을 끌게 된 것은 대체로 1970년대 초반 이후라고 생각되지만, 무엇이 신제도주의 경제학인가에 대해 아직 확고한 정의는 없음. 다만 1930년대까지 융성했던 미국의 구제도학파에서는 경제제도를 역사적 진화의 산물로만 생각한 데 비해, 신제도주의학파는 개인의 선택이라는 관점을 통해서 제도의 생성과 정착과정을 설명한다는 특징을 갖고 있음. 신제도주의에서 제도를 설명할 때 필수 불가결한 거래비용(transaction cost) 개념을 선구적으로 탐구한 학자는 노벨 경제학상 수상자인 코스(R Coase)임. 시카고대학의 코스는 1937년에 발간된 '기업의 본질(The Nature of the Firm)'에서 생산과정의 모든 행위를 시장을 통해서 할 경우 거래비용이 발생하므로, 생산단계의 일부를 위계적 조직을 통해 시행하는 것이 기업이라고 분석하였음. 코스가 밝힌 거래비용의 개념은 그 이후 많은 연구를 통해 다음과 같은 여섯 가지 비용으로 나누어 정식화되고 있음. 첫째 거래대상자 거래물품 및 가격정보에 관한 탐색비용, 둘째 거래를 위한 협상비용, 셋째 거래 계약작성비용, 넷째 거래조건을 준수하는지 감독하는 비용, 다섯째 거래조건 위반 시 준수하도록 실행하는 비용, 여섯째 제삼자가 재산권을 침해하지 못하게 하는 비용 등임. 위와 같은 다면적인 거래비용이 현실적으로 어떻게 작용하고 있는지를 탐구하므로 신제도주의 경제학을 거래비용 경제학이라고도 부르고 있음. 이 중 특히 기업조직을 연구한 윌리엄슨(O Williamson)의 연구가 두드러지고 있음. 윌리엄슨은 1975년에 발간된 '시장과 위계(Markets and Hierarchies)'라는 책에서 시장경제 속에서도 기업이란 위계적 조직이 효

업정책의 효율성을 이론적으로 정립해 줄 수 있는 시각을 갖추고 있음.

• 즉 자원배분에 따르는 거래비용(혹은 조정비용)이라는 측면에서 정부개입이나 시장기능은 다 같이 비용을 수반하고 있는데, 문제는 어느 선택이 더 효율적이냐는 데 있음.

• 왜냐하면 자유경쟁에 따른 시장실패나 정부개입에 의한 조정실패가 모두 가능하기 때문임.

- 이 접근은 이론적 측면에서 정부개입의 정당성을 뒷받침해 줌.

• 국민경제적 차원에서 특정산업 간 투자조정(과잉 또는 과소투자의 문제), 불황카르텔의 정리, 사양기업의 퇴출 및 생산능력 축소조정 등에 있어서 시장에 맡기기보다는 정부개입이 거래비용의 절감을 가져올 수 있음.

• 중요한 것은 정부가 과연 신뢰성(해당 기업들로부터의), 공평성 및 유연성 등 유리한 여건을 최대한 활용하느냐는 점임.

- 한편 동태적인 측면에서도 정부의 적절한 개입·조정은 슘페터의 표현대로 '산업의 돌연변이'(industrial mutation)를 이룩하는 계기가 될 수 있음.

• 이러한 산업변환은 경제적 변화(기업들의 스스로 변화하려는 의지와 함께 주변 여건을 바꾸려는 의식적 노력)의 소산이며 자생적 기술발전에 기여한다는 점에서 자본주의의 발전을 가져오는 원동력이기도 함.

과적인 생산조직으로 쓰이고 있는 이유를 구체적으로 탐구했음. 윌리엄슨은 정보가 완전하지 않은 상태에서 거래할 때 각 개인은 완벽하게 합리적인 행동을 하지 못하고 제한된 합리성이란 형태로 선택을 할 수밖에 없으며, 이 때문에 거래 상대방에게 불리하게 작용하는 기회주의적 행동도 나타난다고 생각했음. 이런 경우 상호간에 협상을 하기 위한 비용과 기회주의적 행동에 따른 부담을 고려할 때 기업이라는 내부조직이 나타난다고 보았음. 나아가 윌리엄슨은 거래비용의 변화에 따라 기업조직이 집중적 위계조직에서 다양한 사업본부가 있는 형태로 나아가는 점도 지적했음. 코스나 윌리엄슨이 기업조직을 주로 탐구한 데 비해, 노벨상 수상자인 노스(D. North)는 국가적 차원에서 거래비용과 경제발전의 관계를 탐구했음. 노스는 경제사 연구를 통해 국가가 사유재산권 제도를 보장할 경우 거래비용의 감소로 시장경제가 발달하고 경제성장이 촉진될 수 있음을 보였음. 이 밖에도 재산권 구조 변화에 따른 거래방식이나 자원이용의 변화를 연구하는 많은 연구들이 있음. 좀 더 자세한 논의에 대해서는 스레인 에거트슨의 '경제행위와 제도'(한국경제연구원)나 고 송현호 교수의 '신제도이론'(민음사)을 참고할 만함.

• 이러한 기술혁신은 단순히 개별기업들 간 시장경쟁에 맡긴다면 그 실현을 기대하기 곤란함. ⇒ 한 예로 막대한 비용을 요구하는 연구・개발에 투자하려 하지 않을 것이며, 결국 사회적으로 적정한 수준의 자원배분이 이루어지기 어렵기 때문에 정부의 역할은 대학 및 공공연구소에 기존 연구・개발에 대한 기초투자자원이나 관련 기업집단에 의한 연구보조 등 다양한 경로를 통하여 유인책을 실시할 수 있음.

- 국민경제적 차원에서 산업구조조정(예를 들어 첨단산업의 육성이나 '경제의 서비스화' 또는 '경제의 소프트화' 등)은 시장에 일임하기보다는 정부에 의하여 추구될 때 거래비용을 줄일 수 있음.
  • 이에 따라 분업구조나 특화산업의 재편이 이루어지며 퇴출장벽을 완화해 주는 일도 정부의 역할에 속함.

- 결론적으로 경제의 세계화, 자유화 및 시장개방 그리고 경쟁촉진과 같은 대내외적 여건 변화가 진행된다 하더라도 산업정책의 필요성은 여전히 존재함.
  • 민간기업을 비롯한 일부에서는 정부개입의 비효율성을 비판하고 있으나, 국민경제적 이익의 차원에서 동태적 효율성이나 형평을 추구하고, 또 실효성 있는 정책수단을 동원할 수 있는 주체는 정부임.
  • 개입 자체가 문제가 있는 것이 아니라 여건의 변화에 따라 정부의 역할이, 그리고 그 개입형태가 어떻게 유연하게 바뀌고, 또 비용-편익의 전망에 따라 과연 유능하게 정책을 수행하느냐가 중요하다고 봄.

(2) 산업정책의 전환

- WTO체제하에서 기대되는 국제무역 환경은 '다자간 무역자유화'(multilateral liberalization)와 이에 대항하는 '쌍무적 보호주의'(bilateral protectionism) 사이의 trade-off로서 나타날 것인바, 안으로는 시장확대와 무역자유화를 추진하고, 밖으로는 방어적 성격을 띠는 소위 '미니주의적 무역자유화'(minilateral liberalization)[137]의 가능성이 커지고 있음.

137) 국익 우선에 입각하여 소수 국가와의 무역자유화를 통한 특혜무역협정을 말함.

- 산업정책은 한 마디로 정부의 역할, 좀 더 정확하게는 시장개입과 밀접한 관련을 갖고 있기 때문에 정부의 역할에 대하여 영향을 주는 대내외적 추세 자체는 산업정책의 전개에 파급을 가져온다고도 할 수 있음.

- 산업정책의 변화 필요성 대두
  - 국제경제관계의 변화에 따라 산업정책의 기조, 즉 정부의 산업육성방식에 대한 일대전환이 필요
  - 그렇다고 해서 정부의 역할 축소론에 무조건 찬성하는 것은 아니며, 오히려 국제경쟁의 와중에서 정부의 역할이 증대될 수도 있다고 봄.
  - 일본, 독일 등 후발공업국 발전모형을 잘 보면 산업구조가 복잡해질수록 정부개입을 축소해야 한다는 논리는 반드시 옳은 것만은 아님.
  - 국제경쟁의 치열화, 핵심기술의 공공재화 추세에 따라 정부의 역할은 증대되고 있다는 사실에 주목해야 할 것임.
  - 다만 산업정책 수단에 대한 전통적 이해는 수정되어야 할 것으로 봄.

- WTO 무역질서하에서는 산업정책의 기조를 과정정책(process policy)에서 질서정책(order policy)으로 전환해야 할 것으로 봄.
  - 행정부 중급관리의 임기응변식(원칙 없는) 시장개입이 아니라 우회적 · 장기적이고 원칙 있는 산업개입정책이 추구되어야 할 것임.
  - 이를 위하여 정부정책의 중심은 산업기반을 조성하고 전반적인 경쟁력을 확보하는 데 주어져야 할 것임. ⇒ 이는 결코 정부역할의 축소를 의미하는 것이 아님.

- 향후 한국 산업정책의 중심내용(직접통제형에서 간접통제형으로 전환)
  - 기술 · 인력개발 및 확충(기술교육의 강화)
  - 연구 · 개발기능의 강화(R&D 예산증액)
  - 산업하부구조의 확충(사회간접자본의 확충)
  - 미래산업에 대한 비전제시(경제정보의 확보 및 유통의 강화)

- 또 하나 향후 산업정책에서 고려되어야 하는 것은 산업방어적인 측면임.
  - 위에서 언급한 것들은 주로 선진공업국을 따라잡기 위한 'catching-up' 전략과 관계된 것임.

- 그러나 산업정책에는 구조발전정책도 있지만 구조유지를 위한 것도 포함됨.
- 중국, 인도, 아세안 제국으로부터의 저가제품의 수입급증으로 한국의 관련 산업이 도산위기 등 어려움을 겪고 있음. ⇒ 이에 대한 신속한 산업피해의 확인, 구제조치 등이 요청됨.
- 이미 세계 30여 개국에서 반덤핑 관세제도를 시행하고 있음.
- 이제 우리나라의 산업정책도 공격적인 면과 방어적인 양면을 갖추어야 할 것임.

- 끝으로 산업정책 패러다임의 전환과 관련하여 정부가 발표하고 앞으로 추진할 내용은 다음과 같음.[138]

〈표 10-1〉 산업정책 패러다임의 전환

	과 거	미 래
산업발전전략	· Catch-Up 중심 · 요소투입 주도	· 창조 · 선도 중심 · 가치창출 · 혁신 주도
대외개방	· 수동적 개방 · 소극적 대외진출	· 능동적 개방 · 적극적 대외진출
산업구조	· 제조업 중심 발전	· 제조업+서비스업 동반발전
중소기업	· 정부의 직 · 간접 지원제도 중심	· 시장의 혁신형 산업 생태계 조성 중심
협력범위	· 수직적 협력 · 자체 연구개발 · 국내 · 지역N/W 활용	· 수직+수평적 협력 · 인+아웃소싱 활용 · 국내+해외N/W 활용
기술개발	· 생산 · 공정기술 위주	· 핵심 · 원천기술 위주
경제시스템	· 국내차원의 제도 간 정합성 제고 중심	· 글로벌스탠다드와 부합되는 제도 개선

138) 산업자원부(2007) 참조.

(3) 산업정책의 성공요건(Ⅰ)

- 이하 열거되는 내용들은 과학적인 검증을 가졌다기보다는 경험적 또는 논리적 근거에 기초하고 있음은 물론이며 프랑스, 일본, 한국 등 비교적 성과를 거두었다고 평가되는 국가들을 중심으로 드러난 산업정책의 특성을 종합·정리한 것임.[139)]

1) 수출주도적 산업화

- 개도국의 경우 산업정책이 수출주도적 성장전략이라는 테두리 내에서 추진되는 것이 보다 바람직함.
  - 이제민은 한국의 유치산업 육성이 외부지향적 산업화의 일환으로 추진되었기 때문에 외환위기도 겪지 않았고 또 성공을 거둘 수 있었음을 지적하고 있음.[140)] ⇒ 이 점은 수입대체산업 육성으로 일관했던 인도나 중남미 제국과 대조를 이룸.

2) 정부지원 방향의 명료성

- 사전적, 예상적, 예방적 성격을 가져야 함.
- 이 측면은 영미계 국가와 대륙계 국가(프랑스, 독일 및 일본 등) 간 산업정책 수행에 있어서 가장 큰 차이점 중의 하나인데, 문화 및 철학적 격차에서 비롯된다고도 할 수 있음.
  - 즉 전자의 경우 실리·실용주의에 입각하여 사후적 처방에 비중을 두는 데 비하여 후자에 있어서는 데카르트식 접근에 따라 미리 단계별로 정부의 정책방향을 분명히 해주고 있으며 필요하다면 법적 근거를 마련하여 비전을 제시함으로써 투명하게 정책을 운영하고 있음.
- 정부의 지원·보조는 대부분 한시적으로 제공되는데 해당 기업의 입장

---

139) 김세원·안세영(2003), pp. 465～472.
140) 이제민, '선진국의 역사적인 성장경험과 후발산업화의 완수를 위한 정책방향'(한국국제경제학회 하계정책세미나, 1996. 6), 10면.

에서는 이러한 혜택을 고려하여 투자, 생산, 판매 등 경영전략을 계획할 수 있음.

- 또 정부가 일정한 자격기준을 요구하므로 기업들로 하여금 자기혁신적 노력을 하도록 하는 효과도 가져옴.

3) 국민경제적 차원의 지원

- 사회적 합의에 기초할 필요가 있음.
  - 단순히 모양새를 갖추거나 정부정책의 정당화라는 차원을 넘어서서 정부가 각계각층의 의견을 수렴함으로써 사회적 자원을 적절한 부문에 배분한다는(따라서 효율성을 추구한다는) 의의를 내포하고 있음.

4) 산업정책의 우월성 확보

- 신뢰성, 공정성 및 신축성을 갖추어야 함.
- 신뢰성
  - 정부정책이 실질적인 효과를 거두기 위해서는 해당 기업들에 대하여 전략적 불확실성을 제거해 줌으로써 신뢰를 얻을 수 있어야 함. ⇒ 이 자체는 정부의 정보수집 및 평가능력, 전망능력, 그리고 정책의 일관성 등을 전제로 함.
- 공평성
  - 일본의 산업정책은 무엇보다도 유도적, 그리고 시장순응적 특성을 갖고 있음. ⇒ 예로 지원정책의 수행에 있어서 객관적인 일정기준 아래 시장기능에 따라 승자(winner)를 택하는 방법을 추구하고 있음.
  - 정부의 정책은 어디까지나 기업들로 하여금 자기혁신적 노력을 유도할 수 있도록 공평하게 집행되어야 함.
- 신축성
  - 대내외 여건의 변화에 따라 산업정책의 취지나 성격도 바뀌고 있음.
  - WTO의 보조금 · 상계조치협정과 같은 국제규범에 의한 제약은 물론, 각국 내 국민경제적 요청에 맞추어 그 시기에 맞도록 산업정책의 취

지, 형태 또는 동원되는 정책수단들이 신축적으로 선택되어야 함.

5) 효율과 형평 간 조화

- 효율과 형평 간 조화가 요구됨.
  - 효율이 시장의 핵심이라고 한다면 형평은 정부가 추구해야 할 과제임.
  - 선진국들이 경제정책수행과정에서 형평에도 중점을 두고 있는 이유는 중장기적으로 산업 전반, 나아가 경제·사회의 효율을 높여줄 수 있기 때문임.
  - 산업정책은 다른 경제정책들과 직·간접적으로 밀접한 관련을 가지며 넓은 의미에서는 이들 모두를 포함함.
  - 따라서 형평을 고려한다면 산업정책은 단순히 유치산업이나 사양산업뿐만 아니라 불리한 위치에 있는 산업이나 기업에 대한 지원을 그 대상으로 할 수 있음. ⇒ 중소기업지원, 지방기업 활성화정책, 대기업-중소기업 관계를 정립하는 기업정책 또는 대기업-중소기업 간 거래질서를 확립하는 공정거래제도 등이 그 좋은 예임.

(4) 산업정책의 성공요건(Ⅱ)

- 좁은 의미의 산업정책, 즉 산업구조조정정책의 관점에서 본다면 우리의 관심은 산업구조의 변화와 산업의 경쟁력 강화에 영향을 가져오는 정부의 직·간접적인 개입에 있지만, 다른 한편으로 산업구조조정에 파급을 미치는 정부정책이라는 관점에서 본다면, 거의 모든 경제정책이 이 협의의 산업정책과 관련을 갖는다고 볼 수 있음.
- 어떤 주제를 중점적으로 살피기 위해서는 분명한 시각과 심도 있는 접근이 필요하기 때문에 모든 관련정책을 해당 부문만 떼 내어 단편적으로 다룬다는 자체도 큰 의미가 없다고 봄.
- 여기서는 한국경제를 중심으로 우리가 본 산업정책에 영향을 주는 중요한 경제정책들을 나열하고 이들 상호간 정합성 및 일관성이 지켜져야만 산업구조조정이 실효를 거둘 수 있다는 점을 강조하고자 함.[141]

141) 김세원·안세영(2003), pp. 472～481.

1) 거시경제정책

- 산업정책은 본질상 미시정책이지만, 성과를 거두려면 적절한 거시경제적 조건이 뒷받침되어야 함.
  - 예를 들어 지속적 성장은 육성대상 산업에게 수요기반을 제공해 주며, 또 물가안정의 지속은 이 산업으로 하여금 대외적으로 경쟁력을 갖추는 기회를 제공함.
  - 그 이외 특정산업지원을 목적으로 동원되는 정책수단들 역시 거시경제운영의 경우와 동일함. ⇒ 금리, 환율 및 조세지원 등이 그 대표적인 예임.
- 한편 우리 경제가 인구 고령화와 소득 양극화로 인한 사회적 복지 수요의 증대에 효과적으로 대응하기 위해서는 공공복지의 향상을 효율적으로 달성할 수 있는 산업정책적 수단의 활용이 필요 ⇒ 경제의 성숙화나 양극화에 따른 정책수요를 고려할 때 앞으로 산업정책과 복지정책(노동정책)의 연계는 한층 강화되어야 할 것임.[142)]

2) 경쟁정책

- 산업구조에 영향을 주는 경쟁정책은 산업정책의 또 다른 측면이기도 함.

142) 세계 주요국은 복지재정의 효율화와 양질의 복지 서비스 제공을 위해 생계지원형 복지보다 자활지원형 복지의 비중을 확대해 나가는 추세임. 자활지원형 복지정책의 효과를 높이기 위해서는 산업조정이나 기업지원정책에서 활용되고 있는 지식과 노하우가 접목된 정책수단을 개발·적용할 필요가 있음. → 자활지원정책의 경우 전통적인 복지정책 수단보다는 시장기능을 최대한 활용하면서 안정적인 고용을 창출하는 산업정책 수단의 연계·활용이 필요한데, 최근 주목받고 있는 사회서비스산업 육성이나 사회적 기업 활성화는 그러한 정책개발이 요구되는 대표적 분야임. 여기서 사회적 기업이란 공공적 기여를 목적으로 기업활동을 하는 조직을 의미하는데, 기업활동의 목적이 이윤이 아닌 공공적 기여에 있다는 점에서 통상적인 영리 사기업과 다르고, 기업 소유권이 대체로 개인이나 민간 사회조직에 귀속된다는 점에서 공기업과도 다르며, 스스로 경제활동을 통해 소득을 창출하여 재원을 조달한다는 점에서 자선단체와도 구별됨. 사업영역 자체가 공공적 기여의 성격을 갖는 경우(취약계층, 지역에 대한 사회서비스 제공 등), 사업영역은 영리기업과 차이가 없으나 고용창출을 기업목적으로 하는 경우, 다른 측면은 영리기업과 동일하나 기업수익의 대부분을 공공적 목적에 사용하는 경우 등 다양한 형태로 존재함. 이와 관련하여 강두용(2007) 참조.

- 넓은 의미에서의 산업정책은 산업구조정책과 함께 산업조직정책을 포함함.
  - 산업조직정책의 취지는 근본적으로 시장실패는 물론 정부실패의 원인도 동시에 제거함으로써 경쟁원리를 확립하자는 데 있음.
- 따라서 단기적인 관점에서는 우리가 보아온 산업정책(즉 산업구조조정정책)이 산업조직정책과 상충될 수도 있음.
  - 미국 및 일본 등 선진국들도 효율화·합리화를 취지로 하는 기업 간 합병의 경우, 경쟁정책이 요구하는 제약조건을 다소 완화해 주고 있음.
  - 그러나 장기적으로는 기업의 진입·퇴출장벽을 제거해 주고 경쟁력 제고를 유도해야 한다는 점에서 산업구조 및 산업조직정책 간 상충의 가능성은 점차 없어진다고 보아야 함.
  - 산업지원정책의 수단도 바뀌어 가고 있다는 사실은 경쟁정책에 대한 '예외를 통한 보호'에 그만큼 덜 의존할 수도 있음을 말해 줌.
- 여하간 OECD나 WTO 내에서 경쟁정책에 관한 국제규범의 제정이 논의되고 있는 데서도 알 수 있듯이 경쟁질서의 확립은 점차 국제적 추세로 등장하고 있으며, 시장경제의 활성화를 통한 산업의 경쟁력 강화의 필요성은 국내경제적 요청이기도 함.
- 결론적으로 산업구조조정정책을 수행하기 위해서는 기술혁신, 인력·노동정책 및 교육정책 등 다른 간접지원정책 수단들을 활용해야 할 것임.

3) 규제개혁

- 규제개혁은 산업정책을 효율적으로 추진할 수 있는 가장 기본적인 전제의 하나임.
- 한마디로 정부규제·간섭은 정부의 역할이기 때문에 기업의욕과 활동을 고취시킬 수 있도록 정부의 역할에 대한 개념이 새로이 정립되지 않고서는 규제완화·철폐가 실제로 이루어지기 곤란함.
- 산업정책적 차원에서 본다면 기업활동을 저해하는 각종 규제의 철폐가 요구될 뿐만 아니라 산업구조조정을 원활히 하고 경쟁력의 제고를 유도

하는 정부의 지원서비스가 강화되어야 함.

- 이규억이 적절히 지적했듯이[143] 한국에 있어서 산업정책이 규제의 도입에 크게 의존해 왔으나 그의 견해대로 앞으로 산업정책은 규제정비가 중요 수단이 되어야 한다고만은 볼 수 없음. ⇒ 이러한 의미에서 '규제완화'보다는 '규제개혁'이라는 개념이 더 적절하다고 봄.
  - 왜냐하면 경제발전 방향에 맞추어 규제철폐가 이루어져야 하지만 이와 함께 산업정책의 연장으로 정부의 적극적인 역할 및 새로운 기업의 행동규칙이 요청되기 때문임.

4) 통상·무역정책

- 통상·무역정책은 산업정책과 표리의 관계에 있음.
- 좁은 의미의 산업정책은 특정산업보호를 대내적 정책수단에 의존하는 반면, 통상·무역정책은 같은 취지를 달성하기 위하여 대외거래에 영향을 주는 정책수단을 활용하므로 산업정책의 연장과 같은 의미를 갖고 있음.
- 자유화의 발전을 과장해서도 안 되지만 그렇다고 국내산업보호의 타성을 그대로 지속해서도 곤란함.
- 근본적으로 중요한 것은 체계적인 산업정책을 수립하고 이를 적절히 수행할 수 있도록 대외 통상·무역정책을 운영해야 한다는 점임.
  - 이러한 연계성은 단순히 수입제한의 측면뿐만 아니라 수출시장의 확보에 있어서도 동일하다고 봄.
- 과거와는 달리 산업보호는 다양한 관련 정책수단들을 체계적으로 일관성 있게 활용함으로써 시장기구를 통하여 빠른 시일 내에 경쟁력을 갖출 수 있도록 여건을 형성하는 데 그 취지가 두어져야 함.

5) 중소기업지원제도

- 중소기업지원정책은 원활한 산업구조조정, 산업구조 기반의 확충, 전문

143) 이규억, '산업정책과 정부의 역할'(한국국제경제학회 하계정책세미나, 1996. 6), 5면.

화의 촉진 및 산업 전반의 생산성 증대에 기여할 수 있음.

- 모든 국가가 거의 예외없이 중소기업에 대한 각종 지원정책을 실시하고 있으며, WTO체제에서도 중소기업만을 대상으로 하는 대부분의 지원제도를 허용보조금에 포함하고 있음.
  - 단지 외국과의 무역에 따라 차별대우를 내용으로 하는 지원제도는 금지됨.
- 산업구조조정은 산업 간, 산업 내 그리고 기업 내 조정을 포함함.
  - 정부의 입장에서 산업 간 그리고 산업 내 조정을 위하여 기술혁신과 전문인력 양성에 지원의 비중을 둔다면, 개별 중소기업은 생산성 향상 및 고부가가치화와 같은 기업 내 조정을 추구할 수 있음.
- 또 프랑스를 비롯한 일부 유럽국가의 사례가 말해 주듯이 중소기업정책을 지역개발과 연계하여 추진할 필요가 있음.
  - 형평의 차원에서 지역 간 불균형을 해소해야 하는 과제는 정부가 담당해야 할 역할 중의 하나이며 지역개발지원은 WTO체제에서도 허용되는 보조금이기도 함.
  - 그러나 단순히 지역소득 증대를 위한 시혜적 정책의 성격을 가져서는 안 됨.
  - 그보다는 산업입지, 인적자원 및 사회간접시설 등 해당 지역의 비교우위는 물론 국내 산업구조조정 및 전문화의 촉진이라는 전반적인 고려 아래 특화산업을 선정해야 함.

6) 기술혁신 및 전문인력개발 지원

- 기술혁신 및 인력개발은 산업구조조정의 핵심요소이며, 또 정부지원정책의 가장 중요한 수단이기도 함.
- 산업구조조정의 측면에서 정부의 기술·인력개발정책은 다음과 같은 몇 가지 원칙을 전제로 할 필요가 있음.
  - 첫째 정부 – 과학 – 기업 간 원활한 협조체제가 이루어져야 함. ⇒ 독일을 비롯한 일부 국가의 예에서도 볼 수 있듯이 이 3자 간 유기적

인 협조가 진행될 때 기술잠재력의 개발이 효율적으로 이루어지며 기술기반이 확립될 수 있음.

- 둘째 시장기능에 입각한 간접적, 유인적, 한시적 성격을 띠어야 하며 해당 기업 간 경쟁을 유도할 수 있어야 함.
- 셋째 한국경제에 있어서 최대 과제의 하나인 자본재, 부품 및 소재의 국산화에 초점을 맞출 필요가 있음. ⇒ 따라서 기초기술개발은 물론 응용기술개발 및 기술의 상업화에 대한 지원을 통하여 시장을 확보해 줄 수 있어야 함.
- 넷째 한국적 현실에 맞는 지적소유권정책이 정착되어야 함. ⇒ 기술보호와 인센티브 제공에 의한 기술활동의 촉진이라는 이 정책의 취지를 살리되 산업구조고도화의 요청을 충족시킬 수 있도록 적절한 형태의 도입이 요청됨.
- 다섯째 원활한 산업구조조정을 위해서는 적극적인 인력개발·훈련정책의 추구가 요구됨. ⇒ 첨단기술이나 신기술 개발지원뿐만 아니라 사양산업화 부문에 있어서 산업 내 및 기업 내 조정을 위해서도 직업재훈련에 대한 지원이 바람직함.

7) 생산요소가격의 안정

- 생산요소가격의 안정은 산업경쟁력의 유지를 위하여 기본적인 필수요건임.
- 산업정책의 취지가 산업의 경쟁력 강화에 있다고 한다면 기업의 경쟁력은 그 전제라고 할 수 있음
  - 토지, 금융 및 임금 등 생산요소의 높은 가격은 한국 특유의 현상이라고 할 수 있음.
  - 외국에 비하여 이와 같이 높은 요소비용 추세가 지속된다면 산업정책의 실질적인 의미가 약화될 수밖에 없음.

8) 정부의 주도적 역할

- 정부의 분명한 입장이야말로 산업정책의 실효성을 판가름하는 관건임.

- 정부의 태도 및 역할에 대한 논란은 여전히 존재하고 있지만, 세계화의 추세에 맞추어 무조건 정부의 역할을 축소해야 한다는 입장은 타당하지 않다고 봄.

- 경제적 국경이 완화되고 있는 것은 사실이나 결코 사라지는 것은 아니며 이에 따라 정부의 역할은 단지 바뀔 뿐임. ⇒ 정부의 개입 혹은 불개입이 선택이 될 수는 없음.
  - 어느 선진국에 있어서도 '자유화'는 대외적 명분이며 실제로는 정부가 각종 보호정책을 실시하고 있음.

- 중요한 것은 폭넓고 신속한 정보를 바탕으로 정확한 판단과 전망을 내릴 수 있는 유능한 정부가 기업에게 분명한 메시지를 전달하는 일임. ⇒ 또 정부와 민간 간 확실한 역할분담을 정립하는 일도 정부의 몫임.

- 시장경제의 활성화라는 전제 아래 정부의 역할을 분명히 해줄 때 산업정책은 비로소 그 의미를 갖게 됨. ⇒ 아무리 대내외 여건이 변한다 하더라도 산업정책의 포기는 결코 그 대안이 될 수 없음.

(5) 한국 산업정책의 미래144)

1) 1960년대 이후 한국경제의 성과

- 한국은 본격적인 경제개발을 시작한 1962년 이래 연평균 7.3%의 괄목할 만한 성장을 기록함.
  - 1997년 말 대내외적인 요인들로 인하여 외환위기를 겪었으며, 그 이후 경제의 구조조정을 통하여 외환위기를 조기 극복하는 데에 성공하였으나 경제성장률은 2000년 이후 연평균 4.5%로 둔화됨.
  - 한편 2008년 9월 이후 미국발 금융위기로 인하여 한국경제가 또 다시 침체국면으로 들어갔는데, 정부의 선제적 대응에 힘입어 2009년 하반기부터 경기회복의 조짐이 나타날 것으로 조심스럽게 전망하고 있음.

- 1970년 한국의 1인당 GDP는 276달러에 불과하였으나 2006년 1만8천 달러

144) 이하 내용은 김원규 · 김인철(2008) 참조.

를 기록했고, 2007년에 처음으로 환율 효과(달러당 평균 929원)에 힘입어 2만 달러를 돌파(2만1655달러)했으나, 2008년에 1만9106달러로 주저앉았으며 2009년에 다시 1만6000달러대로 떨어질 것으로 전망되고 있음.

- 그러나 1인당 GDP는 주요 선진국에 비해 아직 크게 낮아 2005년 현재 경상기준으로 미국의 39%, 일본의 46%, EU 15개국의 50% 수준에 그치고 있음.

- 과거 한국의 경제성장을 성장요인별로 살펴보면, 주로 자본스톡의 증대가 큰 역할을 했던 반면, 경제 전체의 혁신을 의미하는 총요소생산성[145]의 역할은 미흡했던 것으로 나타남.

2) 한국 산업정책의 변화와 평가

- 한국은 1962년 이후 1950년대의 수입대체전략에서 탈피하여 수출주도형 성장전략으로 전환하였으며 이후 산업정책의 성격도 시대적 상황에 따라 변화를 거듭하였음.

- 한국의 산업정책은 산업구조의 고도화를 통해 경제성장에 크게 기여함.
  - 수출주력업종이 1960년대 섬유제품, 합판, 가발, 신발 등의 경공업제품에서 2006년 반도체, 승용차, 선박, 무선통신기기, 평판디스플레이 등으로 고도화됨.

- 한국의 산업정책이 산업구조 고도화와 현재의 주력산업 형성에 크게 기여한 것은 사실이나 동시에 그 과정에서 많은 시행착오가 발생한 것 또한 사실임.
  - 예를 들어 1970년대의 중화학공업 육성정책은 1980년대 산업합리화라는 거대한 조정비용을 초래하였으며, 1980년대 후반 민간주도 경제운용으로의 전환은 대내적인 구조적 문제를 확대시키면서 외환위기의 단초를 제공함.

---

145) 통상 성장요인 분석에선 인적자본은 노동에 포함되나, 여기서는 총요소생산성의 개념에 포함시켰음. 따라서 여기서의 총요소생산성은 기술진보 외에 인적자본 등 경제의 전반적인 혁신 정도를 포괄하는 개념임.

• 외환위기 이후 정부주도의 급격한 산업구조조정은 외환위기의 조기 극복에 기여하였으나 그 과정에서 막대한 공적자금이 투입되었고 경제의 성장잠재력 확충에는 크게 기여하지 못한 것으로 나타남.

- 참여정부에 들어서는 혁신주도형 경제로의 이행과 부문 간 동반발전을 적극 추진하였으나 투자 부진, 고용창출 미흡, 성장률 둔화 등이 지속되면서 정책의 가시적 성과가 미흡한 상황이었음.

〈표 10-2〉 한국 산업정책의 변화와 평가

기 간	산업정책 방향	평 가
1962~1971	경공업 위주의 수출주도형 전략	· 본격적인 경제개발 추진 · 경공업 위주 정책의 한계
1972~1980	정부주도의 중화학공업 육성	· 최근 우리 경제의 주력산업의 기틀 마련 · 중화학공업의 부실화와 저생산성 문제
1981~1985	중화학 분야의 산업합리화	· 중화학 분야의 구조조정 추진 · 산업합리화에 따른 막대한 조정비용
1986~1991	자율 · 경쟁 · 개방 체제로의 이행	· 정부의 특정산업 개입근거 폐지 · 기술개발 등 시장보완적 산업정책 추진
1992~1997	개방화와 민간주도 경제운용	· 개방화를 확대하였으나 대내적인 구조적 문제점 상존 · 외환위기의 발생
1998~2002	IMF관리체제와 산업구조조정	· 기업의 재무구조 개선에 기여하였으나 중장기 경쟁력 제고에 미흡 · 막대한 공적자금 투입 · IT산업이 주력산업으로 부상
2003~2007	혁신주도형 경제로의 전환과 부문 간 동반발전	· 혁신역량 강화에 노력 · 양극화 관련 정책의 타당성과 성과에 대한 논란 지속

3) 한국경제의 재도약을 위한 신산업정책의 비전과 기본방향

- 한국은 외환위기 이후 경제성장 둔화와 경제활력 저하를 경험하고 있음.
- 외환위기 이후 한국경제는 과거 요소투입 주도형 경제의 한계를 인식하고 혁신주도형 경제로의 전환을 추진하였으나 그 성과는 아직 미진한 상태임.
- 한편 한국경제가 직면하고 있는 세계화의 급속한 진전, 중국의 급부상, 전 세계적인 기술경쟁 심화 등은 대응방법과 노력에 따라 선진경제 진입에 위협요인이 될 수도 있고 기회요인이 될 수도 있음.
- 이러한 상황에 직면하여 한국경제가 진정한 선진경제로 진입하기 위해서는 한국경제의 재도약을 위한 신산업정책(New Industrial Policy)을 적극 추진할 필요가 있음.
- 신산업정책의 비전은 한국경제가 지식·혁신주도형 선진산업국가로 이행하는 것임.
  - 지식과 혁신을 통한 질적 향상을 경제발전의 주된 동력으로 활용함으로써 경제 전체의 업그레이드와 안정적·지속적 경제발전의 경제목표를 추구
  - 국내기업의 글로벌 지식·혁신 선도와 경제 전체의 지식·혁신 활동 참여 및 성과 공유를 정책목표로 지향
- 신산업정책의 기본방향은 지식과 혁신에 기반하여 경제 전체의 생산성 향상, 고용확대, 국민소득 증대를 이루는 것임.
- 한편 신산업정책의 특징은 개인·기업·정부의 혁신역량을 결집하여 산업발전과정의 기회요인을 최대한 활용함으로써 창조적인 지식기반의 산업발전을 도모하는 것임.
  - 첫째 생산성 향상에 의한 성장을 통하여 고용기회를 확대하고 이는 다시 인적자본의 축적을 통해 지식과 혁신을 촉진함으로써 생산성 향상을 가져오는 선순환구조를 강조함.
  - 둘째 경제 전체의 생산성 향상이 기본적으로 개별부문의 생산성 향상

과 부문 간 연계 강화에 기초하고 있기 때문에 부문별 생산성 향상을 우선시함.

- 셋째 신산업정책은 지식과 혁신 및 부문 간 생산성의 긍정적 외부효과 확산이 중요한 경제발전 수단이 되도록 활용함.
- 넷째 신산업정책은 세계화의 급진전을 지속적인 시장확대와 수익창출의 기회로 적극 활용하며, 특히 FTA와 중국의 부상을 동아시아와 세계경제에서 기술 및 시장 우위 확보의 기회로 삼음.
- 다섯째 기업가정신이 충분히 발현될 수 있도록 창조적 파괴의 원천이 되는 기업 생태계 형성에 대한 정책적 지원 체계를 갖춤으로써 신산업정책이 지향하는 지식·혁신주도형 산업국가로의 구조전환에 적합한 역동적 시장 구성을 추구함.
- 여섯째 Rodrik(2004)[146]에서 제시된 것처럼 이 모든 과정에서 정부실패와 시장실패를 최대한 방지하고 최선의 성과를 거두기 위해 상호대등한 관계하에서 민간부문과 정부부문 간의 긴밀한 공동 협력이 중시됨.[147]

4) 신산업정책의 발전전략

- 지식·혁신주도형 선진산업국가의 비전하에 경제 전체의 생산성 향상, 고용창출, 국민소득 증대를 위해서는 발전전략으로서 산업구조 고도화와 제도적 역량 강화를 추진할 필요가 있음.

- 생산성 향상과 관련하여 우선 생산성이 높거나 생산성 증가율이 높은 부문으로 자원의 배분이 원활하게 이루어져야 하고, 둘째 경제의 비중이 높은 부문의 생산성 향상 노력이 필요하며, 셋째 기업 및 제품의 진입·퇴출이 원활하게 이루어져야 함.

---

146) Rodrik, D., "Industrial Policies for the Twenty-First Century", John F. Kennedy School of Government, Harvard University, September 2004.

147) 산업정책을 보다 실용적인 관점에서 파악하려는 새로운 시각의 산업정책론은 하버드대 공공정책대학원(Kennedy School of Government)의 대니 로드릭(Dani Rodrik) 교수를 중심으로 대두되었는데, 그는 대안적 산업정책론은 시장과 정부를 대립관계가 아닌 보완관계로 보고 양자 간의 전략적 협력(strategic collaboration)에 의한 산업발전의 필요성을 주장하였음. 이와 관련하여 윤우진·김인철(2008) 참조.

• 예를 들어 향후 한국경제의 성장동력 확충 차원에서 필수적인 신기술 산업이나 동북아 및 세계분업구조상에서 역할 확대가 요구되는 부품소재산업 등으로의 자원배분이 원활히 이루어져야 할 것임.

• 또한 경제의 비중이 높은 서비스업이나 중소기업 부문에서 생산성 제고를 위한 혁신역량을 강화하면서 생산성이 높은 신규기업의 진입을 촉진하고 생산성이 낮은 기업의 원활한 퇴출을 유도하는 등 지속적인 구조조정 노력이 필요

- 언스트(Ernst)[148]는 다섯 가지 서로 다른 형태의 산업구조 고도화(industrial upgrading) – 산업 간 구조고도화, 생산요소 간 구조고도화, 소비구조의 고도화, 가치사슬구조의 고도화, 전후방 연관관계의 구조고도화-를 제시하며 경제발전을 유지시키기 위한 지속적인 산업구조 고도화의 필요성을 강조하였음.

- 한편 에이스모그루, 존슨 그리고 로빈스(Acemoglu, Johnson and Robinson)[149]은 경제성장 및 효율적인 자원배분에 있어 근본적인 요인(fundamental cause)으로서 경제적 제도(economic institutions)의 중요성을 주장하였음.

- OECD(2007)[150]는 OECD 국가들이 세계경제에서 경쟁력을 유지·강화하기 위해서는 가치사슬(value chain)상의 상위단계로 진입하는 노력이 필요하고 이를 위해서는 다양한 제도적 역량강화 전략이 필요함을 주장하였음.

  • OECD는 최근 다른 보고서[151][152]에서도 OECD 국가들의 성장과 생산성을 제고하기 위해서는 제도개혁을 위한 미시정책(micro-policies)이 중요함을 강조하였음.

---

148) Ernst, D., "Global Production Networks and Industrial Upgrading : A Knowledge-Centered Approach", East-West Center Working Papers, No. 25, May 2001.

149) Acemoglu, D., S. Johnson and J. Robinson, "Institutions as the Fundamental Cause of Long-run Growth", NBER Working Paper 10481, May 2004.

150) OECD, Staying Competitive in the Global Economy : Moving up the Value Chain, Paris, OECD, 2007.

151) OECD, Micro-policies for Growth and Productivity : Final Report, Paris, OECD, 2005.

152) OECD, Economic Policy Reforms : Going for Growth, Paris, OECD, 2006/2007.

5) 신산업정책의 핵심정책 과제

- 지식 · 혁신주도형 선진산업국가를 이루기 위해 지속적인 산업구조 고도화의 추진이 필요하며 이를 위해서는 핵심부품소재산업의 글로벌화, 신기술산업의 주력산업화, 서비스산업의 성장동력화, 중소기업의 혁신역량 강화 등이 필요함.

- 한편 세계화와 기술혁신의 시대로 대변되는 21세기 산업정책의 요체가 혁신, 인적자본, 기업가정신의 강화에 있으므로 제도적 역량을 강화하기 위해서는 산업의 혁신역량 강화, 인적자원개발의 확충, 기업가정신의 함양에 정책초점이 맞추어져야 함.

〈표 10-3〉 신산업정책의 비전과 발전전략

비 전	기본방향	발전전략	정책과제
지식 · 혁신주도형 선진산업국가	· 생산성 향상 ⇒ 혁신적이고 역동적인 산업 · 고용 증대 ⇒ 양질의 일자리를 창출하는 산업 · 국민소득증대 ⇒ 삶의 질 향상에 기여하는 산업	▶산업구조의 고도화: 신산업 창출 및 기존산업의 고부가가치화	· 부품소재산업의 글로벌화 · 신기술산업의 주력산업화 · 서비스산업의 성장동력화 · 중소기업의 혁신역량강화
		▶제도적 역량의 강화: 생산성 향상을 위한 혁신환경 조성	· 산업혁신 역량 강화 · 인적자원개발 확충 · 기업가정신의 함양

6) 지식·혁신주도형 녹색성장 산업발전전략[153)]

- MB정부는 실물경제로 전이되고 있는 경제위기 극복의 계기를 마련하는 동시에 경제의 성장잠재력을 확충하기 위한 중장기 전략체계를 발표하였음.

---

153) 이하 내용은 지식경제부(2008) 참조.

• 지식경제부는 2008년 12월 2일 《지식 · 혁신주도형 녹색성장 산업발전전략》 발표회를 개최하였음.

• 지난 2008년 8월 《국가에너지 기본계획》, 9월 《그린에너지산업 발전전략》 발표에 이어 이번 《녹색성장 산업발전전략》의 발표를 통해 녹색성장을 위한 산업 · 에너지부문의 밑그림이 완성되었음.

- 금융부문에서 비롯된 경제위기의 해법을 실물부문 활성화에서 찾고, 기후변화에 취약한 에너지 다소비형 산업구조를 동시에 해결하여 우리경제가 지속 가능한 성장을 달성하기 위해서는 그간의 산업발전전략에 대한 수정이 불가피하였음.

〈표 10-4〉 지식·혁신주도형 녹색성장 산업발전전략 비전 및 체계

비전	목표	핵심 주력산업의 녹색혁신 -Green Innovation-	저탄소형 산업구조 재설계 -Green Restructuring-	가치사슬의 녹색변환 달성 -Green Value Chain-
지식 · 혁신주도형 저탄소 녹색산업 강국	'3G 9-6-6 전략'을 통한 산업부문 녹색변환 (Green Transfor-mation) 완성	▶철강 : 공정혁신을 통한 에너지효율 세계 1위 달성 ▶석유화학 : Eco-산업단지를 위한 Combinat Tech Pro. 추진 ▶섬유패션 : 초경량 그린 섬유소재 산업화 실현 ▶자동차 : 2013년 에너지절약형 저탄소 플러그인차 상용화 ▶조선해양 : 미래형 신개념 선박 · 해양시스템 개발 ▶일반기계 : 고효율 청정 생산기반 구축 ▶반도체 : 초저전력 고효율 그린 반도체 개발 ▶Display : Aqua-Green Window Display 시장선점 ▶가전 : E&E(Energy Saving & Ecology) Project 추진	① 지식 서비스 산업 육성 및 녹색화 ② Green Ocean 발굴 · 육성 ③ 지식경제 R&D 시스템의 혁신 ④ 지식재산의 창출 · 활용 ⑤ 기후변화 대응 지원 ⑥ 녹색경영 활성화	① Green Standard 정립 ② Green IT 추진 ③ Green Hub Korea 구축 ④ 녹색 유통 · 물류 혁신 ⑤ 국제환경 규범과 시장확대 ⑥ 산업계 자원 생산성 혁신

- '환경시대의 산업발전 패러다임'은 핵심 주력산업과 에너지·환경 기술 간 융합을 통해 친환경 사업영역을 발굴함으로써 '새로운 성장동력을 창출'하고, 산업의 환경친화적 전환을 통해 환경과 경제가 선순환하는 '지속 가능한 성장'을 달성하는 것임.
- 《지식·혁신주도형 녹색성장 산업발전전략》은 '3G 9-6-6 전략' 체계로 구성
  - 핵심 주력산업의 녹색혁신(Green Innovation) : 주력산업과 녹색기술의 융합을 통해 전 산업의 녹색산업화를 촉진하여 단시간 내에 녹색산업의 선두주자로 발돋움하는 것을 목표로 9개 산업별 전략으로 구성
  - 저탄소형 산업구조 재설계(Green Restructuring) : 산업구조 고도화, 지식기반경제로 이행, 에너지효율 향상 및 온실가스 감축 등을 통해 저탄소형으로 산업구조를 재설계할 수 있도록 6개 기능별 전략으로 구성
  - 가치사슬의 녹색변환 달성(Green Value Chain) : '생산 – 물류 – 마케팅– 서비스 – 재자원화'에 이르는 가치사슬 전 과정의 친환경화를 통한 전 산업의 녹색화 기반조성을 위한 6개 기능별 전략으로 구성

참|고|자|료

(1) 김세원·안세영(2003), 《산업정책론》, 박영사.
(2) 이갑수(2007), 《글로벌시대의 산업정책론》, 도서출판 대명.
(3) 산업자원부(2007), "산업정책의 대전환 : 빠른 추종자 전략에서 혁신 주도자 전략으로", 산업자원부 보도자료, 2007. 9. 4.
(4) 강두용(2007), "산업정책과 복지정책의 연계 강화 필요", 《e-kiet 산업경제정보》, 산업연구원, 2007. 4. 26.
(5) 김원규·김인철(2008), "한국 산업정책의 과거와 현재 그리고 미래", 《e-kiet 산업경제정보》, 산업연구원, 2008. 1. 30.
(6) 윤우진·김인철(2008), "산업정책의 새로운 패러다임과 시사점", 《e-kiet 산업경제정보》, 산업연구원, 2008. 1. 4.
(7) 지식경제부(2008), "'녹색드라이브' 정책의 본격 추진", 지식경제부 보도자료, 2008. 12. 3.

제Ⅱ편

시사경제 초점

1_리디노미네이션(화폐단위 변경)
2_외환보유고를 어떻게 볼 것인가
3_미국의 중앙은행
4_금리인하와 유가상승의 관련성
5_키코가 문제가 되는 이유
6_미국발(發) 금융위기
7_국제수지의 이해
8_원산지 기준
9_환율의 이해
10_거품과 경제
11_BIS비율
12_핫머니
13_자유무역협정(FTA)
14_파생금융상품
15_국부펀드
16_브레튼우즈 체제 변화의 움직임
17_금리·주가·환율의 상호관계
18_세계화의 의미
19_외국인 직접투자
20_녹색성장

1

리디노미네이션(화폐단위 변경)

(1) 우리나라 리디노미네이션의 역사

- 그동안 우리나라는 두 차례 화폐개혁(리디노미네이션)을 단행
  - 1953년 100원(한자 '圓')을 1환으로 변경했고, 1962년에는 10환을 1원(한글 '원')으로 바꿨음.
  - 이후 46년간 이 시스템이 유지되고 있음.
- 한은은 박승 총재 시절인 2004년 리디노미네이션을 추진한 바 있으나 참여정부 시절 청와대는 처음에는 찬성했으나 재정경제부가 반대하자 철회하고 고액권만 발행하는 것으로 정리했음.
- 그러나 최근(2009년) 임태희 한나라당 정책위 의장이 여러 차례에 걸쳐 리디노미네이션의 필요성을 강조하면서 논의가 수면 위로 부상

(2) 우리나라의 현황

- 한나라당이 '리디노미네이션(화폐단위 변경)'을 추진키로 방침을 정한 가운데 2년 전(2006년) 그 대안으로 나왔던 10만원짜리 고액권 발행이 거의 백지화되면서 우리나라 역사상 세 번째 화폐 개혁이 현실화할지 주목되고 있음.
  - 고액권 발행은 한은이 주체인 반면, 리디노미네이션은 정부가 결정권을 쥐고 있음. ⇒ 고액권 등 신규 화폐의 발행은 한국은행법상 한은이 정부의 승인만 얻으면 할 수 있지만, 화폐 단위 변경은 긴급통화조치법과 한은법을 비롯한 다양한 법률의 손질이 필요하기 때문임.
- 그동안 여러 차례 리디노미네이션의 필요성을 주장해 온 한국은행은 여

건만 되면 언제든지 실무 작업에 착수할 수 있다는 입장임.

(3) 리디노미네이션이란

1) 짐바브웨의 사례

- 살인적인 인플레이션으로 신음하는 아프리카 짐바브웨 ⇒ 최근에 리디노미네이션 단행
  - 저녁 한 끼 식사비 12억 짐바브웨달러, 음료수 한 잔이 2억8000만 짐바브웨달러 ⇒ 음료수 한 잔 마시려면 돈을 차에 싣고 다녀야 할 판
  - 화폐 단위가 이처럼 커지면 각종 거래비용, 표기비용 등 사회적 손실이 발생 ⇒ 2008년 7월 짐바브웨 소비자물가 상승률은 1126만8758%에 달했음.
  - 짐바브웨는 2008년 7월, 100억 달러를 1달러로 바꾸는 리디노미네이션을 단행

2) 의 미

- 리디노미네이션(redenomination)은 물가상승 등으로 지나치게 부풀어 있는 화폐의 가치를 100배 또는 1000배 등으로 높이는 것을 말함.
  - 즉 화폐의 액면 단위를 낮추는 것을 말함.
  - 우리나라에 적용한다면 지금의 1000원을 1원 또는 10원으로 만들고 이에 맞춰 모든 화폐를 완전히 새롭게 찍어내게 됨.

(4) 리디노미네이션의 추진 이유 및 문제점

1) 추진 이유

- 금융·실물 거래의 단위가 지나치게 커졌음.
  - 우리나라의 경우 짐바브웨처럼 극심한 인플레이션 때문은 아니지만, 국가 경제 성장에 따른 자연스러운 화폐 개혁이 단행될 필요가 있음.

• 만원권이 처음 나온 것이 1973년인데, 그 당시와 지금의 물가 및 국민 소득을 비교할 때 지금의 만원과 1973년의 만원의 가치는 현저히 차이가 날 수밖에 없음.

- 매년 10만원권 수표 발행에 들어가는 비용 및 새로운 고액권 화폐 발행에 소모되는 비용 절감 차원에서라도 리디노미네이션의 추진이 나을 수 있음.

- 1달러는 2009년 2월 6일 현재 대략 1380원 선에서 거래되고 있는데, 만약 우리나라에서 화폐 개혁이 단행되어 1달러가 1.38원에 거래된다고 하면 외환 투자 상품을 활용해 수익을 얻는 투자자 입장에서도 달러 및 다른 나라 화폐와 원화의 가치를 계산할 때 더욱 편리할 것임.

- 우리 돈에 국격(國格)에 맞는 가치를 부여할 필요가 있음.[154]

  • 국내 금융자산의 총액이 2009년이면 1경(京 : 1조의 1만 배)을 넘어설 것으로 보이는 등 과도하게 치솟은 화폐 단위의 거품을 해소해야 한다는 것임.

- 10만원권 발행이 사실상 좌절되고 원화가치가 외국 화폐와 비교해 떨어진 상황에서 리디노미네이션을 통해 물가상승률을 잡고 경제 기조도 안정적으로 유지할 수 있다는 기대 때문(한나라당 정책위의장의 추진 필요성 입장에 대한 평가)

2) 문제점

- 한은은 리디노미네이션 추진 시 5조~6조원이 들 것으로 추산.

- 가장 큰 난제는 기업과 금융기관 등의 모든 전산 프로그램을 수정하는 것으로 여기에만 최대 3조원이 소요될 것으로 보고 있음.

---

154) 2009년 2월 6일 현재 달러·원 환율은 1원이 0.00072달러임. 이렇게 되는 게 맞긴 하지만, 좀 당황스럽게 느껴지기도 할 것임. 이에 대한 반응으로 우리나라가 '후진국 같다'는 말이 가장 집약적이면서도 솔직한 답이라고 할 수도 있을 것임. 따라서 한국의 위상을 높이려면 거시적 대응의 일환으로 '리디노미네이션'도 하나의 방법이 될 수 있을 것임.

3) 전문가 시각

- 대체로 리디노미네이션의 필요성에 대해 공감
  - 언론사의 설문조사에서 금융기관 최고경영자의 절반가량이 "이명박 정부에서 리디노미네이션을 해야 한다"고 응답
- 그러나 인플레의 충격 등 부작용을 최소화하는 것이 중요하고 지금과 같은 글로벌 경기둔화 상황에서 추진하는 것이 타당한지 등은 좀 더 연구가 필요(신민영 LG경제연구원 금융연구실장의 지적) ⇒ 추진시점의 적절한 선택이 중요

(5) 리디노미네이션의 장점과 단점

- 리디노미네이션의 장점과 단점을 간략하게 정리하면 아래 표와 같음.

〈표 시1-1〉 리디노미네이션의 장점과 단점

장 점	단 점
· 거래 편의가 높아지고 회계장부 기장이 간편해짐 · 통화의 대외적 위상 제고 및 이에 따른 환율 안정성 증대 · 화폐 교환을 거치기 때문에 지하자금 양성화 · 활용도 낮은 동전의 발행 필요성 감소	· 기업과 금융기관 등 전산 시스템의 총체적인 변경 · 새 화폐 발행 및 시중은행 현금출금기(ATM) 등 자동화기기 개보수 비용 · 화폐 단위 착시에 따른 과소비의 가능성 · 우수리 절상 등에 의한 물가상승 가능성

참 | 고 | 자 | 료

(1) 2008. 11. 12., 《서울신문》
(2) 2008. 10. 23., 《아시아투데이》
(3) 2008. 10. 24., 《매일경제》
(4) 2009. 2. 6., 《머니투데이》

2 외환보유고를 어떻게 볼 것인가

(1) 외환보유고란

- 일정시점에서 한 나라의 외화규모가 얼마인지를 따져 보는 것이 외환보유고이며, 나라마다 적정 외환보유고를 유지하려고 노력하고 있음.
  - 외환은 어떤 나라 또는 경제주체와 무역 또는 자본 거래를 하면서 들고 나가는 과정을 거치면서 쌓이는데, 수입보다 수출이 많거나 자본의 유출보다 유입이 많을 경우 외화는 늘어날 것임.
- 외환 투기 및 경제적 충격으로부터 환율이 급변하는 것을 막기 위해 정부 및 중앙은행이 보유하는 대외지급준비자산임.
  - 비상금의 성격이기 때문에 현금성자산으로 보유하거나 안정성과 환금성이 높은 선진국의 국채에 주로 투자[155]
- 우리나라의 외환보유고 수준은 2008년 6월말 기준 세계 6위[156]
  - 중국이 1위, 그리고 일본, 러시아, 인도, 대만 순임.
  - 대외무역 의존도나 국제거래 시 달러결제 의존도가 높은 아시아 국가

---

155) 미국 달러화나 유로화 또는 일본 엔화나 영국 파운드화 등 선진국 통화표시 자산을 대상으로 운용함. 신용이 양호하지 않은 투자부적격채권이나 해외부동산 등 실물자산은 투자대상에서 제외. 그런데 최근에는 우리나라의 외환보유액이 크게 증가하면서 수익성을 보다 높이는 일도 중요시되고 있음.

156) 외환보유액을 국가의 비상금이라고 본다면 1997년 말의 외환위기도 결국은 국가의 비상금이 부족해서 일어난 일이라 할 수 있음. 과거 우리나라의 외환보유액 추이와 관련하여 외환위기 직전인 1997년 11월말 우리나라의 외환보유액은 73억 달러에 불과. 이로 인해 우리나라는 IMF 등으로부터 200억 달러 내외의 자금을 차입해야 하는 외환위기를 겪게 되었음. 이후 우리나라는 2001년 8월에 IMF로부터의 차입금을 모두 상환한 데 이어 2005년 2월말에 2000억 달러를 돌파하고 2007년 4월말에는 2472억 달러에 이르게 되었음. 이는 중국(3월말 기준, 1조2020억 달러), 일본(9090억 달러), 러시아(3388억 달러), 대만(2675억 달러)에 이어 세계 제5위에 해당하는 규모였음.

들은 환투기세력의 타깃이 되기 싫고 급격한 환율 변동이 경제에 미치는 영향도 커 외환보유고를 많이 보유하여 유사시를 대비하려 함.157)

(2) 외환보유액의 보유 목적

- 이는 크게 세 가지로 요약할 수 있는데, 첫째 국가의 비상금으로 활용하기 위해, 둘째 환율을 안정시키기 위해, 셋째 국가신인도를 높일 수 있기 때문
  - 외환보유액을 충분히 보유하면 만일의 외환부족 사태를 사전에 방지하는 완충장치 역할을 함으로써 외환위기의 발생 가능성을 크게 줄일 수 있음.
  - 외환보유액은 외환시장에 외화가 부족하여 환율이 가파르게 상승할 경우 시장 안정을 위해서도 사용할 수 있음.
  - 또한 외환보유액이 충분하면 국가의 대외신인도가 높아져 민간기업 및 금융기관이 해외로부터 자금을 조달할 때보다 유리한 조건으로 할 수 있게 해줌.
  - 그 외에도 외국인투자를 촉진하는 효과를 기대할 수 있음.

---

157) 외환보유액을 국가의 비상금에 비유할 수 있는데, 국가경제의 변동성이 크지 않고 항상 안정적이라면 많은 비상금이 필요 없을 것임. 실제로 서구 선진국들은 국가신인도가 높고 자국통화가 국제적으로 널리 사용되므로 외환보유액 규모가 크지 않음. 반면 아시아 국가의 경우 국가안전 차원 이외에도 환율을 적정수준으로 유지하기 위해서도 외환보유액 규모가 서구 선진국에 비해 매우 큼. 우리나라의 경우도 외환보유액 규모가 상당히 커 그 운용 내역이 크게 변동될 경우 국제금융시장에 충격을 줄 정도라 할 수 있음. 지난 2005년 2월 우리나라의 중앙은행인 한국은행 총재가 국회에서 미국 달러화 보유비중을 줄이고 유로화 비중을 확대할 필요가 있다는 요지의 발언을 한 적이 있는데, 이 사실이 알려지자 국제금융시장에서는 우리나라가 달러표시 자산을 점차 매각할 것으로 예상하여 달러화 가치가 크게 하락한 바 있음(이를 'BOK 쇼크'라고도 함). 한편 아시아 국가들의 외환보유액이 지속적으로 증가하는 것은 수출 중심의 경제구조 때문이기도 함. 미국과의 무역거래가 많은 아시아 국가 입장에서 미국이 대규모 경상수지 적자(2006년 중 약 7600억 달러)로 인해 미국 달러화의 가치가 떨어지면(예를 들어 1달러당 원화 환율이 1000원에서 900원으로 하락) 수출에 차질이 발생하게 됨. 따라서 아시아 국가들은 수출로 번 외화(외환보유액 증가)로 미국 국채 등의 금융상품에 투자하여 미국 달러화 가치가 너무 떨어지지 않도록(즉 환율이 적정수준에서 균형을 이루도록) 노력하는 것임.

(3) 적정 외환보유고

- 외환보유고가 무조건 많아 넘쳐나는 것이 좋은 것만은 아님.
- 적정 외환보유액의 추정기준158)
  - 통상 세 가지 기준에 의해 추정하는데, 첫째 평균 3개월 수입금액(경상거래 기준), 둘째 1년 안에 만기가 도래하는 외채의 합(자본거래 기준), 셋째 3개월 수입금액과 유동외채의 합, 또는 여기에 자본도피 가능성까지 포함
- 2008년 7월말 현재 외환보유고가 약 2475억 달러로 한 달 새 약 106억 달러 감소
  - 이에 대해 현대경제연구원은 첫째나 둘째 기준으로는 아직 여유가 있으나, 경상거래와 자본거래를 모두 포함한 셋째 기준으로는 568억 달러 부족하고 자본도피 상황까지 가정하면 부족분이 2천억 달러에 이를 수 있다고 진단
- 결과적으로 적정 외환보유액이 어떤 수준인가에 대해 일의적으로 정의된 것은 없는데, 다만 그 규모는 그 나라의 여러 사정을 총체적으로 반영한 것이라 할 수 있음.
  - 우리나라와 같이 높은 무역의존도, 금융위기를 겪었던 경험, 북한 핵

158) 외환보유액을 어느 정도 가지고 있는 것이 바람직한지는 각 나라의 환율제도, 자본자유화 정도 및 외채규모 등 경제여건에 따라 달라질 수 있음. 따라서 일률적으로 적용할 수 있는 기준을 제시하기는 곤란. 그러나 이론적으로는 여러 방법이 이용되는데 일반적으로는 외환수급과 관련된 주요 지표를 토대로 산출하는 방법(지표접근법)이 가장 많이 이용되고 있음. 지표접근법 중에서 많이 이용되는 방법으로는 (1) 연간 경상지급액(수입+서비스)의 25% 또는 (2) 유동외채+거주자 자본도피 예상액을 들 수 있음. 이들 방법은 IMF가 제시(각각 1953년 및 2001년)한 기준이나 최근과 같이 국가 간 거래가 활발한 시대에는 적절한 기준으로 보기 어려운 점이 있음. 한편 2004년에 국제결제은행(BIS)이 제시한 기준으로 (3) 3~6개월 수입액+유동외채+외국인 주식투자자금 유출액+국내은행 외화예금 인출액+현지금융을 들 수 있음. 한편 우리나라가 가지고 있는 외환보유액이 적정수준인지 여부는 BIS가 제시한 기준을 토대로 경상적인 외환지급 규모나 위기발생 시 유출 가능한 외화규모 등을 고려할 때 충분한 것으로 평가되고 있음(2007년 4월말 기준 2472억 달러임). 그러나 남북분단이라는 우리나라의 특수성과 충분한 외환보유액은 대외신인도 제고에 도움이 된다는 점 등을 고려할 때 여유 있게 보유하는 것이 바람직하다고 하겠음.

등과 같은 지정학적 요인들까지 고려한다면 적정 외환보유고 수준은 달라질 수 있음.

(4) 외환보유고가 많을 때의 장점

1) 빚 걱정에서 자유로워

- 마치 개인이 적정 예금을 은행에 넣어 두고 있어 예측치 못한 위험에 대비하여 저축한 돈을 헐어서 쓸 수 있는 이치와 같다고 보면 됨.
- 외국과의 금전적 결제가 안 된다면, 당장 우리에게 필요한 물건을 사서 쓸 수가 없음.
- 석유 수입을 결제할 돈이 없다면 자동차 운행은 물론 공장까지도 가동할 수 없는 사태가 발생할 것임.

2) 국제거래에서 신용도 향상

- 외환보유고가 많다는 것은 그만큼 외화를 융통할 능력이 있기 때문에 국제거래에서의 신용도를 높일 수 있음.

3) 안전성 도모

- 외환보유고가 많으면 예상치 못한 외국자본의 유출에 대비할 수 있어 안전성을 도모할 수 있음.
  - 특히 우리나라의 경우는 IMF 외환위기를 겪었기 때문에 경제위기 재발 방지를 위해서 더 많은 외환보유액을 보유하는 것이 안전하다는 인식이 내재하고 있을지 모름.

(5) 외환보유고가 많을 때의 단점

1) 이자수입 등의 기회 소멸

- 우선 외화를 다른 곳에 투자해서 벌어들일 수 있는 이자수입 등의 기회가 없어짐.
  - 물론 수익이 나는 투자처를 찾아 나설 수 있으나 투자의 위험성이 있으며, 특성상 저위험 상품에 주로 투자되기 때문에 수익도 높지 않아 자금운용의 효율성이 떨어짐.

2) 외환의 가치하락 시 부작용 발생

- 보유하고 있는 외환(주로 달러화)의 가치가 하락하는 경우인데, 이는 환 리스크에 해당하며 또한 외환당국이 달러를 사들이면서 원화가 시중에 많이 풀리면 물가가 상승(인플레이션 리스크)할 수 있는데, 이 경우 시중통화를 흡수하기 위해 발행한 통화안정증권 이자 등 관리비용도 만만치 않음.

(6) 최근 외환보유고의 급감 이유

- 기획재정부와 한국은행은 고유가로 인한 수입물가상승을 고물가의 주범으로 지목하고 달러가치를 끌어내려서라도 물가를 안정시키겠다는 취지에서 달러를 시장에 내다팔기 시작했음.
  - 2008년 7월 8일 이후 한 달 동안 약 150억 달러가 시장에 풀린 것으로 추측되고 있음.
  - 애초에 환율이 오른 이유는 정부가 경제운용기조를 물가보다는 성장률에 무게중심을 두고 수출을 늘리기 위해 원화약세를 유도했기 때문인데, 이로 인해 환율이 오르자 경제운용기조를 물가 관리 쪽으로 전환하면서 이제는 환율 끌어내리기가 필요해진 것임.
- 환율 방어 수단으로서의 외환보유고 활용의 한계

- 달러당 1,050.40원(2008년 7월 4일 종가)까지 올랐던 환율은 1,020원대 미만(2008년 8월 7일 종가 1,016.50원)으로 안정되면서 단기적으로는 효과를 봤다는 게 일반적 평가이나 환율이 다시 상승세를 보이면서 앞으로도 계속 올라갈 것이라는 의견이 지배적
- 환율시장 개입의 한계를 인식한 듯 한국은행은 환율개입에서 손을 떼려는 모습을 보이는 반면, 기획재정부는 고환율을 용인할 수 없어 환율시장 개입은 불가피하다는 입장을 고수

(7) 종합적 견해

- 2008년 12월에 접어들어 기획재정부 안팎에서는 외환보유액 2천억 달러를 유지하는 것이 사실상 어렵다는 시각이 지배적
  - 은행 외자 조달이 막힌 상황에서 유동성 지원을 계속해야 하는 만큼 보유액 사용이 불가피
  - 결국 근본적인 대책은 경상수지가 흑자로 돌아서서 달러를 더 많이 벌어와야 한다는 것뿐임. ⇒ 글로벌 경기침체 상황에서 수출을 늘리는 것이 쉽지는 않겠지만 다른 나라와 통화스왑 증대를 통해 외환보유액을 지키는 것 또한 미봉책이기 때문
- 이와 관련하여 금융 전문가들은 정책당국이 가장 유념해야 할 변수가 금리나 유동성이 아니라 환율임을 강조
  - 2008년 12월초 환율이 비정상적인 시장상황을 감안해도 단기적으로 '오버슈팅'[159]이라는 시각은 어느 정도 공감대가 있음.

---

159) 경제 변수에는 여러 가지가 있지만 그중에서도 상대적으로 빠르게 변하는 변수와 느리게 변하는 변수로 나누어 볼 수가 있음. 물가는 상대적으로 느리게 변하는 변수(이를 저속 변수라 부르자)의 대표적인 예이고 환율이나 주가는 상대적으로 빠르게 변하는 변수들임(이를 고속 변수라 부르자). 경제학자 돈부시는 그의 논문에서 고속 변수인 환율과 저속 변수인 물가의 움직임을 분석하면서 저속 변수의 변화가 매우 느리기 때문에 고속 변수가 오버 슈팅할 수 있다는 분석을 제시하였음. 예를 들어 현재 환율의 수준과 물가 수준이 각각 100이라 하자. 그런데 정부가 통화량을 증가시키는 등 확장 정책이 나오면서 환율과 물가 수준의 새로운 균형이 각각 200이 되어야 하는 상황이 도래했다고 하자. 그런데 물가는 저속으로 변하고 환율은 고속으로 변하기 때문에 새로운 균형으로 가는 과정에서 특이한 상황이 발생함. 물가가 100 근처에서 서서히 오를 준비를 하는 과정에서 환율은 예를 들어 300까지 올라간다는 것임. 그러고 나서 시

• 비정상적인 원화 약세가 지속되면서 달러가 시장에 나오지 않는 악순환이 이어지고 있다는 분석

- 외환보유고의 고유기능은 환율방어이기 때문에 외환당국의 환율시장 개입은 불가피하나 이러한 개입은 제때 제대로 행해지지 않는다면 부작용만 낳게 됨.

- 어떠한 이유에서든 국민들의 불안감을 야기하는 정책은 비판에서 자유로울 수 없음.
  • 전문가들은 '환율수준 자체는 시장에 맡기고 정부는 미세조정 차원에 머무를 것'을 주문

참 | 고 | 자 | 료

(1) 안선경(2007), "외환보유고가 많으면 좋지 않나요?", 《"click" 경제교육》, 한국개발연구원, 2007. 4.

(2) 안형순(2007), "국가경제의 비상금이라 할 수 있는 외환보유액", 한국은행 경제교육(풀어 쓴 생활경제), 2007. 6. 4.

(3) 이지은(2008), "외환보유고가 급감했다고?", 《"click" 경제교육》, 한국개발연구원, 2008. 9.

(4) 박덕배(2008), "순채무국 전환의 파장과 대응 : 외환보유고 적정관리 필요하다", 《한국경제주평》, 통권 304호, 현대경제연구원, 2008. 7.

(5) 2008. 12. 4., 《매일경제》

간이 지나면서 물가는 서서히 오르게 되고 환율은 오히려 떨어지면서 200 수준을 찾아가는 것임. 환율이 100에서 200까지 가는 것이 정상인데 200을 넘어 300까지 갔다가 200으로 떨어지는 모습이 나타나는 것처럼 고속 변수가 균형을 찾는 과정에서 균형수준을 넘어 급등하거나 급락하는 현상을 오버 슈팅이라 함. 거꾸로 200에서 100까지 조정되어야 할 상황에서는 50까지 내려갔다가 100으로 올라오는 과정에서 균형수준을 지나치면서 떨어져 버리는 현상을 언더 슈팅이라고 부르기도 함(물론 균형을 초과하여 오르거나 떨어지는 현상을 오버 슈팅이라는 용어로 총괄해 부르는 것이 일반적이기는 하다). 결국 돈부시는 환율의 오버슈팅 현상이 나타나는 이유 중 하나로 환율은 고속 변수이고 물가는 저속 변수이므로 저속 변수가 상대적으로 천천히 움직이는 과정에서 고속 변수에 오버슈팅 현상이 발생함을 지적한 것임.

3

미국의 중앙은행

(1) FRB

1) FRB란

- FRB는 미국의 중앙은행, 우리로 치면 한국은행과 같은 곳
  - 특히 미국이 세계경제의 4분의1 이상을 차지하고 있기 때문에 FRB가 세계 금융시장을 좌우할 만큼 영향력이 크고 유명함.
- 2007년부터 문제가 된 서브프라임(신용도가 낮은 사람들에게 주택 구입자금으로 나간 대출) 사태를 수습하기 위해 FRB는 2008년에 접어들어 위기에 처한 금융기관에게 신속하게 자금을 공급함으로써 위기해결사로서 또다시 세계의 주목을 받았음.
  - 그래서 FRB 의장을 종종 세계의 경제대통령이라고 부르기도 함.

2) FRB의 구성

- FRB를 제대로 알려면 먼저 '연방준비제도(Federal Reserve System)'라 불리는 미국의 독특한 통화정책 시스템을 이해해야 함.
- 미국은 50개 주로 이뤄진 연방국가로서 저마다 독립된 작은 정부를 지향하는 주들은 지역마다 '연방중앙은행(Federal Reserve Banks)'을 가지고 있으며 수도 워싱턴에 위치한 '연방준비제도이사회(Board of Governors of Federal Reserve Banks)'는 바로 이 지역 연방준비은행들의 본점 격인 셈
- 그리고 이 본점 안에서 금리를 결정하기 위해 열리는 회의가 우리나라

의 금융통화위원회 격인 '연방공개시장위원회(Federal Open Market Committee)'[160]임.

- 정리하면 미국의 연방준비제도는 지급준비율과 대출정책, 금융기관 감독 등을 결정하는 연방준비제도이사회와 금리수준을 조절하는 연방공개시장위원회(FOMC), 이러한 정책을 집행하고 화폐공급과 금융기관 검사 등을 담당하는 지역 연방준비은행으로 구성되어 있음.
- 연방준비제도를 미국 등 영어권에서는 흔히 'Fed'로 약칭하지만, 한국과 일본 등에서는 연방준비제도와 연방준비제도이사회를 구분하지 않고 통상 FRB라 부르고 있음(편의상 연방준비제도이사회를 FRB라 부르기도 함).

(2) 연방준비제도는 왜 이렇게 복잡할까?

- 견제와 균형을 중시하는 미국의 문화에서 비롯
- FRB를 탄생시킨 연방준비법(Federal Reserve Act)이 제정된 1913년까지 미국에는 중앙집권적인 중앙은행을 원하는 사람과 반대하는 사람, 중앙은행이 정부조직이어야 한다는 사람과 민간조직이어야 한다는 사람들의 주장이 대립하였음.
- 전통적으로 권한이 집중되는 것을 꺼리는 연방국가의 속성상, 그래서 다른 나라처럼 '미국은행' 식의 단일 중앙은행 대신 연방준비제도가 탄생하게 되었음.

---

160) FOMC(연방공개시장위원회)의 구성 : FOMC는 FRB 의장과 부의장을 포함한 7명의 FRB 이사, 뉴욕 지역 연방준비은행 총재와 나머지 11개 지역 연준에서 순번제로 4명의 지역 연준 총재들이 참석해서 총 12명으로 구성됨. 12명이 다수결로 금리 목표를 정함. FRB 의장이 FOMC 의장이 되고 뉴욕 연준에서 실제적인 공개시장 조작을 실시하기 때문에 뉴욕 연준 총재가 FOMC 부의장이 됨. 보통 1년에 6주 간격으로 8번 정기회의를 하는데, 급히 금리를 조절할 필요가 있을 때에는 수시로 회의를 개최함. FOMC는 상당한 수준의 독립성을 보장받음. 중앙은행의 독립성을 보장하기 위해 설사 대통령이라 할지라도 FRB의 결정을 번복할 수 없음. FOMC에 참여하는 FRB 이사의 임기는 14년(단, FRB 의장은 4년)이나 되고 2년마다 1명씩 교체되도록 정해놓아서 한꺼번에 이사진을 교체할 수 없도록 하는 등 FRB가 단기적이고 정치적인 이해관계에 얽매이지 않도록 법적으로 보장하고 있음. 통화정책은 정치색을 타는 선출직보다 중립적인 전문가 집단에 맡기는 것이 사회적으로 더 이익이라는 경험의 산물이라 하겠음.

- 연준법에 따라 미국을 12개 지역으로 나누고 각 지역마다 민간 상업은행이 주주인 연방준비은행을 설립하는 한편, 12개 지역은행을 관리·감독하는 기관으로 FRB를 둔 것임.
- 지역 연방준비은행이 주식회사 형태인 데서 보듯이 미국연방준비제도는 정부와 민간 성격이 혼재하도록 설계되었음.
- 출범 당시 FRB의 결정은 지역 연방준비은행을 구속할 만큼 강력하지 못했는데, 20년이 지난 1930년대에 와서야 이사회가 지급준비율, 재할인율 결정 등의 주요 권한을 갖게 되고 지역 연방준비은행을 지점처럼 거느림으로써 실질적 중앙은행의 역할을 수행하게 되었음.

(3) FOMC의 역할

- FOMC는 미국 연방공개시장위원회로서 Federal Open Market Committee의 약자
  - 연방준비제도이사회의 산하기구로서 FOMC Meeting은 시장을 직접적으로 움직일 수 있는 지표 중 하나가 됨.
  - 다시 말해 연방공개시장위원회의 모임이 있고 발표를 하는 날에는 많은 가격변동이 생김으로써 경제상황에 영향력이 큰 기관임.
- FOMC는 보통 정책금리라 불리는 '페더럴펀드 금리(federal funds rate)'의 목표를 결정함.
- 은행은 예금자들이 수시로 예금을 찾을 것에 대비해 예금의 일정비율을 지역 연방준비은행에 보관해야 하는데 이를 지급준비금이라고 함.
- 어떤 은행이 일시적으로 지급준비금이 부족한 경우, 여유자금을 가진 은행에게 자금을 빌려줄 것을 요청할 수 있는데 이때 적용되는 금리를 페더럴펀드 금리라고 함.
  - 여기서 페더럴펀드는 두 은행이 협의해서 결정되고 보통 담보가 없는 하루짜리 자금임.
- FOMC는 페더럴펀드 금리의 목표를 정하고 이에 맞게 국공채 등을 금융

기관과 매매함으로써 페더럴펀드 금리가 FOMC의 목표수준에서 움직이도록 하고 있음.

(4) 금리조정이 경제에 미치는 영향

- FOMC가 페더럴펀드 금리를 조정하면 채권금리, 시중 은행의 예금금리, 대출 금리 등이 짧은 기간에 잇달아 변동됨.
  - 금리의 '국가대표' 격인 페더럴펀드 금리가 올라가면 다른 금리들도 올라가고, 내리면 다른 금리도 내리는 식임.
- 이런 과정을 통해 페더럴펀드 금리 조정은 가계의 소비, 기업의 생산 및 투자활동은 물론, 수출입, 물가 등 경제 전반에 걸쳐 큰 영향을 미침.
- 가계와 기업의 반응을 통해 물가에 영향을 줌.
  - 기업들은 주로 은행에서 돈을 빌려 공장을 짓고 생산에 필요한 기계와 장비를 구입하는데, 금리가 올라가게 되면 그만큼 기업의 투자여건이 나빠지고 반대로 금리가 내려가면 투자여건이 좋아질 것임.
  - 일반가정도 마찬가지로 금리가 올라가면 돈의 값어치가 높아진 셈이므로 사람들은 굳이 소비나 투자를 하기보다는 저축을 해야겠다는 생각이 더 강하게 들 것임.
  - 이처럼 금리가 움직이면서 투자와 소비가 늘거나 줄게 되면 생산이 변동하고 결국에는 물가도 영향을 받게 됨.

참 | 고 | 자 | 료

(1) 권태율(2008), "FRB는 뭐 하는 곳인가요", 한국은행 경제교육(풀어쓴 생활경제), 2008. 8. 29.

4

금리인하와 유가상승의 관련성

(1) 금리인하와 경제성장

- 금리인하는 경기 부양책이라는 점에서 세계 최대 원유 수입국인 미국 내 원유 수요를 끌어올리는 요인으로 작용
- 금리인하 시 기업 자금조달 비용이 낮아져 투자를 촉진, 결과적으로 경제성장률이 높아짐.

(2) 금리인하와 외환시장의 반응

- 또한 금리인하는 외환시장에 영향을 끼쳐 원유가격을 자극하게 됨.
- 미국의 금리인하는 달러자산 매력을 떨어뜨려 미국 국채에서 자금이 이탈해 대안투자처인 원유로 유입
  - 투기세력이 자금이동을 부채질하는 역할을 하게 되는 것임.

(3) 금리인하와 원유 수출입국 반응

- 달러 표시 자산인 원유를 수출하는 산유국 처지에서는 금리인하로 달러 약세가 촉진된다면 실질 구매력이 약해져 가격인상 요인이 됨.
  - 증산을 꺼리는 등 공급조절 정책을 통해 가격을 높게 유지한다는 의혹이 일고 있는 것도 이 때문
- 수입국 역시 달러 약세로 원유 도입가격이 낮아지는 효과가 생겨 고유가에도 불구하고 원유 수요가 위축되지 않을 수 있음.

참 | 고 | 자 | 료

(1) 승지홍(2008), "금리인하가 왜 유가상승을 가져왔나요?", 《"click" 경제교육》, 한국개발연구원, 2008. 1.

5 키코가 문제가 되는 이유

(1) 의 미

- 키코(Knock-In, Knock-Out, KIKO)란 환율 변동으로 인한 환리스크를 줄일 목적으로 개발된 금융상품
- 그러나 환차손을 줄일 목적으로 개발된 상품이 오히려 중소기업에게 막대한 손실을 입히고 있으며, 건실한 재무구조를 가지고 정상적인 영업활동을 하고 있는 상장사조차 상장 폐지의 위기로 몰고 있음.

(2) 환율하락 위험 헤지 위해 키코 가입

- 변동환율제도에서 수출기업은 수출계약 당시 환율과 실제 수출을 하고 난 후 대금을 받을 당시 환율이 달라지는 위험에 처할 수 있는데, 이를 환리스크라고 함.
  - 계약 당시 환율인 1,000원(₩/$)에 10만 달러의 수출계약을 맺은 기업은 수출을 통해 1억원의 수입을 예상
  - 그런데 몇 달 후 수출대금을 결제할 때, 환율이 900원으로 하락했다면 환전 후 수입은 9천만원이 되어 계약 당시 예상보다 1천만원의 손해가 발생
- 물론 환율이 상승하면 환차익을 챙길 수 있지만 기업의 입장에서는 안정적인 영업활동을 하는 것이 중요하기 때문에 환율상승으로 얻을 수 있는 이익보다는 환율하락으로 인한 환차손 회피가 중요
- 따라서 수출기업은 미래 일정한 환율에 수출대금을 환전하기로 약속하는 계약을 체결하는데 이를 환리스크 헤지라고 함.
  - 헤지(hedge)란 여러 가지 가격변동의 위험을 선물(先物) 또는 그로부

터 파생된 상품을 사고팔아 회피하는 활동을 의미

- 키코 역시 이와 같은 환리스크를 헤지하기 위한 상품임.

(3) 예상과 다른 환율 급등으로 피해 발생

1) 키코가 문제가 된 이유

- 환리스크를 헤지하기 위한 키코 상품이 문제가 된 것은 이번 키코 상품이 환율이 하락하는 위험을 헤지하기 위한 상품이었기 때문
  - 키코 상품은 환율이 하락해도 일정범위(Knock-Out)까지는 계약한 환율대로 일정외화를 환전할 수 있어 환리스크를 헤지할 수 있는 장점이 있지만, 환율이 상승해서 일정수준(Knock-In)에 이르면 계약한 금액의 두 배만큼의 외화를 매도해야 되는 의무가 부과돼 있는 상품임.
  - 최근 원·달러 환율이 폭등하면서 키코 계약을 체결한 기업이 계약금액의 두 배만큼을 환전해줘야 하는 부담이 발생하게 되었고, 이 부담이 상장기업을 도산의 길로 내몰고 있는 것임.

2) 피해 발생의 사례

- 10만 달러를 1,000원에 매도할 수 있는 키코에 가입한 기업은 환율이 1,300원으로 녹인(Knock-In) 수준보다 높게 상승한 경우 20만 달러의 외화를 매도해야 하는 의무가 있음.
- 10만 달러는 수출대금을 받아 매도할 수 있지만, 나머지 10만 달러는 의무조항이기 때문에 외환시장에서 10만 달러를 1,300원에 사서 1,000원에 매도해야 하므로 손해가 발생한 것임.
- 2007년 하반기에 많은 국내외 관련기관들이 달러화 약세 상황에서 원·달러 환율이 하락할 것이라는 예상을 내놓았기 때문에 2007년 하반기 많은 수출기업들이 환율하락으로 인한 환차손을 피하기 위해 키코에 가입하였고, 예상과는 달리 2008년 하반기에 미국발 금융위기 때문에 환율이 급등하면서 키코 가입 기업에 엄청난 피해가 발생하게 된 것임.

〈표 시5-1〉 최근 문제가 된 키코 계약의 예

	⇑	계약기간 중 환율이 상승하여 녹인 환율이 넘어가면 계약금액의 2배를 계약환율(1,000원)로 매도해야 함.(손실발생)
Knock-In 환율	1,100원	
	⇕	현재 시장환율로 매도할 수 있음. (이익발생)
계약환율	1,000원	
·	⇕	계약금액을 계약환율(1,000원)로 매도할 수 있음. (이익발생)
Knock-Out 환율	900원	
	⇓	계약기간 중 환율이 하락하여 녹아웃 환율 이하로 내려가면 자동 소멸됨.(손실발생)

- 최근 보도된 내용
  - 2008년 환율이 치솟으면서 현재 180여 개 수출기업이 은행을 상대로 소송을 진행하고 있음.161)

161) 수출 중소기업들이 시중은행을 상대로 키코 계약 무효를 위한 본안 소송을 진행하고 있는 가운데 일부 시중은행이 거래 내용을 허위 조작하는 방식으로 기업 몰래 막대한 수수료를 부과해온 사실이 문건으로 확인되었음. 매일경제 취재진이 3일 단독 입수한 A기업과 S은행이 맺은 '통화옵션거래 확인서'에 따르면 S은행은 키코가 '무비용(Zero-Cost)' 상품이라는 점을 명시하면서도 계약과 달리 비용을 과대 청구했음. 관례상 통화옵션 상품에 위험관리 비용 등 은행 마진이 포함돼 있어 비용이 별도 청구되지 않음. 따라서 이 문건은 은행이 사실상 계약에도 없는 수수료를 별도 책정해온 사실을 입증하고 있음. 2007년 11월 수출기업 A사는 환율 변동에 따른 환손실을 막고자 S은행과 2년간 월 28만 달러 규모 키코 계약을 맺었음. 약정 환율은 930원, 약정 범위는 880~950원으로 설정했음. 당시 기준환율은 911원이었음. 하지만 환율은 2008년 최고점인 1500원을 돌파하면서 고공행진을 벌였고 결국 1년8개월 만에 확정손실액 28억원을 기록했음. A사 관계자는 "2008년 매출액 112억원에 영업이익 12억원을 기록했다"면서 "하지만 환손실이 크다 보니 결국 순손실액이 24억원을 넘었다"고 토로했음. 문제는 여기서 그치지 않았음. 없던 수수료가 뒤늦게 밝혀진 것인데, S은행은 상계(相計)하도록 돼 있는 옵션 프리미엄(거래가격)을 실제로 상계하지 않았으면서 마치 한 것처럼 허위 합산하는 방식을 사용해 막대한 수수료를 몰래 챙겼음. 키코에 따른 환차익·환손실은 복권 당첨과 비슷해 양 당사자가 복권 값에 해당하는 옵션 프리미엄을 구입해 서로에게 매각하도록 설계돼 있음. 환율이 900원으로 떨어져 기업이 은행에 약정 환율인 1000원에 달러를 비싸게 팔 수 있는 권리가 '풋옵션'이고, 반대로 환율이 1100원으로 오

3) 시사점

- 키코 사태는 우리나라의 많은 수출기업, 특히 중소기업들이 환리스크 헤지를 위한 금융상품에 대한 이해가 높지 않았기 때문
- 그렇지만 중소기업에게만 문제가 있었던 것은 아니고 위험에 대한 고지를 충분히 하지 않고 키코를 판매한 은행도, 환율이 하락할 것이라는 전망을 내놓은 국내외 연구기관도 비난을 면치 못할 것임.
- 이번 키코 사태를 통해 여러 가지 파생상품에 대한 이해를 높이고 미래의 위험에 대한 인식을 제고하는 계기가 되어야 할 것임.

참 | 고 | 자 | 료

(1) 허균(2008), "키코 왜 문제인가?", 《"click" 경제교육》, 한국개발연구원, 2008. 11.

(2) 2009. 8. 4., 《매일경제》

르면 은행이 기업에서 약정 환율인 1000원에 달러를 싸게 살 수 있는 권리가 '콜옵션'임. 이때 두 옵션을 행사하기 위한 일종의 보증금(복권 값)으로 '풋옵션 프리미엄'과 '콜옵션 프리미엄'을 주고받는데, 채권자와 채무자가 서로 동종의 채권·채무를 지니기 때문에 그 대등액은 서로 소멸됨. 이 때문에 은행들은 "키코는 옵션 프리미엄을 상쇄하기 때문에 전혀 비용이 발생하지 않는다"고 선전했음. 실제로 이 계약서도 키코 상품을 구성하는 옵션 프리미엄을 차례로 열거하고 맨 밑에 합계를 상계해 0이 됐다는 뜻에서 '-'로 표시하고 있음. 하지만 이를 일일이 합산해본 결과 콜옵션 프리미엄 총액은 1847만5812원, 풋옵션 프리미엄 총액은 1175만6633원이었음. 차액만 671만9179원에 달했음. 따라서 은행이 차액만큼 금액을 몰래 챙겼던 것임. 변석준 KAIST 금융전문대학원 교수는 "발생한 차액은 최종적으로 은행이 갖고 간 돈"이라며 "은행의 설계 원가와 마진이 일부 포함돼 있지만 금액이 커질수록 은행이 더 많은 돈을 챙겼다고 볼 수 있다"고 설명했음. 이에 대해 S은행 관계자는 "마진은 키코 상품을 만드는 데 소요되는 원가와 수수료를 제외하면 아무것도 없다"면서도 "구체적으로 얼마인지 영업 비밀이기 때문에 밝힐 수 없지만 관례상 업계에선 계약 금액 0.2~0.6%를 상품 개발 원가와 수수료로 책정하고 있다"고 해명했음. 은행 주장대로 계약 금액 28만 달러(계약 당시 2억5508만원)의 0.2~0.6%를 수수료로 계산하면 적정 수수료는 51만~153만원임. 따라서 A기업은 적정 수수료의 최소 4.3배, 최대 13배를 더 지불한 셈임. 이 셈법도 은행 주장대로 산출한 결과임. 키코 피해 중소기업 모임인 '환헤지 피해기업 공동대책위원회'는 "계약 금액의 최대 0.6%를 부과한다는 것도 과도하다"며 "통상 시장에서 통용되는 달러 옵션의 적정 수수료는 풋옵션 프리미엄의 1.5% 수준"이라고 주장했음. 풋옵션 프리미엄 총액인 1175만원의 1.5%는 17만6250원임. 결국 A기업은 옵션 프리미엄 차액 671만여 원을 지불함으로써 적정 금액의 40배에 해당하는 수수료를 지불했다는 것임. A사 관계자는 "키코를 마치 수수료가 전혀 없는 상품인 것처럼 유혹해 놓고 뒤에서 이를 교묘히 조작한 것은 명백한 계약 위반"이라고 주장했음. 이와 관련하여 매일경제(2009.8.4) 참조.

6

미국발(發) 금융위기

(1) 금융위기의 발생원인 및 진행경과

1) 금융위기의 발단

- 글로벌 금융위기의 발단은 미국의 서브프라임 모기지론에서 찾을 수 있음.
  - 신용이 낮은 개인들은 주택을 담보로 모기지 회사에서 서브프라임 모기지 대출[162]을 받고, 모기지 회사는 모기지(담보)를 골드만삭스와 같은 투자은행에 판매
  - 투자은행들은 이것을 재구성해서 모기지 기반의 증권(MBS)을 만들어 내고 여기에 헤지펀드[163] 같은 공격적 투자자들이 투자[164]를 함.

---

162) 미국의 주택담보대출은 개인들의 신용등급에 따라 프라임(prime) · 알트에이(Alt-A : Alternative-A) · 서브프라임(subprime) 모기지로 나뉘는데, 서브프라임 모기지 금리는 프라임 모기지보다 2~3%p가 높음. 서브프라임의 금리는 처음 2년은 낮은 고정금리를 적용하다 2년 뒤부터는 2.3%p 높은 변동금리로 전환되는 구조임. 2007년 말 모기지 연체 위기에 처한 사람들을 구제하기 위해 미국정부는 일부 서브프라임 모기지 금리를 5년 동안 동결하는 방안을 발표하였음.

163) 금융파생상품 · 주식 · 채권 · 외환 등의 국제시장에 공격적으로 투자해 높은 운용 이익을 노리는 민간투자기금을 말함. 헤지펀드(hedge funds)는 100명 미만의 소수투자가들로부터 개별적으로 자금을 모집하여 헤징 등 각종 투자기법을 이용하여 자금을 운용한 뒤 투자실적에 따라 배당하는 사모(私募) 파트너십(partnership)을 말함. 1949년 Alfred Jones가 처음으로 미국에 헤지펀드를 설립하였는데 본래 헤지펀드는 시장위험 최소화를 통한 안정적 투자를 중시하였음. 그러나 최근에는 주식, 채권, 파생금융상품 등 금융자산뿐 아니라 원유, 귀금속 등 실물자산에도 투자하는 등 고위험 · 고수익을 추구하는 성향이 두드러지게 나타나고 있음. 현재 전 세계적으로 약 4,000여 개가 넘는 헤지펀드가 활동하고 있는 것으로 알려져 있는데 1990년대 들면서 개발도상국들의 금융시장이 개방되고, 일본의 거품붕괴 후 대량의 자금이 헤지펀드로 발길을 돌리게 되면서 국제금융시장은 이러한 헤지펀드가 주도하는 핫머니에 의한 투기장화되는 추세를 보이고 있음. 이들 헤지펀드는 파생금융상품을 집중적으로 거래하기 때문에 이들이 일제히 움직일 경우에는 국제금융계에 미치는 파급효과가 하루 1조5000억 달러에 이를 것으로 예상되고 있음. 대표적인 헤지펀드에 의한 금융혼란으로는 1992년의 영국의 파

2) 진행경과

- 미국은 2000년 이후 유지된 저금리 추세와 이에 따른 통화량의 증가로 주택경기가 상승하였고, 이 과정에서 금융기관들이 고수익·고위험 지향적인 서브프라임 대출상품에 주력함에 따라 서브프라임 대출이 크게 증가

- 2004년 이후 미국정부는 주택경기 과열, 인플레이션 압력 증대 등에 대처하기 위하여 기준금리를 지속적으로[165] 올리면서 대출자들의 이자 부담이 증가하게 되었음.

- 여기에 주택시장 침체가 본격화됨에 따라 주택가격이 하락하면서 대출자들의 연체가 증가하는데, 2007년 4월 미국 2위의 서브프라임 모기지 회사 뉴센추리 파이낸셜이 영업중단을 선언하면서 시장불안이 조성

- 모기지 기반 증권을 만들어 판매했던 투자은행들은 위기를 모면하기 위해 새로운 채권(유동화주식 등 파생상품)들을 무분별하게 발행해 내면서 채권의 가치는 급격히 떨어졌고, 결국 메릴린치는 BOA(뱅크오브아메리카)에 매각, 리먼브러더스는 파산보호 신청, 보증을 선 AIG는 긴급자금 지원을 요청하기에 이르렀음.[166]

- 이에 미국정부는 7천억 달러에 이르는 구제금융 계획을 발표하게 되는데, 미국 하원에서 구제금융 법안이 부결(2008. 9. 29)되면서 미국 증시가 폭락하는 등 상황이 악화되자 10월 3일 법안(2008 긴급경제안정화법안)이 최종 통과되었음.

운드화의 폭락, 1994년의 멕시코 금융위기, 그리고 1997년 7월 태국의 바트화 폭락 사태 등이 헤지펀드가 주도하는 핫머니의 움직임이 있었음. 헤지펀드 가운데 가장 널리 알려진 대표적인 펀드는 전 세계 절반 이상을 차지하는 조지 소로스의 '퀀텀펀드'가 유명함. 이와 관련하여 〈관련 경제용어〉 참조.

164) 국내 금융회사들이 리먼브러더스에 투자한 액수는 총 7억2천만 달러, 메릴린치 주식의 경우 한국투자공사가 20억 달러, 하나은행이 5천만 달러를 투자한 상태

165) 2004년 6월 이후 0.25%씩 17차례 인상하여 1.0% → 5.25%까지 상승

166) 미국 내 상위 투자은행의 위상은 다음과 같이 변화하였음. 1위인 골드먼삭스와 2위인 모건스탠리는 2008년 9월 21일 금융지주회사로 전환, 3위인 메릴린치는 9월 14일 BoA가 인수, 4위인 리먼브러더스는 9월 14일 파산 신청 발표, 5위인 베어스턴스는 3월 16일 JP모건이 인수

〈표 시6-1〉 역대 구제금융 빅5

(단위 : 억 달러, 2008년 기준 환산)

	시기	규모	내용
미국	1989년 8월	2,000	저축대부조합 도산위기
한국	1997년 12월	780	외환부족으로 IMF 구제금융
인도네시아	1998년 1월~1999년 4월	580~647	통화가치 하락과 물가급등에 IMF 구제금융
브라질	1998년~2002년	1,097	아시아 외환위기 확산 방지 위해 IMF 구제금융
아르헨티나	2000년~2001년	522	정부재정 파탄과 150억달러 대외채무로 IMF·세계은행 구제금융

- 전문가들은 구제금융이 국제금융시장의 신용경색 완화에는 어느 정도 도움이 되겠지만, 구제금융은 예상됐던 내용으로 이미 시장에 반영되었고, 효과가 나타나기에는 시간이 오래 걸리므로 '금융시장의 불안은 당분간 계속될 것'이라고 분석

(2) 미국발 금융위기의 여파[167)]

- 서브프라임 모기지 부실충격이 실물부문의 침체로 전이되면서 미국의 경기침체 장기화가 불가피한 상황

167) 서브프라임 모기지 부실은 일종의 신용연결 금융사들의 붕괴 도미노로 이어졌기 때문에 문제의 심각성이 큼. 이를 좀 더 부연 설명하면 다음과 같음. 모기지 업체들은 대출자들에게 돈을 빌려준 뒤 확보한 채권을 할인해서 현금으로 바꾸는데 이를 유동화라고 함. 모기지 업체는 대출채권들을 자산유동화 회사(SPC)에 할인해 팔고 대신 현금을 받음. 자산유동화 회사들은 모기지 채권을 담보로 주택저당증권(MBS)이나 부채담보부증권(CDO) 등을 만들어 은행들에 판매함. 투자은행들은 이를 일반 투자자들이 가입하는 펀드형태로 만들어 전 세계의 투자자에게 판매함. 신용의 연결고리가 아슬아슬하게 이어진 셈인데 대출자들이 착실하게 빚을 갚는 구조라면 문제없지만 어느 한 고리에 문제가 발생하면 전체가 위험에 빠지게 됨. 고금리와 주택경기가 나빠지자 대출자들이 빚을 갚을 수 없게 되면서 담보대출로 시작된 파생금융상품 전체가 연쇄적으로 부실해지는 결과를 빚게 되었음. 결국 주택가격 하락→서브프라임 모기지 부실→헤지펀드 도산→국책 모기지 회사 위기→대형 금융기관 파산이라는 최악의 상황이 연출된 것임.

- 또한 미 금융위기는 선진국의 경기를 위축시켜 아시아 국가의 수출둔화와 성장둔화를 초래할 전망

- 우리나라의 경우에도 외국인투자가들이 국내에 투자한 돈을 빼내어 가면서 국내증시는 하락하였고, 환율 폭등으로 국내기업들 시가총액 하락이 이어지면서 국내증시는 더욱 위협받고 있는 상황

(3) 각국의 대응 및 향후 전망

- 미국과 유럽 정부는 유동성 공급 확대와 예금보호 조치, 금리인하 등을 잇달아 내놓으며 위기 진화에 부심[168)]
    - FRB는 은행권에 유동성 공급 규모를 2008년 말까지 9천억 달러로 늘리겠다고 발표했고, 유럽 각국 정부는 금융기관에 잇따라 구제금융을 제공하며, 독일·아일랜드·그리스 등은 고객 예금보호 조치에 들어갔음.
    - 또한 지난 2008년 10월 8일 세계 주요국의 중앙은행들이 금리인하 공조에 나섰음.

- 위기는 언제까지 지속될 것인가?
    - 세계 경제 경험에 비춰봤을 때 이 정도 규모의 경제위기를 극복하는 데는 통상 4년 정도가 걸렸지만 지금과 같은 적극적 정부 개입이 있을 경우에는 그 기간을 크게 단축시켜 1~2년 정도면 위기극복이 가능하리라는 게 대부분 전문가들의 의견

---

168) 유럽과 일본의 정부 및 중앙은행들이 미국발 금융위기에 공동 대응하는 주된 이유는 다음과 같음. 전 세계 금융시장이 촘촘히 엮여 있기 때문에 한 곳에서 부실이 터지면 다른 나라로 전파되게 마련임. 이른바 금융 세계화의 영향 때문임. 미국의 투자은행인 리먼브러더스 파산으로 전 세계 금융시장이 공황상태에 빠진 것은 세계 각국 금융기관들이 리먼브러더스와 다양한 형태로 거래해 추가 피해가 예상됐기 때문임. 선진국들이 공조에 나서는 또 다른 이유는 미국의 자금경색이 자국으로까지 확산돼 중소기업의 대규모 도산과 경기침체라는 최악의 상황을 맞을 수 있기 때문임. 세계 최대의 경제대국인 미국 정부가 달러화를 지나치게 많이 풀면 달러가치 하락이라는 새로운 위기요인이 발생할 가능성이 있어 각국 은행이 파국을 막기 위해 함께 공조할 수밖에 없음.

(4) 미국발 금융위기 이후의 세계 경제

- 지난 30여 년간 세계경제는 시장의 자유를 극대화하는 신자유주의 방식이 주류로 자리 잡아 왔는데, 특히 실물경제의 보조적 역할에 머물던 금융산업이 우위에 서는 금융 자본주의가 경제 질서를 변화시켰음.
  - 강도 높은 금융 자유화와 인수·합병 등을 통해 초대형 금융기관에 권력이 집중되고, 이들이 제조업 등 실물경제를 쥐고 흔드는 일이 많아졌음.
  - 금융이 권력화되면서 서민들의 삶은 더욱 피폐해지는 양극화의 부작용을 초래했음.
  - 자금을 끌어들여 손쉽게 돈을 버는 '머니게임'이 확산되면서 기업도 본래의 사회적 역할에서 벗어나 금융투자자에게 수익을 전달하는 통로로 전락했음.
- 이번 미국발 금융위기는 자본주의 역사의 중대한 전환점이 될 것이라는 전망이 많은데, 이는 미국식 금융자본주의가 작동불능의 사태를 맞았기 때문
  - 리처드 실러 뉴욕대 교수는 "과거 자유시장경제의 기본정신은 '정부는 해결책이 아니라 오히려 정부가 문제'였다는 것이었지만 지금은 거꾸로 '시장이 문제고 정부가 해결책'"이라고 설명
- 각국 정부, 시장 및 자본 규제확산
  - 미국을 비롯한 각국 정부는 벌써부터 주식시장의 공매도를 금지하는 등 금융시장에 대한 규제에 착수했는데, 세계 금융을 쥐락펴락하던 월가의 투자은행들은 미국 정부의 구제금융 투입으로 국영기업으로 탈바꿈하였음.
- 중국의 인민일보가 최근 사설에서 "세계는 미국에 의존하지 않는 금융질서를 조속히 구축해야 한다"고 강조하듯이 새로운 금융질서와 경제질서를 세우려는 움직임이 이번 사태를 계기로 본격화하고 있으며 세계 경제의 근본적인 틀이 바뀔 조짐을 보이고 있음.

▣ 서브프라임 모기지

- 미국 주택담보대출의 등급을 말하며 주로 신용이 낮은 저소득층에게 빌려주는 대출임.
  - 서브프라임의 한 단계 위에 알트에이(Alt-A) 등급이 있고, 프라임 등급이 신용도가 가장 높은 계층을 상대로 한 대출임.
  - 2006년 말 기준으로 서브프라임 모기지는 1조4000억 달러, 알트에이는 1조2000억 달러, 프라임 모기지는 7조8000억 달러 정도로 서브프라임 모기지 대출이 전체 대출의 13.5%를 차지하고 있음.
  - 서브프라임 대출은 담보가치에 비해 대출액이 크기 때문에 그만큼 금리가 높은 편임.

▣ 파생금융상품인 주택저당증권(MBS), 부채담보부증권(CDO)

- 주택담보대출을 해준 은행이나 회사들은 돈을 빌려줘 현재 융통할 수 있는 자금이 부족해지기 때문에 돈을 빌려주고 받은 채권을 현금화하려는 성향이 있음.
  - 이에 따라 채권을 제값보다 싸게 팔아 현금을 확보하는데, 이를 유동화라고 함.
- 이 과정에서 현금을 주고 채권을 받은 유동화 전문회사들은 이 채권을 담보로 주택저당증권(MBS)을 발행함.
- 부채담보부증권(CDO)은 이 주택저당증권을 담보로 발행하는 2차 증권임.

▣ 헤지펀드

1) 헤지펀드(hedge fund)란

- 소수의 투자자로부터 자금을 모집하여 각종 투자기법을 이용하여 자금

을 운용한 후 투자실적에 따라 배당하는 사모투자펀드임.

- 여기에서 '사모(private offering)'란 일반인들을 대상으로 투자자를 모집하는 '공모(public offering)'와 대응되는 개념임.
- 헤지펀드는 일반인들을 대상으로 돈을 모으지 않고 기관투자가나 돈이 많은 소수의 개인들(미국의 경우 100명 미만)로부터 돈을 끌어 모아 운용하는 형태임.
- 공모방식으로 자금을 조달하는 뮤추얼펀드(mutual fund)는 일반인들을 대상으로 하고 있어 과도한 위험자산운용 제한, 투명한 운용실적 공개 요구 등 투자자보호를 위한 법적인 제약을 많이 받는 반면에 헤지펀드는 자산운용상의 제약이 별로 없고 규제도 별로 받지 않음.
- 또한 투자내용이나 운용실적에 대한 정보의 미공개로 투명성도 매우 낮음.

- 헤지펀드는 주식, 채권, 파생금융상품, 외환 등 금융자산뿐만 아니라 원유, 철강 등 실물자산에도 투자하며 수익을 올리기 위해서는 투자대상을 가리지 않음.

2) 헤지펀드의 출현

- 당초 헤지펀드는 투자자 보호를 위하여 펀드의 차입투자(leveraged buying) 및 공매도(short selling)를 제한한 미국 투자회사법의 법적 제약을 회피할 목적으로 1949년 알프레드 존스(Alfred Jones)에 의해 최초로 도입되었음.

- 원래 헤지(hedge)는 향후 가격 변화에 따른 손실 위험을 회피한다는 의미인데, 도입 당시의 헤지펀드는 헤지의 본래 의미에 부합되게 과대평가된 주식을 매도하고 과소평가된 주식을 매수하여 전체 시장의 상승 또는 하락에 상관없이 일정수익률을 실현하는 전략을 중시하였으나 1990년대 들어 금융시장의 글로벌화가 진행되고 투자처를 찾던 대량의 자금이 헤지펀드로 유입되면서 헤지펀드는 고위험을 무릅쓰고 고수익을 추구하는 투기성 자금이 주류를 이루게 되었음.

- 이로 인해 1990년대 멕시코 페소화와 태국 바트화에 대한 헤지펀드의 공격이 당시 외환위기의 주원인으로 지목되기도 하였음.

3) 헤지펀드의 부정적 측면과 긍정적 영향

- 부정적 측면
  - 헤지펀드는 레버리지 효과를 높이기 위해 대규모 차입을 통해 투자함으로써 작은 가격 변화에도 큰 손실을 입을 수 있고 이로 인해 투자자의 환매요구가 커질 경우 운용자산을 대규모로 처분하여 금융시장을 불안하게 할 수 있음.
  - 또한 고수익을 쫓아 투기성 단기자금을 국제금융시장에서 국가 간에 빠르게 이동시켜 한 나라의 환율정책 및 금융정책의 수행을 어렵게 하거나 경제위기를 촉발시킴.
- 긍정적 영향
  - 다양한 투자전략과 비교적 자유로운 운용을 통해 금융시장에 긍정적인 영향도 미침.
  - 예를 들면 미국 금융시장에서 헤지펀드는 부실채권시장 거래량의 80%, 정크본드 및 파생상품시장의 1/3을 차지하는 등 기존 금융기관이 기피하는 부문에 유동성을 공급하고 있으며, 선진국에 비해 국가위험도와 불확실성이 상대적으로 큰 신흥시장(emerging market)에 대한 자금 공급 등 순기능도 수행하고 있음.

4) 헤지펀드의 규제

- 헤지펀드의 자산규모는 2005년 말 현재 1.1조 달러 정도에 달하고, 펀드수는 8,500개를 상회하는 것으로 추정
- 헤지펀드의 규모가 커지고 시장영향력이 확대됨에 따라 금융시스템의 안정성을 저해할 가능성이 높아지면서 세계 각국은 헤지펀드에 대한 규제를 강화하려는 움직임이 나타나고 있음.

5) 헤지펀드의 예

- 대표적인 헤지펀드로는 조지 소로스(George Soros)의 퀀텀펀드(Quantum Fund)가 있으며 1998년 러시아의 모라토리엄 선언으로 파산했던 롱텀캐피탈매니지먼트(LTCM), 우리나라에서 SK텔레콤에 그린메일을 시도했던 타이거펀드(Tiger Fund) 등도 헤지펀드임.

▣ 신용경색

- 금융시장에 자금이 부족하거나 자금이 제대로 유통되지 않는 상황을 가리킴.
- 경제에 돈이 제대로 돌지 않으면 기업들이 턱없이 높은 이자를 주고 은행에서 돈을 빌려야 하며 신용이 낮은 기업들은 자금을 구하지 못해 도산하는 등 실물경제에 악영향을 미침.
- 국내에서는 1997년 외환위기 이후 극심한 신용경색으로 상당수의 기업들이 도산한 경험이 있음.

▣ 신자유주의

- 작은 정부와 큰 시장, 민영화와 규제완화 등을 핵심개념으로 하는 경제이념을 말함.
- 정부의 시장 개입을 중시하는 케인스 이론이 1970년대 스태그플레이션(경기침체 속 물가상승)을 계기로 후퇴하면서 경제학의 신주류로 등장
- 1980년대를 전후로 미국의 레이건 정부, 영국 대처 정부가 신자유주의를 적극 채택하였고 금융 규제완화, 자유무역 확대 등의 모습으로 나타났음.

▣ 투자은행과 상업은행

- 상업은행(Commercial Bank)은 우리나라의 시중은행과 비슷한 개념으로 예금과 대출이 주요 업무

• 돈을 저축하고 싶은 사람에게 예금을 받아 돈이 필요한 기업이나 개인에게 빌려주는 역할을 함.
• 주요 수입원은 예금과 대출 금리차에서 발생하는 예대마진과 각종 수수료임.

- 반면 투자은행은 기업공개(IPO), 기업 인수·합병(M & A), 사모펀드투자, 주식이나 채권 인수·중개, 부동산 투자 등의 업무를 함.
  • 최근 대형 투자은행들이 서브프라임모기지 관련 채권과 파생금융상품을 취급하다 위기를 맞게 되었음.

▣ 공매도

- 유가증권(주식·채권)을 보유하지 않은 상태 또는 빌려서 파는 것을 말함.
  • 없는 유가증권을 판 뒤 결제일이 돌아오는 3일 안에 주식이나 채권을 구입해 매입자에게 돌려주면 됨.
- 구체적 예
  • 현재 주당 2만원인 ㄱ사의 주식을 공매도한 뒤 3일 후 결제일 주가가 1만5000원으로 떨어졌다면 투자자는 1만5000원에 사서 주식을 갚고 주당 5000원의 시세차익을 챙길 수 있음.
- 주가하락으로 인한 손해를 회피하기 위해 주로 헤지펀드들이 활용하는 방식임.
- 한때 '선진금융기법'으로 찬사를 받기도 했지만 최근 과도한 공매도가 전 세계적인 주가폭락을 부추겼다는 비판이 제기되면서 세계 각국이 공매도 금지에 나서고 있고 우리 금융감독원도 공매도 규제를 강화하는 조치를 발표하였음.

▣ 정리신탁공사(RTC)

- 미국 정부가 1989년 저축대부조합 사태 당시 도산 업체 자산을 인수하기 위해 설립됐던 부실채권정리기구임.

• 현재 미국 정부가 추진 중인 유력한 방안이 RTC와 비슷한 기구를 만들어 금융회사를 정상화시키는 것임.
• 의회 승인을 받아 공적자금이 조성되면 이를 RTC에 투입한 뒤 이 자금으로 금융회사들이 보유한 부실채권을 사주는 방식임.

▣ 구제금융

- 기업파산을 막기 위해 정부가 정책적으로 제공하는 자금을 말함.
  • 신규대출을 해주거나 기존 대출상환을 연장시켜 주는 방법이 있음.
- 구체적 사례
  • 과거 우리나라 외환위기 당시 국제통화기금(IMF)의 구제금융을 받았던 것이나 이후 정부가 자산관리공사, 예금보험공사 등을 통해 도산위기의 대기업과 대형 금융기관 등에 공적자금을 투입한 것이 구제금융임.
  • 미국 정부는 2008년에 접어들어 베어스턴스의 JP모건체이스 피인수 중재과정에서 290억 달러, 양대 국책 모기지업체인 패니메이와 프레디맥의 국유화 과성에서 2천억 달러의 구제금융을 제공했고, 2008년 9월 16일 AIG에도 850억 달러의 구제금융을 실시하였음.

참 | 고 | 자 | 료

(1) 이지은(2008), "미국발 금융위기", 《"click" 경제교육》, 한국개발연구원, 2008. 11.
(2) 한국은행(2006), "헤지펀드", 한국은행 경제교육(경제심화자료), 2006. 7. 10.
(3) 한국은행(2005), "투기성 외국자본의 문제점과 정책과제", 《금융경제연구》, 제213호, 한국은행 금융경제연구원, 2005. 3.
(4) 2008. 9. 25., 《경향신문》

7

국제수지의 이해

(1) 국제수지

- 국제수지는 한 국가의 국가 간 거래결과를 장부에 기입하듯이 정리한 것임.
  - 개인과 가정이 매일 또는 매월 그 기간 중의 수입과 지출을 기록하듯이 국가 간 거래 역시 수입에 해당하는 사항과 지출에 해당하는 사항을 기입

(2) 국제수지표

- 국제수지표는 국가 간의 모든 경제적 거래결과를 기록한 것임.[169]
  - 국가 간의 경제적 거래는 그 종류가 너무 다양해서 체계적으로 분류할 필요가 있음.

〈표 시7-1〉 국제수지표

국제수지표
1. 경상수지(① + ② + ③) ① 상품 및 서비스수지 ② 소득수지 ③ 경상이전수지
2. 자본수지(① + ②) ① 투자수지 ② 기타 자본수지
3. 준비자산증감
4. 오차 및 누락(1+2+3)

169) 국제수지는 국가 간 지불거래의 결과를 의미하며, 이러한 국제수지를 기록한 것이 국제수지표임.

- 1998년 1월부터 IMF의 권고에 따라 새로운 방식으로 작성하게 된 국제수지표는 크게 재화와 용역의 수출입, 요소들의 국제 간 흐름 및 일방적인 부의 이전 등을 기록하는 경상계정, 직접투자와 증권거래를 기록하는 자본계정, 통화 당국의 대외준비자산의 증감을 기록하는 공적결제계정으로 대별함.

(3) 국제수지표의 구성 항목

1) 상품 및 서비스 수지

- 경상계정의 ① 상품 및 서비스수지 항목은 상품이나 서비스의 수출입을 기록
  - 즉 외국으로의 수출이 증가하면 상품수지는 양(+)이 되고 반대로 수입이 과다하면 음(−)이 됨.
  - 서비스수지는 국가 간의 운수, 여행, 통신, 보험, 사업서비스, 정부서비스 및 특허권 사용료 등이 포함되는데 해외여행이 크게 늘거나 외국의 특허권 사용이 늘면 이 항목이 음(−)이 됨.

2) 경상이전수지와 투자수지, 그리고 기타 자본수지

- 국내의 홍길동 씨가 미국 로스앤젤레스에 투자하여 사업체를 차리고 열심히 일해 번 돈을 국내의 가족들에게 송금했다면 소득을 국내에 송금했으므로 경상이전수지에 양(+)이 되겠지만 미국에 투자한 금액은 자본수지 중 ① 투자수지에 음(−)으로 기록됨.
- ① 투자수지는 홍길동 씨의 경우처럼 외국에 현지 법인을 설립하고 공장을 건설하여 사업을 한다면 이에 수반된 거래는 음(−)의 직접투자, 외국계 증권투자펀드가 국내 주식시장에 주식을 매입하게 되면 양(+)의 증권투자(또는 포트폴리오투자)로 기록됨.
- 또한 한국의 어느 IT기술회사가 특허권을 외국기업에 매각하고 받은 돈은 양(+)의 기타 자본수지에 들어감.

3) 준비자산증감

- 공적결제계정인 준비자산증감이란 국가 간 거래에 의해서 발생한 외환 보유액의 변동을 표시하는 것임.
  - 예컨대 상품수출이 크게 늘어 경상계정이 흑자(+)인 경우나 외국에서 자본을 도입하게 되면 자본수지가 양(+)이 되므로 준비자산은 당연히 증가가 될 것임.

(4) 국제수지의 의미

- 일반적으로 국제수지표는 경상수지가 어떠한가를 보여줌.
  - 무역을 하였는데 만약 수입이 과다하다면 수입품에 대한 결제를 위해 외국에서 달러화를 빌릴 수밖에 없다는 말인데, 이 경우 자본수지는 양(+)을 기록하겠지만 내용은 무역거래가 우선이고 자본거래는 부수적이라는 말이 됨.
  - 이런 관점에서 국제수지의 균형 판단은 경상수지를 기준으로 삼아야 한다는 주장이 타당
  - 진정한 의미의 국제수지는 경상수지라는 말임.
- 하지만 근래에 국제 자본시장이 확대되고 그 내용이 각국 경제에 큰 영향을 미치는 까닭에 자본수지도 독자적인 거래의 성격을 갖는 것으로 볼 수 있게 되었음.
  - 장기자본의 상당부분이 자본수익성을 따라서 이동할 뿐만 아니라, 특히 개발도상국의 경우 장기자본을 도입하여 생산설비를 확충하는 등의 경제성장 전략을 구사하고 있어, 단지 경상수지만으로 그 나라의 경제 내용이나 대외거래에 있어서의 균형을 판단하는 것은 적절하지 않기 때문임.

참 | 고 | 자 | 료

(1) 이성표(2007), "국제수지의 이해", 《"click" 경제교육》, 한국개발연구원, 2007. 12.

8

원산지 기준

(1) 정 의

- 원산지(Country of Origin)란 생산된 물품의 국적을 의미하며 동식물의 경우 성장한 국가를, 공산품의 경우 제조가공이 이뤄진 국가를 말함.
- 일반적으로 동식물 및 광물 등 천연상품 위주의 완전 생산품은 원산지 결정에 큰 어려움이 없지만, 공산품은 제조가공과정이 2개국 이상에서 이뤄지는 경우가 많아 원산지 판정에 곤란을 겪게 되는 경우가 많음.
- 농산물 역시 원산지가 비교적 명확하나 공산품은 앞서 언급한 바와 같이 원재료부터 최종 제품까지의 생산과정이 여러 나라에 걸쳐 진행되는 경우가 많아 최종 제품의 원산지를 판단하는 것이 쉽지 않음.
- 이에 각국은 수입되는 공산품의 원산지를 정하기 위한 기준으로서 원산지 기준을 가지고 있음.

(2) 원산지 결정 기준이 중요한 이유

- 한마디로 관세혜택의 무임승차가 발생하기 때문에 원산지 결정 기준은 양자(兩者) 간 협정인 FTA(자유무역협정)를 체결하는 두 나라 사이에서 특히 중요한 문제가 됨.
  - FTA는 체결 당사국인 두 나라의 상품에만 다른 나라 상품보다 낮은 관세를 부과해서 서로 이익을 보자는 것임.
  - 그런데 FTA체결 당사국이 아닌 제3국의 상품이 체결 당사국의 상품으로 둔갑할 수 있다면 어떻게 될까? ⇒ 가령 한·칠레 FTA를 통해 한국이 칠레산 가구에 대해 관세를 매기지 않을 경우, 칠레 주변 국

가(예컨대 아르헨티나)의 가구 생산업자가 자신이 만든 가구를 반제품 상태로 칠레에 수출하고 다시 칠레에서 완제품으로 조립·가공한 뒤에 한국에 칠레산 가구로 수출하는 방법으로 한·칠레 FTA에 따른 무(無)관세 혜택을 받으려고 할 수 있음. ⇒ 이런 편법이 허용된다면 어느 나라든 FTA체결을 위한 노력은 하지 않고 다른 나라들이 맺어놓은 FTA의 혜택에 '무임승차'만 하려고 할 것임.

- 이런 문제를 막기 위해 FTA체결국은 협정문에 원산지 결정 기준을 엄격하게 규정하게 됨.

(3) 원산지 결정 기준

- FTA를 체결하는 당사국은 상대방 국가에서 수출된 상품 중에 그 나라가 원산지로 인정되는 경우에만 무(無)관세 또는 저(低)관세 혜택을 주게 됨.
  - 당연히 원산지를 결정하는 기준을 미리 정해둬야 하는데, 이렇게 국가 간에 교역되는 상품의 국적을 판정하고 확인하는 법령이나 규칙을 '원산지규정'(rules of origin)이라고 부름.

1) 원 칙

- 원산지를 결정하는 기준은 과연 상품의 '실질적인 변형'이 어느 국가에서 일어났는가에 따르는 것이 일반적임.
  - 즉 원산지 결정의 기본원칙은 제품의 본질적 특성을 부여하기에 충분한 실질적인 변형이 수행된 국가에 원산지 자격을 부여하는 것임.
  - 그런데 실질적인 변형이라는 추상적인 개념만으로 원산지를 결정한다면 국가마다 해석이 다를 수 있기 때문에 수많은 분쟁을 불러올 수 있음.
  - 따라서 FTA체결 당사국은 실질적인 변형의 구체적인 의미와 기준을 확실하게 합의하고 개별품목마다 원산지 결정 기준을 규정하는 방법을 택하고 있음.

2) 크게 3가지로 구분

- 먼저 외국산 재료를 전혀 사용하지 않고 순수하게 국내에서 생산한 경우, 한국산으로 인정되며 이를 '완전생산기준'이라고 하는데, 농수산물이 이에 해당

- 둘째 외국산 재료를 사용하더라도 수출물품의 본질적 특성이 국내생산 과정에서 부여되면 한국산으로 인정되는데, 이는 본질적 특성의 부여 여부를 어디에다 둘 것인가에 따라 다시 세번(稅番)변경 기준·부가가치 기준·특정공정 기준 등 3가지 기준으로 분류됨.[170)]

- 마지막으로 협정에서 지정한 요건을 충족하는 경우 생산의 일부 공정이 FTA체결국 영역 밖에서 이뤄진 물품이라도 한국산으로 인정되는데, 이를 '역외가공 기준'이라고 함.
  - 한·미 FTA 협정에서 개성공단 물품이 이에 해당

(4) 협상의 쟁점사항 중 하나

- 원산지 기준은 자유무역협정(FTA)을 체결할 때 큰 마찰요인이 되는데, 이는 자유무역협정의 경우 체결한 당사국끼리만 특혜관세를 부여하는 것이므로 어느 상품을 당사국 원산지로 인정하느냐 안하느냐에 따라 특혜관세의 적용 여부가 좌우되므로 협상 당사국들 간의 이해관계가 크게 다르게 됨.

- 또한 원산지 기준은 세계적으로 통일된 기준이 없고 각국이 자국의 사정과 기업요구에 따라 독자적으로 제도를 운용하기 때문에 자유무역협정을 협상할 때 원산지 기준에 대해 서로 첨예하게 이해가 대립되고 협상 막바지까지 쟁점으로 남게 됨.

---

170) ▶세번(稅番 : 관세를 매기는 품목 단위) 변경 기준(원재료가 최종 상품으로 가공되는 과정에서 관세부과품목의 단위가 변경된 경우 최종 상품 생산국을 원산지로 삼음) ▶부가가치 기준(최종 상품의 가치 중에 일정비율 이상의 부가가치가 창출된 국가를 원산지로 삼음) ▶특정공정 기준(주요 공정이 수행된 국가를 원산지로 삼음)

(5) 실　례

- 최근 타결된 한미자유무역협정(FTA)에서도 섬유부문에서 중국산 원사를 사용하는 우리나라의 섬유업체 제품의 원산지를 인정하는 여부를 놓고 협상 막판까지 양측이 첨예하게 대립하였음.171)
- 섬유 분야에서 미국 측은 수입액 기준으로 61%를 즉시 철폐하고, 우리나라의 주력 수출품목에 대해 원사기준 적용 예외를 부여172)키로 하였음.
- 아울러 미국 측의 우려를 반영하여 우회수출 방지를 위한 양국 간 협력을 강화하기로 하였음.
- 공급이 부족하다고 인정되는 투입재에 대하여 의류 및 직물 각 1억m^2씩 발효일로부터 5년간 원산지예외쿼터(TPL)를 인정받을 수 있는 근거를 마련하였음(동 기간은 연장 가능).

(6) 원산지 증명 못하면 벌금

- 원산지 확인을 소홀히 하면 FTA(자유무역협정)에 따른 관세 절감은커녕 엄청난 손실을 초래할 수 있음.

---

171) 섬유 분야 원산지 기준과 관련하여 얀포워드(Yarn Forward) 규정(Rules)이라고 하는 것이 있음. [정의] 얀포워드에서 얀은 영어로 y.a.r.n 즉 실을 뜻함. 즉 직물이나 의류 등 섬유의 완제품에 들어가는 기초 원자재인 '실'의 생산지에 따라서 원산지를 규정하는 제도임. 풀네임은 얀포워드 규정, 즉 원사기준 원산지 판정방식으로 미국의 대표적인 비관세 장벽 중 하나임. 즉 섬유 완제품에 이르는 모든 공정을 한 국가에서 만든 경우에만 관세기준을 낮춰주는 제도임. [현황] 우리나라의 경우 실을 비롯한 섬유 원자재를 중국 등에서 수입해 완제품으로 수출하는 경우가 많기 때문에 얀포워드가 완화되지 않을 경우 한미 자유무역협정에 따른 관세 철폐 효과를 누리지 못할 수도 있음. 다시 말해 한국이나 미국에서 생산된 원사로 제품을 만들어 미국으로 수출해야 미국과 협의한 관세율 혜택을 받을 수 있게 된다는 것임. [규정] 섬유산업의 경우 품목마다 규정이 모두 달리 적용됨. 원사는 역내에서 방적공정을 수행해야 원산지로 인정이 되고, 직물은 역내산 원사를 사용해 제직 또는 편직공정을 역내에서 수행해야 원산지로 취급받을 수 있음. [전망] 한・미 자유무역협정의 타결로 인한 향후 양국 간 교역에 대한 관심도 높아지고 있는데, 미국은 지금껏 섬유산업을 그 어떤 산업보다 강력히 보호해왔기 때문에 얀포워드를 거둬들일 가능성은 그다지 많지는 않아 보인다는 의견도 많음. 하지만 협상에 대한 조율은 현재도 진행이 되고 있기 때문에 향후 정책에 대해선 좀 더 지켜봐야 할 것 같음.

172) 원사기준 적용 예외 품목 : 린넨, 리오셀, 레이온, 여성 재킷, 남성 셔츠 등

- 더글라스 브라우닝 전 미국 관세청 차장은 "무엇보다도 한국 기업들은 FTA체결에 앞서 원산지를 인정받을 각종 서류를 지금부터 철저히 갖추어 나가야 한다"고 언급했음.
  - 부품 하나하나 한국에서 만들어졌음을 증명하는 기록을 갖추지 못하면 FTA체결에도 불구하고 면제받은 세금을 토해내는 것은 물론 벌금까지 징수당할 수 있다는 것임.

(7) 원산지규정의 부정적 측면

1) 무역장벽으로 작용

- 원산지 결정 기준은 눈에 보이지 않는 무역장벽으로 작용할 수도 있음.
  - FTA 협정에서 그 기준을 지나치게 엄격하게 규정할 경우, 가령 한국이 특정국가와 FTA를 체결하면서 '철강제품'에 대한 원산지를 '자국 내에서 생산된 원재료나 중간재만을 이용할 경우'로 정했다고 하면 철강 생산을 위한 원재료인 철광석 등을 거의 대부분 수입에 의존하는 한국이 이 같은 원산지규정을 충족하기는 매우 어려울 것임.
  - FTA를 통해 상대국이 한국산 철강제품에 대한 관세를 철폐했다 하더라도, 한국산 제품은 사실상 그 혜택을 받을 수 없게 될 것임.
  - 그래서 원산지규정을 '숨겨진 비(非)관세 장벽'이라고 부르기도 함.

2) FTA에 걸림돌로 작용

- FTA마다 원산지규정이 달라지면 각국 기업에 지나친 부담이 되기 때문에 FTA 활성화에 걸림돌이 될 수 있다는 분석도 있음.
  - 같은 상품인데도 상대 국가와 체결한 FTA의 내용에 따라 서로 다른 원산지 결정 기준이 적용될 경우, 생산자는 어느 국가로 수출하느냐에 따라 원재료 조달이나 생산방식을 다르게 해야 하는 추가적인 부담이 생기기 때문임.
  - FTA체결 건수가 많아질수록 이런 부담들이 늘어날 가능성이 있는데, 마치 스파게티 그릇 속에 스파게티 가락이 많아질수록 서로 뒤엉켜

먹기가 어려워지는 것과 비슷하다고 해서 이런 상황을 '스파게티 볼 효과'(spaghetti bowl effect)라고 부르기도 함.

(8) 시사점

- FTA의 원산지규정은 긍정적인 측면도 있고 부정적인 측면도 있음.
  • 우리나라도 현재 진행하고 있거나 향후 추진하게 될 FTA협상에서 원산지 규정의 부작용을 최소화하기 위한 충분한 연구와 준비를 할 필요가 있음.

참 | 고 | 자 | 료

(1) 한경Business(2008), "FTA 시대 '원산지 기준' 알고 활용하자", 2008년 1-631호, 한국경제신문, 2008. 1.
(2) 외교통상부(2008), "한·미 자유무역협정 협상 타결", 외교통상부 보도자료, 2008. 6. 30.
(3) 2008. 12. 10., 《조선일보》
(4) 2009. 2. 6., 《조선경제》

9 환율의 이해

(1) 환율이란

- 한 국가의 돈은 보통 그 나라 안에서 거래할 때만 쓰기 때문에 외국과의 거래를 위해서는 항상 돈의 교환이라는 문제가 생기게 되는데, 여기에서 서로 다른 두 나라의 돈이 교환될 때 적용되는 교환비율이 바로 환율임(이하 우리나라 원화와 미국 달러화를 중심으로 논의[173]).
- 더 쉬운 말로 하자면 환율은 외국 돈의 가격을 의미한다고 생각해도 됨.
  - 예를 들어 2008년 8월 28일자 환율이 달러당 1,082원을 기록했는데, 이는 미국 돈 1달러의 가격이 우리나라 돈으로 1,082원에 해당한다는 뜻임.

(2) 환율 표시방법[174]

- 환율은 두 나라 돈의 교환비율이라 할 수 있는데, 어느 나라 돈을 기준으로 하느냐에 따라 2가지 방법으로 표시할 수 있음. ⇒ 미국 돈 1달러

---

173) 우리나라 외환시장에서는 미 달러화만 직접 거래되고 있는 실정임. 다른 나라 돈은 해외에서 결정되는 미 달러화와의 환율을 통해 간접적으로 우리나라 원화에 대한 환율을 계산함. 즉 서울외환시장에서 1달러가 900원이고 동경외환시장에서 미 달러화와 일본 엔화 간의 환율이 1달러에 100엔이라면 원화와 엔화의 환율은 100엔당 900원으로 계산되는 것임. 현재 서울외국환중개 주식회사는 일본 엔화, 중국 위안화 등 20개 나라 돈에 대한 원화환율을 매일 산출하여 발표하고 있음.

174) 대개는 나라별로 고유한 화폐 명을 사용하지만 그렇지 않는 경우도 있음. 달러라는 돈의 이름은 미국, 캐나다, 호주, 홍콩 등 여러 나라에서 사용되고 있으므로 각각 표시방법을 달리하여 구분하고 있음. 유럽에서는 독일, 프랑스, 이탈리아, 벨기에 등 12개의 나라가 유로라는 돈을 공동으로 만들어 사용하고 있음.

=우리나라 돈 950원이라 표시할 수도 있고, 1원=1/950 달러라고도 할 수 있는 것과 같음.

- 그런데 국제 외환시장에서는 앞의 첫 번째 방법과 같이 대부분 미국 달러화를 기준으로 환율을 표시함.
- 그러나 예외적으로 유로화 및 영국의 파운드화는 1유로=1.2345달러, 1파운드=1.9876달러 식으로 표시

- 또한 우리나라 돈과 일본 엔화와의 환율은 1엔=8.012원이 아니라 100엔=801.2원과 같이 100엔을 기준으로 표시함.

(3) 환율제도

1) 고정환율제도

- 고정환율제도는 환율이 시세에 따라 변동하는 것이 아니라 일정수준에서 고정되어 있는 제도를 말하는데, 이때 환율은 각국의 경제여건상 합리적이라고 판단되는 수준으로 정책당국에 의해 결정됨.

- 역사적으로 보면 고정환율제도가 전 세계적으로 광범위하게 유지되었던 시기가 두 차례 있었음.
  - 첫 번째는 1870~1914년 사이에 유지되었던 금본위제로서 각국의 통화는 일정무게의 금에 연동되어 있었음.
  - 두 번째는 1945~1971년 사이에 유지되었던 브레튼우즈 체제로서 각국의 통화는 미국 달러화에 연동되고 달러화는 다시 금에 연동되어 있는 간접적인 금본위제였음.
  - 그러나 금본위제는 제1차 세계대전의 발발로, 브레튼우즈 체제는 미국의 국제수지 적자 확대로 인해 붕괴되고 말았음.

- 고정환율제도는 정책당국이 환율을 인위적으로 높게 유지함으로써 수출 활성화를 통한 경제성장 전략 추구에 유리하기 때문에 지금도 여러 개발도상국에서 사용하고 있음.[175)]

---

175) 오늘날 주요 선진국은 모두 자유변동환율제도를 채택하고 있으며, 홍콩이나 말레이시아 등이 고정환율제도를 시행하고 있음.

2) 자유변동환율제도

- 환율이 보통의 물건 값과 같이 외환의 수요와 공급에 의해 시장에서 자유롭게 결정되도록 하는 제도를 말함.
- 고정환율제도가 국가 간 자유로운 자본이동을 특징으로 하는 지금의 세계경제 체제와는 다소 맞지 않는 점이 있어 우리나라를 비롯하여 대부분의 선진국들은 자유변동환율제도를 운용하고 있음.

3) 우리나라의 환율제도

- 우리나라도 1964년 5월까지는 고정환율제도를 운용한 바 있고, 그 후 단일변동환율제도(1964.5～1980.2), 복수통화바스켓제도(1980.2～1990.2), 시장평균환율제도(1990.3～1997.12)로의 변천을 거쳐 외환위기 직후인 1997년 12월부터는 자유변동환율제도를 채택하여 운용하고 있음.[176]

(4) 환율변동의 의미

- 만약에 환율이 달러당 1,200원으로 올랐다고 하면 1달러를 얻기 위해 우리 돈을 1,200원이나 주어야 한다는 것인데, 이것은 미국 돈의 가격이 올랐다는 것을 의미하는 동시에 우리나라 돈의 가치가 그만큼 하락했다는 의미이고 이를 가리켜 원화가 절하되었다고 함.
  - 여기서 환율의 상승은 원화가치의 하락(평가절하[177] 혹은 원화약세)을 의미
- 반대로 환율의 하락은 원화가치의 상승(절상)을 의미
  - 예를 들어 1달러=950원에서 1달러=900원으로 되면 '미 달러화에 대한 원화의 환율이 하락했다' 또는 '원화환율이 하락했다'고 말함.
  - 원화가 1달러당 950원에서 900원으로 하락하면 환율은 하락했지만,

176) IMF 외환위기 발생을 계기로 1997년 12월부터 환율 변동 폭에 제한이 없는 자유변동환율제도로 바뀌어 현재까지 이어지고 있음.
177) 미국 달러화를 기준으로 보면 돈의 가치가 높아진 것이니 '평가절상'이 되는 것이고, 한국 원화를 기준으로 보니까 돈의 가치가 떨어진 것이니 '평가절하'가 되는 것임.

원화가치는 더 커진 것이므로 평가절상 또는 원화강세라는 표현을 씀.

- 결국 환율상승과 하락, 평가절상과 절하에서 똑같이 오른다는 표현일지라도 그 뜻이 다르므로 주의할 필요가 있음.

(5) 환율의 결정

- 우리나라처럼 자유변동환율제도를 채택하고 있는 나라에서는 환율이 보통의 상품가격과 마찬가지로 외환시장에서의 수요와 공급에 의해 결정됨.
- 일반적으로 외환시장은 외국 돈의 거래가 이루어지는 은행간시장을 의미하지만 넓은 의미로는 일반고객과 은행이 거래하는 대고객시장을 포함하기도 함.
- 외환시장에서 원화를 달러화로 바꾸고자 하는 요구(외환수요)가 많으면 환율이 오르게 되고, 반대로 달러화를 원화로 바꾸고자 하는 요구(외환공급)가 많으면 환율이 내려가게 되는데, 이러한 수요와 공급을 일치시켜 주는 수준에서 달러의 가격, 즉 환율이 결정되게 됨.

(6) 환율의 변동요인

- 환율은 기본적으로 외환(즉 미 달러화)의 수요와 공급이 변동함에 따라 움직이게 됨.
  - 달러에 대한 수요는 외국으로부터 상품을 수입하거나 외국에 투자하려고 하는 경우에 생기고, 공급은 우리 상품을 수출한 대금을 받아오거나 외국인이 우리나라에 투자하기 위해 달러를 들여오는 경우에 발생
  - 즉 국제수지가 흑자가 되면 달러가 많이 들어오면서 환율이 하락하게 되고, 국제수지가 적자가 되면 반대로 환율이 상승하게 됨.
- 단기적으로는 뉴스, 루머, 시장참가자들의 일방적인 기대 등 심리적인

요인에 의해 환율이 큰 폭으로 변동하기도 함.

- 이는 장래의 경제여건이 서서히 변화하더라도 이러한 기대가 확실할 경우 이를 일시에 반영해 버리는 금융시장 자체의 특성이기도 함.
- 이밖에 경제지표, 주변국 환율에 등에 의해서도 환율은 영향을 받게 됨.

- 그러나 장기적으로 환율은 각국의 경제성장, 물가, 이자율 등 기초 경제 여건을 반영하여 움직이게 됨.
  - 미국 맥도널드사의 햄버거 제품인 빅맥은 세계 어느 곳에서나 거의 일정한 품질로 판매되고 있으므로 빅맥 가격을 비교하면 각국의 통화 가치가 상대적으로 어느 정도인지 알 수 있음.
  - 장기적으로 보면 환율은 이처럼 각국의 물가수준에 의해 결정된다고 할 수 있음.
  - 금리 역시 환율에 영향을 미치게 되는데, 외국의 금리는 그대로인데 우리나라의 금리가 올라가면 우리나라 금융상품에 투자하여 보다 많은 수익을 낼 수 있게 되므로 외국 돈이 국내로 더 많이 들어와(외환의 공급증가) 환율이 하락함.
- 우리나라의 경우 단기적으로는 외국인 증권투자자금 유출입이, 중장기적으로는 경상수지가 가장 큰 변동요인으로 작용

(7) 우리나라의 외환수급 사정과 환율변동 추이

- 우리나라의 환율변동에 가장 큰 영향을 미치는 경상수지와 외국인 증권투자자금 유출입에 대해 좀 더 자세히 살펴보면 다음과 같음.

1) 경상수지 추이

- 우리나라의 경상수지는 1997년 말 외환위기 이후 장기간 흑자를 보였음.
- 2004년 이후의 경상수지 동향을 보더라도 2004년 282억 달러, 2005년

150억 달러, 2006년 61억 달러 흑자를 기록하였음.

- 이렇게 장기적으로 경상수지가 흑자를 보임에 따라 미국 달러화에 대한 원화환율은 하락하는, 즉 원화가 강세를 보이는 주요 요인으로 작용하였음.
- 2000년 말 환율이 1200원을 넘었으나 2007년에는 930원 내지 950원 전후에서 변동할 정도로 환율이 하락

2) 주식투자자금 유출입

- 한편 외환위기 이후 외국인들의 주식투자자금이 우리나라에 대량유입되어 우리나라 주가가 상승하고 국가경제 신인도를 높이는 데 크게 기여하였음.
- 그러나 최근에는 반대로 주식투자자금이 해외로 빠져 나가는 상황으로 전환되고 있음.
- 최근 외국인들의 주식투자자금 유출입 동향을 보면 2003년과 2004년에는 각각 135억 달러와 93억 달러만큼 우리나라 주식시장에 순유입되었으나 2005년에는 26억 달러 순유출로 전환된 후 2006년에는 143억 달러 순유출로 확대되었음.
- 2007년 접어들어 원화환율이 상승세로 반전한 것도 외국인 주식투자자금 유출의 영향이 크다고 할 수 있음.

(8) 최근 환율상승의 원인

- 2007년 하반기부터 환율이 매우 가파르게 상승
  - 원 · 달러 환율은 2007년 말 936원에서 2008년 8월 28일 현재 1,082원으로 크게 상승
- 우선 하나는 원유 등 국제원자재가격의 급등으로 인한 달러화 수요의 증가임.

- 국제유가가 급등하면서 원유를 수입하는 기업들이 외국에 지급해야 할 금액이 크게 늘어났음.
- 예를 들어 전에는 원유수입 대금으로 1억 달러만 주면 되었던 것을 이제는 같은 물량에 대해 1억5천만 달러를 주어야 하기 때문에 이 회사는 국내 외환시장에서 5천만 달러를 더 사려고 하는 수요증가 요인이 발생한 것임.

- 그리고 외국인들이 그동안 우리나라에 투자하였던 주식투자자금을 대거 회수한 것도 환율상승의 원인이 되었음.
  - 이는 우리나라 주식시장의 매력이 떨어져서라기보다는 미국의 서브프라임 사태로 피해를 입은 글로벌 금융기관들이 현금유동성을 확보하기 위해 우리나라뿐만 아니라 자기들이 투자하였던 여러 나라에서 보유자산을 매각하는 과정에서 나타난 현상이라고 볼 수 있음.

(9) 환율변동이 경제에 미치는 영향

- 환율은 주위의 경제여건에 따라 변동하지만, 반대로 환율의 변동이 실물경제에 영향을 미치기도 함.

1) 환율상승(혹은 원화절하) 시[178)]

- 우선 환율이 오르면 우리 제품의 가격경쟁력이 높아져서 수출이 늘어나게 됨.
  - 예를 들어 종전에는 100만원어치를 수출할 때 1천 달러를 받았다고 하자.
  - 환율이 1000원에서 1100원으로 오르면 909달러만 받아도 수출업자가 받을 수 있는 돈은 여전히 100만원이 되기 때문에 수출가격을 낮출 수 있음.

178) 통상 환율이 적정수준으로 상승하면 경제성장률은 단기적으로 높아지게 되는데, 이는 수출이 늘고 생산이 활발해지기 때문임. 그러나 장기적으로는 환율상승이 물가상승이라는 부정적 영향을 미치게 되므로 그 효과는 국가마다 차이가 있을 수 있음.

• 물론 수출단가를 낮추지 않고 종전처럼 1천 달러를 받으면 수출업자가 버는 돈은 110만원이 되어 수익성이 좋아지게 됨.
• 이렇게 수출이 늘어나면 수출기업들이 고용을 늘리게 되고 경제성장에도 도움이 됨.
• 또한 수출이 늘어나는 한편 수입은 줄어들게 되어[179] 경상수지가 개선되는 효과도 기대해 볼 수 있음.[180]

- 그러나 환율상승의 효과가 긍정적인 것만은 아님.
  • 우리나라에서 수입하는 상품과 원자재의 국제가격이 변하지 않는다 해도 환율이 상승하면 수입업자가 치러야 하는 원화가격이 올라 자연히 국내물가가 올라감.
  • 원재료의 수입의존도가 큰 기업들은 수입가격 상승으로 인해 채산성이 악화되니까 제품가격을 인상해야 하고, 이는 고스란히 소비자들의 부담증가로 돌아오게 됨.[181]
  • 또한 외국 빚을 많이 지고 있는 기업들은 원화가치 하락에 따라 그만큼 원리금상환부담이 늘어나게 되어 기업경영이 어려워질 수도 있음.
  • 그리고 해외여행이나 해외유학을 하는 개인의 경우 달러당 원화부담이 증가하게 됨.

2) 환율하락 시

- 환율이 떨어지게 되면 위에서 말한 것과 반대의 현상이 생기게 됨.

---

179) 수입업자는 환율이 상승하면 동일한 원화로 수입할 수 있는 물량이 줄어들어 수입이 감소하게 됨.

180) 환율상승 시 단기적으로 나타나는 국제수지 개선효과와 관련하여 부연설명하면 다음과 같음. 수출업자가 개당 1,000원짜리 제품을 수출하였는데 환율이 달러당 1,000원에서 1,100원으로 상승할 경우 해외시장에서 외화로 표시한 가격은 1달러에서 0.91달러로 낮아지기 때문에 수출이 더 늘어나게 됨. 반면 수입업자는 환율이 상승하면 동일한 원화로 수입할 수 있는 물량이 줄어들어 수입이 줄어들게 됨. 이와 같이 환율이 상승하면 단기적으로는 수출이 늘어나는 효과가 있으나 한편으로는 환율 상승이 수입물가의 상승을 가져와 결국 수출가격이 상승하는 요인으로 작용하므로 환율 상승의 수출 증대 효과는 어느 정도 줄어들게 됨.

181) 환율상승은 수입물가를 오르게 하여 장기적으로는 수출가격이 상승하는 요인으로 작용하므로 수출 증대 효과는 줄어들게 됨.

- 개인의 경제활동과 관련하여 원화가 강세(환율하락)를 보이는 상황에서는 해외여행이나 유학의 경우 원화기준으로 비용이 덜 들게 되는 긍정적 효과가 있음.

3) 시사점

- 이처럼 환율변동은 경제 여러 분야에 이해가 상반되는 영향을 미치므로 어떤 한 방향으로 움직이는 것이 좋다거나 나쁘다고 할 수 없음.
- 따라서 환율은 기초 경제여건을 반영하는 가운데 안정적으로 움직이는 것이 바람직함.

(10) 환율안정의 중요성과 환율정책

- 환율의 변동은 수출입이나 물가 등을 통하여 국민경제에 여러 가지 영향을 미치기 때문에 그 효과는 국가마다 다를 수 있음.
- 우리나라는 연간 국내총생산액에서 수출입이 차지하는 비중이 70%에 이르고 주식시장에서 거래되는 주식의 약 40%를 외국인이 소유하고 있을 정도로 세계 경제와 긴밀한 관계를 유지하고 있음.
- 경제가 장기적으로 안정적이고 지속적으로 성장할 수 있도록 하기 위해서는 환율의 안정이 매우 중요
- 환율이 단기간에 급격히 변동할 경우 국가나 기업은 물론 개인이 적절히 적응하는 데 어려움을 겪을 수 있기 때문에 정부와 중앙은행은 단기간에 환율이 크게 오르거나 크게 내려서 경제가 위축되거나 불안해지지 않도록 필요한 경우 외환시장에서 외환을 사거나 파는 등의 방법으로 환율이 안정적으로 유지되도록 노력하고 있음.
- 적절한 외환보유액을 보유하고 있는 것도 환율안정을 위해 매우 중요하다고 할 수 있음.

■ 위안화 절상

- 최근 중국 돈인 위안화의 환율이 크게 하락하고 있는데, 2008년 초 1달러당 7.30위안에서 2008년 4월 말 현재 7.14위안으로 내렸음.
  - 신문에서는 이를 두고 위안화 절상이라는 제목을 붙이는데, 여기서 절상이란 외국통화 대비 자국통화의 가치가 상승하는 것을 말함.
  - 위와 같이 중국의 대미환율이 1달러당 7.30위안에서 7.14위안으로 하락한 것은 미국 돈의 가치는 그만큼 하락하고 중국 돈의 가치는 상승한 것인데 이 때 위안화가 연초대비 2.2% 절상되었다고 말함.
  - 즉 위안화의 가치가 상승했다는 표현임.

참 | 고 | 자 | 료

(1) 안형순(2007), "환율은 왜 변하고 경제에는 어떤 영향을 미치나?", 한국은행 경제교육(풀어 쓴 생활경제), 2007. 5. 11.

(2) 안상준(2008), "환율 왜 이리 민감한가요?", 한국은행 경제교육(풀어 쓴 생활경제), 2008. 9. 25.

(3) 안형순(2007), "환율을 알면 경제가 보인다", 한국은행 경제교육(경제기초원리), 2007. 4. 26.

10

거품과 경제

(1) 언제 터질지 모르는 거품

- 요즘 뉴스에 자주 등장하는 기사 중 하나가 거품(또는 버블)임.
  - 미국의 서브프라임 사태를 수시로 보도하면서 이와 함께 미국의 부동산 시장 거품이 언급
  - 중국경제를 이야기하면서도 중국 주식시장의 거품이 언제 꺼질지 모른다는 우려의 목소리가 함께 들림.
  - 우리나라 부동산 시장도 언제 거품이 꺼질지 모르므로 미리미리 대책을 세워야 한다고 걱정들을 함.

(2) 경제적 측면에서 바라본 거품

- 경제 용어로 거품이란 어떤 물건의 가격이 실제가격보다 훨씬 높게 형성되는 현상을 말함.

1) 거품이 생기는 이유

- 가장 큰 이유는 사람들이 어떤 물건(부동산, 주식, 또는 다른 자산)에 대해 지나친 낙관론으로 투자심리를 부추겨 비정상적으로 투자가 이루어지기 때문
- 또 다른 이유를 든다면 저금리가 지속되거나 각종 대출이 급격히 늘어나 돈의 양이 필요 이상으로 풀릴 때 개인의 탐욕과 어울려 일어나기 쉽다는 것임.

2) 거품의 두려움과 걱정

- 거품은 언젠가는 터지기 마련인데 그 거품이 언제 터질지 알기 어려운 데다, 거품이 갑자기 터질 경우 금융위기나 경제공황으로 이어져 개인은 물론 국가 경제에도 큰 피해를 줄 수 있기 때문

(3) 거품의 역사

1) 네덜란드의 튤립 투기 광풍

- 17세기 초 네덜란드는 무역과 산업의 발전으로 생활의 여유가 있었는데 터키로부터 튤립이 소개되어 들어왔음.
- 국민들이 새로 들어온 튤립을 좋아하여 튤립 수요가 많아지자 가격이 뛰는 것은 당연
- 그런데 튤립이 희소해지자 부자들은 튤립을 많이 보유하는 것이 자신의 부를 나타내는 것으로 생각하여 더욱 많은 튤립을 사들여 정원에 심게 되었음.
- 이러한 풍조가 도를 넘어 토지나 주택을 팔아 튤립을 대량으로 사들이는 사람도 많이 생겨나고 외국인들도 투기 열풍에 참여할 정도였음.
- 그 결과 1636년에는 고급 튤립 한 송이 값이 당시 근로자가 5년간 받을 임금에 해당할 정도였다고 함.
- 그러나 1637년 튤립가격이 더 이상 오를 수 없다는 인식이 순식간에 퍼지면서 폭락
  - 뒤늦게 튤립 투자에 뛰어든 수많은 사람들이 엄청난 손실을 입었음은 당연
- 이렇게 투기 심리가 합리적으로 설명하기 힘들 정도로 지나칠 때 거품이 생기고 거품이 꺼지기 전까지는 거품임을 알지 못하는 것이 거품의 특징이라 할 수 있음.

2) 세계대공황의 서곡 검은 목요일(미국 주식시장 대폭락)

- 1930년대 초 미국의 세계대공황은 1929년의 주식시장 대폭락을 시작으로 진행되었음.
- 당시 미국은 포드자동차 회사의 컨베이어 시스템 도입, 주5일 근무제 도입, 라디오 방송의 시작과 함께 광고방송이 시작되는 등으로 대량생산과 소비의 시대를 맞게 되었음.
- 이에 따라 기업은 활발한 생산활동으로 이윤을 많이 얻게 되고 근로자들도 소득이 늘어나 경제가 호황을 누리게 되었음.
- 그러나 개인이 소비할 수 있는 물건보다 기업이 더 많은 생산을 함에 따라 공급과잉 현상이 나타나면서 경기가 나빠지기 시작
- 그런데 주식시장은 모든 정보가 먼저 모여 거래가 이루어지면서 다른 시장을 앞서는 특징이 있는바, 미국의 주식시장도 1920년대에 호황을 지속하여 돈이 없는 사람도 빚을 내어 투자하고 구두닦이를 하는 사람도 주식투자를 할 정도로 투기 열풍이 불었음.
- 그러다 1928년부터는 불경기가 시작
- 그러나 많은 사람들은 이를 일시적인 현상으로 생각하였고 일부에서는 주식시장 거품이 꺼질 가능성이 있다고 경고하였지만 대부분 이를 무시
- 그러나 1929년 10월 24일 그 거품은 마침내 터지고 말았음.
  - 많은 사람들이 주식을 팔아 치우면서 주가가 폭락한 것임.
- 사람들은 이 날을 주가가 떨어질 때 표시하는 어두운 색에 비유하여 검은 목요일(black Thursday)라고 함.
- 10년 이상 장기간 지속된 세계대공황은 이렇게 미국의 주식시장의 대폭락과 함께 시작되었음.

3) 일본의 '잃어버린 10년'과 부동산 거품

- 일본의 1990년대 장기불황을 일컬어 '잃어버린 10년'이라는 표현을 많이

쓰지만, 이 경우도 대표적인 거품 사례라 할 수 있음.

- 1980년대 일본은 수출 호조로 경상수지가 대규모 흑자임에도 불구하고 환율을 인위적으로 약세를 유지하자 미국과 서방 선진국은 일본 엔화의 환율을 바로잡기로 결의(1985년 플라자합의)하게 됨.
- 이렇게 하여 달러당 엔화 환율이 급격히 떨어지자 수출이 급감하고 경제성장이 크게 둔화
- 그러자 일본 정부는 경제회복을 위해 초저금리 정책을 쓰면서 1985년부터 1991년까지 부동산 가격이 지속적으로 상승하다 1991년부터는 그 거품이 꺼지면서 금융부실이 발생하여 10년 이상 지속된 장기불황을 겪게 됨.
- 그런데 부동산 거품이 꺼지는 과정에서 수많은 개인들이 손실을 보기도 하였지만 일본 정부도 부실화된 은행을 구제하기 위하여 거액의 세금을 '공적자금'으로 투입해야만 했음.

(4) 거품이 경제에 미치는 해악

- 거품은 개인은 물론 국가경제에도 큰 해악을 끼침.
  - 정부나 중앙은행이 거품발생 가능성을 수시로 경고하고 거품이 급격히 꺼지지 않도록 노력하는 것도 거품의 해악이 그만큼 크기 때문임.
- 우선 거품이 생기는 과정에 뒤늦게 뛰어든 개인들은 엄청난 재산상의 손실을 볼 수 있음.
  - 특히 '묻지마 투자', '부동산 불패' 등의 잘못된 신념에 근거하여 비정상적인 투자를 하거나 또는 정상수준을 넘는 고수익을 기대하는 욕심을 부릴 경우 그 가능성은 더욱 커질 수 있으므로 주의해야 할 것임.
- 거품이 발생하면 국가적으로도 자원이 비효율적으로 쓰이게 됨.
  - 생산적으로 쓰여야 할 자본이 투기에 동원된다면 국가적인 낭비
  - 개인 손실의 발생이 국가적인 소비 위축으로 연결될 수도 있고 심할 경우 경기가 장기불황에 빠질 수도 있음은 미국과 일본의 사례를 통해서도 알 수 있음.

- 마지막으로 거품이 만들어지고 꺼지는 과정에서 정보를 많이 가진 사람과 그렇지 못한 사람 사이에 소득분배를 왜곡하고 빈부격차를 심화시키는 요인으로 작용할 수 있음.
  - 이로 인해 근로의욕이 떨어질 수도 있고 사회계층 간 갈등이 더욱 확대된다면 이 또한 거품의 큰 폐해라 아니할 수 없음.

관련사항

▣ 연착륙과 경착륙

- 연착륙(soft landing)과 경착륙(hard landing)은 원래 비행용어로서 연착륙은 비행기가 착륙할 때 부드럽게 지면에 닿아서 승객들이 착륙을 했는지 안했는지조차 알 수 없을 정도로 안정감 있게 내려오는 것을 말함.
  - 연착륙을 위해 조종사는 비행속도, 활주로까지의 거리 등을 감안하여 미리 고도와 속도를 적절하게 낮추어가야 함.
- 일반적으로 경제성장률이 높아지면 일자리가 많아지고 소득이 높아지나 한 나라가 보유한 자원에 비해 지나치게 성장하게 되면 돈, 인력, 원자재, 토지와 같은 생산요소가 부족해지면서 금리, 임금, 원자재가격, 부동산 가격, 주가 등이 급등하게 됨.
- 이와 같은 현상을 거품(bubble)이라 하는데 거품은 언젠가는 터지면서 경제에 여러 가지 부작용을 초래
- 이러한 부작용을 방지하기 위해 각국 정부는 경제가 지나치게 고성장을 지속할 경우 재정지출을 줄이고 금리를 인상하는 등 재정·통화 정책을 긴축적으로 운용하게 됨.
- 이때 경기의 연착륙을 위해서는 정부와 중앙은행이 적절한 수준의 긴축정책을 통해 성장률과 물가를 완만하게 조정해 가야 함.

- 과도한 긴축정책을 펼칠 경우에는 경착륙, 즉 경기가 급격히 후퇴하면서 불황에 빠져들 수도 있기 때문임.

- 최근에는 연착륙, 경착륙이란 용어가 경기뿐만 아니라 부동산 가격, 금리, 주식시장 등 다양한 경제 분야에서 사용되고 있음.
  - 예를 들면 우리나라는 최근 몇 년 동안 부동산 가격이 급등하면서 거품 가능성이 제기되자 정부는 2003년 10.29대책을 시작으로 지속적으로 강력한 부동산 가격 억제 대책을 내놓았음.
  - 이로 인해 부동산 가격이 급락할 수도 있다는 우려가 커지면서 너무 강력한 정부정책은 부동산 시장의 경착륙을 초래할 수 있으므로 정책 수위를 조절하여 부동산 시장이 연착륙할 수 있도록 해야 한다는 주장이 제기되기도 했음.

참 | 고 | 자 | 료

(1) 안형순(2008), "거품은 왜 생기고 경제에 어떤 영향을 미치나", 한국은행 경제교육(풀어 쓴 생활경제), 2008. 1. 4.

11 BIS 비율

(1) 도입배경

- 1970년대 이후 세계적인 금융규제 완화 및 국제화 진전에 따른 경쟁심화로 은행들이 고위험·고수익 위주의 자산운용 전략을 추구함에 따라 금융기관 경영상의 리스크가 크게 증대
- 이에 따라 1988년 7월 국제결제은행(BIS) 산하의 은행감독위원회에서는 "은행 자기자본비율 규제에 관한 국제적 통일기준"을 제정하여 회원국 상업은행으로 하여금 1992년 말부터 위험가중자산 대비 자기자본비율(BIS비율)을 8% 이상 유지토록 의무화하였으며 우리나라에서도 1992년 동 제도를 도입

(2) BIS비율이란[182)]

- 국제결제은행(BIS) 기준 자기자본비율은 은행의 건전성과 안정성을 확보하기 위한 국제기준임.
- BIS는 각국 중앙은행 간의 협조를 증진하고 국제금융 안정을 위한 자금을 제공하기 위해 1930년 설립된 국제기구로 1988년 바젤 합의를 통해 자기자본비율 규제를 정했음.
- 이 기준에 따르면 은행은 위험자산에 대해 최소 8% 이상 자기자본을 유지해야 함.
  - 즉 국제결제은행이 요구하는 은행 BIS 자기자본비율은 자기자본을 위험가중자산으로 나눈 수치인데 현재 권고수준은 8%

182) BIS산하 바젤위원회에서 정한 협약이라고 해서 바젤1이라고도 함.

- BIS는 통상 8%를 최소한의 비율로 요구하는데 이 수치가 높을수록 건전성이 좋다는 의미
  - 8% 이하로 떨어지면 현행 법령에서는 적기시정 조치가 가해짐.
  - 1997년 외환위기 당시 BIS비율이 2~4% 범위인 은행은 강제합병, 2% 미만인 은행은 자산을 다른 은행에 넘기는 식으로 구조조정 조치가 내려진 바 있음.
- 금융감독 당국은 2009년도 경기침체에 대비해 국내은행들이 BIS비율을 11~12%로 유지하도록 권고하고 있음.

(3) 신BIS협약(혹은 바젤2)이란

- 'BIS비율'이라는 용어는 외환위기 이전에는 일반인들에게 거의 알려지지 않았으나 외환위기 당시 부실은행들의 퇴출기준으로 사용되면서 일반인에게도 잘 알려지게 되었음.
- 그러나 기존의 BIS기준 자기자본제도는 은행이 실제로 부담하는 리스크에 상응하는 필요자기자본을 정확하게 선정하는 데 문제(예 : 신용등급 AAA채권이나 CCC채권에 대해 동일한 위험가중치(100%) 적용)가 있는데다 자산유동화증권 발행 등 자본규제 회피거래가 증가하는 부작용이 발생
- 이에 따라 은행감독위원회에서는 기존 BIS비율 산정방식에 비해 위험에 대한 분류를 세분하고 보다 적정한 리스크 관리가 가능한 방법을 포함하고 있는 '신BIS협약'을 마련하여 1999년 6월 발표
  - 즉 현행 BIS비율 산정 시에는 신용 및 시장리스크만을 감안하여 위험가중자산을 산정하고 있으나 신협약 안에서는 운영리스크를 새로 추가하였으며, 신용리스크의 측정에 있어서도 위험가중치를 차주의 신용도에 따라 차등 적용하도록 하였음.
  - 또한 정교한 내부 신용평가 모형 등을 갖춘 은행에 대해서는 리스크 측정 및 규제자본 산정에 있어 각 은행별로 재량을 허용한 점이 특징
- 몇 년간의 준비기간을 거쳐 2007~2008년 중 EU, 홍콩, 싱가포르 등 금

융선진국에서는 신BIS협약을 시행할 계획으로 알려져 있으며 우리나라도 2008년부터 도입

- 그래서 요즘 은행들이 한창 고민 중인 BIS비율은 대부분 바젤2를 기준으로 한 BIS비율이라 생각하면 될 것임.

(4) 신BIS비율 도입에 대한 우려

- 신BIS비율이 위험관리를 보다 정교하게 할 수 있다는 장점에도 불구하고 일부에서는 신BIS비율 도입의 부작용을 우려하는 목소리가 있는 것이 사실
- 우선 은행들이 위험을 중시하는 신BIS비율제도 도입으로 말미암아 더욱 보수적이고 안정적인 경영행동을 보임에 따라 신용도가 낮은 중소기업에 대한 대출이 크게 축소될 수 있으며 아울러 안전성이 높은 주택담보대출을 더욱 늘릴 가능성이 있음.
- 금융당국에서는 중소기업에 대한 대출이 위축되지 않도록 하기 위해 관련규정을 정비하는 등 부작용 발생이 최소화될 수 있도록 보완책 마련에 노력해야 할 것임.

(5) 경제현실과 BIS비율 집착 사이의 상충관계

1) 바젤 기준의 실패

- 세계를 강타한 금융위기 앞에서 바젤 기준은 허수아비 노릇을 했음.
- 바젤 기준을 도입한 선진국 금융회사들은 무기력하게 무너졌고, 살아남은 회사들은 공포에 휩싸여 돈을 움켜쥔 채 대출을 안 함.
- 자금이 메마른 실물경제는 나날이 깊은 침체의 골로 향하고 있음.
- 바젤 기준의 실패는 시장구조의 변천을 따르지 못한 데 원인이 있음.
- BIS 자기자본 규정의 취지는 예금자보호, 즉 자산부실 위험에 걸맞게 자기자본을 비축해 부실이 있어도 소매 예금자를 보호한다는 뜻임.

2) BIS비율 집착의 오류

- 바젤 기준 은행자본은 예금자보호를 위한 완충벽이기 때문에 후순위채나 우선주도 자기자본으로 간주되지만 바젤식 자기자본은 진정한 자기자본(주인의 밑천)이라고 볼 수 없음.
  - 후순위채는 말 그대로 후순위의 권리를 행사하는 부채
  - 우선주도 명칭은 주식이지만 경영권을 행사하는 주인의 지분이 아님.
  - 결국 후순위채나 우선주는 부채의 성격을 띤 지분이고 주인의 밑천은 아님.
- 미국을 비롯한 선진국들의 금융구제정책이 아직까지 별 효력이 없는 것도 자기자본의 개념을 잘못 이해하는 데 있음.
  - 미국의 금융구제안은 최초 모기지 자산을 매입한다는 취지에서 출발했지만 이행되는 단계에서 공적자금으로 은행의 우선주 매입으로 바뀌었음.
  - 돈을 받은 은행들은 대출을 안 하고 정부보조금을 받는 즉시 돈을 중앙은행인 연방준비제도이사회(FRB)에 입금하고 있음.
  - FRB가 보유하는 은행지급준비금은 이 때문에 급속도로 증가했음.
- 은행의 행위를 바꾸자면 경영권을 갖는 주인의 이익을 생각해야 함.
  - 우선주 매입을 통한 은행증자는 예금자보호 완충벽을 두껍게 쌓지만, 은행주인의 밑천을 늘리지는 않음.
  - 오히려 은행주인의 레버리지를 증가시키는 셈인데, 후순위채도 마찬가지임.
  - 예금자보호 효과는 있지만 경영권을 가진 은행주인의 밑천은 그대로여서 부채가 늘어난 은행이 됨.
  - 밑천이 모자라는 은행은 대출을 안 하고 은행주가가 제로(0)로 치닫는데 후순위채나 우선주는 완충작용을 할 수 없음.
  - 신중한 경영자라면 대출을 꺼리는 게 당연
- BIS비율에만 집착하면 대출축소는 불가피
  - 비율이란 분자가 있고 분모가 있는데, BIS비율을 맞추기 위해서는 분

모를 늘리는 수가 있지만 분자를 줄이는 수도 있음.
- 즉 BIS비율을 맞추기 위해서 대출을 줄이는 행위를 부추길 수 있음.
- 글로벌 금융위기 이후 한국의 메마른 자금사정의 한 원인은 여기서 찾을 수 있음.

- 은행대출을 늘리려면 은행주인의 밑천을 늘리는 수밖에 없는데, 밑천이란 보통주를 가리킴.
  - 기존 주주를 우선으로 하는 유상증자가 최선의 방법이고, 차선책으로는 공적자금으로 보통주를 매입하는 것임.
  - 차선책이 두려워서라도 기존의 주주들이 증자를 고려할 수 있음.

(6) 은행 자본확충의 필요성

- 2008년 12월 6일 현재 한국은행이 시중에 돈을 풀고 있지만 기업들은 돈이 없다며 아우성
  - 대통령까지 나서서 기업들에 대출을 늘리라는데 은행들도 '제 코가 석 자'인지라 선뜻 돈을 내주지 못하고 있음.
- 2008년 연말이면 은행 건전성을 나타내는 국제결제은행(BIS) 자기자본비율을 끌어올려야 하는데 한계에 몰린 기업들에 대출하다 보면 BIS비율이 떨어질 수밖에 없음.
- 정부가 은행 자본확충을 해주겠다고 나서는 것도 그 때문인데, 은행 자기자본이 늘어나면 대출여력이 그만큼 커짐.
  - 은행권 자본확충 방안으로는 후순위채, 상환우선주 발행 등이 있음.
  - 반면 정부가 선제적으로 공적자금을 투입해 자본확충은 물론 구조조정 속도를 높이자는 의견도 제기되고 있음.

(7) 은행 자본을 늘리려면

1) 자산운용의 건전성 확보가 중요

- 은행은 예금으로 조달한 자금으로 기업과 개인에게 대출을 해주고 여기

서 나오는 예대마진으로 수익을 내는 금융중개 회사임.

- 금융회사 관점에서 예금은 부채이고 대출은 자산이 되는데, 금융중개 속성상 부채인 예금이 자기자본보다 월등하게 높음.
  - 이는 부채비율이 높아지면 자금을 그만큼 더 많이 유통시킬 수 있기 때문이지만 건전성이 나빠진다는 부작용이 있음.

- 결국 효율성과 건전성 간에 적당한 조화를 찾는 것이 필요함.

- 이를 위해 감독당국과 국제결제은행(BIS)은 자기자본비율 규제를 통해 자산운용에 건전성을 담보하도록 하는 것임.

- 은행 자기자본은 납입자본금, 이익잉여금 등 기본자본과 재평가적립금, 충당금, 후순위채 등 보완자본으로 구성
  - 보완자본에 포함되는 후순위채는 은행이 파산했을 때 변제받을 수 있는 순위가 뒤처지는 채권임.

- 위험가중자산이란 대출채권, 보증・보유증권 등 각 자산에 내재된 부도위험을 반영한 가중치를 곱하여 산정되는 자산가치임.
  - 예를 들면 부도위험이 높은 회사채는 위험가중치가 100%지만 국채는 그 값이 0%이므로 국채는 그 보유액이 늘더라도 위험가중자산을 증가시키지는 않음.
  - 최근 채권시장에서 회사채금리가 상승하고 국채금리가 상대적으로 하락한 데는 금융회사 BIS비율 개선을 위해 국고채만 사들였기 때문임.

2) BIS비율 제고 방안

- BIS비율을 개선하려면 분자인 자기자본을 늘리거나 분모인 위험가중자산을 줄여야 함.

- 기본자본 확충 방안
  - 기본자본을 늘리는 방법에는 기존 주주 동의 아래 이루어지는 보통주 유상증자와 의결권이 없는 우선주 발행이 있음.

• 특히 우선주 중 발행자에게 배당보전 의무가 없는 비누적적 우선주는 기본자본으로 분류됨.
• 이밖에 2003년 도입된 신종자본증권, 매년 확정이자가 지급되나 상환 만기가 없는 주식과 하이브리드형 채권도 기본자본 중 하나
• 유럽이나 미국에서는 신종자본증권이 기본자본에서 10%를 차지
• 외환위기 당시에 정부의 공적자금 투입은 이러한 신규주식을 정부가 매입하는 방식으로 이루어졌음.

- 보완자본 확충 방안
  • 보완자본과 관련해 만기가 5년 이상인 후순채를 발행하면 100% 보완자본으로 인정

- 위험가중자산 축소 방안
  • 위험축소와 관련하여 우선 대출규모를 줄이거나 은행에서 나간 대출 중 채무자의 사정으로 회수가 어려운 부실한 대출은 은행이 계속 보유하지 않고 팔아버리거나 기존에 보유 중인 대출자산을 위험이 낮은 자산으로 전환하는 방법 등이 있음.
  • 위험가중자산을 줄이는 데는 기존 대출채권을 기초자산으로 하는 유동화증권을 발행해 매각함으로써 장부상에서 위험자산을 떨구어 내는 방법이 있음.

(8) 시중은행들의 자기자본 확충 방안

- 현재 정부와 금융감독원이 제시한 자기자본비율 기준은 두 가지
  • 하나는 BIS(국제결제은행) 자기자본비율 12% 이상[183]이고, 다른 하나는 기본 자기자본비율(혹은 기본자본비율) 9% 이상[184]임.

---

183) 국제 신용평가 회사들은 BIS비율을 12% 이상 확보하도록 권고하고 있으며, 이보다 떨어지면 신용평가에 반영하고 있음. BIS비율이 낮으면 은행채 발행을 통한 자금조달에도 어려움을 겪을 수 있음. 따라서 국내은행들이 2008년 연말 기준 BIS비율을 높은 수준으로 유지하기 위해 실제 중소기업 대출을 기피하는 사례가 나타나고 있음. 이와 관련해 이명박 대통령은 "현재 BIS 자기자본비율과 회계제도를 가지고는 은행을 비롯한 금융회사가 대출하기 상당히 어렵다"고 지적한 바 있음. 매일경제(2008. 11. 25.) 참조.

- 이를 맞추지 못하면 정부에 의해 공적자금이 투입되는 등 구조조정 대상이 될 수도 있음.

1) 국민은행

- 국민은행은 이달 말까지 지주회사(KB금융)로부터 5000억원의 증자(增資)를 받을 예정이며 전액 KB금융이 회사채를 발행해 충당
- 국민은행은 앞서 1조5000억원어치의 후순위채를 발행해 BIS비율을 현재 10.74%까지 끌어올린 상태
- 5000억원이 추가 확충되면 BIS비율은 11%대, 기본자본비율은 9.5%가 될 전망

2) 신한은행

- 신한은행도 지주회사(신한금융지주)가 7000억원 내외의 증자를 검토
- 신한금융지주는 계열사들로부터 중간배당을 받아 은행에 투자하는 방식이 유력
  - 신용카드와 캐피털, 증권사 등이 쌓아놓은 현금이 많기 때문

3) 우리은행과 하나은행

- 우리은행과 하나은행도 최근 지주회사로부터 각각 7000억원과 1조원의 증자를 받은 데 이어, 2008년 연말까지 하이브리드 채권(만기가 없는 채권)과 후순위채 수천억원어치를 추가 발행할 예정

4) 기타 시중은행

- 외환 · 한국씨티 · SC제일 등 다른 시중은행들도 후순위채 발행을 검토

---

184) 〈관련 경제용어〉 참조.

5) 우려의 시각

- 하지만 대부분 은행들이 채권발행에 의존한 자본확충에 나서면서 시중 자금이 은행권으로 쏠리는 현상이 우려되고 있음.
  - 은행들이 기본자본비율을 9%대로 높이는 데 들어가는 돈은 약 10조원에 이르는 것으로 금융감독원은 추정
- 국내 최대 기관투자가인 국민연금의 경우 최근 '자본확충에 참여해 달라'는 은행권과 정부의 요청에 따라 은행 지주회사들이 발행한 회사채를 8000억원어치 인수했는데, 그만큼 다른 채권에 대한 투자여력이 줄어드는 셈임.

(9) 은행 자본확충의 장단점

- 은행들이 BIS 자기자본비율을 높이는 것이 우리 경제에 좋은 영향만 주는 것은 아님.
  - 가뜩이나 돈이 돌지 않아 어려운 상황에서 돈을 풀어줘야 할 은행들이 오히려 시중자금을 블랙홀처럼 빨아들이고, 대출까지 줄이면서 기업과 가계에 피해를 주고 있는 것임.
- 최근의 상황이 갈수록 위험해지는 것은 은행의 BIS비율을 떨어뜨리는 요소가 많아진다는 것임.
  - 즉 부동산 가격 하락, 실업대란, 중소기업 부도, 회사채 신용등급 하락 등 여러 가지 요인들로 인해 은행의 BIS 자기자본비율은 하락할 가능성이 많다고 봄.
  - 은행권 자본확충이 1998년 외환위기 이후 다시 부각된 것은 갖은 방법을 동원해 유동성을 공급하더라도 자금이 최종 수요자인 기업으로 흘러들어가지 않기 때문
  - 경기침체로 도산 가능성이 커지는 등 기업 신용리스크가 증가한 데다 은행 BIS비율이 하락 추세에 있기 때문
- 금융감독원에 따르면 2008년 9월 말 현재 국내은행 BIS비율은 10.79%로 2007년 12월 말 12.31%에 비해 1.52%포인트 낮아진 수준

- 지금과 같은 신용경색기에는 위험가중치가 높은 중소기업 대출은 BIS비율을 더 떨어뜨릴 수 있기 때문에 은행들이 대출에 소극적일 수밖에 없음.
  - 더구나 중소건설사, 조선, 해운업에 대한 향후 구조조정 가능성에 따른 추가손실도 예상되고 있기 때문

1) 장단점

- 현재 자본확충 방안으로 논의되는 직접지원과 간접지원 방안은 각각 장단점이 있음.
- 직접지원 방안
  - 공적자금을 투입하는 직접지원은 선제적이며 효과적인 것이 장점
  - 그러나 대규모 자금이 필요하고 관치금융 부활 소지가 있으며, 은행 부실이 심각하지 않다는 점에서 은행권 등은 반대
  - 한편 금융위기가 심각한 미국은 2008년 10월 공적자금 2500억 달러를 투입해 9개 은행 지분인수계획을 발표한 바 있음.
- 간접지원 방안
  - 간접지원 방안인 후순위채 발행 내지 대출채권 유동화 등은 은행 지배구조나 경영권에 영향을 미치지 않고도 BIS비율을 높일 수 있음.
  - 그러나 후순위채도 결국 은행의 빚이며 상환우선주 발행은 규모에 있어 한계가 있고 대출채권 유동화는 은행 부실채권을 정부가 떠안는다는 단점이 있음.
- 결국 대출채권 부실 정도와 정부개입 필요성을 냉철하게 고려해 판단을 내려야 하는 사안임.

2) 논란의 가능성 있어

- 한편 자본확충과 관련해 한국은행, 채권시장안정펀드, 주택금융공사 등 정부기관을 통한 자금지원은 은행경영과 관련된 도덕적 해이를 조장한다는 점에서 논란이 될 수 있음.

(10) 정부의 금융회사 자본확충 대책

- 한국경제가 심각한 침체위기에 몰린 가운데 제 구실(자금중개)을 못하고 있는 은행들을 지원하기 위해 정부가 2008년 12월 18일 초대형 카드를 꺼냈음.

1) 핵심내용

- 한국은행의 발권력까지 동원되는 20조원 규모의 펀드를 조성해 은행들에 사실상 정부 돈을 주입(注入), BIS(국제결제은행) 자기자본비율을 끌어올려 주는 극약처방을 내렸음.
- 20조원은 은행들이 현재 평균 10%선인 BIS 자기자본비율을 정부 목표치(12%)까지 끌어올리는 데 필요한 11조원의 2배 가까운 규모
- 이는 2008년 9월 중순 금융위기 발생 이후 은행들에 취해진 각종 유동성(流動性 · 자금흐름) 지원 방안 중 가장 강력
- 그러나 이 같은 파격적 지원에도 불구하고 은행들이 회복에 실패할 경우 공적자금 투입이 불가피할 전망

2) 왜 공적자금이 아닌 펀드인가

- 정부가 펀드형태로 은행지원에 나선 이유는 아직은 공적자금을 투입해야 할 정도로 은행부실상태가 심각하지 않다는 판단에서임.
- 시중은행들의 BIS비율은 2008년 9월 말 현재 10.63%로 부실은행 기준인 8%를 한참 웃돌고 있음.
- 하지만 2009년 상반기 경기침체와 기업부실이 급속히 진행될 경우 은행도 부실화될 수 있기 때문에 선제적으로 펀드를 통해 '은행 살리기'에 착수한 것임.

3) 정부의 은행경영 개입 신호탄

- 정부의 대책발표 이후 은행장들은 "은행 자본확충 방안을 환영하며, 정부의 적극적 지원 방침에 부응해 중소기업과 수출기업 등에 대한 금융지원에 최선을 다하겠다"고 밝혔음.
- 또 "임원연봉을 삭감하고 직원임금을 동결하는 등 경영합리화를 통해 은행 건전성을 제고하겠다"고 발표했음.
- 그러면서도 은행들은 20조원 펀드가 은행경영에 대한 정부간섭을 초래하는 '독배(毒杯)'일 수도 있다는 의구심을 떨치지 못하는 분위기임.
  - 정부가 자본주입을 계기로 은행들의 대출을 압박할 가능성이 있다는 것임.
  - 또한 정부가 펀드지원을 받는 은행들과 MOU(양해각서)를 체결, 은행 내부의 인적 쇄신(刷新)이나 구조조정 등 경영에 본격 개입할 것이란 전망도 나옴.

관련사항

▣ 기본 자기자본비율

- 은행의 자기자본은 기본자본(Tier1)과 보완자본(Tier2)으로 구분
- 기본 자기자본비율은 은행의 기본자본을 위험자산으로 나눈 백분율로 최근 감독당국은 경기침체가 악화되는 2009년 상반기에 대비하여 은행들이 9% 이상을 유지하도록 유도하고 있음.
  - 즉 BIS 자기자본비율에서 후순위채권처럼 나중에 갚아야 하는 빚에 해당되는 '보완자본(tier2)'은 빼고, 주주의 출자금처럼 상환의무가 없는 '기본자본(tier1)'만을 기준으로 위험자산 대비 자기자본비율을 산정한 지표를 말함.

- 기본자본은 자본금, 내부유보금 등 실질순자산으로 영구적인 성격을 지닌 반면, 보완자본은 후순위채권 등 부채성격을 갖고 있음.
- 은행이 증자를 할 경우 기본자본이 늘어나고 후순위채를 발행하면 보완자본이 커짐.

▣ 우선주, 상환우선주

- 기업이 발행하는 주식은 의결권이 있는 보통주와 의결권이 없지만 배당을 더 받는 우선주로 구분
- 상환우선주는 5년 이후에 주식발행 기업이 주주에게 약정금액으로 상환할 의무를 지니는 우선주의 일종
- 은행이 발행한 상환우선주 중 상환기간이 30년 이상인 것은 기본자본, 30년 미만은 보완자본으로 인정받음.

▣ 신종자본증권(하이브리드채권)

- 은행이 자본금 확충 또는 자본조달을 위해 발행하는 신종증권으로 채권처럼 매년 확정이자를 받을 수 있고 주식처럼 만기가 없으면서도 매매가 가능해 주식과 채권의 중간적 성격을 띠고 있음.
- 만기 30년 이상인 하이브리드채권은 은행 BIS비율 산정 시 기본자본으로 인정받음.

▣ 후순위채

- 기업이 파산할 경우 채권자들에게 진 빚을 모두 갚은 후에야 지급을 요구할 수 있는 채권을 말함.
- 채권행사 순서가 가장 늦다는 의미에서 후순위채라고 부름.
- 채권확보가 불확실하기 때문에 이자가 시중금리보다 높음.
- 은행이 후순위채를 발행하면 BIS비율 산정 시 보완자본으로 인정받음.

▣ 기능통화 회계제도

- 회계장부를 원화가 아닌 달러기준으로 작성할 수 있도록 하는 제도
- 달러외화부채나 외화자산이 많은 기업은 원·달러 환율 급등에 따른 원화환산 손실을 막을 수 있음.
- 해운업체나 항공, 철강, 음식료 업종 등이 이 제도의 혜택을 받을 것으로 보임.

▣ 자산재평가제도

- 기업들이 토지와 건물, 기계장치 등의 자산을 시가로 반영해 회계처리하는 제도
- 자산재평가 차익이 발생하면 부채비율이 낮아지는 효과가 있음.

참|고|자|료

(1) 김병조(2007), "신BIS협약", 한국은행 경제교육(시사경제), 한국은행 대구경북본부, 2007. 1. 8.
(2) 한재준(2008), "은행 자본 확충 왜 필요한가", 《매일경제》, 2008. 12. 6.
(3) 2008. 11. 25., 《매일경제》
(4) 2008. 12. 18., 《매일경제》
(5) 신현송(2008), "BIS비율 집착이 돈 가뭄 부른다", 《매일경제》, 2008. 12. 19.
(6) 2008. 12. 15., 《조선일보》
(7) 2008. 12. 19., 《조선일보》

12

핫 머 니

(1) 의 미

- 국제금융시장에서 유리한 금융시장을 찾아 투기적으로 이동하는 단기자본
- 핫머니(Hot Money)는 급속한 세계화에 따라 자본이동이 자유화되면서 국제금융시장의 주요 이슈가 되었음.

(2) 등장 이유

- 첫 번째는 국가 간 금리가 서로 다른 경우 금리차이를 이용하여 이득을 얻기 위한 목적으로 나타남.
  - 예를 들어 중국의 금리가 미국의 금리보다 높을 경우 미국에서 예금을 인출하여 중국으로 이체, 중국의 예금으로 전환하게 되면 금리차이만큼 이득을 얻을 수 있음.
- 두 번째는 정치불안이나 통화불안 등으로 자본의 손실이 우려될 경우 이를 피할 목적(자본도피)으로 이루어짐.

(3) 자본이동 자유화의 이점

- 자유로운 자본이동은 기업의 효율성을 높이고 경쟁을 촉진
  - 자본이동이 자유롭게 되는 경우 국내기업은 자본조달의 범위를 국내시장에서뿐만 아니라 해외시장에까지 확대할 수 있어 기업은 더 낮은 이자율로 차입함으로써 비용을 절감할 수 있음.

• 또한 투자 측면에서 볼 때 자본이동의 자유화는 해외에서 보다 유리한 투자기회를 활용할 수 있게 함으로써 투자자의 이익을 증가시키는 효과를 가져다 줌.

(4) 핫머니의 역사적 고찰

- 자본이동의 긍정적 효과에도 불구하고 역사적으로 핫머니의 이동은 금융불안을 야기하는 주요 원인이 되었음.
  - 핫머니의 이동은 수익성에 따라 급속하게 이루어지므로 장기적인 투자로 이어지지 못하였고, 투자국의 경제상황에 따라 급속하게 이동하였기 때문에 해당국의 금융불안을 가속화시키는 요인으로 작용
- 역사적으로 1970년대 초까지 자본의 국제적 흐름은 통제되었지만 세계은행과 IMF가 주도하는 구조조정 프로그램으로 1980년대와 1990년대에는 재화나 서비스의 교역에서 신속한 세계화가 진행되었고 WTO가 집행하는 다자간협약으로 인하여 더욱 진척되었음.
  - 이러한 교역의 증가는 금융거래를 수반하게 되었으며 이에 따라 금융의 세계화도 진행되기 시작
  - 이와 더불어 정보통신기술의 발달과 함께 규제완화, 새로운 금융상품의 출현 등으로 금융의 세계화는 더욱 활발하게 이루어졌음.

(5) 핫머니에 의한 금융 변동성 확대 사례

- 금융의 세계화가 진전되면서 핫머니에 의한 금융불안이 발생

1) 대표적 사례

- 1990년대 중반 멕시코 외환위기
  - 멕시코는 1980년대부터 시작된 경제개혁 덕분에 '모델 경제'로 부상
  - 이 때문에 외국 투자자들은 멕시코에 대규모 투자를 시작했으며 1990~1993년 사이 900억 달러 이상이 투자되었음.

• 하지만 미국의 금리인상과 멕시코의 정치불안으로 자본이 급격하게 유출되면서 페소화는 폭락하기 시작
• 1992년 12월 초 달러당 3.5페소에서 1993년 3월에는 달러당 7.5페소까지 떨어졌으며 이와 더불어 멕시코 증시는 페소화 절하가 시작된 지 한 달 만에 그 가치가 절반으로 하락
• 이로 인해 멕시코는 외환위기 경험

- 1990년대 후반 동아시아 외환위기
  • 멕시코가 환란을 겪은 후 불과 2년 뒤인 1997년 중반, 이번에는 동남아 및 동아시아 국가들이 유사한 위기상황에 빠져들었음.
  • 환난은 태국에서 시작되어 지역의 다른 나라들로 급속히 번져갔음.
  • 태국은 1997년 말 단기 차입금인 20억 달러의 만기 상환일이 중복되면서 외채유지가 어렵게 되어 외환위기를 겪게 되었음.
  • 태국의 외환위기로 인해 동남아시아와 동아시아 지역의 인도네시아, 말레이시아, 한국, 홍콩, 싱가포르까지 외환위기를 겪게 되었음.

- 우리나라의 경우
  • 우리나라의 경우는 외국은행으로부터 과도하게 들여온 단기 차입금이 문제가 되었음.
  • 1990년대 중반 이후 자본시장의 개방과 함께 한국의 은행들과 금융기관들의 단기성 외자도입이 눈에 띄게 증가되었는데, 1994년에서 1997년까지 불과 2년 반 사이에 차입규모가 두 배 가까이 되었음.
  • 이 시기 대부분의 차입금들은 단기자금으로 1997년 말에서 1998년 중반까지 상환해야 할 자금이었음.
  • 단기에 급증한 핫머니는 그 후 급속히 빠져나갔고 이로 인해 외환위기를 겪게 되었음.

2) 환난으로 인한 손실액

- 모건스탠리 사(社)에 의하면 동남아시아 국가들의 환난으로 2010억 달러의 부(富)가 파괴되었는데 1997년 6월 30일에서 12월 31일까지 홍콩, 한

국, 인도네시아 및 태국 주식시장의 폭락으로 인한 손실을 각각 750억 달러, 600억 달러, 450억 달러와 210억 달러가 될 것으로 추정

(6) 핫머니에 대한 통제 논의

- 핫머니의 급격한 이동으로 일부 국가의 경제는 심각한 타격을 받기 때문에 핫머니를 규제하자는 논의가 지속되고 있는데 그 대표적인 예가 토빈세(Tobin稅)
  - 국제적인 통화이동에 대한 토빈세는 1972년 노벨 경제학상 수상자인 제임스 토빈 교수에 의해 처음으로 제안되어 토빈세라고 불림.
  - 토빈은 단기 외환거래를 통한 투기를 억제함으로써, 다량의 통화이동에 의한 충격을 최소화하는 방법의 하나로 토빈세를 주창
  - 국제통화시장의 불안정성을 조절하고, 국가 통화정책의 자율을 일부라도 보장하기 위해 통화거래에 대하여 0.25퍼센트 세금을 부과하는 것을 제안한 것으로 이 제안에 의하면 자본이 국경을 건널 때마다 과세되기 때문에 투기성 단기자본의 흐름을 둔화시키는 한편, 장기적인 자본유입에 대한 영향은 미미할 것으로 판단한 것임.

(7) 최근의 핫머니

- 최근 엔캐리 트레이드(Yen Carry Trade)가 세계 금융시장에서 주요 이슈로 등장
  - 엔캐리는 핫머니의 일종으로 금리가 낮은 엔화를 빌려 상대적으로 금리가 높은 미국, 유럽 또는 신흥 아시아 국가의 통화나 금융자산 또는 실물자산에 투자하여 이익을 얻는 금융기법
  - 엔캐리의 이동에 따라 주변국 증시가 폭락하고 아시아는 물론 미국과 일본 등 선진국 주식시장도 폭락하거나 크게 동요하는 모습을 보이고 있음.
- 세계화의 진전, 정보통신기술의 발달, 최신 금융기법의 발달로 인해 핫머니의 이동은 더욱 가속화될 것으로 보임.

▣ 엔캐리 트레이드

1) 의 미

- 금리가 낮은 일본에서 값싸게 자금을 빌려 상대적으로 수익률이 높은 다른 나라(호주, 뉴질랜드 등)의 자산에 투자하는 기법
  - 트레이더 입장에서 보면 제로금리의 자금을 빌려 고성장이 기대되는 이머징마켓에 투자를 한다면 이익이 발생하기 때문
  - 만약 일본의 금리가 오른다면 일본에서 엔화를 빌릴 때 드는 비용이 많아진다는 것이고 따라서 일본 엔화를 빌려 해외에 투자할 때 얻을 수 있는 이익이 줄어들거나 잘못하면 손해가 날 수 있는 위험부담이 크게 됨.
  - 이럴 경우 트레이더들은 해외에 투자한 자산을 처분해서 엔화를 가지고(carry해서) 일본으로 가게 되는데, 이를 엔캐리 트레이드의 청산이라고 함.
  - 이는 곧 엔화를 기반으로 투자된 자산의 매도가 늘어나게 되어 해당 자산의 가격의 하락, 즉 각 국가에서 주식이나 채권가격의 하락으로 이어질 가능성의 발생을 의미

2) 최근 상황

- 1년 전(2007년 12월) 일본에서 돈을 빌려 투자한 경우에 그 당시 미국과 일본의 금리차는 5%였으나 현재(2008년 12월)는 2%로 금리차가 많이 나지 않으며 엔·달러 환율 역시 124엔에서 102엔까지 급등하면서 환율 손해도 많이 보고 있는 상태
- 여기에 미국의 금리인하 가능성과 함께 경기침체에 대한 우려감으로 더 이상 손실을 볼 수 없어 이 자금을 청산하려는 움직임이 발생

• 다시 말해 저금리 엔화를 빌려 다른 나라의 통화나 채권·주식 등에 투자하는 엔캐리 트레이드가 금리인하로 매력을 상실하면서 이를 되갚겠다며 엔화를 찾는 수요가 늘고 있는 것임.

- 엔캐리 트레이드 청산이 최근 엔화 강세의 주된 요인으로 작용하고 있는 가운데, 엔화가 국제금융시장에서 과도한 고공행진을 계속하자 주요 7개국(G7)도 이례적으로 엔화 폭등 위험성을 경고하고 나서고 있지만 뾰족한 수가 없는 상황

- 이처럼 전 세계 경제가 불안한 움직임을 보이면서 엔캐리 트레이드 자금청산 우려감이 다시 고개를 들고 있음.

- 문제는 금리차 축소 가능성과 함께 엔화 강세, 달러화 약세 현상(미국 경기가 장기침체화와 디플레이션 지속 가능성으로 달러가치가 불안할 경우 상대적으로 안전자산을 선호하는 추세가 나타나게 될 것이며 이로 인해 달러가치는 떨어지고 엔화가치는 인상될 가능성이 매우 높음. → 달러는 단기보유, 엔화는 장기보유)이 지속되면서 엔캐리 트레이드 자금청산이 본격화되고 있다는 점임.

3) 엔캐리 트레이드 청산에 따른 영향 및 시사점

- 엔화가치 상승에 따른 국내수출 증가
  • 완만한 엔캐리 트레이드 청산은 엔화가치 상승을 유발함으로써 일본기업과 경쟁하는 국내기업의 가격경쟁력을 향상시켜 단기적으로 국내수출증가에 기여
  • 과거의 경험으로 볼 때 국내수출은 엔화의 절상 폭이 원화보다 클 경우 기업들의 대일 수출경쟁력이 강화되면서 증가세가 확대되고 있음.

- 글로벌 유동성 축소로 인한 투자위축
  • 장기적으로 엔캐리 트레이드 청산은 글로벌 유동성 축소를 유발하여 투자자에게 채권, 주식 등 자본시장에 대한 투자유인을 축소시켜 자본시장의 발전 저해와 함께 원활한 기업활동에 필요한 자금공급을 차단할 수 있음.

• 또한 엔캐리 트레이드 청산은 국내 주식, 채권 등 자본시장에서의 자금이탈을 확대시키고 자산가격의 하락을 유도하여 소비자의 가처분소득을 약화시킴으로써 소비에 부정적인 영향력을 제공
• 다만 캐리자금과 함께 글로벌 유동성을 제공하는 오일머니는 엔캐리 자금청산에 따른 글로벌 유동성 축소의 폭 및 속도를 완화시키는 역할을 할 전망

- 시사점
  • 향후 엔캐리 트레이드 청산이 완만하게 진행될 것으로 보이나, 일본 경제가 크게 훼손되지 않는다면 일본은행의 정책금리 인상에 따른 엔캐리 트레이드 청산은 불가피할 전망
  • 기업은 중장기적인 계획 및 자금조달처 다변화를 통하여 유동성 확보에 대비해야 할 필요가 있고, 엔화자금을 대출받은 기업, 은행, 개인 역시 향후 엔캐리 청산에 따른 엔화가치 절상에 대비하여 보유 엔화자산에 대한 위험관리에 관심을 기울일 시점
  • 아울러 갑작스런 해외자금 유출로 주식, 채권 등의 가격이 급락할 가능성에 대비하여 적정 포트폴리오 구성에도 유념할 필요가 있음.

참 | 고 | 자 | 료

(1) 한국은행(2007), "핫머니(Hot Money)", 한국은행 경제교육(경제심화자료), 2007. 6. 12.
(2) 2008. 11. 25., 《중앙일보》

13

자유무역협정(FTA)

(1) 무역을 통한 경제적 이득

- 국가 간에 무역을 하는 것은 두 나라 모두에게 이익이 되기 때문
  - 소비자들은 자기 나라에서 생산되지 않는 제품을 수입하여 소비할 수 있으며, 다른 나라에서 더 싸게 물건을 만들 수 있다면 무역을 통해 자기 나라에서 만든 것보다 더 저렴하게 물건을 구입할 수 있음.
  - 기업들도 무역을 통해 국내시장에서 해외시장으로 시장규모가 커짐에 따라 규모의 경제를 달성할 수 있음.

(2) 보호무역의 발생

1) 이 유

- 무역으로부터의 이익에도 불구하고 자국 산업의 보호, 국가안보, 문화적인 이유 등으로 보호무역이 발생함.

2) 보호무역 수단

- 대표적인 것이 관세 부과로서 수입제품에 대해 관세를 부과하면 국내 판매가격이 높아져 수입을 억제하는 효과가 있음.
- 다른 방법으로 수입물량을 제한하거나 수입제품에 대한 품질기준 강화, 까다로운 통관절차를 거치게 하여 수입을 어렵게 하기도 함.

(3) FTA란

- FTA(Free Trade Agreement : 자유무역협정)란 국가 간에 이러한 관세 및

비관세 무역장벽을 모두 철폐하여 마치 한 국가처럼 자유롭게 상품과 서비스의 거래가 이루어지도록 하는 협정임.

- 즉 협정이 체결된 국가 사이에는 보호무역을 하지 않고 자유무역을 하자는 것임.

- FTA의 대상은 상품뿐만 아니라 서비스, 투자, 지적재산권, 환경, 노동기준 등으로까지 확대되고 있음.

- FTA는 참가국 간에는 관세 및 비관세 무역장벽이 철폐되나 여타국에 대해서는 보호무역장치를 그대로 유지하므로 특정지역 내에서 자유무역을 추구하는 지역무역협정(Regional Trade Agreement)의 한 형태임.

(4) 다자간무역체제

- GATT(관세 및 무역에 관한 일반협정 : General Agreement on Tariffs and Trade)의 뒤를 이어 1995년 출범한 WTO(세계무역기구 : World Trade Organization)는 전 세계적인 자유무역체제를 구축하는 것을 목표로 하고 있음.

- 무역자유화를 위한 협상에 관련 국가들 모두가 참여하고 여기에서 합의된 규범은 모든 WTO 회원국에게 적용되는데, 이를 다자간무역체제라 함.

(5) FTA의 확산 이유

- FTA는 1950년대부터 등장하기 시작했으며 1995년 WTO 출범 이후에는 전 세계로 급속히 확산 ⇒ WTO라는 다자간무역체제가 존재함에도 불구하고 FTA가 확산되는 이유

- 첫째 WTO라는 다자간무역체제는 관련된 모든 국가들의 합의를 이끌어내기가 쉽지 않기 때문에 국가들은 협상이 용이하고 상대적으로 단기간에 타결이 가능한 지역무역협정을 선호하게 되었음.

- 둘째 그동안 다자체제를 주장하고 지역무역협정에 소극적인 입장을 고수해왔던 미국이 1990년대 이후 적극적 입장으로 선회하여 지역무역협

정 체결을 추진하기 시작하였으며 이는 많은 국가들이 지역무역협정에 관심을 갖게 하는 파급효과를 불러일으켰음.

- 셋째 지역무역협정 체결이 무역 및 외국인 직접투자의 유입에 큰 도움이 되고 이는 경제성장의 원동력이라는 인식이 확산되면서 많은 국가들이 지역무역협정을 적극적으로 추진하게 되었음.

(6) FTA의 무역자유화 효과

- FTA의 무역자유화 효과는 크게 무역창출효과와 무역전환효과로 구분

1) 무역창출효과

- 무역창출효과는 관세가 낮아져 회원국 간 상품과 서비스의 교역 및 투자가 이전보다 확대되는 효과를 말함.
- 즉 관세인하로 회원국 간 무역이 새로 발생하여 국가 전체의 후생수준이 높아지게 됨.
- 실례
  - A국과 B국은 컴퓨터를 만드는데 자국 판매가격은 각각 100, 95라고 하자.
  - 그런데 A국은 B국의 컴퓨터를 수입할 때 관세를 10을 부과, 관세 부과로 인해 A국에서 수입하는 B국의 컴퓨터 가격은 105(가격 95+관세 10)가 됨.
  - 따라서 A국은 B국의 컴퓨터를 수입하지 않게 됨.
  - 그러나 FTA로 관세가 철폐되면 A국은 자국 생산 제품보다 더 가격이 싼 B국의 컴퓨터를 수입하게 되고, A국 소비자들은 더 저렴한 가격에 컴퓨터를 구입할 수 있게 되어 경제적 후생이 증가

2) 무역전환효과

- 무역전환효과는 FTA 회원국과 비회원국 간에 교역과 투자가 감소하고, 회원국 간에만 확대되는 경우를 말함.

- FTA로 인해 더 비싸게 생산하는 국가의 생산물을 더 많이 생산하게 한다는 점에서, 무역전환은 세계 전체적으로 볼 때 생산에서의 비효율을 증가시킴.
- 실례
  - A, B, C 세 나라는 자동차를 생산하는데 자국 판매가격이 각각 110, 95, 85라고 하자.
  - A국은 자동차를 수입하는데 관세를 15를 부과, 따라서 A국에서 국내생산 자동차가격은 110, B국으로부터 수입한 자동차가격은 110(가격 95+관세 15), C국으로부터 수입한 자동차가격은 100(가격 85+관세 15)이 됨.
  - 결국 동일한 관세부과 조건에서 A국은 C국으로부터 자동차를 수입
  - 그런데 A국과 B국이 FTA를 체결하고 자동차에 대한 관세를 철폐하면 A국은 B국의 자동차를 95에, C국의 자동차를 100(가격 85+관세 15)에 수입할 수 있으므로 이제 C국이 아닌 B국으로부터 자동차를 수입
  - 이처럼 FTA 이전에는 가장 싸게 생산하는 제3국(비회원국)에서 수입하던 것을 FTA 이후에는 더 비싸게 생산하는 회원국으로부터 수입하는 것을 무역전환이라고 함.
- 무역전환효과는 경제적 후생을 증가시킬 수도, 감소시킬 수도 있음.
  - FTA체결로 자동차 판매가격이 하락하므로 소비자잉여는 증가하고 생산자잉여는 감소
  - 한편 A국이 그동안 C국으로부터 자동차를 수입하면서 얻어 왔던 관세수입이 없어지게 됨.
  - 따라서 소비자잉여 증가분보다 생산자잉여 감소분과 관세수입 감소분을 더한 것이 더 크면 A국의 경제적 후생은 감소하게 되고 반대의 경우에는 경제적 후생이 증가

3) 종합적 견해

- 지역통합으로 인한 무역자유화는 무역창출효과와 무역전환효과가 어느 정도이냐에 따라서 경제적 후생을 증가시킬 수도, 감소시킬 수도 있음.

(7) FTA의 기타 경제적 효과

- FTA체결은 무역효과 이외에도 시장규모 확대, 경쟁증가로 인한 시장효과 등이 있음.
  - 기업은 무역장벽의 제거로 수출시장이 확대되어 규모의 경제가 발생하며, 수입개방으로 경쟁압력이 증가하면 국내기업의 효율성 및 생산성이 향상되고 규제완화, 구조개혁으로 국내산업구조가 고도화됨.
  - 지역통합은 투자입지에도 영향을 미쳐 제3국 기업들이 시장이 확대된 FTA 지역에 대한 투자를 증가시킴.
- 또한 FTA체결로 인해 각국은 개별국가로 협상할 때보다 협상력이 증가하게 됨.

(8) FTA의 부정적 효과

- FTA체결은 긍정적인 효과뿐만 아니라 부정적인 효과도 파생시키게 됨.
- FTA체결로 경제 전체적으로는 이익을 보더라도 산업별로는 손해를 보는 집단이 나타날 수 있음.
  - 예를 들어 우리나라의 경우 농업 등 일부 경쟁력이 약한 산업은 협정 체결 상대국으로부터의 저렴한 농산물 수입 등으로 설자리를 잃을 수 있음.
- 결국 어떤 산업에 있어서는 구조조정이 불가피하고 구조조정 기간에는 실업과 더불어 소득분배에 대한 부정적인 영향이 발생할 수 있음.
- 그러므로 FTA협상 시 경쟁력이 약한 산업에 대한 예외사항을 최대한 확보하되 동 산업이 경쟁력을 갖출 수 있는 지원책을 마련하여야 함.
- 구조조정이 불가피할 경우에는 구조조정 대상 산업 종사자들이 다른 산업으로 전환할 수 있도록 적절한 대책을 마련하여야 함.

(9) FTA 추진에 따른 논란

- FTA 추진에 따른 모든 효과들을 경제적으로 정확히 계측하는 것은 사실상 불가능

- FTA 추진에 대한 찬반양론이 팽팽히 맞서고 있는 것도 이러한 효과를 신뢰성 있게 측정하는 것이 어렵다는 점도 한 이유

(10) 세계 지역무역협정(RTA) 추진 동향[185)]

- 2008년 7월 18일 현재 WTO에 통보된 지역무역협정은 총 211건으로 이 가운데 자유무역협정이 117건으로 가장 많은 비중을 차지하고 있으며, 서비스협정이 55건, 개도국 간 특혜협정(Preferential Arrangement)이 26건, 관세동맹(Customs Union)이 13건임.
- 한편 WTO에 통보된 지역무역협정 이외에도 다수의 FTA가 2008년 상반기 동안 추가적으로 타결되었거나 새로 협상이 개시되었음.

(11) 우리나라의 FTA 추진 동향

- 우리나라는 EU, 캐나다, 멕시코 및 인도와 FTA협상을 진행해 왔으며, 2008년 7월 걸프만협력회의(GCC)[186)]와 제1차 FTA협상을 개최하였음.

〈표 시13-1〉 우리나라의 FTA 추진 동향(2008. 7. 현재)

기 체결된 FTA	협상 중인 FTA	검토 중인 FTA
한-칠레 FTA 한-싱가포르 FTA 한-EFTA FTA[187)] 한-ASEAN FTA[188)] (상품/서비스협정) 한-미 FTA	한-ASEAN FTA(투자) 한-캐나다 FTA 한-인도 FTA 한-EU FTA[189)] 한-멕시코 FTA 한-일 FTA(협상중단) 한-GCC FTA	한-중 FTA 한-호주 FTA 한-뉴질랜드 FTA 한-MERCOSUR FTA[190)]

자료 : 외교통상부 홈페이지(www.mofat.go.kr)

185) 자세한 내용은 서진교(2008) 참조.

186) GCC(Gulf Cooperation Council)는 사우디아라비아, 쿠웨이트, UAE, 바레인, 오만, 카타르 등 6개국 간에 체결된 관세동맹형태의 경제협력체를 의미함.

187) 유럽자유무역연합(EFTA : European Free Trade Association)은 서유럽국가 가운데 유럽연합(EU)에 참여하지 않은 스위스, 노르웨이, 아이슬란드, 리히텐슈타인 등 4개국으로 구성된 역내(域內)자유무역연합임. 프랑스, 독일 중심의 유럽경제공동체 구상에 반

(12) RTA 추진 전망

- FTA협상은 다자간 무역자유화 협상과 상호보완적인 관계에 있는바, 다자간 무역자유화 협상인 DDA의 진전 여부[191]에 따라 세계 각국의 FTA 정책도 추진 양상을 달리하는 경향이 있음.

- 또한 현재 다수의 FTA가 협상중이거나 공동연구가 진행되고 있다는 점을 감안하면 2008년 하반기에도 FTA체결 및 발효 건수는 당분간 지속적으로 증가할 것으로 예상

참 | 고 | 자 | 료

(1) 한국은행(2007), "자유무역협정(FTA)", 한국은행 경제교육(경제심화 자료), 2007. 2. 6.

(2) 서진교(2008), "2008 하반기 국제 통상환경 전망", KIEP 오늘의 세계경제, Vol. 8, No. 31, 대외경제정책연구원, 2008. 8. 11.

대했던 영국의 주도로 1960년 창설되었음. 창설 당시에는 영국, 덴마크, 노르웨이, 스웨덴, 스위스, 오스트리아, 포르투갈 등 7개국이 참여했으나, 1970년대 영국 등 주요 국가가 탈퇴하면서 축소되었음.

188) 동남아시아국가연합(ASEAN : Association of Southeast Asian Nations)은 1967년 8월 태국, 인도네시아, 필리핀, 말레이시아, 싱가포르 5개국이 결성한 지역협력기구임. 1984년 브루나이가 가입했고 최근에 베트남, 라오스, 미얀마, 캄보디아가 가입해 모두 10개국으로 구성되어 있음. 그 목적은 ① 동남아시아의 지역협력의 촉진 ② 외국으로부터의 간섭을 배제하고 역내국가의 평화와 안정을 수호 ③ 경제·사회·기술·문화 각 분야에서의 상호원조 등임. 1976년 2월에 발리 섬에서 개최된 수뇌회의는 정치적 단결과 중립화를 꾀하는 '일체화선언'과 '우호협력조약'에 조인했음. 1977년 8월 제2차 회의에서는 경제협력 문제를 중심으로 한 코뮤니케를 채택했으며, 1978년부터는 미국, 일본을 포함한 확대외상회의를 열고 연 1회 열고 있음. 상설기관으로는 자카르타에 중앙사무국이 있음.

189) 2년 2개월에 걸쳐 FTA협상을 벌여온 한국과 EU가 2009년 7월 13일 최종 합의안을 마련했음.

190) 브라질, 아르헨티나, 파라과이, 우루과이, 그리고 최근에 가입한 베네수엘라를 포함하여 5개국으로 구성된 남미공동시장[MERCOSUR : 《스페인》 Mercado Comun del Cono Sur (=Southern Cone Common Market)]은 1991년 자유무역지대로 출범, 1995년 관세동맹 단계로 발전하는 등 개도국 간 경제통합체 중 제도적으로 가장 앞선 통합체임. MERCOSUR는 역내교역 확대, 외국인직접투자 유입 급증 등 괄목할 경제적 성과에 힘입어 개도국 간 경제통합의 대표적인 성공모델로 주목받아 왔음.

191) DDA 협상은 소규모 각료회의에서 농업과 비농산물시장접근(NAMA)의 세부원칙 합의 도출에 실패함에 따라 당분간 큰 진전을 기대하기는 어려울 것으로 보임. 다만 주요국이 소규모 각료회의 결과를 향후 협상의 출발점으로 하자는 데 반대하지 않고 있어 분야별 협상이 재개될 수 있을 것으로 보이지만, 주요국의 정치일정을 고려할 때 2008년 말까지 실질적 진전을 기대하기는 어려울 것으로 보임.

14

파생금융상품

(1) 등장배경

- 우리는 살아가면서 여러 가지 금융거래를 하게 되는데 이때 금리가 변동하게 되면 자금을 투자한 사람이나 차입한 사람에게 예상치 못한 이익을 안겨주기도 하고 손해를 입히기도 함.
- 또한 환율의 변동도 외환거래 참가자의 손익에 큰 영향을 미치고 있음.
- 특히 자금의 차입과 대출이 주된 업무인 금융기관이나 외국과의 교역에 종사하는 기업의 경우 일반인보다 금리나 환율변동으로부터 예상외의 손익이 발생할 가능성이 더 크다 하겠는데, 이러한 예상치 못한 금리나 환율의 변동에 따른 위험(risk)을 회피하기 위하여 고안된 것이 바로 파생금융상품(financial derivatives)임.

(2) 파생금융상품이란

- 파생금융상품이란 환율, 금리, 주가 등의 변동으로 기초금융자산(underlying assets) 및 부채의 가치가 달라짐에 따른 리스크를 회피하기 위하여 고안된 금융상품
- 여기서 '파생'이라는 용어가 사용된 것은 파생금융상품의 가치가 외환, 채권, 주식 등 기초자산의 가치변동으로부터 파생되어 결정되기 때문
- 따라서 파생금융상품은 자금의 차입과 대출, 주식이나 외환의 매매 등 전통적인 금융상품의 거래로부터 변형 발전된 상품이라 할 수 있음.

(3) 파생금융상품의 거래

1) 일상생활의 예

- 겨울철 김장배추의 가격은 작황에 따라 크게 변동하므로 농가의 입장에서는 불확실한 수입보다는 적정한 수입만 보장된다면 안정적으로 할 수 있는 거래를 더 원할 수 있음.
- 반면에 야채중매인 중에는 그해 배추작황의 예상을 통하여 적정가격을 예측하고 시세차익을 겨냥, 미리 배추를 사두고자 하는 사람도 있음.
- 농가와 중매인 사이에 적정가격이 성립하여 서로의 이해관계가 맞아 떨어질 경우 소위 밭떼기 계약이 체결되는데 전반적인 작황이 예상보다 나쁠 경우 중매인은 배추가격의 상승에 따라 큰 이익을 보게 되지만 그 반대일 경우에는 시세보다 비싸게 산 꼴이 되어 손해를 보게 됨.
- 한편 배추재배 농가의 입장에서는 사전에 적정수준의 판매가격이 보장됨에 따라 작황에 따른 가격변동의 위험을 피할 수 있는 이점이 있게 됨.

2) 파생금융상품의 실제 거래행태

- 이와 같이 파생금융상품은 농산물과 구리, 원유 등 원자재의 가격변동에 따른 손해를 피하기 위한 계약에서 유래된 것임.
- 파생금융상품의 거래에는 위험을 피하려고 하는 투자자뿐만 아니라 이러한 위험을 감수하고도 이익을 얻으려는 투기자도 참여하게 됨.
- 따라서 파생금융상품은 위험회피나 고수익 창출이라는 목적을 달성하기 위해 거래되는 금융상품이라 할 수 있음.

(4) 파생금융상품의 구분

- 파생금융상품은 기초자산, 거래장소, 거래형태 등을 기준으로 분류하는 것이 일반적

• 기초자산에 따라서는 금리, 통화, 주식 및 실물상품 등으로, 그리고 거래형태에 따라서는 선물·선도 거래, 옵션거래, 스왑거래 등으로 나누어짐.

1) 선도계약(혹은 선도거래)

- 선도계약(先渡契約, forward contract)이란 현물거래에 대응되는 개념으로서 매매계약은 현재 체결하나 미래의 정해진 시점에서 기초자산의 거래가 미리 합의된 가격으로 이루어지는 거래를 말함.
- 이러한 선도거래(forward transaction)의 대상자산은 농산물, 금, 원유 등의 실물상품과 통화(외화), 금리(채권) 등 금융상품이 있는데 통화의 선도거래를 선물환(先物換, forward exchange), 금리의 선도거래를 선도금리계약(先渡金利契約, forward rate agreement)이라 함.
- 선물환은 환율변동에 따른 리스크를 회피하기 위한 헤징(hedging)이나 환차익을 목적으로 한 투기수단 등으로 많이 이용됨.
- 한편 금융선물(金融先物, financial futures)은 통화, 금리, 주가지수 등을 대상으로 표준화된 계약조건으로 거래소에서 이루어지는 거래를 말함.

2) 옵션거래

- 옵션(option)거래는 장래 특정일 또는 일정기간 내에 미리 정해진 가격으로 통화 등 금융자산을 사거나 팔 수 있는 권리 자체를 매매하는 거래를 말함.
- 옵션거래는 통화, 금리, 주식, 주가지수 옵션거래가 있음.

3) 스왑거래

- 스왑(swap)거래는 통화나 금리 등의 거래조건을 서로 맞바꾸어 부담하는 거래를 말함.
- 두 채무자가 각자의 금리지급조건을 교환하는 금리스왑, 서로 다른 통

화의 원리금 상환을 교환하는 통화스왑, 그리고 이들 거래를 여러 형태로 결합한 혼합스왑 등이 있음.

(5) 파생금융상품의 위험성

1) 사 례

- 최근 프랑스 2위의 은행인 소시에테 제네랄(SG)이 직원의 잘못된 선물거래로 인해 71억 달러에 달하는 손실을 입었음.
- 이 은행의 한 딜러가 다른 딜러들의 명의를 도용하여 자신에게 허용된 한도 이상으로 선물거래를 하였으나 주가급락으로 큰 손해를 본 것임.
- 미국 서브프라임 모기지 부실과 함께 발생한 이번 금융사고로 유럽 주식시장이 큰 충격을 받았으며 파생금융상품의 위험성을 지적하는 목소리가 커지고 있음.

2) 내용 및 시사점

- 파생금융상품은 소액 자금으로 대규모의 거래가 가능하기 때문에(지렛대 효과) 보다 높은 수익률을 원하는 투자자에게는 고수익 투자수단이 될 수 있으며, 또한 안정적인 재무관리를 필요로 하는 기업이나 금융기관에게 효과적인 위험관리 수단을 제공하여 장기적인 투자 및 재무계획을 원활히 수립할 수 있도록 함.
- 파생금융상품 거래는 그 구조가 복잡하고 지렛대 효과가 크기 때문에 투기적 거래에 대한 효과적인 내부통제가 이루어지지 않을 경우 대형 금융기관이라 하더라도 쉽게 재정적인 어려움에 처할 수 있음.
- 특히 최근과 같이 금융시장 간 연계성이 심화된 상황에서 개별 금융기관이 위험관리에 실패할 경우 전체 금융시장의 안정성을 저해할 수 있음.
- 그러므로 파생금융상품의 장점을 최대한 살리는 가운데 이러한 잠재적 위험을 최소화하기 위해서는 적절한 금융하부구조 및 감독체계의 정비가 필요

▣ 선물거래(trading[dealing in] futures; futures deals)

- 선물(futures)은 기초자산을 미래 일정시점에 미리 정한 가격으로 사거나 팔기로 한 계약임.

1) 구체적 예

- 2006년 1월 1일, A는 인터넷을 뒤지다가 평소 갖고 싶었던 디지털카메라가 중고제품으로 나와 있는 것을 발견하였음.
  - 가격은 30만원, 문제는 현재 갖고 있는 돈이 20만원밖에 없다는 것임.
  - 한 달만 아르바이트를 하면 추가비용을 벌 수 있으나, 중고제품이지만 워낙 인기제품이라 금방 팔릴 가능성이 크고 한 달 후에는 가격도 더 오를 것으로 생각되었음.
- A는 판매자인 B에게 전화를 걸어 다음과 같은 제안을 하였음.
  - "지금은 돈이 없지만 한 달 후인 1월 31일에 31만원을 줄 테니 나에게 팔아라."
  - B는 한 달 후에 가격이 크게 오를 것 같지도 않고 또 만원을 더 준다고 하는 제안에 그렇게 하겠다고 승낙하였음.
- 선물계약이 성립한 것인데, 그 내용은 다음과 같음.
  - '기초자산'은 '디지털카메라'이고 '미래 일정시점'은 '한 달 후인 1월 31일'이며, '미리 정한 가격'은 '31만원'임.
  - 여기서 '1월 31일'을 '선물만기일'이라 하며, 현재시점의 가격인 30만원은 '현물가격', 31만원은 '선물가격'이라 함.
  - 즉 선물가격은 현재시점에 정해지는 '미래시점에 사거나 팔기로 약정한 가격'을 말함.

- A는 미래에 기초자산을 사겠다는 계약을 하였는데, 이를 'A는 선물을 매수하였다'라고 말하고 반대로 B는 미래에 기초자산을 팔겠다는 계약을 하였는데, 이를 'B는 선물을 매도하였다'라고 말함.
- 현재시점에서는 사고팔겠다는 계약만 이루어졌지 기초자산인 디지털카메라가 B로부터 A에게 양도되지 않았음에도 불구하고 마치 돈을 주고 물건을 사고 판 것처럼 '선물을 매수 또는 매도하였다'라고 표현함에 유의[192]
- 한 달 동안 아르바이트를 열심히 하여 A는 카메라가격 31만원을 마련하였고 B와 만나 계약대로 31만원을 주고 카메라를 넘겨받았음.
- 그런데 한 달이 지난 시점에서 인터넷에서 거래되고 있는 동일한 제품의 가격이 35만원이었음.
- 결국 A는 카메라를 시장가격보다 4만원이나 저렴하게 구입한 셈이고, B는 반대로 시장가격보다 4만원이나 싸게 판 셈이 되었음.
- A의 예상대로 물건의 가격이 올라 A는 이익을 보았고, B는 손해를 보았음.
- 만약 한 달이 지난 시점에서 제품가격이 29만원으로 떨어졌다면 A는 시장가격보다 2만원을 더 주고 산 셈이 되고 B는 시장가격보다 2만원 더 비싸게 판 셈이 되어, 예상이 빗나간 A는 손해를, B는 이익을 보게 됨.
- 이처럼 선물을 매수한 사람은 기초자산의 가격이 올라갈수록 이익을 보고 내려갈수록 손해를 보며, 반대로 선물을 매도한 사람은 기초자산의 가격이 내려갈수록 이익을 보고 올라갈수록 손해를 봄.

2) 헤 지

- 한편 선물을 매수함으로써 A는 시장가격이 올라갔던지, 내려갔던지 간

---

192) 참고로 선물계약에서 사느냐, 파느냐의 입장을 '포지션(position)'이라고 하는데, 사는 사람의 입장을 '매수포지션 또는 롱포지션(long position)'이라고 하며, 파는 사람의 입장을 '매도포지션 또는 숏포지션(short position)'이라고 함.

에 1월 1일에 정한 가격으로 1월 31일에 카메라를 구입할 수 있었는데, 이를 헤지(hedge)라고 함.

- 헤지란 시장가격 변화로 인해 손실이나 이익이 발생하는 것을 피하고 현재시점에서 가격을 고정시키는 것임.
- 선물을 이용할 경우 쉽게 헤지를 할 수 있음.
  - 미래 일정시점에 기초자산을 사고자 하는 사람은 선물을 매수함으로써 시장가격이 어떻게 변하든지 간에 선물만기일에 미리 정한 가격으로 기초자산을 살 수 있음.
  - 미래 일정시점에 기초자산을 팔고자 하는 사람은 선물을 매도함으로써 시장가격이 어떻게 변하든지 간에 선물만기일에 미리 정한 가격으로 기초자산을 팔 수 있음.
- 여기서 유의할 점은 헤지가 가격 변화에 따른 손실만을 회피하고자 하는 것이 아니라 이익의 기회도 포기한다는 점임.

3) 선물시장의 등장

- 그런데 위의 예에서 몇 가지 해결해야 할 문제가 있음.
- 먼저 A는 운 좋게 인터넷 서핑과정에서 원하는 물건을 찾을 수 있었지만, 대부분의 거래에서 자신이 원하는 상품을 갖고 있는 거래 상대방을 찾기란 쉽지가 않음.
- 또한 계약 만기에 시장가격이 선물가격, 즉 당초 정한 가격보다 오를 경우 판매자인 B가 변심을 하여 팔지 않겠다고 할 수도 있고 시장가격이 선물가격, 즉 당초 정한 가격보다 내릴 경우에는 구입자인 A가 변심을 하여 안사겠다고 할 수도 있음.
- 이러한 문제점을 해결하기 위하여 선물시장이 개설되었음.
- 선물시장은 거래소라는 조직된 거래매장에서 완전경쟁 입찰방식으로 거래가 이루어지며 거래대상 상품도 만기일, 거래단위, 인도조건, 결제조건 등이 표준화되어 있음.

- 또한 변심에 의한 계약불이행을 막기 위한 제도적 장치인 일일정산 및 증거금 예치제도를 운용하고 있음.
- 선물시장에서는 내가 누구하고 거래를 하는지 알 수도 없고 알 필요도 없음.
  • 다시 말하면 나는 어떤 상품을 어떤 가격에 매수하겠다, 아니면 매도하겠다는 주문을 거래소에 내면 거래소가 정한 방식으로 거래가 체결되고 이후 거래 상대방의 계약이행은 거래소가 알아서 해줌.

4) 선물시장의 특징

- 한편 위의 디지털카메라 선물계약의 예와는 달리 선물시장에서는 만기일에 대상상품을 직접 인도하지 않고 최종적인 손익만을 계산하여 현금으로 결제하는 경우가 대부분
  • 만기일의 시장가격이 선물가격보다 높을 경우 선물매도자는 시장에서 비싼 가격에 물건을 사서 선물매수자에게 싸게 팔아야 하므로 〈시장가격 – 선물가격〉만큼의 손실이 발생하고, 반대로 선물매수자는 선물매도자로부터 시장가격보다 싼 가격에 물건을 사서 시장에서 더 높은 시장가격으로 팔 수 있으므로 〈시장가격 – 선물가격〉만큼의 이익이 발생
  • 만기일의 시장가격이 선물가격보다 낮을 경우에는 선물매도자는 〈선물가격 – 시장가격〉만큼의 이익이, 매수자는 〈선물가격 – 시장가격〉만큼의 손실이 발생
  • 선물시장에서는 거래소가 만기일의 시장가격과 선물가격의 차이에 해당하는 현금을 손실이 발생하는 사람으로부터 받아서 이익이 발생하는 사람에게 지급함으로써 거래가 종료

만기일	시장가격〉선물가격	시장가격〈선물가격
선물매수자	이익	손실
선물매도자	손실	이익

- 선물시장의 또 하나의 특징은 만기일까지 선물계약을 유지할 필요가 없다는 것임.
  - 만기일 이전이라도 선물을 매수한 사람은 다시 매도함으로써, 매도한 사람은 다시 매수함으로써 선물계약을 종료할 수 있는데, 이를 선물 포지션의 청산(clearing)[193]이라고 함.

5) 선물시장의 거래상품

- 선물시장의 거래상품은 주요국 통화를 대상으로 하는 통화선물(currency futures), 채권 등 금리상품을 대상으로 하는 금리선물(interest rate futures), 주가지수를 대상으로 하는 주가지수선물(stock index futures) 등이 있음.
- 특히 주가지수선물은 거래대상이 채권이나 통화와 같이 유형의 상품이 아니라 가격수준인 주가지수가 거래된다는 특징이 있음.

6) 우리나라의 선물시장

- 우리나라의 선물시장은 1996년 5월 한국증권거래소에 KOSPI200주가지수선물이 최초로 개설되었으며 이후 1999년 4월 한국선물거래소 개설과 함께 미 달러선물, CD금리선물, 국채선물, 금선물시장이 추가되었음.
- 이후 코스닥50선물, KOSPI200선물스프레드, 통화안정증권금리선물, 5년 국채선물 등이 추가로 도입되었으며 2005년 1월 거래소 통합조치로 지금은 한국증권선물거래소 내의 선물시장에서 선물거래가 이루어지고 있음.

---

193) 예를 들어 디지털카메라 선물시장이 개설되어 있다고 하자. A는 2006년 3월 10일에 만기가 2006년 6월인 디지털카메라 선물을 25만원이라는 가격에 매도하였음. 만약 2006년 3월 20일에 2006년 6월 만기 디지털카메라 선물이 20만원에 거래되고 있다면 A는 20만원에 동 선물을 매수함으로써 만기 전이라도 선물계약을 종료할 수 있음. A는 동일한 제품을 25만원에 팔 수 있는 계약과 20만원에 살 수 있는 계약을 동시에 갖고 있으므로 5만원만큼 이익이 발생함. 따라서 A는 이상의 거래를 통하여 5만원의 현금을 받고 선물포지션이 청산됨.

▣ 선도계약(forward contract)

1) 선물거래와의 유사점

- 선도계약은 미래 특정시점에 정해진 기초자산을 미리 정한 가격으로 사거나 팔기로 하는 계약이라는 점에서 선물계약과 유사한 성격을 갖고 있으나 다음과 같은 점에서 차이가 있음.

2) 선물거래와의 차이점

- 첫째 선도거래는 선물거래와 달리 거래소라는 조직된 시장이 있지 않고 통상 전화 등으로 매매 당사자 간에 직접거래가 이루어지고 거래규모나 만기 등도 개별고객의 필요에 따라 결정됨.
- 둘째 선물거래가 만기일 이전에 반대거래를 통해 계약을 청산하면서 손익만을 결제하는 반면 선도거래는 대부분 만기일에 현물을 직접 주고받게 됨.
- 셋째 선물거래가 거래소라는 조직된 시장에서 증거금 제도 등 결제이행 장치를 갖고 있는 반면 선도거래는 오직 거래자 간의 신용에만 의존하여야 하므로 계약불이행 위험이 상대적으로 높음.
- 넷째 선물거래는 익명이 보장되고 표준화되어 있어서 일반인도 쉽게 참여할 수 있는 반면, 선도거래는 은행 간 거래 또는 기업과 은행 간 거래가 주종을 이루고 있음.

▣ 옵션거래

- 옵션(option)이란 기초자산을 만기일에 미리 정한 가격으로 사거나 팔 수 있는 권리를 말함.
- 기초자산을 살 수 있는 권리를 콜옵션(call option)이라 하고, 기초자산을 팔 수 있는 권리를 풋옵션(put option)이라 함.

- 옵션거래란 기초자산을 사거나 팔 수 있는 권리인 콜옵션[194]·풋옵션[195]을 사고파는 거래를 말함.

194) 콜옵션의 예는 다음과 같음. 2006년 1월 1일, A는 디지털카메라를 사고 싶은데 가격이 만만치가 않음. 디지털카메라 가격이 30만원인데 현재 갖고 있는 돈은 20만원 밖에 없음. 한 달만 아르바이트를 하면 10만원 정도는 모을 수가 있는데 문제는 디지털카메라 가격이 하루가 다르게 뛰고 있다는 것임. 한편 디지털카메라 판매업자인 B는 경쟁이 심한 디지털카메라 시장에서 A와 같은 고객을 주 타깃으로 하여 매출을 늘리는 방안을 강구하였음. B는 인터넷 홈페이지에 다음과 같은 제안을 게시하였음. "'현금 만원을 지금 지불하시면 2006년 1월 31일에 디지털카메라를 30만원에 살 수 있습니다. 만약 1월 31일에 이 가격에 카메라를 사고 싶지 않으시면 사지 않으셔도 됩니다." 이를 인터넷에서 본 A는 곰곰이 생각한 끝에 1월 말이면 가격이 31만원 이상 올라갈 것으로 예상되고, 혹시 가격이 오르지 않더라도 기꺼이 만원 정도는 손해 볼 수 있다고 판단하였음. A는 B에게 전화를 걸어 제안에 응하겠다고 하고 만원을 인터넷뱅킹으로 송금하였음. 이 거래의 내용을 보면 A는 B에게서 콜옵션을 매수한 것이며, B는 A에게 콜옵션을 매도한 것임. 옵션의 내용을 보면, '기초자산'은 '디지털카메라'이고, '만기일'은 '1월 31일', 미리 정한 가격은 '30만원'임. 만기일에 디지털카메라를 사고 싶지 않으면 사지 않아도 되므로 이는 '디지털카메라를 살 수 있는 권리'인 '콜옵션'임. 미리 정한 가격인 '30만원'을 옵션 용어로는 '행사가격'이라고 함. 그리고 미리 지불한 현금 만원은 '옵션가격 또는 옵션프리미엄'이라고 함. 1월 31일이 되어 디지털카메라 가격이 35만원으로 올랐음. A는 B에게 미리 정한 가격(옵션의 행사가격)인 30만원을 주고 디지털카메라를 샀음. 이를 '옵션(권리)을 행사한다'라고 함. A는 시장가격보다 5만원 저렴하게 카메라를 구입하였으므로 1월 1일에 지불한 만원(옵션프리미엄)을 제하고도 4만원의 이익을 보았음. 반대로 B는 시장가격인 35만원에 팔 수 있는 카메라를 5만원 싸게 팔아야 했으므로 1월 1일에 미리 받은 만원(옵션프리미엄)을 제하면 4만원의 손해를 보았음. 만약 1월 31일의 카메라 가격이 28만원이라면 A는 어떻게 해야 할까? 이 경우 A는 B에게 지불한 만원을 깨끗이 포기하고 시장에 가서 28만원에 카메라를 구입할 것임. 이를 '옵션(권리)을 포기한다'라고 함. A는 1월 1일에 미리 지불한 만원(옵션프리미엄)을 돌려받을 수 없으므로 그만큼 손해를 보았음. B는 1월 1일에 미리 받은 만원(옵션프리미엄)을 돌려주지 않아도 되므로 그만큼 이익을 보았음. 정리해 보면 콜옵션 매수자는 1월 31일(만기일)의 시장가격이 행사가격보다 높으면 옵션을 행사하고 이때 이익은 〈시장가격 − 행사가격 − 옵션프리미엄〉이 됨. 반대로 시장가격이 행사가격보다 낮으면 옵션을 포기하고 이때 손실은 〈옵션 프리미엄〉이 됨. 따라서 콜옵션 매수자는 기초자산의 가격이 오를수록 이익을 봄. 콜옵션 매도자는 시장가격이 행사가격보다 높을 경우 콜옵션 매수자의 권리행사로 〈시장가격 − 행사가격 − 옵션프리미엄〉만큼의 손실을 보고, 시장가격이 행사가격보다 낮을 경우 콜옵션 매수자의 권리 포기로 〈옵션프리미엄〉만큼의 이익을 보게 됨. 유의할 점은 콜옵션을 매입한 A는 자신에게 유리할 때만 옵션(권리)을 행사한다는 점임. 반면 콜옵션을 매도한 B는 콜옵션 매수자인 A가 옵션(권리)을 행사하면 반드시 응해 주어야 함. 즉 콜옵션 매수자는 기초자산을 살 권리는 있으나, 반드시 사야 할 의무가 있는 것은 아님. 반대로 콜옵션 매도자는 콜옵션이 행사되면 반드시 기초자산을 행사가격에 팔아야 할 의무가 있음. 이러한 옵션의 성격으로 인해 옵션을 매수하기 위해서는 옵션가격(옵션프리미엄)을 지불해야 함. 즉 옵션가격(옵션프리미엄)은 '권리에 대한 대가'인 것임.

1) 옵션거래의 핵심특징

- 가장 큰 특징은 옵션 매수자가 손해를 볼 위험이 한정된다는 것임.
  - 옵션매수자는 시장가격이 유리한 방향으로 움직일 때는 이에 비례하여 이익을 보지만, 불리한 방향으로 움직일 때는 권리행사를 포기하면 되므로 옵션프리미엄만큼만 손실을 보면 됨.
  - 이러한 손익구조의 비대칭성으로 인해 옵션과 기초자산, 선물 간의

만기일	시장가격>행사가격	시장가격<행사가격
콜옵션 매수자	[옵션행사] 이익	[옵션포기] 손실(옵션프리미엄으로 제한)
콜옵션 매도자	손실	이익

195) 풋옵션의 예는 다음과 같음. 풋옵션은 기초자산을 만기일에 미리 정한 가격으로 팔 수 있는 권리임. 만약 A가 디지털카메라 판매업자 B에게 다음과 같은 조건을 제시하였다고 하자. "1월 1일에 만원을 지불하면 1월 31일에 디지털카메라를 30만원에 팔 수 있는 권리를 드리겠습니다." 카메라가격이 하락할 것으로 예상한 B는 이에 응하면서 만원을 A에게 송금하였음. 이 계약내용은 디지털카메라를 팔 수 있는 권리이므로 풋옵션임. A는 B에게 풋옵션을 매도하였으며, B는 A로부터 풋옵션을 매수하였음. 1월 31일에 카메라가격이 35만원이 되면 풋옵션을 매수한 B는 옵션(권리)을 포기할 것임. 왜냐 하면 시장에서 35만원을 받을 수 있는데 A에게 30만원에 팔 이유가 없기 때문임. 따라서 풋옵션 매수자인 B는 미리 지불한 만원(옵션프리미엄)을 손해 보게 됨. 풋옵션 매도자인 A는 B가 권리를 포기하여 미리 받은 만원을 돌려주지 않아도 되므로 만원(옵션프리미엄)의 이익이 발생함. 만약 카메라가격이 27만원이 되면 풋옵션을 매수한 B는 옵션을 행사하여 A에게 30만원을 받고 카메라를 팔 것임. 왜냐하면 시장가격 보다 3만원이나 비싸게 A에게 팔 수 있기 때문임. 따라서 풋옵션 매수자는 미리 지불한 만원(옵션프리미엄)을 제하고도 2만원의 이익이 발생함. 반면 풋옵션 매도자인 A는 시장가격보다 3만원이나 비싸게 B에게서 사야 하므로 미리 받은 만원(옵션프리미엄)을 제하면 2만원의 손해를 보게 됨. 정리해 보면 풋옵션 매수자는 1월 31일(만기일)의 시장가격이 행사가격보다 낮으면 옵션을 행사하고 이때 이익은 [행사가격-시장가격-옵션프리미엄] 이 됨. 반대로 시장가격이 행사가격보다 높으면 옵션을 포기하고 이때 손실은 [옵션프리미엄] 이 됨. 따라서 풋옵션 매수자는 기초자산의 가격이 내릴수록 이익을 봄. 풋옵션 매도자는 시장가격이 행사가격보다 낮을 경우 풋옵션 매수자의 권리행사로 [행사가격-시장가격-옵션프리미엄] 만큼의 손실을 보고, 시장가격이 행사가격보다 높을 경우 풋옵션 매수자의 권리 포기로 [옵션프리미엄] 만큼의 이익을 보게 됨.

만기일	시장가격>행사가격	시장가격<행사가격
풋옵션 매수자	[옵션포기] 손실(옵션프리미엄으로 제한)	[옵션행사] 이익
풋옵션 매도자	이익	손실

결합을 통해 다양한 투자성과를 가져다주는 새로운 금융상품을 만들어 낼 수 있음.

2) 옵션의 권리행사 가능 시점에 따른 구분

- 옵션은 권리의 행사 가능 시점에 따라 유러피언옵션(European option)[196]과 아메리칸옵션(American option)[197]으로 나뉨.

3) 옵션의 기초자산 종류에 따른 구분

- 옵션은 기초자산의 종류에 따라 금리옵션, 통화옵션, 주식옵션, 주가지수옵션 등으로 나눌 수 있음.
- 최근에는 금융공학의 발달로 기초자산이 선물인 옵션(선물옵션)도 거래되고 있음.

4) 우리나라의 옵션시장

- 1997년 7월 한국증권거래소에 KOSPI200주가지수옵션이 최초로 개설되었으며 이후 1999년 4월 한국선물거래소 개설과 함께 미 달러옵션, 코스닥50옵션이 추가되었음.
- 이후 개별주식옵션, 3년 국채선물옵션 등이 추가로 도입되었으며 2005년 1월 거래소 통합조치로 지금은 한국증권선물거래소 내의 선물시장에서 옵션거래가 이루어지고 있음.

▣ 통화스왑(currency swap)

- 거래당사자 간에 거래시작 시 서로 다른 통화로 표시된 원금을 교환하

196) 유러피언옵션은 만기일 이전에는 권리행사가 불가능하고 만기일에만 권리행사가 가능함. 이는 만기일 이전에 권리행사는 할 수 없으나 포지션 청산은 가능함. 옵션 매수자는 매수한 옵션을 다시 매도함으로써, 옵션 매도자는 매도한 옵션을 다시 매입함으로써 옵션 계약을 종료(청산)할 수 있음.
197) 아메리칸옵션은 만기일 이전이라도 언제든지 권리행사가 가능함.

고 일정기간 동안 그 원금에 대하여 계약시점에 미리 정한 이자지급조건으로 이자를 교환한 다음, 만기 시 계약시점에 미리 약정한 환율로 원금을 재교환하는 거래임.

- 통화스왑은 보유외화자산의 수익률을 높이거나 외화자금조달 시 차입자가 각기 유리한 국제금융시장에서 기채한 후 필요한 통화로 교환함으로써 차입비용을 절감하거나 장기차입에 따른 환율 및 금리변동 리스크를 회피하는 등의 목적으로 이용됨.
- 한 · 중 · 일+아세안(동남아시아국가연합)이 2009년 상반기 설립키로 한 800억 달러 아시아공동펀드와 같은 다자간 통화스왑도 가능함.

▣ 금리스왑(interest rate swap)

- 금융시장에서 두 채무자가 금융차입비용을 절감하기 위해 일정기간 동안 원금은 바꾸지 않은 채 동일 통화의 이자지급 의무만을 서로 바꾸는 거래
  - 가장 일반적인 금리스왑은 고정금리와 변동금리의 교환임.
  - 두 채무자가 각각 상대방보다 자금차입비용 상 비교우위에 있는 시장에서 자금을 빌려 이자지급의무를 교환함으로써 이익을 얻으려는 기법을 말함.

▣ 혼합스왑(cocktail swap)

- 이자율스왑(interest rate swap)과 통화스왑(currency swap)이 혼합되어 하나의 스왑금융 거래형태를 나타내는 것을 말함.
  - 이러한 스왑을 행하는 중개기관으로서 은행이 중요한 역할을 수행하게 됨.
  - 이의 전형적인 형태는 고정금리 간 통화스왑(fixed to fixed cross currency swap)[198]과 고정금리 대 변동금리부 통화스왑(fixed to floating

198) 예를 들어 미 달러 시장에서는 신임도가 높아 유리한 고정금리조건으로 자금차입이 가능한 반면, 스위스 프랑 시장에서는 재무과다로 신규차입이 어려운 경우 차입자는 고정금리부 미 달러화 표시자금을 스왑거래를 통해 스위스 프랑화 표시 고정금리채로 전환할 수 있는 바, 이런 형태가 고정금리 간 통화스왑임.

cross currency swap)[199] 등이 국제상업은행을 중개기관으로 형성되어 있는 경우임.

참 | 고 | 자 | 료

(1) 한국은행(2006), "파생금융상품", 한국은행 경제교육(경제심화자료), 2006. 7. 10.

(2) 한국은행(2006), "선물거래의 이해", 한국은행 경제교육(경제심화자료), 2006. 7. 10.

(3) 한국은행(2006), "옵션거래의 이해", 한국은행 경제교육(경제심화자료), 2006. 7. 10.

(4) 한국은행(2004), 《우리나라의 금융시장》, 제4장 파생금융상품시장, 2004. 2.

(5) 한국은행(2005), 《우리나라의 금융제도》, Ⅳ.금융시장 중 제4장 파생금융상품시장, 2005. 12.

(6) 한국은행(2008), "파생금융상품의 위험성", 한국은행 경제교육(시사경제), 한국은행 광주전남본부, 2008. 2. 11.

199) 한편 스위스 프랑화 표시 고정금리채를 고정금리 대 변동금리 간 통화스왑을 통해 미 달러화 표시 변동금리채로 전환시킬 수도 있는바, 이런 형태는 고정금리 대 변동금리부 통화스왑형태의 예임. 이러한 거래는 각기 독립적으로 체결되는 계약이며 국제상업은행의 중개로 인하여 수행되고 계약이 체결된 후 수수료 수령은 물론 각 거래에서 발생하는 차익거래(arbitrage transaction) 이익의 배분에도 참여함.

15

국 부 펀 드

(1) 국부펀드란

- 국부펀드(Sovereign Fund)란 외환보유액과는 별도로 재정흑자 등을 통해 남은 정부 외화잉여금을 운용하는 펀드를 말하는데, 대부분 정부가 소유하며 주식, 채권, 부동산 시장에서 큰손 역할을 함.
  - 국부펀드에 대한 사전적 정의는 없지만 일반적으로 정부가 공적 외환 보유액과 별도로 재정흑자 등의 잉여자금을 재원으로 조성해 수익성 위주로 운용하는 투자기구를 의미

〈표 시15-1〉 세계 주요 국부펀드 자산현황

(단위 : 억 달러)

국부펀드	자산규모	국부펀드	자산규모
아부다비투자청(ADIA)	8,750	호주미래펀드	610
노르웨이 정부연금펀드	3,800	카타르투자청	500
싱가포르투자청(GIC)	3,300	리비아아랍투자공사	500
쿠웨이트투자청(KIA)	2,500	세입규제펀드(알제리)	430
중국투자공사(CIC)	2,000	알래스카펀드(미국)	400
홍콩금융감독청	1,630	아일랜드 정부연금펀드	310
테마섹(싱가포르)	1,590	브루나이투자청	300
러시아 안정화펀드	1,570	한국투자공사(KIC)	300

※ 2007년 말 기준.
자료 : 런던국제금융센터(IFSL)

• 공적 외환보유액은 환투기 공격 등 유사시 바로 사용할 수 있도록 현금으로 바꾸기 쉽고 안전한 선진국 정부 채권의 형태로 가지고 있는 것이 보통
• 이와 달리 국부펀드는 좀 더 장기간 돈이 묶이더라도 보다 높은 수익을 거둘 수 있는 고수익 채권, 주식, 부동산 등 다양한 자산에 투자

- 2007년 말 기준 전체 국부펀드 규모는 약 3조3000억 달러에 달함.[200] (〈표 시15-1〉 참조)

(2) 국부펀드의 확대배경

- 최근 국제 원자재가격 급등과 미국의 대규모 경상수지 적자 현상의 지속으로 중동 원유수출국과 아시아 수출국을 중심으로 외환보유액이 빠르게 증가하고 있는 점을 들 수 있음.
- 또한 저금리로 국채 등 안전자산 위주의 투자로는 수익률을 제고하는데 한계가 있다는 인식도 국부펀드의 확대요인으로 작용

(3) 국부펀드의 현황

- 쿠웨이트가 1953년 석유판매 수입을 재원으로 쿠웨이트 투자위원회를 설립하고 런던에 투자사무소를 개설한 것이 국부펀드의 시작
  • 2007년 5월 기준 현재 세계 최대 국부펀드는 아랍에미리트의 아부다비투자공사(ADIA)로 8700억 달러를 굴리고 있음.
  • 전 세계적으로 100억 달러(약 10조원) 이상의 자산규모를 가진 국부펀드만 20개 정도에 이르고 있음.
  • 외환보유액 세계 1위를 자랑하는 중국도 2007년 9월 2000억 달러 규모의 국부펀드인 외환투자공사를 발족

200) 국제통화기금(IMF)에 따르면 전 세계 국부펀드 규모가 2009년 현재 4조5000억 달러로 늘었으며, 2012년에는 12조 달러에 육박할 것으로 전망되고 있음. 이와 관련하여 매일경제(2009. 6. 27) 참조.

- 모건스탠리 자료에 따르면 2007년 5월 기준으로 전 세계 국부펀드의 총 규모는 2조5000억 달러로 추정
  - 이는 전 세계 외환보유액 5조1000억 달러의 절반에 달하는 규모
  - 헤지펀드 운용액인 1조5000억 달러보다도 많은데다 5년 후에는 공적 외환보유액보다 커질 것으로 전망
- 국부펀드는 2000년대 들어 산유국과 신흥시장 국가들을 중심으로 크게 늘어나고 있음.
  - 이는 국제유가 상승으로 석유수출국의 정부재정수입이 많이 늘고 또 한편으로 신흥시장 국가들이 무역으로 돈을 벌어들였기 때문
  - 현재는 세계 국부펀드에서 석유수출국과 신흥시장국의 자산 비중이 7 대 3이지만 앞으로는 신흥시장 국가 비중이 점차 커질 것으로 예상

(4) 국부펀드의 역할 및 시각

- 국부펀드는 국제금융시장에 대규모 유동성을 공급하는 새로운 자금원 역할을 하고 있음.
- 국부펀드의 확대는 선진국에 투자하는 개도국과 이를 견제하는 선진국 간 마찰을 일으킬 수 있음.
  - 개도국은 선진국 주요 산업에 대한 투자, 인수 등을 통해 수익성을 제고하려는 반면 선진국은 국부펀드를 통한 국제 외환시장 및 원자재 시장 개입과 선진국 주요 기업에 대한 인수합병의 확대를 우려하는 것임.[201]
- 이에 따라 일부 선진국을 중심으로 국부펀드로부터 자국기업을 보호하기 위한 조치들이 강구되고 있으며 국부펀드 운용의 투명성 확보 요구도 커지고 있음.
  - 실제로 2007년 5월엔 중국의 국부펀드가 미국계 사모펀드 블랙스톤의

201) 국부펀드를 경계하는 선진국들은 정부의 관리를 받는 국부펀드가 순수한 경제적 목적 이외에 정치적 목적에 따라 투자할 수도 있다는 데 주목 → 전통적인 외환보유액 운용방식과 달리 부동산, 주식 등 고수익 자산의 투자 비중이 높아지면서 정부가 채권자가 아니라 소유자로서 다른 나라기업의 경영에 관여할 여지가 생기기 때문

지분 일부를 인수하자 독일이 민감한 반응을 보였음. ⇒ 그 이유는 블랙스톤이 자국의 독점 통신사업자인 도이체 텔레콤의 지분 4.5%를 가지고 있었기 때문

• 서방 세계의 잠재적인 적성국 혹은 경쟁국의 국부펀드가 석유 등 희소자원을 독점하거나 자국 기간산업의 핵심기업 경영에 관여하고 내부정보에 접근할 수 있게 된다는 건 그리 즐거운 일은 아닐 것임.

(5) 국부펀드의 운용 및 규제

- 국제통화기금(IMF)이나 세계은행 등은 국부펀드의 운용 및 규제 방식에 대한 국제적인 행동강령(code of conduct)을 만들 것을 제안[202]

• 독일, 프랑스 등 일부 유럽 국가에서도 국부펀드의 투자를 제한하는 장치를 둬야 한다고 주장

• 반면 영국의 달링 재무장관은 '경제적 애국주의는 보호주의'일 뿐이라며 국부펀드 규제를 빌미로 한 새로운 형태의 금융보호주의 등장을 우려

• 한편 미국 정부는 국부펀드를 포함한 모든 형태의 투자를 환영한다면서도 국부펀드의 활성화라는 새로운 상황을 주의 깊게 지켜보고 있음.[203]

---

202) 왜 각 나라들은 다른 나라 국부펀드가 자국(自國)에 투자하는 것을 그리 달가워하지 않는 것일까? 그것은 국부펀드가 정부소유의 돈이기 때문임. 일반기업의 경우 주주를 비롯한 여러 투자자들의 요구에 따라 기업운영의 실태나 실적 등 기업정보를 공개해야 하지만, 이에 반해 국부펀드는 투자주체가 정부이기 때문에 기업정보를 공개해야 할 이유가 없음. 즉 국부펀드의 투자정보 공개가 투명하지 않은 경우가 많음. 국부펀드는 투자초기에는 주로 미국의 국채와 같은 안전자산에 투자했지만 시간이 지나면서 점차 다른 나라의 자원이나 에너지 · 항만 · 통신 등 기간산업으로 그 대상을 넓혀가고 있음. 따라서 국부펀드의 투자배경에는 이윤추구를 위한 경제적 동기뿐 아니라 모종의 정치적 목적도 숨어 있는 것이 아닐까 하고 의심하는 나라들이 많음. 이 때문에 최근 미국 · 독일 · 프랑스 · 캐나다 · 러시아는 국가안보를 이유로 전략산업에 대한 외국인투자 규제를 강화하는 추세임. 아랍에미리트의 국부펀드인 두바이월드가 뉴질랜드의 오클랜드 국제공항 지분 20%를 인수하려 했지만 뉴질랜드 정부에서 국가안보를 이유로 거부한 것이 좋은 예가 될 수 있음. 이와 관련하여 조선경제(2009. 5. 15) 참조.

203) 2006년엔 아랍에미리트 기업이 미 정부의 승인까지 얻어 미국 6개 항구의 운영권을 인수했으나 미 의회의 압력으로 재매각한 적도 있음. 미국은 마침내 2007년 7월 엑슨-플로리오(Exon-Florio)법을 개정해 외국인 투자가 국가안보에 저해되는지를 심사하는 필수대상에 국부펀드 등 외국정부의 투자를 명시했음.

- 2007년 하반기 현재 IMF는 국부펀드 운용의 투명성 제고를 위한 자율적인 행동규범을, OCED는 투자대상국의 투자관련 규제정책의 투명성 확보를 위한 정책 가이드라인을 마련하는 작업을 추진 중

(6) 각국의 국부펀드(정부의 저축으로 조성한 국가 재산)

1) 노르웨이의 경우

- 노르웨이나 중동 같은 석유수출국은 부존자원이라는 '로또'에 당첨돼 정부 재산을 불린 경우이며, 싱가포르는 자원빈국이지만 국민이 절약한 돈을 세금이나 사회보장 기금을 통해 강제 저축해 국부펀드를 축적하였음.
- 노르웨이의 국부펀드는 자산운용의 투명성이 높은 대표적인 사례로 소개되고 있음.
  - 노르웨이의 국부펀드는 수출규모 세계 3위인 석유판매대금이 재원
  - 1990년 설립됐으나 1990년대 전반에는 노르웨이 경제불황으로 발생한 재정적자 보전에 자금이 사용됐기 때문에 본격적인 투자가 시작된 것은 1996년 이후
  - 지난 10여 년간 노르웨이 정부의 재정이 건전해지고 국제유가가 큰 폭으로 상승함에 따라 기금규모가 급속히 늘어나 2007년 5월 기준으로 3000억 달러 수준에 이름.
  - 노르웨이 정부는 향후 급속히 커질 것으로 예상되는 공공연금 지출에 대비하고자 이 어마어마한 자금을 손도 안 댄 채 모아 두고 있음.
  - 이 같은 맥락에서 국부펀드의 이름도 지난해 연금제도 개편과정에서 '정부석유기금'에서 '연금기금'으로 변경

2) 중국의 경우

- 최근 설립된 중국의 국부펀드는 정부가 국채 발행을 통해 마련한 자금으로 외환 보유액을 매입해 조성했다는 점에서 기존의 국부펀드와 차별화됨.

- 중국의 국부펀드인 외환투자공사는 2007년 9월 2000억 달러 규모로 출범
  - 외환투자공사의 형성배경에는 막대한 무역수지 흑자 때문에 천문학적으로 커진 외환보유액이 있음.
  - 중국 정부가 특별 채권을 발행해 외환투자공사의 자본금으로 납입하고 이를 가지고 외환보유액 일부를 매입해 별도의 기금을 조성한 것임.
  - 외환투자공사는 설립도 되기 전인 2007년 5월 미국 2위의 사모 펀드인 블랙스톤 지분 10%를 인수했다가 이후 주가가 20%가량 떨어져 논란이 되기도 하였음.
  - 또한 외환투자공사가 향후 관리를 맡게 될 국영 중국건설은행은 2006년 말 뱅크오브아메리카(BOA) 홍콩·마카오 지점 17개를 인수하고, 최근 남아프리카공화국 최대 은행인 스탠더드뱅크의 지분 20%를 인수키로 하는 등 최근 들어 외국기업 인수에도 적극 나서고 있음.
  - 중·장기적으로 에너지 통신 금융 등 전략적 사업 분야의 해외 주요 기업에 대한 투자가 늘어날 것으로 보여 서방 국가들의 우려가 가시지 않고 있음.

3) 우리나라의 경우

- 우리나라의 한국투자공사(KIC)도 외환보유액 일부를 일시적으로 위탁받아 운영하고 있어 현재로서는 전형적인 국부펀드라기보다 외화자산 운용공사에 가까운 측면이 있음.
  - 우리나라에서도 2005년 200억 달러 규모의 한국투자공사(KIC)가 설립되어 선진국 주식, 채권 등에 투자하고 있음.
  - 그러나 외환위기를 겪었고 적정 외환보유액 규모의 추정에도 어려움이 있는 우리나라와 같은 상황에서는 국부펀드를 대폭 늘리거나 투자대상을 다변화하는 문제에 신중히 접근해야 할 것임.

(7) 2008년 9월 금융위기 이후의 상황

- 글로벌 금융위기 초반 공격적으로 투자를 늘려오던 국부펀드가 기록적인 경기침체 속에 주춤
- 투자를 자제하는 국부펀드가 있는가 하면 오히려 모아놨던 자금을 인출하는 사태도 벌어지고 있음.

1) 노르웨이의 경우

- 노르웨이 정부가 경기둔화를 막기 위해 자국 국부펀드에서 재정지출 자금을 댈 것이라고 파이낸셜타임스(FT)가 최근 보도
- 옌스 스톨텐베르그 노르웨이 총리는 "그동안 오일머니(국부펀드) 사용을 자제해 왔지만 경제 성장세가 급격히 둔화하는 지금 상황에서 오일머니에서 더 많은 지출을 할 수 있다"고 언급
- 런던국제금융센터(IFSL)에 따르면 노르웨이 국부펀드인 노르웨이 정부연금펀드는 2007년 말 기준 자산규모 3800억 달러로 세계 2위 국부펀드임.

2) 중국의 경우

- 자산규모 2000억 달러로 5대 국부펀드 중 하나인 중국투자공사(CIC) 러우지웨이 회장도 2008년 12월 초 "매주 상황이 바뀌고 있는데 어떻게 자신감을 가질 수 있겠느냐"며 서방 금융회사에 대한 투자에 주저하는 모습을 보였음.
- 그는 "선진국들의 금융회사에 대한 정책이 분명하지 않다"며 "정책이 확실해지기 전까지 이들 금융회사에 투자하지 않을 것"이라고 언급
- CIC는 2007년 모건스탠리와 사모펀드 블랙스톤에 각각 50억 달러와 30억 달러를 투자했으나 평가 손해액이 60억 달러에 이르는 것으로 알려졌음.

3) 중동국가의 경우

- 중동 국부펀드들도 공격적인 국외 투자에서 한발 물러서고 있음.
- 쿠웨이트 투자청은 폭락한 국내증시에 투자하라는 정부당국 요청에 따라 서방증시에 투자했던 40억 달러를 자국증시로 옮겼음.
- 카타르 투자청은 자국 은행에 구제금융을 투입하기도 하였음.

4) 평 가

- 미국 싱크탱크 중 하나인 외교관계위원회(CGR) 브래드 세스터 이코노미스트는 "국부펀드가 금융시장 안정 회복을 위해 유동성을 계속 공급할 것으로 더 이상 기대하기 힘들다"며 "순매도 세력이 되려는 상황"이라고 평가

(8) 국부펀드의 위축 원인 및 향후 전망

- 대형 국부펀드의 자금 성격 때문
  - 대부분 중동·러시아 등 산유국과 아시아 경상수지 흑자국 국부펀드들이 순자산 상위를 차지하고 있기 때문에 유가가 급락하고 경상수지 악화가 점쳐지는 현 상황에서 마냥 자금을 풀 수가 없음.
  - 물론 기존 선진국 금융사들에 투자했던 손실이 확대되고 있는 것도 이유 중 하나임. ⇒ 독일 시사주간지 슈피겔에 따르면 전 세계 국부펀드가 2008년 연초 이후 기록한 손실액은 5000억~7000억 달러에 이를 것으로 보임.
- 김민석 한국증권연구원 연구위원은 "장기적으로 국부펀드가 투자를 늘리고 성장할 것이라는 데는 변함이 없지만 단기적으로는 과거와 같이 글로벌 금융시장에서 안전판 구실을 할 것으로 기대하기는 힘들다"고 설명
- 하지만 이들 펀드는 대부분 여유자금이라 손실이 큰 현 상황에서 갑작스럽게 자금 회수에 나서지는 않을 것이라는 전망이 지배적

▣ 엑슨-플로리오법

- 미국의 엑슨-플로리오법은 정부가 국가안보를 이유로 외국인 투자를 제한할 수 있도록 한 법

- 1980년대 일본계 기업의 인수·합병(M&A) 공략에서 미국 기업들을 보호하기 위해 상원의 엑슨 의원과 하원의 플로리오 의원이 공동 발의해 1988년에 제정
  - 외국인의 자국 기업 인수를 외국인투자심의위원회가 조사해 국가안보를 손상할 수 있다고 판단되면 대통령이 이를 중단, 금지할 수 있도록 한 장치

- 경제협력개발기구(OECD) 회원국들은 이 법에 대해 국가안보의 개념이 매우 모호해 거의 모든 산업에 적용 가능하고 소수 지분의 획득까지 규제대상에 포함하는 등 자의적인 심사가 이뤄질 가능성이 있다며 불만을 토로

- 한편 우리나라에서도 2008년 2월 외국인투자촉진법 시행령을 개정하여 외국인투자가 '국가안보위해'에 해당하는 경우 정부가 이를 제한할 수 있도록 하였음.

참 | 고 | 자 | 료

(1) 한국은행(2008), "국부펀드", 한국은행 경제교육(경제-이론과 실제), 2008. 12. 16.

(2) 한국은행(2007), "국부펀드(Sovereign Wealth Fund)의 확대", 한국은행 경제교육(시사경제), 한국은행 광주전남본부, 2007. 11. 12.

(3) 2008. 12. 17., 《매일경제》

(4) 2009. 5. 15., 《조선경제》

(5) 2009. 6. 27., 《매일경제》

16

브레튼우즈 체제 변화의 움직임

(1) 브레튼우즈 체제

- 1944년 7월 세계 44개국 대표들은 전후의 금융제도를 재건하기 위해 미국의 뉴햄프셔주의 브레튼우즈에 모여 연합국 통화금융회의를 개최하고, 고정환율제도의 채택을 주된 내용으로 하는 브레튼우즈 체제를 출범시켰음.
  - 브레트우즈 체제는 그 이전의 변동환율제도에서 발생되는 불안정한 예상의 과도한 영향, 양차 대전 사이의 금본위제도에서 나타난 유동성 부족 및 조절능력 결핍에 따른 신뢰성 약화, 국제통화질서 혼란기에 나타나는 경쟁적 평가절하, 무역규제, 외환통제 등의 문제를 해결해 줄 것으로 기대되었음.
  - 이때부터 미 달러화는 기축통화로서 기능하게 되며, 브레튼우즈 체제를 감시하고 운영하기 위해 IMF(국제통화기금)와 IBRD(세계은행)가 설립되었음.
- 브레튼우즈 체제에서는 달러화를 금에 고정시키고 다른 통화들이 달러화에 대한 기준환율을 고정시킴으로써 간접적으로 금에 고정되었음.
  - 다른 국가들은 중앙은행 보유금을 금 또는 달러로 보유할 수 있었고, 원하는 경우에는 언제라도 미국 중앙은행이 달러와 금을 교환해 주었음.
- 별문제 없이 운영되던 브레튼우즈 체제는 1965년 미국의 베트남 참전 등으로 미국의 구제수지 적자가 심각해지고 마침내 1971년 미국이 달러화의 금태환 중지를 선언하면서 사실상 무너졌으며, 1973년 각국이 자국의 필요에 따라 다양한 환율제도를 채택하면서 브레튼우즈 체제는 마침내 붕괴되었음.
  - 하지만 IMF와 IBRD는 여전히 국제금융시장을 관장하는 국제기구로서 활동하고 있어 브레튼우즈 체제란 용어는 여전히 유효하다는 시각이 많음.

(2) 브레튼우즈 기구 및 역할

1) IMF(International Monetary Fund)

- 1945년 세계 거시경제 및 국제무역 환경을 안정시키기 위한 목적으로 설립된 국제금융기구로 외환시세 안정, 외환규제 제거, 자금공여 등을 주요 활동으로 하고 있음.
- IMF는 외화가 부족해진 회원국들에게 외화를 대출해 주도록 되어 있고, 그 자금을 조성하기 위해 각 회원국에 쿼터를 배정해 주었음.
  - 쿼터 배정량은 회원국의 경제규모와 부존자원에 따라 달라지는데, 이 쿼터량에 비례해 IMF의 결정에 대한 투표권이 부여됨.
  - 협정문에 명기된 중요사안에 관한 투표권은 전체 투표권의 70~85%가 요구되는데, 미국은 17% 이상의 가중치를 갖고 있어 85% 이상의 찬성을 요구하는 사안에 있어서는 사실상 거부권을 갖고 있는 셈임.
- 2007년 현재 회원국은 185개국이며, 우리나라는 1955년 8월에 가입하였음.

2) IBRD(International Bank for Reconstruction and Development)

- World Bank(세계은행)라고 더 많이 알려져 있는 국제기구로 회원국들의 경제발전과 사회발전을 목적으로 1945년 설립되었으며, 회원국들에 대한 자금융자 및 기술원조를 주요 활동으로 하고 있음.
- IBRD의 재원은 회원국의 출자금과 대외차입으로 구성됨.
  - 회원국들은 가입 시 배정된 주식을 인수하고 그에 해당하는 금액을 출자하는데, 이것이 회원국의 출자금이며 곧 IBRD의 자본금이 됨.
- 회원국의 투표권은 기본표와 비례표(출자주식 1주당 1표)로 구성되어 있는데, 미국이 16.4%로 비중이 가장 높음.
  - 미국은 유일하게 거부권을 행사할 수 있는 권한을 가지고 있으며, 세계은행 총재도 미국 대통령이 임명하고 있음.
- IBRD를 비롯해 IDA(국제개발협회), IFC(국제금융공사), MIGA(국제투자보

장기구), ICSID(국제투자분쟁해결본부) 등을 합해 세계은행그룹이라고 함.

• 세계은행의 가입자격은 IMF회원국으로 제한하고 있음.

(3) 브레튼우즈 체제 개편 논의배경

- 냉전 이후 미국은 막강한 달러화 자본과 월가의 첨단금융공학을 바탕으로 세계경제의 '지존'으로 군림해 왔으며, 이를 뒷받침한 것이 브레튼우즈 기구들이었음.

- 그러나 최근 미국발 금융위기로 미국의 경제패권은 심각한 위협에 처해 있으며, IMF와 세계은행도 애초의 설립 목적에서 벗어나 미국을 중심으로 한 일부 강대국의 기관투자가 집단과 금융 자본가들의 이익을 대변해 왔다는 비난을 받아 왔기에 이번 금융위기를 계기로 거센 개편 요구에 직면해 있음.

- 이번의 금융위기는 미국 중심의 국제경제 질서에 그동안 불만을 가졌던 유럽과 신흥개발국들에게는 글로벌 파워를 새롭게 짤 수 있는 기회임.
  • 미국 금융위기가 확산되자 유럽연합은 즉각 미국식 자본주의의 종언과 새로운 금융시스템 구축을 촉구하고 나섰음.
  • 유럽연합은 표면적으로는 21세기에 맞는 국제금융시스템 도입을 내세우고 있지만, 그 이면에는 세계 금융의 중심을 미국에서 유럽으로 옮기기 위한 의도가 숨어 있다고 전문가들은 해석
  • 중국 역시 세계 1위의 외환보유액을 바탕으로 금융위기로 고전하는 세계경제를 지원해 주는 대가로 새로운 국제경제 질서에 중국의 지분을 요구할 전망인 가운데, 특히 전문가들은 중국이 새로운 국제금융시스템과 관련해 IMF 최대 의결권을 가진 미국이 행사하는 사실상의 거부권을 폐지하고, 기축통화를 달러화에서 여러 통화로 다극화하는 것을 원하고 있다고 지적
  • 러시아도 막대한 오일머니를 바탕으로 경제력과 군사력을 회복한 뒤 패권 회복을 노리고 있으며, 인도 역시 8%대의 높은 성장률을 기록하며 세계경제의 한 축으로 성장했음.

- 전문가들은 중국, 러시아, 인도, 브라질 등 브릭스가 미국 월가의 추락 속에 경제적 영향력을 늘려갈 것이라고 진단

(4) 향후 전망

- 브레튼우즈 체제 개편 논의의 핵심은 신자유주의 물결 속에 탈규제를 누리는 현 국제금융시장을 관리·감독하겠다는 것임.
  - 구체적으로는 세계가 국제표준의 회계기준을 채택해 투명성을 높이고, 무책임하게 리스크를 지우는 행위를 막고, 아울러 자본의 흐름이 세계화한 상황에서 금융감독이 국가별로 이뤄지고 있는 체제를 개혁해야 한다는 것임.
- 새로운 글로벌 경제 관리체제가 필요하다는 데에는 세계가 어느 정도 공감하고 있지만, 실제 실행까지는 많은 문제가 산적해 있음.
  - 새 기구의 설립이냐 기존 기구의 재편이냐의 논의에서부터 규제의 강도, 범위, 규제의 주체 등을 놓고 협의를 이루기가 쉽지 않을 전망
  - 과거와 같은 일방적인 힘의 논리가 통하지 않는 현 상황에서 각국의 이해관계를 골고루 만족시킬 만한 합의를 이끌어내기란 쉽지 않기 때문
- 세계화된 경제환경에서 우리라고 각국의 이해를 관철하려는 총성 없는 전쟁에서 예외일 수 없음.
  - 새로운 국제금융질서의 구축과 아시아 신흥경제국의 참여를 강조한 이명박 대통령의 2008년 10월 24일 ASEM 정상회의에서의 발언에는 새롭게 재편되는 국제경제 질서에서 소외되지 않고 한국이 일정부분 영향력을 행사해야 한다는 목적이 깔려 있는바, 아무쪼록 능동적이고 적극적인 자세로 국제경제 환경의 흐름에 뒤처지지 않도록, 더 나아가 한국이 중요한 역할을 담당할 수 있는 방안 마련에 지혜를 모아야 할 것임.

참 | 고 | 자 | 료

(1) 유성임(2008), “브레튼우즈 체제 개편 논의의 배경과 전망”, 《“click” 경제교육》, 한국개발연구원, 2008. 12.

17

금리·주가·환율의 상호관계

(1) 금리와 주가 사이의 관계

- 금리가 인상된다는 것은 곧 시중금리에 영향을 받는 예금이나 채권의 수익률이 높아진다는 것을 의미
  - 따라서 주식시장에 있던 자금이 안정적이면서도 수익률이 높아진 예금이나 채권 쪽으로 방향을 돌리게 되며, 우리나라 투자자뿐만 아니라 외국인 투자자들의 투자행위도 동일한 패턴을 보이게 됨.
  - 일례로 한국은행 금융통화위에서 콜금리 목표를 인상하게 되면 시중자금을 예금 쪽으로 유도할 뿐만 아니라 통화의 유동성도 떨어뜨리게 되어 주식시장에 부정적인 영향을 줄 수 있음.
- 또한 금리가 오르면 기업의 금융비용도 올라감.
  - 기업이 투자를 위해 돈을 빌릴 때 지불해야 하는 이자가 높아지게 되어 기업들의 투자심리에 부정적 효과를 줄 수 있음.
  - 기업투자가 위축되면서 자연스럽게 기업의 주가에도 부정적인 영향을 주게 되므로 금리인상 시에는 주식의 수익률도 떨어질 수 있어 주식에 투자할 유인이 줄어들게 됨.

(2) 금리와 환율 사이의 관계

- 최근 세계 여러 국가들 사이에는 상품의 이동뿐만 아니라 자본의 이동도 자유로워지고 있음.
  - 자본은 이동에 제약이 없다면 조금이라도 수익을 많이 낼 수 있는 곳으로 흘러가기 마련임.

- 우리나라의 금리가 올랐다면 해외의 자금이 보다 높은 수익을 위해 우리나라로 들어오려고 할 것이며, 결국 달러를 팔아 원화로 우리나라의 금융 관련 상품을 사는 과정에서 원화환율이 떨어지게 됨.

(3) 주가와 환율 사이의 관계

- 주식시장도 동일한 원리가 적용
  - 우리나라의 주가가 오르면, 외국인 투자자는 우리나라의 주식을 사고자 할 것이며, 이는 곧 원화 수요를 증가시켜 원화환율을 떨어뜨리게 됨.

(4) 종합적 견해

- 그러나 우리나라의 금리가 오르거나 주가가 오른다고 하여 늘 외국자본이 들어오는 것은 아님.
  - 다른 나라와의 상대적 금리차이뿐만 아니라 위험도 등도 고려하여 결정할 것이기 때문
- 금융시장은 그 구조가 매우 복잡하고, 수많은 변수들이 영향을 주기 때문에 한두 가지 경제변수의 변화만으로 설명하는 것에는 무리가 있음.
- 다만 일반적으로 금리가 높아지거나 주가가 오르면 외국인 투자자들이 달러를 팔고 원화를 사서 우리나라에 투자하므로 원화 수요가 늘고 달러화 수요가 줄어 환율이 떨어지는 경향을 보이게 됨.

참 | 고 | 자 | 료

(1) 승지홍(2007), "금리 · 주가 · 환율의 관계가 궁금", 《"click" 경제교육》, 한국개발연구원, 2007. 8.

18
세계화의 의미

(1) 세계화의 영향력

- 최근 금융시장과 상품시장(식료품시장)이 국가 간에 얼마나 서로 밀접하게 연관되어 있는가를 실감하게 해준 대표적 사례로 다음의 두 가지를 들 수 있는데, 이것의 한 가지 공통점은 바로 세계화가 끼치는 영향력이라고 할 수 있음.
  • 금융위기는 미국 서브프라임 모기지 시장의 부실화에 의해 촉발되어 미국을 넘어 세계 금융시장을 뿌리째 흔들었으며, 이제 각국의 실물시장에도 큰 충격을 전하고 있음.
  • 멜라민이 함유된 중국산 유제품은 복잡한 유통경로를 통해 전 세계 소비자들의 식탁에 오름으로써 식품안전에 대한 깊은 우려를 낳았음.

(2) 각국의 선택에 따라 국력의 부침을 경험

1) 고대 문명에서도 이미 국제적인 물자의 이동은 존재

- 이집트처럼 공물을 수취하고 재분배하는 체제였든 그리스처럼 시장교역에 기초한 체제였든 문명권별 광역적 거래의 모습은 보편적이었음.

2) 중세 유럽

- 중세 유럽에서는 지정학적 위치와 종교적 유연성을 효과적으로 활용한 베네치아 상인들의 활약이 돋보였음.

3) 대서양시대의 개막

- 그렇지만 15세기에 새 기술과 지식과 모험심으로 무장한 이베리아 반도

국들이 대항해시대를 개막함으로써 서구세계 경제활동의 중심은 지중해에서 대서양으로 넘어가게 되었음.

4) 중 국

- 이때까지 세계 최고수준의 경제력과 기술력을 자랑했던 중국은 15세기 초 정화(鄭和)의 남해원정 이후 원양항해를 금지하고 내향적 정책으로 전환함으로써, 세계화의 중요한 기점에서 대약진의 기회를 놓치고 말았음.
- 세계경제의 추가 아시아에서 유럽으로 기울기 시작한 결정적 계기였음.

5) 세계화의 진전

- 세계화의 진전은 물적 · 인적 교류를 넘어서 예상치 않은 부작용을 낳기도 했음.
- 14세기에 아시아와 유럽에서 창궐한 흑사병은 팍스몽골리카(Pax Mongolica) 시기부터 활성화된 동서교역이 낳은 달갑지 않은 부산물이었음.
  - 질병의 세계화는 유럽인의 아메리카대륙 상륙 이후 다시 한 번 인구 급감이라는 쓰라린 상처를 남기게 됨.
- 그러나 다양한 동식물의 지리적 재배치를 통해 지구의 각 지역이 기후와 토양환경에 가장 잘 맞는 가축과 작물을 키울 수 있게 되어 장기적으로 세계 인구가 괄목할 만한 증가세를 기록하게 된 것도 사실임.

(3) 시대별 세계화 추세의 변화

- 서구의 중상주의적 경쟁체제 속에서 스페인, 네덜란드, 프랑스가 차례로 번영과 쇠퇴를 경험하였고, 영국이 최후의 승자로서 18세기에 산업화의 길을 선도할 수 있게 되었음.
- 그리고 19세기를 지나면서 독일, 미국, 일본 등이 새 공업 강국으로 부상했음.
- 19세기 중반에서 20세기 초에 이르는 소위 '1차 세계화' 시대는 20세기

말 이래의 세계화 추세의 선구로 일컬어짐.

- 그렇지만 자유무역주의 추세가 확산되었던 1880년 이전과 열강의 제국주의적 식민정책을 통해 세계화가 강제적으로 진행된 1880년 이후의 성격이 크게 달랐음.
- 1차 대전 – 대공황 – 2차 대전에 이르는 기간에 세계화는 후퇴하였음.
  - 자국 중심적이고 보호무역적인 경향이 지배적이었던 이 기간에 세계경제를 조율할 국제적 체제는 불비했음.
- 2차 대전 이후 재건된 세계경제는 장기호황의 이익을 누렸으나, 1970년대를 기점으로 다시 어려움에 직면했음.
- 1980년대 이후 냉전체제의 종식, 신자유주의의 확산, 정보통신기술의 발달이 복합적으로 작용하면서 현재 방식의 세계화 추세가 자리 잡게 되었음.

(4) 시사점

- 이렇듯 세계화는 단선적으로 진행하지도 않았고, 변화의 속도도 일정하지 않았으며 또한 각국은 대외적 태도와 정책적 선택에 따라 국력의 부침을 경험하게 되었음.
- 최근의 금융파동과 멜라민 파문은 세계화에 대해 많은 생각을 하게 만들었음.
  - 과연 현재의 세계화는 올바른 방향으로 가고 있는가?
  - 바람직한 세계화의 방식은 무엇이며 적정한 속도는 얼마일까?
  - 지구의 구성원들은 다양한 역사적 경험들로부터 유익한 교훈을 이끌어 냄으로써 현 위기에 현명하게 대처할 수 있을까?

참 | 고 | 자 | 료

(1) 송병건(2008), "세계화의 과거, 현재, 미래", 《"click" 경제교육》, 한국개발연구원, 2008. 12.

19

외국인 직접투자

(1) 외국인투자촉진법

1) 의 의

- 외국인 직접투자(FDI : foreign direct investment)에 관한 국내법률로 '외국인투자촉진법'이 있는데, 이는 외국인 투자에 지원과 편의를 제공하고 외국인 투자를 촉진해서 경제발전에 이바지하기 위해 만든 법임.

2) 동 법에 규정된 외국인 직접투자

- 외국인 직접투자의 유형들이 이 법에 구체적으로 규정돼 있는데, 우선 외국인이 경영에 참여해 지속적인 경제관계를 가질 목적으로 국내기업에 5000만원 이상을 투자, 그 기업 전체 지분의 10% 이상을 소유하는 경우가 대표적
- 또 국내기업의 지분을 가지면서 해당 기업의 임원을 선임할 권한을 갖거나 기간이 1년 이상인 납품·구매 계약이나 기술제공, 공동 연구·개발 계약을 체결한 경우에도 외국인 직접투자로 보고 있는데, 실질적으로 기업경영에 영향력을 미칠 수 있는 경우에 해당
- 한편 국내기업에 5년 이상 차관을 제공하는 경우에도 역시 외국인 직접투자로 취급

3) 외국인 직접투자 유치를 위한 인센티브

- 세계 각국은 외국인 직접투자를 유치하기 위해 보조금이나 세제감면과

같은 인센티브(incentive : 유인)를 제공하고 있음.

- 우리나라도 외국인 직접투자에 대해서는 국내에서 발생한 주식 매각대금, 차관에 대한 이자, 기술 도입에 따른 대가 등을 해외로 송금할 수 있도록 해줌.
- 법률 적용에 있어서도 외국인 직접투자 기업은 국내기업과 원칙적으로 똑같은 대우를 받도록 돼 있음.
- 외국인 투자를 위한 지역을 국가에서 별도로 지정해 개발해 줄 수도 있음.
- 물론 외국인 직접투자를 외화도피 등으로 악용하는 경우에는 제재를 가하는 조항도 법에 포함되어 있음.

(2) 외국인 직접투자 vs 간접투자

1) 외국인 '직접' 투자는 외국인 '간접' 투자와 구분되는 개념

- 간접투자란 외국인이 단기적인 이익을 목적으로 국내기업에 돈을 빌려주거나 국내기업의 주식을 사는 것을 말하는 반면, 직접투자는 외국인이 장기적인 이익을 목적으로 경영참가나 기술제휴를 통해 국내기업과 지속적인 관계를 맺는 것을 말함.
- 외국인 직접투자는 간접투자에 비해 장기적이고 안정적인 투자라고 말할 수 있음.
  - 간접투자한 외국인은 대출한 돈을 회수하거나 주식을 팔아 손쉽게 우리나라를 떠날 수 있지만, 직접투자한 외국인은 국내에서 직접적으로 기업활동을 하고 있기 때문에 투자액을 회수해 떠나기가 어렵기 때문임.

2) 외국인 직접투자의 구체적 유형

- ▶외국인이 직접 회사를 세우는 방식 ▶이미 있는 국내회사의 주식을 충

분히 사들여 경영에 참여하는 방식 ▶국내회사에 기술개발 목적으로 장기간에 걸쳐 돈을 꿔주는 방식 등 다양하게 이뤄질 수 있음.

(3) FDI의 경제적 효과(장점)

- 미국에서 발생한 금융위기로 글로벌 경기가 침체하면서 심한 몸살을 앓고 있는 우리 경제상황에서 외국인 직접투자는 추가적인 외채부담 없이 해외자본을 안정적으로 유치할 수 있음.
  - 실제로 1997년 외환위기 이후 우리나라는 외국인 직접투자를 통해 위기를 극복하는 동시에 경제의 체질을 강화할 수 있었음.

- 외국인 직접투자는 국내경제의 구조조정에 필요한 자금을 마련하는 방법이 되기도 함.
  - 기업 인수·합병(M&A)을 위한 국내자본이 부족하다면 외국인 직접투자 유치가 해법이 될 수 있음.

- 선진국 기업들의 투자자금뿐만 아니라 경영기법·핵심기술도 함께 국내에 들어오게 됨.
  - 예를 들어 외국 유통업체가 제조업체들이 생산한 각종 상품을 소비자의 요구에 맞도록 정확하고 신속하게 배달하는 첨단 물류시스템을 갖고 국내에 진출했다고 할 경우에 이 기업을 통해 유통되는 상품들에 대한 소비자의 수요가 늘어날 수 있을 것이며 또한 해당 상품을 만드는 국내 제조업체들의 생산량도 이에 따라 많아질 수 있을 것임.
  - 한편 외국인 직접투자는 외국의 모(母)기업이 국내에 설립한 자(子)회사에 첨단기술을 직접 제공하는 기술이전 효과도 가지고 있는데, 이렇게 도입된 해외기술은 국내에 있는 부품업체·설비조달업체·하청기업으로 전파되며 또한 이 기술을 활용해 생산한 제품이 중간재 형태로 다른 완제품 생산에 사용되면서 다른 분야에도 파급효과를 미칠 수 있음.
  - 이와 함께 외국인 직접투자는 현지에서 연구개발활동이나 기술연수 프로그램을 통해 현지의 기술인력을 양성하는 효과도 있는데, 이렇게

현지인력들의 생산능력이 향상되면 경제성장률이 높아질 수 있음.

- 외국인 직접투자는 투자대상 국가에 설립되는 제조업 공장과 서비스업 영업장에 현지인력을 채용해 고용을 증가시키는 효과가 있음.
  - 이 같은 직접적인 고용창출 효과 이외에도 외국인 직접투자가 이뤄진 기업을 위해 원자재·중간재를 납품하는 기업들과 완제품의 유통·판매에 관여하는 기업들의 고용까지 늘리는 간접적인 고용창출 효과도 일어나게 됨.

- 국내시장에서 경쟁을 촉진하는 효과도 외국인 직접투자에 의해 일어날 수 있음.
  - 국내기업이 독과점 형태로 장악하고 있는 시장에 외국인 직접투자 기업이 품질 좋고 값싼 상품을 앞세우며 새로 진출했다고 할 경우, 이제 시장은 경쟁구조로 바뀌게 되어 국내기업은 과거와 같이 높은 수준의 독과점 가격을 더 이상 유지할 수 없게 될 것임.
  - 시장가격이 떨어지면 소비자 후생이 커짐.
  - 독과점이 깨지면 기업들은 경영의 효율을 높일 수밖에 없어 경제 전반의 효율성이 향상됨.

- 외국인 직접투자는 글로벌 생산 네트워크를 강화하는 측면도 있음.
  - 특정국가나 지역에 국한돼 있던 생산망들이 범세계적인 생산망에 연계됨.

(4) FDI 유입증대 방안

1) FDI 현황 및 전망

- 우리나라는 외국인 직접투자가 줄어드는 현상을 보이고 있음.
  - 세계 전체 외국인 직접투자 가운데 한국으로 유입된 비율이 2004년 1.25%에서 2007년 0.14%로 크게 떨어졌다는 연구결과가 나왔음(삼성경제연구소).

• 이 기간에 한국경제의 외국인 직접투자 유치 경쟁력이 그만큼 약해진 것임.

- 우리나라에 유입된 외국인 직접투자 규모가 2008년에 조금 늘었지만 충분한 수준에 이르지 못했다는 평가를 받았음.
- 게다가 글로벌 경기침체가 심화되면서 2009년 전 세계 외국인 직접투자 규모는 크게 위축될 것으로 전망

2) 투자유치 방안

- 국내 투자환경을 전반적으로 개선하는 조치를 지속적으로 추진
  • 금융 · 외환 · 세제 · 지적재산권 분야에서 글로벌 기준에 맞지 않는 부분은 합리적으로 개선
  • 외국인들을 위한 교육 · 교통 · 의료와 같은 생활환경도 경쟁국에 비해 뒤떨어지지 않도록 해야 함.
  • 특히 '외국인 투자는 결국 국부(國富) 유출을 낳는다'고 생각하는 반(反) 외국자본 정서는 반드시 극복해야 할 문제

참 | 고 | 자 | 료

(1) 김준동(2009), "외국인 직접투자가 가져오는 경제적 효과는…", 《조선경제》, 2009. 3. 20.

20

녹 색 성 장

(1) 녹색성장이란

1) 의 미

- 정부의 녹색성장(Green Growth)은 탄소절감 및 녹색뉴딜을 통한 경제성장 및 일자리 창출을 목표로 하는 '실용적인 지속 가능한 발전'으로 해석 가능

2) 정 의

- 에너지 · 자원을 절약하고 효율적으로 사용하여 기후변화 문제와 환경훼손을 줄이면서 청정에너지와 녹색기술의 연구개발을 통하여 신성장동력을 확보하고 새로운 일자리를 창출해 나가는 경제와 환경의 조화로운 성장방식임.

3) 특 징

- 탄소 및 환경오염 저감과 경제성장을 동시에 이루기 위한 조화를 모색
- 기존의 성장이 양적 성장에 초점이 맞추어져 있다면, 녹색성장은 질적 성장을 지향함.
  - 질적 성장이란 환경이 수용할 수 있는 능력 안에서 소비자의 요구에 부응하거나 더 큰 만족을 소비자에게 제공하기 위해 과거와는 다른 생활방식을 도입하는 것임.

4) 논 의

- 학술적 의미
  - 경제성장으로 인한 환경적 압력을 감소시키고 미래세대를 위해 환경 용량을 유지하면서 경제 및 사회의 성장을 이룩하는 것으로 지속 가능한 발전과 일맥상통
- 정책적 의미
  - 경제적 효율성만을 추구하는 산업화 시대의 발전 전략을 극복하고 환경과 경제를 동시에 고려하는 환경 · 경제효율성 중심의 성장으로 인식
- 국제사회
  - 경제성장과 환경보전의 균형적 조화를 원칙으로 인식의 전환부터 생산 · 소비패턴의 변화, 환경세의 도입과 같은 제도적 변화까지 아우르는 넓은 의미로 쓰이고 있음.
- 산업계
  - 저탄소화 및 녹색산업화에 기반을 두고 경제성장력을 배가시키는 신성장 개념으로 이해
  - 기후변화에 적극적으로 동참하여 포스트교토협약에 주도적 위치 선점
  - 경제성장과 환경보호의 선순환 고리 형성

(2) MB정부의 국가비전

- 앞으로 한국을 먹여 살릴 신성장동력 17개 분야와 62가지 핵심기술 집중 육성
- 향후 5년 동안 24조5000억원을 투입해 핵심인력 70만명을 양산하고 글로벌 중소기업 300개를 창출한다는 계획
- 17개 분야
  - 녹색기술산업 : 신재생에너지, 탄소저감에너지, 고도 물처리, LED 응용, 그린 수송 시스템, 첨단그린도시
  - 첨단융합산업 : 방송통신융합, IT융합시스템, 로봇 응용, 신소재와 나

노융합, 바이오제약과 의료기기, 고부가 식품산업

- 고부가서비스산업 : 글로벌 헬스케어, 글로벌 교육서비스, 녹색금융, 문화 콘텐츠와 소프트웨어, 전시와 컨벤션 그리고 관광

(3) 성공의 관건

- 확실한 실천의지를 갖고 액션플랜을 만들었다는 데 대해 일단 긍정적
  - 이제껏 두루뭉술하게 '녹색성장'을 외치던 정부가 17개 분야 62가지 핵심기술을 추렸음.
  - 많은 '유망한 녹색기술' 중에서 태양전지, 발광다이오드(LED), 플러그인 하이브리드카 등이 수조원대 정부지원을 받게 됨.
  - 앞으로 몇 십년간 한국경제를 먹여 살릴 대표선수를 뽑은 셈임.
- 총예산 가운데 60%를 R&D에 투자하고 불필요한 규제 철폐해야 성공
  - 특히 최근 글로벌 금융위기로 민간투자 위험도가 높은 상황에서 신성장동력 예산 총 24조5000억원 중 약 60%(14조1000억원)가 연구개발(R&D)에 투입될 예정으로 이 돈은 초기단계 산업을 육성하는 종자돈이 될 것이라는 전망임.
  - 이원희(삼성경제연구소 수석연구원)는 "정부가 '이 산업이 유망하다'고 방향성을 제시함으로써 민간기업들이 앞으로 시장성을 보고 뛰어들 것"이라고 전망했음. ⇒ 그는 "발전 가능성이 큰 기술 분야 범위를 좁혀 62개 스타 브랜드를 설정한 것도 오직 한 분야만 밀고 나갔던 과거 산업정책에 비춰 볼 때 폐해를 줄일 수 있는 길"이라고 평가했음.
- 필요한 과제
  - 대표 브랜드 외에 기술 분야에 대한 상대적인 지원감소나 기존 산업 경쟁력에 대한 고부가 기술개발 지원 미흡 등은 과제로 지적되었음.
  - 배상근(전국경제인연합회 경제본부장)은 "한국경제를 먹여 살리고 있는 주력 업종에서도 추가적인 고부가 기술개발이나 인력양성이 절실하다"고 말했음.
  - 차문중(한국개발연구원 산업기업경제연구부장)은 "성장동력이 될 만한

분야 중에서 각종 규제와 진입장벽 등 비경제적 이유로 포함되지 않은 분야에 대한 반성과 고민이 필요하다"고 지적하였음.

• 한국 성장동력 다각화 필요 ⇒ 국제 경영컨설팅 업체인 액센츄어글로벌의 디에고 비스콘티 회장은 "한국은 경제 성장동력의 다각화와 글로벌 브랜드 전략 구축 등에 힘써야 한다"고 조언 ⇒ 그는 "한국경제 성장동력의 다각화를 위해 조선, 자동차산업, 전자산업 등 핵심 분야의 새로운 틈새시장을 노리고 공략을 선도할 것"을 제안했으며, 또 "신성장 기회를 확장하기 위해 주변 국가들과의 제휴를 강화하기 위해서는 기존의 강점을 토대로 국제적인 투자처들을 끌어와야 한다"고 언급하였음.

(4) 주요 내용

1) 고부가가치 서비스 분야

- 글로벌 헬스케어
  • '154만명 vs 2만7000명' ⇒ 한 해 동안 태국과 한국이 유치한 해외 환자 수임.
  • 우리나라는 의료기술, 병원시설 면에서 결코 태국에 뒤지지 않지만, 태국은 우리보다 57배나 많은 환자를 끌어들이고 있음.
  • 싱가포르(46만명), 인도(27만명)에 비해서도 턱없이 부족한 실정임.
  • 정부는 이런 저조한 실적의 원인으로 '3A bottleneck(장애요인)'을 꼽았음. ⇒ 국내 의료수준에 대한 인지도(Awareness)가 낮고, 외국인 환자의 국내 의료기관 접근성(Accessibility)이 낮으며, 외국인 환자 사후관리(Accountability)가 미비하다는 것임.
  • 정부는 병원서비스 산업 활성화를 위한 제도정비 등을 통해 '글로벌 헬스케어'를 신성장동력으로 키우겠다고 밝혔음. ⇒ 2013년에는 20만명의 해외환자를 유치하겠다는 계획임.
- 생태관광지 조성
  • 갯벌, 비무장지대(DMZ) 등을 생태관광지로 조성

- HD드라마타운 구축
  - 방송 콘텐츠 클러스터와 야외세트, 테마파크를 연계한 'HD드라마타운'을 구축할 계획임.
- MICE(기업회의, 포상관광, 컨벤션, 이벤트가 결합된 산업)[204] ⇒ 융합관광
  - 관광공사, 지방자치단체, 기획사, 항공사, 숙박시설, 관광지, 공연단체 등으로 MICE 얼라이언스를 구성하기로 하였음.
- 녹색금융
  - 녹색산업에 금융지원을 원활히 해주기 위한 제도적 장치가 마련되었음.
  - 금융당국은 녹색산업펀드를 조성하고, 연기금에 대한 운용평가 시 녹색펀드 투자에 대해 가산점을 부여하는 방안을 검토하기로 했음.
  - 이 경우 녹색펀드에 가입하는 개인에 대해서도 세제 혜택이 주어질 전망임.
  - 자격을 갖춘 녹색기업들은 금리우대도 받을 수 있음. ⇒ 금융당국은 녹색산업에 대한 '그린프라임레이트'를 도입하기로 했으며, 이와 함께 은행들에 대해선 녹색기업 대출이 부실화될 경우 일정범위까지 면책을 주는 방안을 검토 중임.

---

204) 글로벌화가 급진전되면서 친환경적이며 경제적 효과가 큰 MICE 산업이 부상하고 있음. 회의(Meeting), 포상관광(Incentives), 컨벤션(CONVENTION), 전시회(EXHIBITION)를 융합한 새로운 산업형태인 MICE 산업은 '굴뚝 없는 황금산업'으로 불림. MICE 산업은 유관산업과의 전후방 연계효과가 큰 사업으로 최근 우리나라는 아시아에서 3번째, 세계에서 12번째 국제회의 개최국가로서의 위상을 공고히 하고 있음. 이러한 우리나라 MICE 산업의 외적 성장에도 불구, 각종 행사가 화려하게 끝난 후 남겨진 행사장의 풍경은 온통 일회용 전시용품으로 도배된 반환경적 모습뿐임. MICE 산업은 사람과 사람이 모여 정보를 교류하고 가치를 창출해 나가는 산업의 속성상 유관산업과의 전후방 연계효과가 매우 큰 산업이기 때문에 MICE 산업에 있어 친환경 경영의 도입은 우리나라 전 산업부분으로 친환경 경영을 확산시킬 수 있는 잠재적인 파괴력을 가지고 있음. MICE 산업에 있어 친환경화는 이제 보다 거시적인 담론하에 마련되어야 함. 기업들이 앞 다퉈 친환경 제품 개발에 힘을 쏟듯, MICE 업계에서도 친환경화를 위한 자구책을 마련해야 함. 인류는 농경사회, 산업혁명, IT혁명을 거쳐 성장과 진화를 거듭해 왔으나 이제는 '친환경화(sustainable development)'를 통해 새로운 활로를 개척해야 할 시대에 도래했음. 기업의 발전과 성장을 위해 이제 친환경화는 선택이 아닌 필수조건이 된 시대인 것임. 따라서 정부와 학계를 포함해 MICE 업계 전체가 친환경에 앞장선다면 이러한 문화가 기업은 물론 우리 생활 전반에 확산돼 '친환경 녹색성장'이 활성화될 수 있을 것이며 아울러 이를 통해 우리나라 MICE 산업이 친환경 분야에 있어 세계를 이끌어 나가는 계기가 될 것임. 이와 관련하여 디지털타임스(2009) 참조.

• 이 밖에 금융당국은 자전거보험과 운행거리비례 자동차보험 등 우리 실정에 맞는 녹색금융상품을 활성화한다는 방침임. ⇒ 이와 관련해 금융당국 관계자는 "중장기적으로는 녹색산업지수를 기초로 한 파생상품 활성화까지 이어질 수 있을 것"이라고 설명
• 탄소배출권시장도 단계적으로 활성화해 나가기로 했음. ⇒ 정부는 우선 2009년에 배출권거래제 기본계획을 수립하고, 온실가스 감축 목표를 발표할 계획이며, 이어 2012년까지 거래 시스템 구축 및 배출권거래 시범사업을 거쳐 2013년 배출권거래시장을 연다는 계획임.

- 문화 콘텐츠 산업
  • 연기 나는 굴뚝 없이도 산업혁명이 가능한 분야, 폭력 없이도 다른 나라를 정복할 수 있는 산업인 문화 콘텐츠가 킬러 콘텐츠가 돼 세계를 누비고 있음.
  • 영화, 드라마, 게임을 넘어 이젠 공연 콘텐츠의 무한한 잠재시장이 평가받고 있음.[205] ⇒ 잘 만들어진 공연은 수십 년 동안 무대에 올릴 수 있고, 해외 기업들과 라이선스를 통해 새로운 수익을 만들어 낼 수 있을 뿐만 아니라 캐릭터산업부터 관광산업까지 영역을 뛰어넘는 시장을 만들어 내고 있음. ⇒ 경제적 파급효과나 국가 이미지를 올리는 데 큰 몫을 하고 있는 셈.

2) 녹색기술산업 분야

- 탄소저감에너지
  • 특히 선진국과 기술격차가 아직 있지만 가능성이 큰 이산화탄소(CO_2) 포집 · 저장기술(CCS)이 중요 연구과제로 선정되었음.
  • 정부는 2014년까지 100MW급 화력발전소와 연계한 CCS 기술을 개발하겠다는 계획을 세웠음.
- LED 감성조명, 스마트상수도 등이 녹색기술산업 과제로 제시되었음.

205) 난타, 점프, 사춤 등이 소극장 공연을 넘어 세계무대로 뻗어가고 있음.

3) 첨단융합 분야

- 로봇응용 분야
  - 청정생산용 첨단 제조로봇 시스템, 라이프케어 로봇, 사회안전 로봇 등이 주요 개발과제로 선정되었음.
- 웰빙 전통식품, 디지털 선박 등도 눈에 띄는 첨단융합산업 과제임.

4) 3대 분야별 세부실천 과제

- 녹색기술산업 분야에서 핵심원천기술 개발 등을 중심으로 79개 과제가 선정되었음.
- 첨단융합 분야와 고부가가치 서비스 분야에서는 인프라스트럭처 구축과 경쟁환경제도 개선을 주축으로 각각 62개와 59개 과제가 포함되었음.

5) 신성장동력 계획의 핵심

- 이제까지의 '쫓아가기형(Catch-up model)' 경제성장전략에서 '선도형(Trend-setter model)'으로 방향을 틀었다는 점임.
- 특히 중소기업 육성에 많은 비중을 두었음. ⇒ 신성장동력 총 200개 과제 중 중소기업과 관련이 높은 과제는 35%인 105개임.
  - 지식경제부 관계자는 "신성장동력 기술 로드맵을 통해 발굴된 1200여 개 핵심기술 중 약 25%인 300여 개 핵심기술에 중소기업 참여가 가능할 것"이라고 말했음.

참 | 고 | 자 | 료

(1) 2009. 5. 26.,《매일경제》
(2) 2009. 7. 29.,《매일경제》
(3) 2009. 7. 17.,《디지털타임스》

찾아보기

||| 저자약력 |||

■ **이 종 호(李鍾昊)**

- 고려대학교 문과대 영문학과(학사)
- 고려대학교 대학원 경제학과(석사)
- 고려대학교 대학원 경제학과(박사)
- 고려대, 동국대, 숭실대, 홍익대, 인천대, 동덕여대 등 강사
- 고려대학교 경제연구소 전문연구원 역임
- 경민대학 관광경영과 교수(학과장) 역임
- (주)경기북부신문사 논설위원 역임
- 의정부포커스신문 집필위원 역임
- 서울신문 명예논설위원
- 경기도 지속가능 발전위원
- 의정부시 지방재정계획 및 지방재정공시 심의위원
- 의정부시 사회단체보조금 심의위원
- 경기도 민방위 소양강사(경제담당)
- 경기도립의료원 의정부병원 공공보건의료 심의위원
- 경기북부병무지청 병무행정발전 시민참여위원
- 도봉구 의정비 심의위원
- 현재 경민대학 자치행정과 교수

- 주요 논문 및 저서
  - 《관광사업론》(공저, 1998)
  - 《관광경제학》(역서, 2000)
  - 《영문법의 이해》(2002)
  - 《e-세대를 위한 경제교실》(2002)
  - 《시사영어산책》(2006)

  - 〈환율과 수출가격〉(1993)
  - 〈VAR체계를 이용한 경상계정 분석〉(1994)
  - 〈호텔종사원 직무특성별 직무만족에 대한 수량화분석〉(1998)
  - 〈호텔종사원 교육훈련에 관한 연구〉(2000)
  - 〈한국산업의 국제경쟁력패턴 분석〉(2001)
  - 〈신자유주의와 노동시장 유연화 논쟁〉(2003)
  - 〈다국적기업의 M&A에 대한 중국의 제도 분석〉(2004)
  - 〈문화자원의 개발을 통한 지역활성화 전략〉(2004)
  - 〈토지거래허가제의 정책효과에 관한 실증연구〉(2007) 등 다수

기초경제학 ③
국제경제 및 산업정책 이야기

1판 1쇄 발행 2009년 12월 20일

저 자 이 종 호
발행인 남 승 우

발행처 남두도서
서울특별시 동작구 사당3동 220-43
TEL : (02)595-1692~4
FAX : (02)595-1394
E-mail : namdoo6@unitel.co.kr
신고 : 5-76호 (1998. 11. 4)

정가 20,000 원

ISBN 978-89-5780-119-2 13320
ISBN 978-89-5780-116-1 (전3권)